会计与投资者保护

——理论、证据与案例

崔学刚　著

中国财政经济出版社

图书在版编目（CIP）数据

会计与投资者保护：理论、证据与案例/崔学刚著．—北京：中国财政经济出版社，2011.6

ISBN 978－7－5095－2877－8

Ⅰ.①会…　Ⅱ.①崔…　Ⅲ.①上市公司－会计－研究－中国　Ⅳ.①F279.246

中国版本图书馆 CIP 数据核字（2011）第 084953 号

责任编辑：蔡丽兰　　　　责任校对：黄亚青

中国财政经济出版社出版

URL：http：//ckfz.cfeph.cn

E－mail：ckfz@cfeph.cn

社址：北京市海淀区阜成路甲 28 号　邮政编码：100142

发行处电话：88190406　财经书店电话：64033436

涿州市新华印刷有限公司印刷　各地新华书店经销

880×1230 毫米　32 开　18.75 印张　465 000 字

2011 年 6 月第 1 版　2011 年 6 月涿州第 1 次印刷

定价：46.00 元

ISBN 978－7－5095－2877－8/F·2440

（图书出现印装问题，本社负责调换）

本社质量投诉电话：010－88190744

本书是国家社会科学基金项目“会计信息质量与投资者保护效果研究”（08CJY008）的阶段性成果，同时得到北京市自然科学基金项目（9112005）、北京市社科规划重点项目（8AbjJG215）、北京市教委高层次人才资助计划（PHR20100512）及面上项目（SM201010011001）的支持。

前　言

投资者保护对一国资本市场与经济发展的重要性已经得到公认。但是哪些因素决定投资者保护水平，或者说如何建立有效的投资者保护体系？学术界则有着不同的观点。La Porta，Lopez – de – Silanes，Shleifer and Vishny（LLSV，1997，1998，2000）指出，一个好的法律环境可以有效地保护潜在的融资供给者，使他们愿意为证券市场提供资金，因此，有助于股票市场规模的扩大。而在投资者法律保护较差的国家里，中小股东面临遭受大股东剥削的风险，他们只愿意以较低的价格购买公司发行的股票，从而使公司失去向社会公众发行股票的吸引力，所以，投资者法律保护较差的国家，其股票市场规模也较小。因此，提高投资者保护的实质就是提高投资者的法律保护，其中法源是决定一国的投资者保护水平的重要标志。但是，一个国家的投资者法律保护本身是一个历史实践的发展过程，不同的投资者法律保护阶段，其投资者保护法律与融资行为存在显著的差异；不管其是属于英美法系还是大陆法系，任何一个国家对投资者的法律保护都是从弱到强，逐步健全的历史实践结果，那么，在缺乏投资者法律保护的初始阶段里，其股票市场为何又能够得以发展（沈艺峰等，2004）。越来越多的研究发现，仅从立法和执法来保护投资者利益，尤其是中小投资者利益免受管理层和控股股东的利益侵犯是远远不够的，社会规范机制与市场机制可以有效弥补法律对投资者保护的不足。因此，对投资者保护的内涵

与本质亟需进一步拓展，投资者保护机制急需进一步丰富与完善，尤其要充分发挥社会规范体系与投资者保护的市场机制。

在实践中，各国已经把投资者法律保护作为促进资本市场发展的基本原则与基本价值取向，并纷纷移植英美等发达资本市场国家的法律规范，不断提高法律执行效率。然而即便在美国（一直被认为投资者保护水平最高的国家），损害投资者利益的事件也是频频发生，尤其是2008年以来的次贷危机，使美国资本市场遭受沉重打击，投资者信心大减，华尔街的声誉甚至降到比1929年还低的程度，政府的大规模救援计划也被批评为动用纳税人资金为金融家的贪婪买单。政府被迫采取诸如强化金融投资者保护，提升信息披露质量，强化金融中介机构的法律责任，加强薪酬组合监管，加大违法违规处罚力度等投资者保护制度的变革。这再次向人们警示，即便是在美国，其投资者保护体系也非固若金汤。我国资本市场起步较晚，但发展很快，近年来，我国也建立起投资者利益保护的监管目标，加大了投资者法律保护的力度，取得了明显成效。但是，我国资本市场侵害投资者利益的事件也是时有发生，最近的绿大地、张裕股份等公司财务造假事件进一步向我们警示，我国投资者保护任重而道远。因此，实践也再次证明，仅仅依靠投资者法律保护是难以满足投资者保护的现实需要的。更何况，随着社会经济的发展，投资者保护的现实要求也越来越高，社会规范体系与市场机制在投资者保护中的作用将进一步显现。

如果说投资者的法律保护属于显性制度的范畴，那么投资者保护的社会规范机制和市场机制，核心问题则是隐性制度问题与信息问题。会计在投资者保护中就具有基础性制度与基础性信息的功能，具有不可替代的作用。

事实上，会计与投资者保护具有很深的渊源，可以说投资者保护问题因会计欺诈与证券欺诈问题而浮出水面，并最终成为国际关注的焦点。资本市场上重大损害投资者利益的事件往往会严重打击投资者信心，从而导致资本市场萎缩，甚至引发金融危机乃至经济萧条。而每次这样的事件发生后，会计总会被推到风口浪尖，成为被指责的重要对象。美国 1929～1930 年的大萧条，会计上资产随意评估入账与选择性披露被指责为导致危机的根源，随后，会计牢固地确立了历史成本计量模式，对公允价值计量模式讳莫如深，而 1997～1999 年爆发的东南亚金融危机，会计则又被指责为由于历史成本计量模式，导致对金融衍生工具的计量失去相关性，金融风险得不到及时披露，并最终引发金融危机。2008 年发端于美国次贷危机的全球金融海啸，再一次把会计推上了被告席，声称会计公允价值计量是导致此次金融危机的根源。尽管 SEC 的调查结论还会计以清白，但是国际会计准则委员会还是被迫修改了有关公允价值的准则。在这个过程中，尽管会计很容易，而且经常被作为投资者利益损失的“替罪羊”，但是我们欣喜地看到，随着会计参与经济运行程度的加深以及会计研究的成熟，会计界已经能够理性地判断自身的对错，并作出理性反应，上述指责也证明了会计在投资者保护中具有重要的功能。当前，会计已更加自信而主动地发挥起投资者保护的功能，而不仅仅作为事后被指责的对象。从另一方面来看，会计丑闻与会计欺诈多次引发资本市场危机，并最终导致投资者保护制度的重大变革。三百年前英国南海公司事件，导致金融监管的重大创新，并催生了注册会计师审计；美国 1929 年开始的大萧条中会计上的随意性资产评估和选择性披露催生了 1933 年《证券法》与 1934 年《证券交易法》的出台；1991 年，英国资本市场一系列公司倒闭事件引发市场对公司会计报告和审计人员诚信的普遍质疑，市场信心受到重创，这促使英国成立了世界上第一个公司治理委员会，即 Cadbury 委员会，并开始了公司治理标准的研究与制定；针对安然、世通等财务欺诈事件，美国国会于 2002 年出台了《萨班斯——奥克斯利法案》，该法案对美国 1933 年《证券法》、1934 年《证券交易法》作了不少修订，在会计职业监管、公司治理、证券市场监管等方面作出了许多新的规定。

那么会计在投资者保护中到底具有哪些功能？作用机制如何？这些问题尚未达成共识，需要大量的理论研究与证据提供。基于此，本人多年来一直致力于会计与投资者保护研究，本书就是根据作者多年的研究成果整理而成的，主要围绕会计在投资者保护中的功能与作用机制，运用多种研究方法展开的理论构建、实证检验与个案分析，以期对会计的投资者保护功能进行破题，并抛砖引玉。

本书是国家社会科学基金项目“会计信息质量与投资者保护效果研究”（08CJY008）的阶段性成果，同时得到北京市自然科学基金项目（9112005）、北京市社科规划重点项目（8AbJG215）、北京市教委高层次人才资助计划（PHR20100512）的支持。

本书的成果融合了诸多师长、同事以及我的学生的智慧与劳动，他们是中国人民大学的荆新教授、北京大学的王立彦教授、北京工商大学的谢志华教授、张宏亮博士、穆林娟博士，以及王静、盛菁菁、霍雨佳、韩舒畅、许红、万俊茹、张昊、徐金亮、张敏、谭亚利、曹仲、李欣忆、胡宇等同学，在此表示衷心感谢。此外，还要感谢北京工商大学商学院院长杨有红教授以及其他领导与同事多年的关怀、支持和帮助。我的女儿、夫人与岳母的鼓励和支持使得本书如期完稿，以此书献给她们。

会计与投资者保护这一领域博大精深，有待研究的问题很多、很复杂，也很有意思，本书仅是作者在这方面的初步学习成果与浅薄探索。由于作者的视野限制和水平制约，疏漏与错误在所难免，敬请读者不吝赐教，以便及时改正。

崔学刚

2011 年 4 月 8 日

目　录

第一章 导　论

摘　要：本章作为本书导论，主要论述了投资者保护的内涵与本质，会计在投资者保护中的功能，中国资本市场投资者保护实践的现实状况与未来机制创新，并简要介绍了本书逻辑结构和各章的具体内容。本章指出投资者保护体系是一个融合法律规范、社会规范与市场机制的综合体系，在不断完善法律机制的同时，需要不断开发与建设投资者保护的社会规范机制与市场机制，会计在投资者保护机制中作为基础性信息与基础性制度具有不可替代的功能。

关键词：投资者保护机制、法律规范、社会规范、市场机制、会计功能

资本市场在一国经济发展中扮演着越来越重要的作用，而投资者保护程度是影响与促进资本市场发展最为重要的因素。由于早前的证券欺诈与财务丑闻的出现，投资者保护引起了各国政府的高度重视，并迅速成为一个世界性话题。世界各国为提高本国投资者保护程度，进行了不懈努力，纷纷出台以法律监管为主要手段的投资者保护措施，取得了一定成效。但是从世界范围来看，投资者保护状况仍不容乐观。2008 年开始，国际金融危机席卷全球。从雷曼“迷你债券”风波到“掠夺性贷款”（Predatory Lending），此次金融危机充分暴露出金融产品的不当销售，特别是金融欺诈和滥用对公众投资者利益造成的侵害，也反映出监管当局在保护投资者利益方面存在的缺陷。美国证券交易委员会（SEC）因为未能及时发现

金融巨骗伯纳德·麦道夫（Bernard Madoff）所操纵的650亿美元“庞氏骗局”而遭受了很大的非议。SEC在2009年对斯坦福及其麾下的斯坦福金融集团（Stanford Financial Group）和其他两家公司提出指控，称其在一项与存款凭证有关的欺诈案中诈骗了80亿美元的投资者资金。2010年9月，SEC内部监督部门的总监察长大卫·科茨（David Kotz）批评SEC在罗伯特·艾伦·斯坦福（Robert Allen Stanford）80亿美元欺诈案的问题上过于关注已经提出的案件数量，缺乏对投资者采取切实保护措施，并指出SEC“必须对诉讼风险可能对投资者造成的损害进行评估……，尽管SEC已经作出了一些改变，但我们希望该委员会更加明确自身程序，把有多少投资者受到损害的问题作为最先考虑的事情。”因此，一直被认为世界上投资者保护程度最高的美国，其投资者保护状况尚且如此，其他国家或地区的投资者保护状况就更令人堪忧。各国监管当局普遍意识到，只关注金融机构的利益诉求而忽视对投资者利益的切实保护，会破坏金融业赖以发展的基础，影响金融体系的稳定性。于是加强对投资者的保护力度，成为后金融危机时期各国和各地区金融监管当局反思和改革的重要内容。但是，对于导致投资者保护水平差异的原因，以及如何提高投资者保护水平，则存在严重分歧。越来越多的研究发现，除了法律及其执行效率以外，社会文化特征以及各种市场机制都会影响投资者保护的水平和效率。本书将对这些观点和证据进行梳理和分析，深化对投资者保护机制内涵与本质的认识，探索会计在投资者保护中的功能与作用机制。

一、投资者保护机制的内涵与本质

（一）关于投资者保护机制内涵与本质的基本观点

目前关于投资者保护机制的内涵与本质的认识，大致有三类观点，它们分别是法律规范论、社会规范论和市场机制论。

1. 法律规范论

该流派认为投资者保护的实质就是法律保护，由于不同法律体系对投资者享有的权利具有不同的界定，并提供不同程度的权利保护，而法源决定了一国法律体系的整体框架。例如美国等通过法律条款中的受托责任和累积投票权制，保护中小投资者的利益，使其免受大股东的侵害。La Porta、R. Lopez - de - Silanes、F. Shleifer、A. Vishny（LLSV，1997，1998，1999，2000，2001）开拓了"法与金融"的研究，极力强调法律对投资者利益保护的至关重要性，强调根法源对投资者保护水平的决定作用以及投资者保护机制的法律属性。

LLSV（1998，1999）研究了各国投资者保护水平差异的法律基础。通过对49个国家的投资者保护情况作了一个比较分析，认为与普通法系国家相比，大陆法系的政府和司法腐败程度都比较高，政府效率和契约执行的水平都比较低；普通法系国家的投资者保护水平最高，德国和斯堪的纳维亚国家次之，法国、意大利最差。认为法律规则的改变可以明显提高投资者保护水平，提升投资者信心，增强公司外部融资能力。与法律制度并行的是法律的执行，Acemoglu、Johnson和Robinson（2000）通过对一些曾经是殖民地的国家进行研究后发现，法律法规对于市场环境的改善确实有作用，但是他们也同时指出，由于曾经是殖民地的关系，这些国家的法律体系基本上沿袭了宗主国的传统，因而在这些国家法律的有效实施程度要远比法源来得重要。Becker（1968）认为当法律设计到最优，由法庭来执法是最优制度，这意味着金融市场不需要监管机构。但这得依赖于一个前提，即法庭的执法效率能充分保障私人契约的顺利履行。

另外，LLSV 还研究了法律保护对公司融资水平、发放红利、公司价值的影响。LLSV（1997）指出，与大陆法系国家相比，普通法系国家的外部股权融资程度较高，反董事权利水平较高的国家外部股权融资水平也比较高，较高的法治和反董事权利分数以及一股一票制与较高的外部股权市值高度相关。他们的结论证明法律环境的质量对不同国家的公司进行外部融资的能力影响很大。LLSV（2000）通过考察 33 个国家的公司派发红利的情况以检验对中小股东提供法律保护的重要性。LLSV 在这里主要区分了普通法系国家和大陆法系国家，他们发现对中小股东提供更好法律保护的普通法系国家的平均红利派发水平远高于大陆法系国家。于是 LLSV 的证据支持了这个假设，即“投资者法律保护水平对于红利政策与对于其他公司决策同样重要”。

LLSV（2000）还集中研究了控股股东和公司估值之间的关系。根据来自 LLSV 的同一组的 27 个富国，LLSV 建立了一个 371 个公司的样本。研究发现，与大陆法系国家相比，普通法系国家里有一个控股股东的公司托宾 Q 值较高。然后把经过行业调整的托宾 Q 值作为因变量试验了一些国家随机效果模型。LLSV 指出，来自普通法系地区的公司对托宾 Q 值在统计上有显著的积极影响，主要是由于对小股东的法律保护使得公司的股价上升。Classen 等（2000）对东亚 9 国的研究也证实了这一点，他们的研究发现，除了日本外（对投资者保护较好），其他国家的公司普遍是由家族控制和经营，最大的 10 大家族控制了 18% ~58% 不等的股票市场市值。Burkar 等（2002）则通过理论论证发现，随着投资者法律保护程度的提高，控制权的私人收益会越来越小，所有权也会趋于公众化，同时公司价值也得到提升。

LLSV 及相关的研究证明了对小股东和债权人较强的法律保护与外部资本市场规模、控股股东的缺失、更多的红利分配、公司价值的增加和私人控制权收益的减少等变量之间存在显著的关系。他们认为是法律渊源的不同造成了对投资者保护的差异，导致金融市场发展的差别，要提高投资者保护水平必须改革现有法律法规。但是，并不是所有的学者都认同 LLSV 的研究，同时还有许多学者从其他方面分析了对投资者的保护。

2. 社会规范论

该流派认为，公司行为更多是由社会规范而不是法律规则来塑造和决定的，因此投资者保护程度是由社会规范来决定，而非主要由法律决定。因此，治理环境与市场监管中的社会规范的性质将决定投资者保护水平。社会规范是指人类在社会活动中经过多次博弈建立起来的相对稳定的预期和行为准则（青木昌彦，2001）。Tatiana Nenova（2000）衡量了各国在控制权的私人收益方面的差别，她认为就投票权价值而言，其系统性差别的 70% 以上可以通过法律为非控股股东所提供保护的质量、在控股权转让中非控股股东的权利和法律执行水平来进行解释，但是维持社会秩序的力量在有些法域的作用比其他地区大，例如大陆法系国家的控股股东在榨取控制权私有收益方面似乎远不如其他地区控股股东那样收敛，这并不是因为他们遇到较少的障碍，而是因为这些国家往往存在“认为控股股东更有资格榨取控制权私有收益”的社会规范，即不同的社会规范对控制权私有收益榨取程度的容忍度不同，而这些具有不同容忍度的社会规范在一定程度上决定了投资者保护的实际水平。

由于成熟的法律环境不太可能短时间内迅速达成，替代的方法就可能产生，这些替代机制大多存在于大陆法系国家（La Porta et a.l，2000，陈冬华，2008）。譬如，La Porta 等（1999）认为，股权集中实际上是对投资者保护不足的一个反应，政府管制就成为一个重要的替代机制，连 Coase（1988）也承认，“在某些情形下，政府管制确实可以提高经济效率”。Glaeser 等（2001）考察了波兰和捷克的证券市场后，发现波兰的证券市场取得了更加长足的发展，他们认为这主要取决于波兰实施了更加全面和严格的管制；由于制度安排的不同，波兰的证券监管机构享有更高的管制收益并承担更低的管制成本，这构成了监管机构锐意加强管制的动力。Glaeser 和 Shleifer（2001）发现，在政策落实和产权保护方面，政府管制有时候比法律机制更有效。Pistor、许成钢（2003）认为，法律难以完备，无法准确无误地说明所有潜在的侵害行为，因此，通过重新分配剩余立法权和执法权而非试图制定完备的法律，可以提高执法的有效性。在法律高度不完备的情况下，将立法权分配给主动执法的管制机构，可能优于分配给被动执法的法院，特别是转型经济国家，市场发展早期往往不是基于严格的执法机制，而主要是行政机制。这意味着，法律机制还是政府管制之间存在竞争与替代关系，最终取决于两者的效率对比。在一个不断变迁、转型甚至断裂的社会中，管制作为法律的替代，至少可能是一个重要的次优备择方案。处于新兴加转型的中国，似乎正是上述理论的良好例证，经济现实中政府管制司空见惯，普遍存在。这既是计划经济的惯性所致，也和社会快速转型、法律无法及时跟进有关（陈冬华等，2005）。Pistor 和许成钢（2005）还认为，中国金融市场发展早期的成功，与配额制为核心的分散化行政管制替代了标准的法律治理功能有关。

既然 LLSV 认为法律对一国金融市场的发展具有重要的作用，那么一国是否可以通过直接从另一国移植法律保护措施来提高投资者保护水平呢？法律移植为新法律的产生提供了低成本、快速和潜在的丰富资源，但是一个国家独特的环境条件，尤其是有关宪政结构和利益集团联盟形式存在的政治环境，使得成功的移植非常少见。移植法律的效力取决于该法律如何被人们所理解、解释，以及最终是如何被移植过的国内机构所运用，这主要取决于拥有立法和执法权的政府机构如何理解和解释该法律。由于法律是不完备的，应根据各移植国的国情、习俗不断地进行适应和演进。如果移植过来的法律制度适应本国国情，那么移植进来的法律体系就会发生效用，反之，移植进来的法律就不能很好地发挥作用。在转型国家和大陆法系国家中，证券市场的发展仍然面临巨大的障碍，因此全盘移植普通法律制度并不是必须的。

由于法律的不完备性，法律不可能准确无误并详细地规范所有可能对投资者利益造成侵害的潜在行为，也不可能完全反映社会经济环境可能发生的变化。仅仅依赖这种存在固有内在不完备性的法律来保护投资者的利益显然是不够的（Pistor and Xu，2002），社会规范在投资者保护中的功能就凸显出来。

实际上，由于能力或腐败，很多国家法庭的运行并不能达到既有的法律目标。在这种情况下，Glaeser，Johnson 和 Shleifer（2001）提出在金融市场中可以通过政府监管而非法庭的执行可以达到保护投资者的次优状态。在中国资本市场上，魏明海等（2010）指出证券监管与地区治理环境是决定投资者保护程度的重要因素。陈冬华（2008）则研究了投资者保护机制中的隐性契约（即投资者保护中的“潜规则”），初步证据表明，投资者保护效果与隐性契约的性质存在重大关系。

还有很多学者从其他方面考察了社会规范对投资者保护和金融市场的发展。Licht，Goldschmidt 和 Schwartz（2001）认为，文化而非背后的法律传统能更好地解释国家之间投资者保护的区别。Pistor、Raiser 和 Gelfer（2000）考察了执法水平、规范遵守、制度结构及形式上的法律对转型经济国家的资本市场发展的影响，他们提出规范遵守等变量与市值呈显著正相关，相反，形式上的法律保护变量无足轻重。还有学者认为，政治因素影响制度（包括金融制度）发展，而法律的影响是次要的；禀赋论则强调了地理和疾病在形成金融制度中的作用。

3. 市场机制论

市场自由主义学派的观点认为，完善的市场机制本身会对管理者形成制约，从而保护投资者，股东可以通过绩效工资和股权激励实现对管理层行为的激励，而并购市场与职业经理人才市场则对管理层行为形成有力的约束和惩戒。Stigler（1964）指出，在证券市场的交易过程中，交易的双方都是完全理性的，为了提升股价，避免误导或者欺诈带来的惩罚，股票的发行者会有自动披露正确消息的动机，投资者也会收集和分析他们所要购买的股票的各种相关信息，并选择具有较高信誉的公司进行投资，以使自己免于受骗，因而无需通过专门立法来保护投资者的权益。其后一些更加具体的研究，也强调了市场机制的重要作用，Cheffins（2001）考察了 20 世纪之前的英国，发现法律制度在 20 世纪前期的大多数时候并未很好地保护中小投资者，但市场产生了良好的替代方式，如自律体制；Johnson 等（2000）发现经济稳定时期，内部人存在建立声誉的动机来善待投资者；Allen 等（2005）发现，基于声誉和关系的非常规融资渠道和公司治理机制，是支持中国非国有企业发展的主要因素，而当前的法律制度和金融发育水平相对滞后，不能有效地解释中国经济快速增长。

尽管由于个人的有限理性、外在环境的复杂性和不确定性、信息的不对称性和不完全性等（Grossman 和 Hart，1988），导致契约是不完备的，市场机制并非如 Stigler 等人所描述的这么完善，仍然需要通过法律与政府管制来保护投资者利益，但是市场机制在其中的作用并没有因此而丧失，相反，即使法律法律执行是有效的，投资者保护问题也会随着市场的发展而不断出现新的问题，市场机制在投资者保护中始终发挥着基础性作用。

这些市场机制包括上市公司通过提高投资者保护程度来降低融资成本，提高融资规模；投资者通过事前的信息收集形成对公司价值的判断，以形成正确的投资决策；通过投资以后信息的收集，降低代理成本，约束内部人的机会行为，保证投资收益的最终实现，等等。有效的投资者保护体系的建立，离不开这些市场机制，市场机制是投资者保护中最活跃、最根本的价值标准，无论法律保护还是政府监管都应当尊重与保护市场机制作用的发挥，投资者保护从根本上说是市场机制的要求和结果。

（二）投资者保护机制的内涵与本质

1. 法律、社会规范与市场机制的相互作用

社会规范通常被理解为一种非正式的行为准则，这种准则限制了自利行为但是得不到权力机关的强制执行。然而，没有强制执行并不意味着没有惩罚，公司违反了一项规范所遭受的名誉损失会很严重。社会规范是社会中普遍认可和执行的行为准则，它的执行机制是多元化的。社会规范在很大程度上是一种哈耶克所谓的“自发演生的秩序”，是自下而上形成并演进的，没有一个机关明确地来进行制定、颁布、实施这些规则。而法律是由第三方的政府、法院或者专门的执行机构来制定、颁布、执行，具有强制力。社会规范是人们在长期的互相博弈中所达成的共识。一个人要在社会中生存，要获得与他人合作的机会，就需要遵守社会规范，得到多数人的认可。波斯纳认为由于人们的自我实施，或是依赖于其他人的情绪化行为，或是由于社会的力量，或是内在化人的道德，人们会遵

守社会规范。随着全球化的发展，以及法律不断的延伸和扩展，社会规范在社会治理中的作用会不会下降？波斯纳认为，随着社会生活的发展，法律会变得越来越重要，而社会规范的作用会变得越来越不重要。Ellickson（1998）认为，当社会关系变得复杂时，政府就会缺乏能力获得和加工足够的信息，社会规范仍然会在不同的层面上进一步发挥更多更好的作用。社会规范的确重要，但是到底何时及在何种程度上重要仍然是悬而未决的问题。把各国控制权私有收益的差别仅仅解释为是司法或执行机制的差别是不够的。法律最软弱的时候也可能就是规范最重要的时候。当正规的法律没有给投资者提供充足保护时，社会规范的力量就变得更加重要，因为他们可以替代法律的功能。相反，当法律权利和救济给投资者提供充足保护时，公司就不怎么需要表明它们愿意遵守已经具有法律强制执行力的标准，或者不怎么需要提出新的举措，通过自律性的公司治理措施来信守承诺。当法律软弱而且关于投资者权利的社会规范也不完善的时候，体现公司意图的可信信号就很关键。信号越具有可执行性，就越具有替代法律规则的功能。因此，法律和社会规范的执行机制不同和对信息结构的要求不同，意味着它们可以在不同的层面发挥作用，国家不可能替代社区，法律也不可能消灭社会规范。尽管从历史上看，法律作用范围的扩大是一个不争的事实，但法律的发展没有能替代社会规范。

与此同时，世界各国的实践证明，市场机制是人类迄今为止所拥有的最有效的资源配置机制之一，因为市场机制能够以最快的速度、最低廉的费用、最简单的形式把资源配置的信息传递给相关的决策者，因此凡是市场能够调节好的经济活动，应首先考虑充分利用市场机制，否则成本大增，且难以达到目的。法律以及政府监管应当限制在市场失灵的领域。所以，仅仅依靠法律或政府监管是难以完成建立完善的投资者保护体系这一重任的。社会规范由于没有强制执行力，同时受众多因素的影响，也难以独立地完成投资者保护的重任，市场机制在投资者保护中具有不可替代的作用。因此，大力发展和完善投资者保护的市场机制，对于提高投资者保护水平具有重要意义。但是，需要指出的是，忽视法律规范和社会规范建设与完善，一味依赖市场机制也是不可取的，中外历史证明，众多的投资者利益损害案往往是在缺乏法律规范与管制放松的情况下发生的，投资者保护机制的完善有赖于法律规范的建设与执行、社会规范的完善与引导以及市场机制充分发挥作用。

2. 投资者保护的内涵与本质

从上面的分析可以看出，法律保护仅仅是投资者保护的一个重要方面，投资者保护水平还受社会规范与市场机制的影响。因此，我们认为，投资者保护是由国家法律、社会规范以及市场机制共同构建的用以保护外部投资者实现投资者收益，避免其权利被公司内部人（控股股东与管理层）侵占的一系列制度安排与运行机制。首先，法律体系的完善与执法效率的提高清晰了索取权与控制权、剩余索取权与剩余控制权的边界，降低了代理成本与市场交易费用，减少了投资者权利利益遭受侵害的可能性，提高了投资者因利益被侵占而获得补偿的程度，但是由于法律的不完备性为社会规范与市场机制发挥作用提供了空间。其次，社会规范往往通过证券市场监管实践和利益集团（包括中央政府与地方政府）的博弈来发挥投资者保护的作用，如陈冬华（2009）发现，受证监会和证券市场交易所处罚的公司，会导致本公司以及公司所在省份后续融资额度的丧失或减少，而这一结果没有任何法律或法规规定，可以看成是一种政府行为的"潜规则"。最后，在一定的法律制度和监管环境下，市场主体会在市场机制的作用下，遵循成本效益原则，以满足融资需求，降低融资成本为目标，建立和完善客观上有利于投资者保护的制度体系与作用机制。

因此，在法律法规不断完善的同时，充分发挥社会规范与市场机制在投资者保护中的作用机制，不断改善社会规范与市场机制在投资者保护中的作用机制是当前重要的任务。而完善社会规范与市场机制的投资者保护作用，离不开公开透明的信息系统与信誉系统，其中会计在建立与完善投资者保护的社会规范机制与市场机制中具有基础性信息与基础性制度的功能，充分发挥会计在投资者保护中功能与作用，是创新和完善有效的投资者保护体系的最基础路径。

二、会计在投资者保护中的功能

会计在投资者保护中的功能体现为会计在投资者保护中的基础性信息与基础性制度的功能，尤其对投资者保护的社会规范机制与市场机制的运行具有不可替代的作用。

（一）会计在完善投资者保护市场机制中的功能

资本市场上存在着严重的信息不对称问题，主要表现在两个层面：一是投资者作为上市公司股东，在上市公司的内部，上市公司管理层、大股东与小股东之间存在着严重的信息不对称；二是作为证券交易者，在资本市场交易中，作为筹资者的上市公司、资金雄厚的大机构和众多中小投资者之间存在严重的信息不对称。归纳起来，信息不对称至少有以下几种表现形式：信息源不对称；信息的时间不对称；信息的数量不对称；信息混淆（蓝文永，2009）。信息不对称对市场机制和投资者带来的潜在危害引出了投资者保护中需要解决的两个问题：信息问题和代理问题（贺建刚，2007）。首先会计具有定价功能，能够降低事前的信息不对称。在不完善和不完全市场中，由于未来的不确定，我们只有依赖于历史资料预测未来，会计盈余虽是对历史成果的反映，但它提供了预见公司未来发展前景的基础（石本仁，2002）。因此，会计信息是对股票内在价值信息的传递。充分、准确、及时的会计信息在减少信息不对称、抑制管理层机会主义行为等方面发挥着重要作用：一方面，相关、可靠、及时和充分的会计信息是公司外部治理机制有效运作的不可或缺的条件，通过借助于公司的会计信息和作为中介机构的注册会计师审计制度，有助于外部竞争性市场体系的有序运行，也大大降低了公司外部治理机制的运行成本，从而保证了当公司经理偏离股东利益行为时公司被兼并、接管等构成可置信的威胁等；另一方面，公司的会计信息会影响公司利益相关者之间的信息流动和财富分配，在内部治理结构中，会计信息直接发挥着监督、评价和契约沟通的作用。首先，在公司治理的演进过程中，公司利益相关者之间的博弈最终促使了会计监管机制的出现，管理层作为人力资本所有者具有机会主义行为，利用他们之间的信息不对称，仍然可能利用其拥有的会计政策的天然选择权和控制权，有选择地只向资本市场传递对企业有利的会计信息，甚至传递虚假的会计信息来蒙蔽投资者。因此，借助于公司会计信息，有效地降低了信息不对称程度，对管理层进行监督，使管理层为自己的机会主义行为作出“赔偿”，如声誉损失，有效地降低了管理层逆向选择的概率（向凯、陈胜蓝，2007）。其次，由于对管理层的机会主义行为的监督毕竟是被动的，所以要解决代理问题的根本出路在于对管理层的激励。为了控制代理人的道德风险，降低代理成本，委托人需要设计一项针对代理人的激励和补偿系统。这一系统至少应包括报酬契约、信息系统、责任及所有权分配。报酬契约规定了代理人从代理行动中的获利函数，直接诱导着代理人的行为，是决定委托人目标能否实现的关键。信息系统的选择则关系到委托代理双方的信息分布、信号对努力的反应强度，并最终影响代理产生的风险和激励分担。责任及所有权安排既是代理关系的基本内容，也是对产权的界定，会计信息在报酬契约的设计和指标选择中发挥着重要的作用（郑春美，2005）。卢静、胡运权（2007）认为，会计信息对管理者报酬激励机制目标的影响途径可以概括：会计信息可以帮助管理者及其竞争者识别和评价投资机会；会计信息能增加企业的经济效益；会计信息通过降低逆向选择和流动性风险来提高管理者报酬激励机制的作用。随着世界范围内上市公司治理机制的完善和内部控制标准的颁布实施，公司的内部信息与对外披露的信息口径有趋同的趋势，以公司治理与内部控制为桥梁，公司的管理会计与财务会计开始了系统对接，管理会计中的价值管理与战略管理方法、全面预算、业绩考评、成本习性、作业成本管理等已经成为投资者保护的重要手段。由于管理会计、内部控制与公司治理体系的不断完善与其作用的发挥，作为投资者利益基本保证与基本反映的公司财务，通过会计信息所反映出的公司财务运行质量自然成为投资者保护的重要方面。因此，财务会计信息、公司治理、内部控制、独立审计、管理会计与财务运行质量等会计系统与会计制度在投资者保护的市场机制运行中发挥着基础性信息与基础性制度的功能。

（二）会计在完善投资者保护社会规范机制中的功能

1. 隐性契约与投资者保护

陈冬华等（2008）指出，在法律不健全的经济体中，管制权力外溢可能更明显、更普遍。比如，一些无法诉诸法律（或者诉诸法律不经济）的纠纷，虽然其解决并不在管制机构的权力或职责范围之内，但是，如果管制机构与纠纷某方具有共同的利益，同时又拥有影响纠纷另一方利益的某种管制性决策权，管制机构就可能会运用这种决策权，来表达对利益相同方的支持。这种现象，可称为是一种管制权力的外溢。一方面，管制权力的外溢可以一定程度填补法律机制的缺失；另一方面，管制本身会形成对于原定目标的偏离和扭曲。管制权力的外溢，并不基于明文规定的契约（譬如政府规定、条例等），而是基于个体理性的各方默认存在的一致隐性预期。这种隐性预期的稳定性、一致性、强度、存在的时长以及变化的方向，取决于其所处环境中的其他约束条件，譬如管制机构的意愿、能力、法律环境、社会伦理以及反复博弈导致的信息不对称程度变化，等等。这种预期一致的、心照不宣的"无形的把手"，属于一种隐性契约。陈冬华等（2008）针对证监会进行了深入分析，认为证券监管机构的绩效更易度量，收益和责任边界非常清晰，难以依赖法律体系的帮助。清晰的绩效指标、业绩归属和责任边界，使得证券监管机构在避免公司丑闻方面，与中小投资者的利益几乎一致。一个丑闻不断的市场，必然会损害证券市场的活力与发展，降低证券监管机构的声誉，甚至可能影响主要官员的仕途。然而，我国证监会并没有权力绕过法律程序，直接查清丑闻造成的投资者损失，并勒令公司或者责任人员予以赔偿。但是，证监会拥有 IPO 的遴选权（这可是其他市场经济国家或地区证券监管机构通常没有的权力），而上市公司的多寡又通常被看作地方政府重要的政绩之一，因此，证监会就可以运用 IPO 的遴选权，来影响在上市公司中拥有巨大利益和权力的地方政府，迫使地方政府承担起责任，尽量减少公司丑闻的发生频率。或者至少在丑闻发生后减少投资者所受的损失。证监会、中小投资者、上市公司、地方政府，四者形成了一个奇妙的压力循环。证券监管机构可以将 IPO 的地区分配，与该地区上市公司发生丑闻的频率及其严重程度联系在一起。实证结果支持了上述推论。随后，陈冬华等（2008，2009，2010）运用会计等数据，展开了一系列的隐性契约研究，对于解释隐性契约在保护投资者方面功能规律提供了初步证据。因此，会计系统是评价隐性契约投资者保护效率、引导投资者保护的社会规范机制建立的重要工具。

2. 会计与投资者关系管理

投资者关系管理与强制信息披露都是上市公司与投资者进行交流的方式，是促进上市公司信息透明化的手段。应该看到，强制信息披露与公司治理、独立审计一起作为监管部门规范证券市场的三要素，在我国证券市场尚待规范，尤其是上市公司尚缺乏尊重投资者理念的背景下，强制信息披露起到了通过法规制定规范上市公司信息的重要作用，而投资者关系管理日渐兴起，更说明上市公司已经意识到自觉主动地与投资者沟通的重要性，是在强制信息披露基础上的一种进步。投资者关系管理与强制信息披露也有许多区别，强制信息披露更强调监管者通过法规要求上市公司披露信息；而投资者关系则强调上市公司主动披露信息与投资者交流，同时，投资者关系管理与强制信息披露在沟通的出发点、信息量、方法和渠道上都有所不同。投资者关系管理中，上市公司与投资者沟通的渠道较强制信息披露更为广泛，除法规规定的指定信息披露渠道外，公司可以利用报纸、网站、电视、会议、路演、电话、面谈、参观等丰富多彩的形式与投资者进行沟通。在满足指定渠道披露、时间优先的前提下，公司选择其他渠道披露信息，有利于沟通降低沟通成本，形成高效的互动，从而提高受众数量和增加投资者获取信息的方便性，改善沟通的效果。可见投资者关系管理也是投资者保护机制的重要组成部分，投资者关系管理的核心仍旧是信息问题，会计信息及其披露透明度对投资者关系管理至关重要。

3. 会计与诚信档案

投资者保护中声誉机制是社会规范作用机制的重要体现，而声誉机制的核心是诚信问题。为了推进上市公司诚信建设，促进上市公司规范运作，深圳证券交易所于 2007 年在深交所网站（www. szse. cn）及中小企业板块网页（www. szse. cn/main/sme/）

同时推出主板上市公司诚信档案及中小企业板块上市公司诚信档案。上市公司诚信档案主要记录上市公司及其相关人员受到深交所及证券监管部门公开处罚的信息，公众可以按公司名称、证券代码、相关人员名字、处分类别、时间段等单独或组合查询方式快捷、方便地检索有关诚信信息。推出诚信档案的意义在于，便于投资者、新闻媒体和社会各界关注和监督上市公司及相关人员的职业操守、诚信状况，增强上市公司诚信守法、规范运作的意识，提高上市公司的社会公信力；今后深交所还将在档案内容、检索方式上不断丰富和完善，以便于公众及时了解上市公司的诚信状况。而诚信档案中最主要的考察方面仍然是会计信息及其披露。未来类似的诚信机制建设会不断深入，会计及其披露活动是体现和评价公司诚信的重要方面，也是促进诚信机制建设的重要动力。

三、中国资本市场投资者保护实践：现实状况与未来机制创新

（一）我国资本市场投资者保护实践与成就

中国资本市场已经建立20多年。20多年来，中国资本市场从无到有，跻身世界前列。市场各类主体历经风雨不断成长，推动我国资本市场逐步成熟。我国的资本市场的投资者保护工作，与市场同步发展，起到了有效的促进保障作用，并将与市场一起跨入新的发展阶段。20多年来我国不断强化以保护投资者为核心的市场监管，加快市场基础性制度建设，在培育市场股权文化理念、强化股东对上市公司的约束、引导上市公司增加投资者回报、有效打击证券违法犯罪等方面做了大量的工作，取得显著成就。

1. 多层次的资本市场投资者保护体系初步建立

我国多层次的资本市场稳步推进，逐步确立了由主板、中小板、创业板和场外交易市场构成并有机联系的多层次资本市场体系框架。经过长时间的筹划与准备，融资融券和股指期货相继出台，各基金公司、银行、证券等金融机构不断创新和丰富理财产品，新股发行制度改革和上市公司信息披露等制度日臻完善，各层次市场的投资者保护体系初步建立。为保护投资者利益，完善资本市场优胜劣汰机制，证券市场退市制度加快完善，设置了多元化的退市标准，创业板公司终止上市后可直接退市，而无需进入代办股份转让系统。监管部门开始了以创业板为突破口，带动主板退市制度跟进，从源头优化上市公司的质量，有效地保护了投资者的利益。在对公司的日常监管方面，强化公司治理建设，对股东借款等侵占公司利益的行为动用刑法，规范高管薪酬、独立董事、董事会建设、股权激励、关联交易、重大投融资等行为。

2. 资本市场信用信息体系逐步健全

2010 年，中国人民银行发布《金融业机构信息管理规定》，规范和加强金融业机构信息管理工作，确保金融业机构信息的真实性、准确性和完整性，促进金融业机构信息系统的互联互通。央行征信数据库已建立了 6 亿多个个人、6 000 多万农户和 1 700 多万户企业的信用档案，是迄今为止世界上规模最大、类型最为复杂、受益面最广的数据库。由上海市证券同业公会组织开发的“上海地区证券营销人员信息平台”正式启用向社会开放，旨在提升投资者自我保护意识和自我保护能力，压缩不法行为空间，规范营销环境。借鉴国际成熟市场的经验，研究创业板终身保荐制度。

3. 完善证券立法，执法效率不断提高

初步建立行之有效的证券执法体系。中国证监会对执法工作高度重视，通过健全体制、创新机制，已初步形成一整套适应我国资本市场发展需要的、行之有效的证券执法体系。在不断完善公司法、证券法的基础上，近年来，有关部门通过推动立法、制订规则，逐步完善了证券执法工作的法律法规体系，更加巩固了保护投资者利益的法制保障；通过查办大要案件、开展专项行动，不但有效震慑了违法违规行为，整肃了市场秩序，净化了市场环境，而且还树立了证券执法权威，坚定了市场信心；通过宣传执法、公布案情、舆论引导，逐步增强了市场规范意识和投资者的法律意识，社会公信度得到明显提高。最高人民检察院、公安部联合印发的《最高人民检察院、公安部关于公安机关管辖的刑事案件立案追诉标准的规定（二）》，对公安机关经济犯罪侦查部门管辖的包括内幕交易、泄露内幕信息案，以及操纵证券、期货市场案等在内的86种刑事案件的立案追诉标准作出了规定，从而使公安机关在查处证券市场的违法犯罪行为时有法可依。不断加大对内幕交易、老鼠仓与网上证券欺诈的打击力度。不断加大证券违法的处罚力度，并定期向社会公布处罚结果。在加大对内幕交易案件查处力度的同时，证监会对此类案件移送公安机关的力度也逐年加强。中国证监会还引入法官挂职担任行政处罚委专职委员，提高证券执法工作的公正性和权威性。首批委派的两名法官来自最高人民法院和北京市第一中级人民法院，将于2011年1月开始任职。监管机构还建立起立体化的网络监控体系和相应的网络清理机制，打击网上以荐股为手段的诈骗行为。至今已有1 000多人因涉嫌证券投资咨询网络诈骗被相关部门带走调查。监管机构已对新浪、腾讯、搜狐、网易等门户网站以及各大搜索引擎上的相关信息展开重点监测，发现可疑信息交由专门的机构进行甄别和进一步处理。

4. 加强上市公司与金融公司的风险排查与资信评估工作

通过证监会派出机构严密关注上市公司的风险状况，定期、有重点地对上市公司的治理情况、经营情况以及重大风险进行检查与排查，要求上市公司对检查结果与整改结果要公开披露，并定期对投资者作出风险提示。开展对银行业、证券业、保险业、金融控股公司及交叉性金融工具等领域金融风险的监测和评估，研究分析金融业综合经营试点和产融结合等问题，提升金融风险评估预警水平。2010 年中国证监会首次面向全市场公开发布证券公司分类评价结果。数据显示，2010 年 98 家参与分类评价的券商中，有 12 家获评 AA 级，A 类公司占比达到 35.7%，没有被评价为 D 类和 E 类的公司。券商分类可以为落实风险防控工作提供可靠的依据，确保市场平稳运行。

5. 设立证券投资者保护基金，投资者保护制度日趋完善

在中国证监会领导下，中国证券投资者保护基金公司创新投资者保护工作机制，致力于构建多层次、全方位的投资者服务体系；积极建设证券公司客户资金监控系统；开展对上市公司、证券公司等市场参与主体有关投资者合法权益保护状况的评价工作；加强投资者保护的国际交流合作，继 2008 年与加拿大投资者保护基金签署《证券投资者保护合作谅解备忘录》之后，2009 年又与美国证券投资者保护基金签署合作备忘录。这些努力对于提高中国资本市场的投资者保护水平具有积极意义。

6. 重视行业自律监管的作用，加大投资者教育力度

中国证券业协会作为中国证券行业的自律组织，十分重视投资者的教育与保护工作，取得了积极效果：一是通过发布自律规则，要求会员单位将投资者教育融入到具体业务中。二是要求证券从业人员先受教育，主要措施是“四进”，即投资者教育相关内容进从业人员考试大纲和教材，进考试题库，进后续职业培训课件，进高管人员资质测试。三是除了对投资者进行新法规、新政策、新知识、新产品的宣传教育外，重点进行风险教育。四是致力于投资者教育工作相关理论课题研究，研究投资者投资行为特点和投资者教育工作分类开展的方式、方法，评估投资者教育工作效果，总结投

资者教育规律，探索投资者教育工作有效开展的长效机制。目前，协会的投资者教育工作正逐步朝制度化、规范化、常规化的方向迈进。

（二）中国资本市场投资者保护机制创新

2008 年开始，国际金融危机席卷全球。从雷曼“迷你债券”风波到“掠夺性贷款”（Predatory Lending），此次金融危机充分暴露出金融产品的不当销售，特别是金融欺诈和滥用对公众投资者利益造成的侵害，也反映出监管当局在保护投资者利益方面存在的缺陷。各国监管当局普遍意识到，只关注金融机构的利益诉求而忽视对投资者利益的切实保护，会破坏金融业赖以发展的基础，影响金融体系的稳定性。因此，加强对投资者的保护，成为后金融危机时期各国和各地区金融监管当局反思和改革的重要内容。

尽管我国资本市场投资者保护取得了可喜的进步，但是投资者保护机制相对单一，主要强调法律保护与政府监管，对社会规范机制、市场机制尚未给予足够重视，尤其对会计在投资者保护中的作用及其重要性认识尚不到位，我国资本市场投资者保护亟需机制创新。

1. 进一步发展投资者保护的社会规范机制

我国特定的制度背景与市场环境，与传统的中国文化和管理风格相融合，造就了特定的社会规范体系。社会规范体系在投资者保护机制中具有举足轻重的作用，是法律机制的有效补充。我国的党政管理特征、文化理念、利益集团博弈以及新兴加转型的经济体制，对我国社会规范体系有着重要影响，并最终体现到我国投资者保护的实践及其效率上来。如我国的以德治国、精英政治、低薪政策造就了以隐性激励机制为特征的等级社会，并导致社会固化、泛道德化、灰色地带、庞大的官僚体系（陈冬华，2010）。Bodde 和

Morris（1973）认为，中国缺乏民法传统，“传统的中国不是一个由法律调整的社会，中国的法律注重刑法，……；保护个人或团体的利益，尤其是经济利益免受其他个人或团体的损害，并不是法律的主要任务，而对于受到国家损害的个人或团体的利益，法律则根本不予保护，法律总是以垂直方式发生作用——由国家指向个人，而不是以水平的方式在个体之间发生作用。道德为本是中国存在大量非正式规则的最重要根源之一。”North（1998）指出，我们都知道行为习惯、习俗和行为模式对一个社会的运转起到关键作用。但是，我们却不去了解他们是如何运作、又是怎样随时间的变化发生演进的，以及什么因素使它们运作得好一些，或者糟一些；实际上正式规则只是一种因素，我们必须要关注那些非正式约束（Informal Constraints）（引自陈冬华，2010）。陈冬华（2010）还分类列举了我国资本市场投资者保护中大量例子，以体现与投资者保护有关的社会规范的独特性，并提供了部分实证证据。例如基于道德与法律传统的隐性制度安排有：高管选拔与考核中的道德评价，重组式投资者损失补偿，个体（个人和家族）声誉、信用与关系，企业效率中的政治评价等；基于政府权力与运作方式的隐性制度安排有：宏观经济政策与微观公司应对，寻租、俘获与润滑，会议、讲话与制度形成，显性规则的隐性化，选择性执法，地区竞赛与融资分配，隐性惩罚等；基于社会习俗的隐性制度安排有：家族企业中的诸子均分制，父债子还与有限责任等；基于经济转型的隐性制度安排等：在职消费的激励作用，行政级别的激励作用，隐性政府管制的替代性存在，等等。充分研究与完善有利于建立有效的投资者保护的社会规范体系，是我国投资者保护机制创新的重要方向之一。

2. 进一步创新投资者保护的市场机制

坚持投资者保护机制的市场化导向，是我国投资者保护机制创新的另一重要方向。投资者保护的市场机制表现在如下方面：第一，从资本需求方来看，在法律体系和证券监管制度一定的情况下，资本需求方可能通过添加法律没有规定的条款来强化投资者保护（Djankov et a. l，2008），以达到降低代理成本和融资成本的目的（魏明海，2010）。例如公司可能会通过增加信息披露、构建功能良好且独立的董事会以及采用一些约束与激励经理人员和控股股东侵害中小股东利益的措施等（Klapper 和 Love，2004）。这表明市场中本身存在制约投资者利益侵害的行为约束。第二，从资本供给方来看，投资者通过事前的信息收集形成对公司价值的判断，以形成正确的投资决策；通过投资以后信息的收集，降低代理成本，约束内部人的机会行为，保证投资收益的最终实现。第三，从中介机构来看，无论是具有定价优势的中介机构，如机构投资者，证券分析师等，还是信息发布或鉴证业务中介，如媒体、注册会计师等，以及评级与评价机构，如信用评级机构、投资者保护指数评价机构等，它们都会通过市场机制，在自身利益的驱动下，从事中介业务，客观上构成了投资者保护的重要机制。Dyck 和 Zingales，（2004）认为，中介（如媒体）的高覆盖与企业内部人控制权私有收益的大小成负相关关系。La Porta（2006）也认为通过信息的广泛渗透能使经理人的自利行为受到约束。Datar 等（1991）的模型表明选择高质的审计师有助于减小公司的信息风险，帮助投资者对公司进行正确定价。Barth 和 Hutton（2004）对较多证券分析师跟踪的公司与较少证券分析师跟踪的公司进行比较，发现前者的股价对公司应计和现金流中的信息作出了更快的反应，表明证券分析师促进了财务会计信息的定价作用。第四，公司依据成本效益原则选择治理机制与治理环境的可能性。一方面，Bushman，Engel，Smith（2004）认为，较低的公司经营透明度会提高投资者对公司治理机制的要求以缓解可能更高的道德风险问题，并发现股权集中度、董事和管理层报酬、外部董事声誉与盈余及时性具有显著的负相关关系，因此，公司可能会采取成本相对较高的信息收集机制或行为，以至少部分地替代效率较低的公司治理机制，即作为较低成本的会计信息系统与较高成本公司治理机制之间具有显著的替代关系。另一方面，公司可能通过境外上市、跨国并购等方式，选择投资者保护程度不同的法律环境与治理环境，以调整或改善投资者保护环境（Goergen 和 Renneboog，2008）。其他潜在的市场作用机制更是丰富，如何引导和创新投资者保护的市场作用机制是我们面临的重要而紧迫的任务。

3. 充分发挥会计的投资者保护功能

投资者保护法律机制、社会规范机制与市场机制的运行，离不开会计功能的完善与发展。资本市场的不断发展使得会计的作用显得越来越突出，会计在投资者保护机制中的作用也越来越被学术界和实务界所关注。在会计理论与实务不断演化的进程中，保护投资者利益的理念和呼声由来已久。D. R. Scott 在 1941 年时就较早地认识到，应该采用一些社会伦理标准作为构建会计理论（实务）的依据：一是会计程序对一切利益集团都必须公平对待；二是财务报告应保持真实并不弄虚作假；三是会计数据应是“公允”的或无偏向的。关于会计报告质量的评价也出现了用户需求观和投资者保护观（葛家澍等，2001；王跃堂等，2001），前者倾向于关注与估计有关的问题；后者倾向于更多地关注与公司治理和受托责任相关的问题。就使用者需要看，所建议的评估标准可以 FASB 第 2 号概念公告为代表，若从投资者保护观来看，财务信息的质量基本上被定义为，应向投资人提供“充分而公允的披露”（full and fair disclosure）（这是 SEC 保护投资者的原则），SEC 和 Levitt 提出的目标（“蓝带委员会”第 8 号建议是达成这一目标的结果之一）——保护投资人并特别关注盈利被操纵（扭曲）。按照这一目标，高质量的财务报告是充分而透明的财务信息，这些信息不会企图使使用者困惑或误导他们，在这一目标下的其他评估质量的标准虽有类似之处但不完全相同，体现出一定的独特性，表 1－1 列示了投资者保护观下会计信息及其披露的基本要求。要求与原则的不同必然导致会计及其报告实务的差异，并最终导致会计功能机制的创新。如何基于投资者保护的功能目标建立相应的会计原则与披露准则，以此为指导完善会计准则与会计系统，并以此为基础不断开发基于会计的投资者保护机制应该是未来投资者保护机制创新的重要方向。2010 年北京工商大学投资者保护中心发布的“中国会计投资者保护指数”，可以看作一次有益的探索。应当大力支持和鼓励类似的研究与实践，不断开发出适合我国国情的会计投资者保护机制。

表 1－1　投资者保护观下会计信息及其披露的基本要求

机　构	蓝带委员会建议书、No. 8（1999）	美国审计委员会 SAS No. 61	Kirk 委员会	SEC 对 IAS 质量的评价模式
整体要求	披露的明晰性	会计信息及其披露的明晰性、一致性和完整性	财务披露活动的明晰性	透明性
会计原则	会计原则和基本估计的保守或激进程度		会计原则选择的保守、适度还是激进	
会计政策		会计政策应用的一致性	普通还是个别实务	可比性
披露原则		对会计信息的如实表述，可稽核性、中立性、一致性有重大影响的项目		充分披露

四、本书的内容与逻辑框架

本书主要论证了会计在投资者保护中的功能与作用机制，并提供了相应证据；介绍了在此基础上由北京工商大学投资者保护研究中心开发的“中国上市公司会计投资者保护指数”，并对2010年上市公司会计投资者指数评价结果做了简单分析，指出我国上市公司会计投资者保护的特征与存在的问题；最后展示了会计与投资者保护的若干案例，通过案例分析，进一步加深对本书理论与证据的感性认识，并在中国的制度环境、市场环境与文化环境中理解会计投资者保护功能的基本特征与具体的作用机制。由于本书是分若干专题进行的，这些专题之间具有内在的逻辑联系，但又具有相对的独立性。本书共分为十章，每章内容介绍如下：

第一章　导论。本章作为本书导论，主要论述了投资者保护的内涵与本质，会计在投资者保护中的功能，中国资本市场投资者保护实践的现实状况与未来机制创新，并简要介绍了本书逻辑结构和各章的具体内容。本章指出，投资者保护体系是一个融合法律规范、社会规范与市场机制的综合体系，在不断完善法律机制的同时，需要不断开发与建设投资者保护的社会规范机制与市场机制，会计在投资者保护机制中具有基础性信息与基础性制度的功能。

第二章　会计治理功能及其投资者保护涵义。本章系统地论述了会计的治理功能及其投资者保护涵义。会计治理功能是在特定制度环境与市场环境下产生的财务会计信息，利用其基础性信息与基础化制度角色，借助市场化作用机制，通过缓解信息不对称与代理问题，所发挥的有效克服逆向选择与道德风险问题、提高公司治理效率、促进经济发展的功能。会计治理功能是会计发挥投资者保护作用的根本，为此，本章构建了会计治理功能分析框架，提出会计治理功能具体包括治理要求体现功能与治理改善功能，进而系统地分析了现有的研究文献及其证据，展望了当前会计治理功能研究存在问题和未来研究方向，试图为完善会计准则、开发利用会计治理功能、促进投资者保护机制的完善提供框架性意见和研究建议。

第三章 业绩信号、公司治理与投资者保护。本章主要论证了会计作为业绩信号，在公司治理与投资者保护评价中的功能与作用规律，本章分为5节，运用实证研究方法分别研究和检验了“金字塔”结构、两权分离与公司价值，终极控制权性质、市场化程度与公司层级，投资者关系、公司价值与投资者保护，大股东变更、公司治理与公司绩效以及会计信息在上市公司控制权转移预测中的功能。

第四章 会计信息、透明度与投资者保护。本章主要介绍了会计信息质量、会计信息披露在投资者保护中的作用以及与投资者保护机制的相互关系，本章分为5节，运用实证研究方法分别研究了两权分离下的盈余管理，公司治理机制对公司透明度的影响，会计信息质量与CEO更替，市场推动与政府监管共同作用下的信息披露水平以及经营透明度对公司监控机制的影响。初步提供了会计信息及其披露在投资者保护中的作用机制的证据。

第五章 管理会计与投资者保护。本章研究了管理会计在投资者保护机制中的功能与作用。分别采用问卷调查方法与实验研究方法，重点研究了企业预算的投资者保护功能和价值链节点企业之间成本治理机制，提供了管理会计运用于投资者保护的例子与初步证据。

第六章 财务运行质量与投资者保护。本章研究了财务运行中的价值管理对投资者保护的重要性与作用机制，运用实证研究方法分别研究了公司价值最大化的驱动因素及它们之间的相互关系，资本结构选择对企业价值的影响，公司业绩在确定股利方案中的作用，以及盈余管理与税费负担之间的关系，提供了财务运行质量对投资者保护的功能与作用机制的证据。

第七章　风险导向审计与投资者保护。本章研究风险导向审计的投资者保护功能，运用规范研究方法，论证了风险导向审计的投资者保护原理。在模拟审计历史演变的基础上，探讨了风险导向审计的存在基础、机理以及应用问题，试图提供认识风险导向审计本质的新视角，加深对其机理与投资者保护功能的理解，以促进风险导向审计在投资者保护中的正确运用。

第八章　境外上市、信息披露与投资者保护。随着经济全球化与资本市场的全球化，会计准则的国际趋同，会计发挥投资者保护功能的环境发生了很大变化。在国际环境中，不同的法律、制度与市场环境为研究会计投资者保护功能提供了新的视角与考察环境。本章分别考察了我国公司境外上市中信息披露问题，以及会计准则国际趋同的经济后果，试图为会计的投资者保护功能提供更为深入的认识。

第九章　会计投资者保护功能评价。本章介绍了由北京工商大学投资者保护研究中心开发的“中国上市公司会计投资者保护指数”评价体系，并对中国上市公司 2010 年指数进行了简要分析，通过指数分析，我们发现，从总体上来说，中国上市公司会计投资者保护程度有很大提升空间；制造业投资者保护平均分较高，但其行业内企业间差距较大；经济越发达地区投资者保护程度越高；民营企业投资者保护程度高于国有企业投资者保护程度。基于目前我国会计投资者保护的现状，会计在投资者保护中的作用还有有待开发。

第十章　会计与投资者保护案例。本章分析了若干上市公司案例，以深入分析会计投资者保护的功能与作用机制，并进一步印证前面几章的实证证据。本章的案例包括厦门航空会计魔术案、青岛海尔银行承兑汇票案、杭钢股份商业承兑汇票案、五粮液谜局案、海南海药股权激励引致亏损案、张裕股份隐性 MBO 案以及双汇发展机构投资者否定议案等。通过案例分析，使读者对会计的投资者保护功能与作用机制的理解进一步形象化、具体化，同时对我国资本市场上投资者保护制度演化、特定的制度背景、市场环境与社会规范环境的认识进一步加深，从而对会计投资者保护功能的运行环境及其运行效果规律形成基本轮廓。

主要参考文献：

[1] Allen, F., J. Qian, M. J., Qian. "Law, Finance, and Economic Growth in China", Journal of Financial Economics, 2005 (77): 57 - 116

[2] Bennedsen and Wolfenzon. " An Economic Analysis of Investor Protection in Corporations with Concentrated Ownership. " Working Paper, Department of Economics - Copenhagen Business School, 2000

[3] Bhattacharya, Utpal, and Hazem Daouk. "Why No Law is Better Than a Good Law", Working Paper, 2005

[4] Cheffins, B. R., "Does Law Matter? The Separation of Ownership and Control in the United Kingdom", Journal of Legal Studies, 2001 (30): 459 - 501

[5] Dyck, Alexander, Adair Morse, and Luigi Zingales. "Who Blows the Whistle on Corporate Fraud", Working Paper, 2005

[6] Grossman, Sanford, and Oliver Hart. "One - share - one - vote and the Market for Corporate Control. " Journal of Financial Economics 1988 (20): 175 - 202

[7] Jensen, Michael C. and William H. Meckling, "Theory of the Firm: Managerial Behavior, Agency Costs and Ownership Structure", Journal of Financial Economics, 1976 (3): 305 - 360

[8] Johnson S., Boone P., Breach A., Friedman E., "Corporate Governance in the Asian Financial Crisis", Journal of Financial, 2000

[9] Klapper and Love. "Corporate Governance, Investor Protection, and Performance in Emerging Markets." World Bank Policy Research Working Paper, 2002: 2818

[10] La Porta, R., F., Lopez - De - Silanes, A., Shleifer, R., Vishny. "Legal Determinants of External Finance", Journal of Finance May, 1997 (52): 431 - 435

[11] La Porta, R. F. Lopez - de - Silanes, A, Shleifer, and R. W. Vishny. "Corporate Ownership around the World", Journal of Finance, 1999 (54): 471 - 517

[12] La Porta, L., F. Lopez - de - Silanes, A. Shleifer, and R. Vishny. "Investor Protection and Corporate Governance", Journal of Financial Economics, 2000 (58): 3 - 27

[13] La Porta, R., F. Lopez - de - Silanes, A. Shleifer, and R. W. Vishny, Investor Protection and Corporate Valuation, Journal of Finance, 2002 (57): 1147 - 1170

[14] Pistor, K., and Xu, C., "Incomplete Law", Journal of International Law and Politics, 2003 (35): 931 - 1013

[15] Pistor K., Xu C. "Governing Emerging Stock Markets: Legal vs Administrative Governance", Corporate Governance 2005, 13 (1): 5 - 10

[16] Pistor K., Xu C., "Governing Stock Markets in Transition

Economies: Lessons from China", American Law & Economics Review 2005b, (7)

[17] Stigler, George. "Public Regulation of the Securities Market." Journal of Business 1964 (37): 117-142

[18] 陈冬华．北京工商大学讲座讲义，2010

[19] 陈冬华、章铁生和李翔．"法律环境、政府管制与隐性契约"，《经济研究》，2008 (3)

[20] 葛家澍，陈守德．财务报告质量评估的探讨，《会计研究》，2001 (11)

[21] 蓝文永．公司信息披露机制对投资者保护作用的探讨分析，《会计之友》，2009 (25)

[22] 李维安等．《公司治理评价与指数研究》，高等教育出版社，2005

[23] 贺建刚，刘峰．投资者保护与国际会计准则的采纳和执行——基于产权和法律视角．《财经理论与实践》，2007 (3)

[24] 沈艺峰等．我国中小投资者法律保护与公司权益资本成本，《经济研究》，2008 (2)

[25] 王跃堂，张祖国．财务报告质量评价观及信息披露监管．《会计研究》，2001 (10)

[26] 魏明海等．投资者保护研究综述——财务与会计信息的作用，《中国会计评论》，2007 (1)

[27] 魏明海，柳建华，刘峰．《上市公司投资者保护研究报告》，经济科学出版社，2010

[28] 许成钢．法律、执法与金融监管．《经济社会体制比较》，2001 (9)

[29] 许成，Pistor. 执法之外的机制——中俄金融市场的治理，《比较》，第六辑，2003 (4)

[30] 张建伟．法律、投资者保护与金融发展——兼论中国证券法变革，《当代法学》，2005（5）

[31] 张勇．法律还是社会规范：一个关于投资者保护的比较分析，《经济社会体制比较》，2006（3）

第二章
会计治理功能及其投资者保护的涵义

摘　要：会计治理功能是在特定制度环境与市场环境下产生的财务会计信息，利用其基础性信息与基础化制度角色，借助市场化作用机制，通过缓解信息不对称与代理问题，所发挥的有效克服逆向选择与道德风险问题、提高公司治理效率、促进经济发展的功能。会计治理功能是会计发挥投资者保护作用的根本。本章构建了会计治理功能分析框架，提出会计治理功能具体包括治理要求体现功能与治理改善功能，进而系统地分析了现有的研究文献及其证据，展望了当前会计治理功能研究存在问题和未来研究方向，试图为完善会计准则，开发利用会计治理功能、促进投资者保护机制的完善提供框架性意见和研究建议。

关键词：会计治理功能、治理要求体现、治理改善、投资者保护

一、引言

会计治理功能是指会计在维护公司运行规则、提高公司治理效率、提升公司价值，进而促进经济发展方面所具有的特有功能，治理功能是会计的本质功能，会计的许多原则与特点，如历史成本的使用、可靠性标准、稳健性原则等，离开了公司治理结构是难以理解的；没有公司治理问题，会计的作用就被降低成为仅为投资者提供有关投资风险和回报的信息，以帮助投资者进行最佳投资组合决

策（Sloan，2001）。会计治理功能是发挥会计在投资者保护机制中作用的基础。然而以往的会计学研究往往假定公司治理为外生变量，研究公司治理的特定机制，如股权集中度、机构投资者、独立董事、最终控制人性质、高管激励等对会计信息质量的影响（如Beasley，1996；Fan 和 Wong，2002；Gul 和 Leung，2004 等），这些研究尽管暗含了会计具有治理功能的前提，但是对会计在公司治理中发挥作用的具体机制以及不同治理机制对会计信息质量需求的差异性研究不够透彻。尽管国外学者开始关注会计治理功能的具体机制，如 Bushman 和 Smith（2001），但是他们也只重点探讨了会计在管理层激励合约中的应用，除了管理层激励合约外，他们对会计治理功能给予很少关注，即便是对管理层激励合约中会计功能研究，也没有超出“会计信息是具有‘噪音’的公司业绩信号”的认识（Sloan，2001）。Sloan（2001）进一步分析发现，尽管会计学者在会计治理功能研究方面具有重要使命和其他学科不可比拟的天然优势，但是会计学者对会计治理功能研究的贡献，远远不及非会计学者的贡献。换句话说，会计学领域没有对公司治理的会计需求予以足够重视，并导致了会计治理功能研究滞后于资本市场运行与公司治理完善对会计的现实需求。会计学者面临的重要任务之一是，应当集中精力鉴别在不同的特定公司治理机制中发挥功能的会计信息的独特结构和特征（Sloan，2001）。此后，尽管会计治理功能研究获得突破性进展，已有文献提供了大量洞见，但是缺乏对会计治理功能的系统分析和总结，进而限制了对不同的特定的治理机制中发挥功能的会计信息的独特结构和特征研究与比较，从而资本市场运行与公司治理的诸多会计需求还不能直接反映到准则制定与会计原则抉择等会计实践上来，而这些会计需求及其满足机制又恰恰是当前会计准则国际趋同中应当予以高度关注的方面，以促进国际会计准则质量标准形成的关键机制。因此，会计治理功能研究是会计学与公司治理研究的共同的重要领域，系统深入地探讨会计治理功能及其对会计信息质量的要求，不仅可以深化公司治理研究，而且对于深化对会计功能的认识，完善会计理论体系与会计准则体系具有关键性意义。为此，本章基于已有的研究文献为，尝试构建会计治理功能分析框架，以期在全面系统理解会计治理功能的基础上，深化会计信息质量标准研究，完善会计准则，为开发利用会计治理功能提供框架性意见。

二、会计治理功能的内涵与分析框架

"会计治理功能"真正引起关注始于20世纪70年代，概括众多学者对会计治理功能的理解，可以归纳为以下几类：（1）将会计治理功能理解为对会计信息质量的监控与制约，即会计的治理要求体现功能。该观点认为会计作为公司治理结构的产物，其信息质量受契约动机和会计规范的双重制约，而会计规范本身也是一种政治程序，通过合理设置利益相关者的收益矩阵和强化制约机制可以完善会计信息质量。例如Watts（1977）提出的实证会计理论（Positive Accounting Thoery）认为会计在签订和履行契约中具有业绩评价的功能，公司契约（高管薪酬、股利政策和债务契约）会引发公司会计盈余管理行为，进而影响会计信息质量，会计准则的制定是一个政治程序，通过契约条款设计和会计规范的博弈可以在一定程度上保证会计信息质量。（2）将会计治理功能理解为会计解决代理问题中所发挥的缓解道德风险的功能，即会计监督功能。例如Bushman和Smith（2001）将会计治理功能定义为会计信息在公司最优契约设计、契约履行保证和特定公司治理机制（如并购、争夺投票权等）中所发挥的缓解道德风险、促进资源配置与提高生产效率的功能。（3）将会计治理功能理解为会计在缓解事前决策中因信息问题导致的逆向选择和缓解事后决策中因代理问题导致的道德风险的功能。例如 Sloan（2001）指出，会计治理功能除了包括会计在公司契约签订与履行中的功能外，会计在证券定价中的作用本身就具有潜在改善治理的意义，从而把会计治理功能的作用范围从契约关系拓展到同时包括契约关系和资本市场定价，作用对象从代理问题扩展到同时针对代理问题与信息问题中的逆向选择与道德风险，即会计治理功能包含会计信息功能与监督功能。（4）将会计治理功能理解为会计信息、会计制度作为基础性信息与制度要素，在宏观和微观两个层面作用于一国企业发展、市场发展、国家制度发展与经济发展的功能。例如 Leuz 和 Wysocki（2008）认为会计信息披露和监管不仅对微观的个体企业具有经济后果，而且对于宏观和整体层面具有经济和社会后果。在此基础上会计治理功能可以被理解为在经济全球化背景下，国际金融监管、会计准则国际趋同与资本市场国际化发展等趋势的推动下，会计对促进一国经济发展和提高公司监管效率中的作用和功能。即会计治理功能不仅要包括会计的信息功能与监督功能，还包括会计的治理要求体现功能，这种治理要求体现不仅表现为公司治理机制本身对会计的要求，而且还表现为特定制度环境与市场环境下治理要求在会计上的综合反映。可见，对会计治理功能的理解经历了一个从会计信息本身的质量控制，到会计的契约有用性，到契约有用性和决策有用性兼容，再到一国宏观与微观经济发展过程中会计通过制度性因素促进经济发展，提高公司监管效率的过程；其功能的发挥也从显性功能，过渡到显性与隐性功能并行。为此，本章对会计治理功能作出如下界定：会计治理功能是指特定制度环境与市场环境下产生的财务会计信息，利用其基础性信息与基础化制度角色，借助市场化作用机制，通过缓解信息不对称与代理问题，所发挥的有效克服逆向选择与道德风险问题、提高公司治理效率、促进经济发展的功能。因此，会计治理功能包含了两个方面的含义：一是会计治理功能反映了特定制度环境与市场环境综合作用下，市场运行体系对会计信息的基本要求，并把这种要求不断地反映到会计信息质量标准、会计系统的原则与方法上来，即会计的治理要求体现功能；二是特定的制度环境与市场环境下生产的会计信息，通过既定的制度与市场机制克服逆向选择与道德风险问题、提高公司治理效率、促进经济增长的作用，即会计的治理改善功能。会计治理功能的框架结构见图 2－1。会计的治理要求体现功能与治理改善功能是会计治理功能的基本构成要件。会计治理功能是会计功能的本质表现，是会计信息质量标准、会计系统原则与方法的内在决定因素。

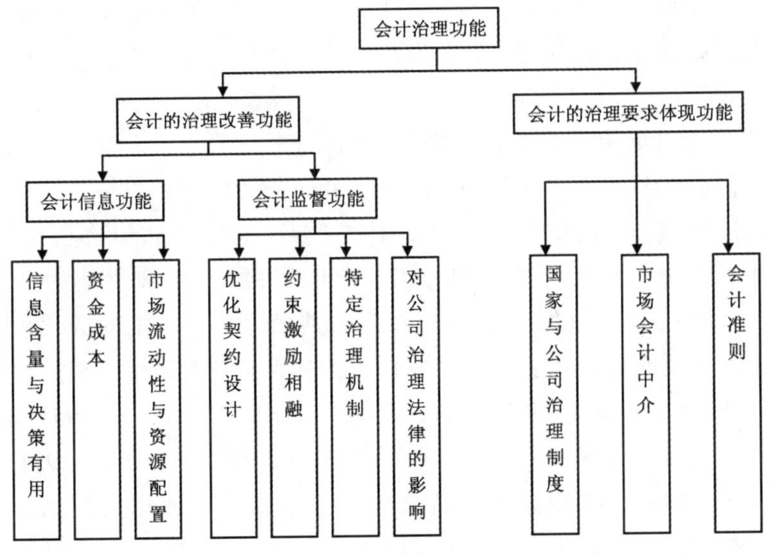

图 2－1　会计治理功能分析框架图

三、会计的治理改善功能及其证据

（一）缓解逆向选择，促进公司有效资本结构和所有权结构的形成

资本市场中（潜在）投资者与公司内部人之间的信息不对称引发的“逆向选择”问题将会导致市场失败（Akerlof，1970）。会计通过向投资者提供形成正确资产定价和投资项目价值的相关信息，将公司内部信息转化为外部信息以控制可能的逆向选择（Scott，2003），可以减少投资者由于错误定价或投资决策带来的损失，促进有效资本结构和所有权结构的形成，提高资本市场资源配置效率。

1. 会计具有信息含量和决策有用性

自从 Ball 和 Brown（1968）以及 Beaver（1968）以来，会计学者通过研究会计信息含量和股票价格对会计盈余公告的反应，发现会计能够向投资者传递某种有助于判断和估计经济收益的“信号”，使投资者信念发生改变，并导致其股票买卖决策的变化。通过观察股票交易量和股票价格变化，得到大量的会计价值相关性证据（见 Holthausen 和 Watts，2001；Barth，Beaver，Landsman，2001）。进一步地，Collins 和 Kothari（1989）、Barth（1991）、Shevlin（1991）发现账面净资产包含了未来活动的相关信息，可以用来直接进行定价，Ohlson（1995）、Felthama 和 Ohlson（1995）开创性地提出了一种基于账面价值和未来收益的内在投资价值模型，即 F－O 模型，由此开创了直接利用会计信息进行资产定价的金融时代。此外，学者还发现其他会计信息对未来股票收益也具有较强的预测功能。例如，会计指标（如盈余和现金流、盈余稳定

性、增长稳定性、研发强度、资本支出和广告费等）、财务比率指标（例如股利收益率和账面市值比等）、信息不确定性、非预期收入、会计稳健性、审计报告、剩余利润估值模型、现金流组成部分、分析师预测误差、应计项目等（Lewellen，2004，Jiang，Lee和Zhang，2005；Tcoh和Wong，2002；Sloan，1996；Xie，2001；Dechow和Dichev，2002；Ali et al.，2008）。会计具有信息含量和决策有用性是会计治理功能的最基本的表现，是维护投资者权益和其他利益相关者权益的首要前提。

2. 会计信息质量直接影响到资本成本的高低

资本成本作为投资者决策的替代变量（Francis，2004），与会计信息质量具有显著的负相关关系。有两条理论线索支持会计信息质量与资本成本之间存在着负相关关系，其一是Battacharya et al.（2003）、Francis et al.（2004）、Aboody et al.（2005），Kravet和Shevlin（2007）研究发现，会计信息质量的提高使得投资者对公司财务的预测精度上升，从而降低投资者的预测风险及权益资本成本。其二是Basu et al.，2001、Watts和Zimmerman（1986）、Ball和Shivakumar（2005）、La Fond和Watts（2008）等发现，会计信息通过约束管理层的机会主义行为，降低管理层侵害投资者利益的风险，进而降低资本成本。

3. 会计信息提高了市场流动性和资源配置效率

研究发现逆向选择成本是影响市场流动性的主要成分，高质量会计信息的及时披露能够减少不知情投资者与知情投资者交易发生损失的概率，从而吸引更多资金投入到资本市场，降低了投资者的流动性风险（Diamond和Verrecchia，1991；Botosan，2000；Leuz和Verrecchia，2000）。Chen和Yuan（2004）则提供了新兴资本市场中低效的会计系统难以克服逆向选择问题，从而导致资本市场效率降低的证据。

(二)优化契约设计，控制道德风险，约束机会主义行为

会计与公司治理具有密切关系（Basu et al.，2001），会计长期被作为一种公司监控技术用来缓解代理成本（Watts 和 Zimmerman，1986；Ball，1989），甚至作为一种公司治理机制用于限制管理层机会主义行为（Ball 和 Shivakumar，2005；LaFond 和 Watts，2008）。客观和可验证的会计信息能够帮助投资者监管和有效行使其合法权利；通过建议、审批和监督管理层决策来使管理层致力于提高公司价值；按照旨在协调管理层和投资者利益的激励计划设置管理层激励合同条款；及时更换不称职的管理层（Bushman 和 Smith，2001）。例如 Ball（2001）指出，会计稳健性能够提高公司治理、薪酬契约和债务协议在激励和约束管理层行为方面的有效性，能够降低管理层事前选择负净现值项目、随后把其业绩后果推给下一届管理层的可能性，激励管理层放弃负净现值项目。下面以投资者与管理层之间契约为例，探讨会计在控制管理层道德风险方面的证据。

1. 会计与高管薪酬激励

在高管薪酬契约中使用基于会计的业绩指标也许代表了会计治理功能最著名、最集中的研究领域（Sloan，2001）。会计在高管薪酬契约中的作用证据主要包括会计业绩评价指标的使用情况、高管薪酬会计业绩敏感性和会计信息质量对高管薪酬业绩敏感性的影响等方面。

关于高管薪酬中使用会计业绩评价指标情况，Tower Perrion 公司的调查结果表明，在薪酬计划中采用单一指标的公司中，95% 的公司运用了包括收入、净收益、税前收益、息税前利润或经济增加值在内的会计指标，所有样本中（含采用单一指标及多元指标）有 91% 的公司在其年度薪酬计划中至少明确地使用了会计利润指

标（Murphy，1999）。Ittner，Larcker 和 Rajan（1997）发现 317 家美国公司样本中，有 312 家公司在年度薪酬计划中至少使用一种会计指标，每股盈余、净收益和营业收益是最常用的会计指标。Wallace（1997）、Hogan 和 Lewis（1999）研究了 60 家上市公司采用剩余收益（如 EVA）作为激励计划中的业绩评价方法。

关于高管薪酬会计业绩敏感性，大量的研究证据表明公司高管现金报酬与收益和股东财富作为业绩衡量的指标显著正相关（见 Bushman 和 Smith，2001）。Aggarwal 和 Samwick（2003）、Craighead、Magnan 和 Thorne（2004）发现公司高管报酬与会计业绩具有较强的敏感性。

关于会计信息质量对高管薪酬业绩敏感性的影响，Peng（2006）发现应计质量等会计信息质量指标影响高管薪酬业绩敏感性。Goldman 和 Slezak（2006）发现赋予管理层股票报酬，固然一方面可以增强管理层努力的积极性，但另一方面也会诱使管理层进行盈余管理，最优的股票报酬应该在增进管理层努力程度与控制会计盈余管理之间进行权衡。Cornett，Marcus 和 Tehranian（2008）也发现盈余管理降低了薪酬业绩敏感性。

2. 会计与管理层更换

在公司内部治理机制中，董事会起着举足轻重的作用。董事会的一项重要职能就是评价管理层的业绩，并作出是否续聘或更换管理层的决策。已有的实证研究表明，董事会在作出续聘或更换管理层的决策时会参考会计业绩，即会计盈余表现差的公司，更换管理层的可能性较大。Weisbach（1988）发现以息税前收益为替代变量的会计盈余比股票价格表现更能解释 CEO 离职的可能性。Murphy 和 Zimmerman（1993）发现会计盈余、股票价格和高管离职之间都存在显著的负相关关系。Fan，Lau 和 Young（2007）发现中国公司较差的业绩与公司 CEO 更换显著相关，从而得出中国已经迎来了公司治理发挥效率的时代。

会计信息质量也会对高管更换产生重要影响。Engel、Hayes 和 Wang（2003）研究表明，当会计信息越能准确地反映 CEO 努力积极性时，则 CEO 的更替与会计信息的相关程度便越高，表明一个精确的会计业绩衡量体系能够增强会计信息在约束高管方面的作用。Kaplan 和 Minton（2006）进一步把高管变更区分为内部因素导致的变更（如董事会决策）和外部因素导致的变更（公司被兼并或破产）两种类型，发现内部因素导致的高管变更与三种市场业绩计量方式都表现出显著的相关性，但外部因素导致的高管变更与业绩计良方式没有显著关系。

（三）保证剩余索取权与剩余控制权相匹配，实现激励约束相融

1. 会计准则及会计活动是剩余索取权与剩余控制权分配的重要组成部分

现代企业理论认为，效率最高的治理结构应该最大程度地保证企业剩余索取权和剩余控制权的对称性分配（Milgrom 和 Roberts，1992）。剩余索取权是相对于合同收益权而言的，指的是对企业收入在扣除所有固定的合同支付（如原材料成本、固定工资、利息等）的余额（利润）的要求权，剩余控制权指的是在契约中没有特别规定的活动的决策权（张维迎，1996）。会计作为剩余计量规则，存在较大的选择空间，剩余计量会使企业剩余索取权的实际安排偏离合约安排，故企业剩余计量及其规则制定权的合约安排是企业剩余索取权安排合约的一个必要而且重要的组成部分。在现代企业中，剩余计量工作由会计来完成。中国的会计规则制定权合约安排为政府享有一般通用会计规则的制定权，企业经营者享有剩余的会计规则制定权，由注册会计师监督企业经营者对一般通用会计规

则的遵循和对剩余会计规则制定权的适当行使（谢德仁，1997）。因此，会计准则及其会计活动本身就是公司剩余索取权与剩余控制权分配的重要组成部分。

2. 高质量会计信息是企业控制权的优化配置和有效执行的基本保证

Miller（1996）认为，公司治理的关键在于公司控制权的配置和执行问题。公司控制权的安排是一个动态调整的过程，但在一定区间内又保持相对稳定，是一种状态依存所有权（Aghion 和 Bolton，1992）。会计信息则规定着控制权配置的各个区间的边界，是利益相关者进行谈判的基础。当客观、及时的会计信息在契约参与者之间传播时，预期自身产权权益将遭受严重损害的一方就会联合起来，通过内部谈判或外部市场机制（如资本市场上的接管机制），相机地取得公司治理的支配权，从而达成剩余索取权和控制权的集中对称或分散对称。Kaplan 和 Stromberg（2000）研究了会计在私募股权交易中的重要治理功能，检验了风险资本投资者和企业之间的实际融资合同。因为风险融资合同允许风险投资者分别配置现金流权、投票权、进入董事会的权力以及其他控制权，其中现金流权和控制权的配置经常受到可验证的和可观察的财务与非财务业绩衡量方法的影响。研究发现如果公司业绩较差，控制权将完全配置给风险投资者，如果公司业绩提高，企业家才能够获得控制权。这一证据支持了公司业绩较差时控制权转移给投资者的理论（Aghion 和 Bolton，1992；Dewatripont 和 Tirole，1994）。因此，会计信息是保证剩余索取权和剩余控制权相匹配、确保监督和激励相容的一种机制，也是公司治理各主体间对剩余产权配置是否有效的显示器。

（四）特定公司治理机制中的会计治理改善功能

1. 会计与投资者权力实施

在法律保护层面上，大量的研究解释了会计信息在强化投资者对抗管理层以保护自身利益的法律权利。投资者不能仅仅以管理层的业绩不良或股价下降为由而集体起诉管理层，例如在美国，投资者集体诉讼的一个通常渠道是声称公司在披露会计信息时违反了1934年证券交易法的10B－5条款。该条款规定投资者的诉讼理由必须是在买卖公司股票时依赖了公司发布的误导的或有遗漏的会计信息。研究表明投资者诉讼案件与会计信息的披露有很大的关联，并且管理层为了减轻相关的诉讼成本也已经逐步采取行动以改进他们的报告策略（Kellogg，1984；Francis，1994；Skinner，1996）。在中国，投资者集体起诉上市公司的前提条件是公司因行为违规而受到证监会的处罚。

Bushman 和 Smith（2001）则给出了另一个最重要的例子，即 DeAngelo（1988）研究的会计信息在投票权争夺中的应用。DeAngelo（1988）发现持反对意见的股东通常列举会计业绩以作为管理层无能的证据（很少使用股票价格表示的业绩），而管理层也往往会通过采取增大会计业绩的会计政策以向投票的股东提供其有胜任能力的印象，因此，会计在投票权争夺中发挥了重要作用。

2. 会计与公司并购

并购作为一种重要的公司治理机制，会计在其中发挥的功能证据主要有两个方面。

第一，目标公司会计信息对并购决策与并购效果的影响。早期基于公司会计信息基础上建立的并购预测模型都宣称具有很强的预测能力（Monroe 和 Simkowitz，1971；Stevens，1973；Palepu，1986，Adelaja 等，1999）。Erickson 和 Wang（1999）发现并购前目标公司盈余管理行为导致错误的并购决策，因此并购后公司短期与长期业绩较差。Aharony 和 Barniv（2004）发现目标公司的会计信息影响不同类型并购公司对并购目标的定价和并购决策。Davis 和 Skaife（2008）、Anilowski et al.（2009）、McNichols 和 Stubben（2009）也发现目标公司的会计信息质量低下是导致主并公司并购后业绩不好的重要原因。Erickson，Wang 和 Zhang（2007）则发现财务分析师对目标公司的财务分析质量不高是公司并购后业绩不佳的原因之一。Skaife 和 Wangerin（2010）提供证据显示目标公司会计信息质量低下会导致并购交易失败，这些交易失败公告则会导致主并公司获得正的市场反应，因此，目标公司会计信息质量低下导致了更高程度的信息不对称，主并公司作出错误并购决策的可能性增大，由于主并公司进一步获取信息后决定放弃错误并购决策的时候，会受到市场的欢迎。这也说明目标公司的会计信息质量会对并购决策成本产生影响。

第二，主并公司会计信息质量对并购决策与并购效果的影响。由于主并公司管理层有牺牲投资者利益而进行过度投资的倾向（Shleifer 和 Vishny，1989；Morck et al.，1990），Kanodia et al.（1989）认为管理层很可能继续失败的项目以避免放弃项目而引起的相反的声誉影响，对此，主并公司的会计信息在抑制这种过度投资倾向中发挥着重要作用。例如 Jensen（2000）强调主并公司会计稳健性在抑制管理层的过度投资中的作用，如果管理层进行不盈利的并购，稳健性对损失的及时确认会减少当期以盈余为基础的报酬（Ball 和 Shivakumar，2005），还可能引发董事会、投资者、证券分析师以及财经媒体调查损失原因，并由此导致的薪酬降低、丢掉工作或损害声誉的可能后果可以阻止管理层进行净现值为负的并购项目，因此稳健会计下的损失确认及时性将导致并购盈利的提高，且并购后再进行剥离的可能性降低。Francis 和 Martin（2010）检验了主并公司会计稳健性与公司并购决策及并购效果之间的关系，发现会计稳健越高的公司能够获得更高的并购收益，这些公司也更少可能地发生事后的资产剥离，并且发现事前代理成本越高，会计稳健性与公司并购获利程度之间的正相关关系越明显。

3. 会计与董事会构成

Bushman、Chen、Engel 和 Smith（2000）发现在控制了 R&D、资本强度和增长机会后，内部董事比例和高信誉度的外部比例与盈余及时性负相关。Bushman et al. （2004）发现股权集中度、内部董事及前五位高管的股票报酬随盈余及时性的变化而变化，外部董事的声望与盈余及时性呈负相关关系。Ahmed 和 Duellman（2007）发现，董事会中内部董事比例与会计稳健性负相关，外部董事持股与会计稳健性正相关，这些证据与会计稳健性有助于降低代理成本的预期一致。

（五）直接导致公司治理机制或相关法规的变动或变革

会计治理改善功能往往借助于市场机制、契约合同与特定的制度发挥作用，但是，会计治理改善功能具有相对独立性，从而使得会计治理改善功能与公司治理机制或法律制度产生互动关系。会计治理改善功能的相对独立性存在以下两个方面的证据。

1. 会计对公司治理机制变动的影响

如果会计信息质量较差，难以满足利益相关者决策和维护权益的需要，公司可能会选择成本更高的公司治理机制来弥补会计治理功能的不足。这些研究的基本假设是会计信息能够提供有效的、低成本的用于公司治理的信息。Bushman、Indjejikian 和 Smith（1996）研究了“个人绩效评价”（Individual Performance Evaluation，IPE）与会计业绩评价在决定 CEO 年度奖励中的应用。IPE 通常是一个包括了主观个人业绩评价的业绩衡量的组合。他们发现对于那些具有重大增长机会、投资机会和长期投资战略的公司，由于其当期会计盈余难以很好反映当期管理行为对未来的经济效果，这时公司往往会采用较为主观和复杂的IPE等业绩评价体系替代会计业绩衡量以弥补会计信息质量的不足。Bushman、Chen、Engel和Smith（2000）发现盈余及时性与内部和外部董事持股、股权集中度、授予前五大高管激励计划（长期计划）的比重和基于权益衡量业绩的比重负相关。La Porta、Lopez - De - Silanes、Shleifer和Vishny（1998）认为影响投资者权利实施的一个重要制度是国家的会计制度，发现在控制了法律制度起源和其他因素的基础上，一个国家的股权集中度与会计制度质量显著负相关，与会计制度在多大程度上"支持中小股东在公司决策过程中，包括投票过程与管理层和控股股东抗衡"的指标显著负相关，证明了"如果会计以及法律体制不能很好保护投资者利益免受管理层的机会主义行为侵蚀，公司会更多地由大股东来监督经营者"假设。Bushman、Engel、Smith（2004）认为，较低的公司经营透明度会提高投资者对公司治理机制的要求以缓解可能更高的道德风险问题，并发现股权集中度、董事和管理层报酬、外部董事声誉与盈余及时性具有显著的负相关关系，证明了会计信息质量较低的公司可能会采取成本相对较高的信息收集机制或行为，以至少部分地替代效率较低的会计治理功能，即作为较低成本的会计治理功能与较高成本公司治理机制之间具有显著的替代关系。Chi、Liu和Wang（2009）发现公司会计稳健性越高，公司治理机制越弱，进一步验证了会计治理功能与公司治理机制之间存在替代效应。但是有很多证据表明会计治理功能与公司治理机制之间具有互补的关系，较高效率的公司治理机制往往需要较高质量的会计信息（Watts，2003，2006）。Ball（2001）提供证据表明会计稳健性是公司投资政策监管的重要工具，可以有效减少管理层投资于负的净现值项目的可能性。Ahmed

和 Duellman（2007）也发现董事会效率越高的公司越具有会计稳健性。上述证据所体现的结论尽管不一致，但是，会计治理改善功能与公司治理机制之间的关系研究恰恰反映了会计治理改善功能具有相对独立性。

2. 会计对公司治理及相关法律变革的影响

如果会计信息质量低到突破市场容忍极限的时候，往往导致公司治理标准和相关法律的变革，以便用法律的力量来强化公司治理，提高会计信息质量。例如美国 1929 年开始的大萧条中会计备受责难，因为之前的随意资产评估和选择性披露导致会计信息质量非常差，加剧了市场泡沫，最终导致股票市场的崩溃，1933 年《证券法》与 1934 年《证券交易法》的出台在某种程度上就是对这一问题的反应。1991 年，英国资本市场一系列公司倒闭事件引发市场对公司会计报告和审计人员诚信的普遍质疑，市场信心受到重创，这促使英国成立了世界上第一个公司治理委员会，也称为 Cadbury 委员会，并开始了公司治理标准的研究与制定。针对安然、世通等财务欺诈事件，美国国会出台了《2002 年萨班斯·奥克斯利法案》（简称萨班斯法案），该法案对美国 1933 年《证券法》、1934 年《证券交易法》作了不少修订，在会计职业监管、公司治理、证券市场监管等方面作出了许多新的规定。因此，会计与更高成本的法律和政策监管之间也具有一定程度的互动关系，这可以看作会计治理功能具有相对独立性的另一方面的证据。

四、会计的治理要求体现功能及其证据

会计信息生产机制及其质量标准体现了特定制度环境与市场环境下公司治理对会计信息质量的基本要求，这种治理要求是体现会计治理功能的重要方面。这方面的证据较多，本章仅以不同的国家

和公司治理制度、市场层面的会计中介以及会计准则等因素作用下，会计对不同治理要求的体现功能的差异。

（一）国家和公司治理制度

1. 国家制度环境

法学和经济学文献表明国家法律制度是金融市场发展、公司资本结构和所有权结构、股利政策以及控制权私有收益的重要决定因素（Shleifer 和 Vishny，1997；La Porta et al，2000）。最近的国际会计研究文献探讨了国家制度特征对会计信息质量以及会计治理要求体现功能的影响。Ball、Kothari 和 Robin（2000）发现来自英美法系国家的公司会计信息体现出较高的稳健性。Leuz、Nanda 和 Wysocki（2003）检验了来自 31 个国家的公司盈余管理程度和会计盈余的不透明度，发现投资者保护法和这些法律的实施效率是财务报告质量的重要决定因素，更为重要的是，他们发现在控制了国家会计准则的情况下，投资者保护影响盈余持续性。Ball、Robin 和 Wu（2003）研究了香港、马来西亚、新加坡和泰国等亚洲四个国家或地区的公司财务报告质量，这四个国家或地区拥有和英美法系国家类似的会计准则，但是却拥有不同的经济和制度结构，研究发现这四个国家或地区的公司盈余和大陆法律法系国家的公司具有同样的特点，比英美法系国家的公司盈余具有较差的及时性。因此，尽管会计准则类似，报告盈余也会随着制度因素的不同而有较大差异。Bushman 和 Piotroski（2006）发现国家层面的法律系统、证券法规、政治经济体制等制度因素都会对公司经理人、投资者、管制者等市场参与主体的行为动机产生影响，并最终影响公司会计盈余质量特征。Ball、Shivakumar（2005）和 Burgstahler et al.（2006）等也得出类似的结论。Guenther、Young（2000）和 Haw et al.（2004）发现一个国家强有力的税收征管体系会导致较高的财务报告质量。

2. 公司治理制度

公司治理制度及内部控制制度是决定会计对治理要求反映状况的基本要素，因此对会计治理要求体现功能会产生重要影响。Bergstresser、Desai 和 Rauh（2006）发现，当公司准备收购其他公司、接近盈余关键门槛和高管准备实施期权时，公司更有可能从事盈余管理。Cheng 和 Warfield（2005）、Bergstresser 和 Philippon（2006）、Burns 和 Kedia（2006）等同样发现盈余管理程度与 CEO 股权激励显著正相关。另外，股权结构、股权性质、董事会构成、审计委员会、董事长与总经理两职合一等都会影响会计信息质量，进而影响会计治理功能的发挥（Beasley，1996；Dechow et al.，1996；Peasnell et al.，2000；Vafeas，2005；LaFond 和 Watts，2008；LaFond 和 Roychowdhury，2008；Beekes et al.，2004；Garcia Lara et al.，2009）。公司内部控制可以通过两种方式影响治理要求在会计上的体现，一是减少管理层或职员随机错报的可能性；二是减少经理人机会主义会计选择的可能性（Doyle，Ge，McVay，2007；Altamuro 和 Beatty 2010）。

（二）市场层面的中介规范与成熟程度

注册会计师和证券分析师是影响会计能否反映公司治理要求的另一重要方面（Healy，Palepu，2001）。Dunn 和 Mayhew（2004）发现当公司聘请有着丰富行业专有经验的审计师时，其披露质量将越高，但对于受管制行业，这种效应并不明显。Kim、Chung 和 Firth（2003）发现当公司有意调高利润时，“六大”比非“六大”能够有效阻止盈余管理行为，但当公司有意调低利润时，“六大”并不会比非“六大”更能有效阻止公司的盈余管理行为。Rosner（2003）发现审计师能够发现公司盈余高估行为。Barth 和 Hutton

(2004) 发现证券分析师促进了财务会计信息的定价作用。Ke 和 Yu (2006) 发现为证券分析师为了满足管理层的要求而提供过度乐观的盈余预测，并从中获取利益。Franco 等 (2007) 考察分析师误导性公告带来的财富转移，发现在考察事件的时间窗内，个人投资者的损失是机构投资者损失的 2.5 倍左右，从而揭示了分析师的误导性行为导致财富从个人投资者转移到机构投资者。

（三）会计准则

随着经济全球化和资本市场国际化的发展，会计准则国际趋同已经成为大势所趋（Leuz 和 Wysocki，2010），并与公司治理标准的国际趋同形成互动，是否采用国际会计准则将对本国的会计治理要求体现功能产生重大影响。Barth、Landsman 和 Lang (2007) 发现自愿采用 IFRS 的公司能够提高财务报告质量。Hung 和 Subramanyam (2007) 发现采用 IAS 的公司与采用德国会计准则的公司相比，具有较高的条件稳健性。Christensen et al. (2007) 发现英国公司会计报告在英国会计准则和 IFRS 之间的调整向市场传递了新的信息。Peng (2008) 发现随着中国与国际会计准则的趋同，中国上市公司按照中国会计准则和国际会计准则核算的盈余差距在不断缩小。Daske (2006) 发现自愿采用 IAS 的德国公司比采用当地会计准则的公司具有更高的资本成本。Cuijpers 和 Buijink (2005) 发现公司采用 IFRS 后财务分析师增多。Covrig et al. (2007) 发现采用 IFRS 的公司比采用德国会计准则的公司具有更高的外国共同基金持股，这说明执行 IFRS 有助于公司吸引外国机构投资者。Platikanova (2007) 发现采用 IFRS 后四个欧洲国家的股票市场流动性变化不一样，但整体来看导致了市场流动性的降低。Daske、Hail、Leuz 和 Verdi (2007) 检验了 26 个国家强制采用 IFRS 对市场流动性、公司资本成本和托宾 Q 的影响，发现强制执行 IFRS 整体上带来了市场流动性和权益价值的提高，但是，这些市场好处只存在于拥有良好制度环境从而能够提供强烈报告动机的国家。更有趣的是，这些市场好处大部分发生在强制执行之前就已自愿执行 IFRS 的公司。上述证据显示会计准则是影响会计能否较好地体现治理要求的重要因素，从而必然会对会计治理功能的发挥产生重要影响。

五、会计治理功能研究展望

长期以来，会计被作为“决策有用”的定价系统或者是作为一种普通的具有“噪音”的业绩评价系统，商业发展与公司治理的要求并没有充分反映到会计准则和会计信息加工过程上来。尽管近年来会计治理功能研究取得了重大进展，已有的研究为我们提供了基本的框架和范围，但是，尚缺乏对会计治理功能的系统总结与研究缺陷的方向性分析，会计治理要求体现与治理改善功能之间的关联机制尚不清楚，体现会计治理功能的会计信息质量标准处于不断的争论中，已有的研究证据也并非能产生一致性结论，尤其是在特定治理机制中发挥作用的会计信息的独特结构和特征也不清楚，影响会计治理功能发挥的因素及其作用机制也有待深入研究，这都制约着对会计治理功能认识的深化和会计实践标准与原则的选择。基于以上分析及其国际研究状况，会计治理功能研究需要在以下方面有所突破。

（一）会计的治理要求体现功能与治理改善功能的联动

会计如何有效地体现特定制度环境和市场环境下的治理要求，并通过会计信息的提供，有效地满足这些要求，促进公司治理与经济发展，是当前会计理论研究的重大课题。已有的研究尽管分别研究了国家制度特征、市场中介、会计准则等对会计信息质量的影响，但是，这些研究都是建立在既有的会计信息质量标准之上作出的判断。如价值相关性研究中由于各国市场有效性、股权结构等因素的影响，价值相关性是否还具有统一的含义？应计异象等资本市场会计异象对会计功能有何影响？资本市场发展阶段、企业资金需求的整体状况对会计的需求是否有差异，这些差异如何得到充分体现，并不断得到满足？在缺乏经理人才市场和敌意收购的情况下，会计在并购中的功能机制是否与美国的机制一样？在所有企业都不采用股票价值变动作为业绩衡量标准的国家，会计的业绩评价功能是否具有同样的治理含义？上述差异对会计功能是否产生影响，这些影响如何有效体现在会计信息质量标准与会计信息加工过程中来，从而使会计有效体现这些要求并通过相应质量的会计信息来满足其经济发展与公司治理的需要。影响深远的 FASB“会计信息质量特征”概念公告和 IASB“提供和编制财务报表的概念框架”中关于会计信息质量标准能否有效体现这些差异，并保障会计治理功能的有效发挥。因此，会计治理功能研究的一个重要任务就是，深入研究各国具体的制度环境与市场环境对会计治理功能的影响，并建立与国家制度特征相吻合的、与整体治理机制相连动的会计治理机制与信息质量体系。

（二）综合体现会计治理功能需求的会计信息质量计量指标的开发

对会计治理功能的研究，离不开会计信息质量计量指标。当前国际会计研究中，有关会计信息质量计量指标存在一定缺陷。第一，主要是从外部投资者的角度关注和测量会计信息的质量。所谓会计信息质量高，也就是对投资者、对投资决策有更大的有用性，因而，在考察会计信息的价值相关性、及时性和可比性时常常要分析会计信息与企业股票的市场表现之间的关系；在考察披露质量和透明度时通常要看投资者和财务分析师的态度、理解和期望。第二，对盈余类项目的关注远多于资产等项目；第三，直接与公司治理相联系的会计信息质量指标也不断遭受质疑，如 Basu（1997）开发的盈余及时性指标就综合考虑了价值相关性与稳健性，并与公司治理机制直接相联系。但是随着研究的深入，批评 Basu 模型的证据越来越多。因此，在未来的研究中，开发出能够被学者普遍接受的较好反映会计治理功能，体现会计信息的独特结构和特征的会计信息质量计量指标，是会计治理功能研究的另一重要任务。

（三）会计准则国际趋同中会计治理功能的发挥

当前会计准则的国际趋同是一个最重要的会计标准发展趋势，世界各国的证券交易所和会计准则制定团体纷纷采用国际财务报告准则（International Financial Reporting Standards，IFRS），其目标是实现会计准则的国际趋同乃至等效。但是，以西方国家制度背景和高度发达的资本市场为基础发展起来的国际会计准则，是否能够充分体现各国公司治理问题的要求，尤其是以决策有用性为主导的会计目标是否能够满足会计治理功能的信息质量要求与功能的发挥，各国的资本市场对信息的处理效率能否满足国际会计准则所设定的信息效率前提，如何把本国治理需求有效地反映到国际会计准则的讨论与修改中。因此，在会计准则国际趋同过程中，应当加强特定制度背景与市场环境下的会计治理功能需求与国际普遍需求之间的关系研究，以及研究如何把本国特定的治理需求反映到国际会计准则趋同中的互动关系上，避免盲目接受现有的国际会计准则导致会计治理功能受到限制，从而制约会计功能的发挥。

（四）会计治理功能研究方法的创新

当前有关会计治理功能研究，大多采用大样本数据库研究方法。采用这种方法本身无可厚非，但是，会计治理功能研究任务要求研究方法的多样化，以避免一味采用大样本数据库研究所导致的机械性解释、研究假设的固定性以及功能机制的错误设定等问题。因此，进一步通过案例研究、结构化访谈、调查问卷等研究方法开展会计治理功能研究，有望作出更大的学术贡献。

六、结论

综上分析，会计治理功能是在特定制度环境与市场环境下产生的财务会计信息，利用其基础性信息与基础化制度角色，借助市场化作用机制，通过缓解信息不对称与代理问题，所发挥的有效克服逆向选择与道德风险问题、提高公司治理效率、促进经济发展的功能。会计治理功能是其发挥投资者保护作用的根本机制。会计治理功能包括会计对治理要求体现功能与会计的治理改善功能。本章构建了会计治理功能分析框架，系统分析了现有的研究文献及其证据，展望了当前会计治理功能研究存在问题，提出会计对治理要求体现功能与治理改善功能的联动、综合体现会计治理功能需求的会计信息质量计量指标的开发、会计准则国际趋同中会计治理功能的发挥、会计治理功能研究方法的创新是未来会计治理功能研究面临的重要任务，试图为完善会计准则，开发利用会计治理功能、评价和促进会计投资者保护作用提供框架性意见和研究建议。

主要参考文献：

[1] Arturo Bris, Neil Brisley, Christos Cabolis. Adopting better

corporate governance: Evidence from cross – border mergers, Journal of Corporate Finance, 2008 (14): 224 – 240

[2] Barth, M., W. Landsman, and M. Lang. International Accounting Standards and Accounting Quality. Journal of Accounting Research, 2008 (46): 467 – 498

[3] Bushman R, Cheng Q., Engel E., Smith A. Financial accounting information, organizational complexity and corporate governance systems, Journal of Accounting and Economics, 2004 (37): 167 – 201

[4] Bushman, Robert M. Smith, Abbie J. Financial Accounting Information and Corporate Governance Journal of Accounting and Economics, 2001 (32): 237 – 333

[5] Christian Leuz. Different approaches to corporate reporting regulation: how jurisdictions differ and why. Accounting and Business Research, 2010 (40): 229 – 256

[6] Daske, H., L. Hail, C. Leuz, and R. Verdi. Mandatory IFRS Reporting Around the World: Early Evidence on the Economic Consequences. Journal of Accounting Research, 2008 (46): 1085 – 1142

[7] Dennis K. K. Fan, Chung – Ming Lau, Michael Young. Is China's corporate governance beginning to come of age? The case of CEO turnover, Pacific – Basin Finance Journal 2007 (15): 105 – 120

[8] Engel. E., R. M. Hayes and X. Wang. CEO turn over and properties of accounting information, Journal of Accounting and Economics, 2003 (36): 197 – 226

[9] Francis, J., LaFond, R., Olsson, P., Schipper, K. Costs of capital and earnings attributes, The Accounting Review 2004 (79): 967 – 1010

[10] J. P. H. Fan, T. J. Wong. Corporate Ownership Structure And The Informativeness of Accounting Earnings in East Asia. Journal of Accounting & Economics, 2002 (33): 401 -425

[11] Jennifer Altamuro, AnneBeatty. How does internal control regulation affect financial reporting? Journal of Accounting and Economics, 2010 (49): 58 -74

[12] LaFond, Watts, R. The information role of conservative financial statements. Accounting Review. 2008 (83): 447 -478

[13] R. Ball, L. Shivakumar. Earnings quality in U. K. private firms: Comparative loss recognition timeliness, Journal of Accounting Research, 2005 (44): 206 -242

[14] Richard G. Sloan. Financial accounting and corporate governance: a discussion, Journal of Accounting and Economics, 2001 (32):335 -347

[15] S. Basu. The conservatism principle and the asymmetric timeliness of earnings, Journal of Accounting and Economics, 1997 (24): 3 -37.

第三章
业绩信号、公司治理与投资者保护

第一节 “金字塔”结构、两权分离与公司价值

摘 要：企业的集团化伴随着“金字塔”式的多层控股结构的产生，“金字塔”股权结构带来了控股股东控制权与现金流权的分离，进而对公司价值产生影响。本节利用我国上市公司资料，检验了“金字塔”股权结构、两权分离对公司价值的影响状况与影响机制。本节研究结论对于加强上市公司监管、完善公司治理、保护中小投资者利益具有重要启示。

关键词：金字塔、股权结构、两权分离、利益攫取、利益支持

一、引言

“金字塔”式股权结构是一种广泛存在的股权结构形式，具有重要的价值效应和监控规律，近年来倍受学者关注。在新兴市场经济国家，乃至发达的资本市场上，大部分公司是由家族或者由国家通过控制链条实现最终控制，这种金字塔式控制关系形成的利益集团使终极控股股东能够通过层级控制来实现自己的目的。“金字塔”式股权结构在上市公司中是一种广泛存在的股权结构形式，

由于“金字塔”式股权结构的存在，其控股股东的现金流权和控制权（简称两权）处于分离状态。也就是说，控股股东可能只需要投入少量的现金就能实现对公司的控制，在这种情况下，现金流权、控制权在大小以及两者的分离度会带来控股股东、上市公司与中小股东利益的不同分配格局，形成所谓的“利益攫取”效应或“利益支持”效应，最终影响公司的价值。研究“金字塔”式股权结构下现金流权、控制权及其“两权分离”的公司价值效应，对于完善公司控股股东监管，保护中小投资者利益具有重要的理论和实践意义。

在我国，同样存在着大量由国家或家族最终控股的上市公司，“金字塔”式股权结构广泛存在，并且其形成动因与过程具有特殊性。在我国特殊的市场经济背景和制度环境下，研究“金字塔”式股权结构下终极控制人的价值效应，不仅能够帮助我们清晰地认识“金字塔”式股权结构的本质及经济后果，而且能够为集团化组织结构优化提供有益的指引，同时还可对加强上市公司监管、完善公司治理、保护中小股东利益提供经验证据。

本节以我国 2007 年、2008 年在上海和深圳两个交易所上市的所有 A 股公司为研究样本，利用其年报中披露的“金字塔”式股权结构图，计算其控制权、现金流权及分权分离度，从经验上寻找“金字塔”式股权结构经济后果的实证证据。

二、文献综述

Berle 和 Means 在 1932 年开创性地指出，现代公司的典型特征是股权高度分散所带来的所有权与控制权的分置，公司控制权往往旁落于经理人之手，因而造成了控制权与所有权的分离现象。Berle 和 Means 的观点得到了 Jensen 和 Meckling、Grossman 和 Hart 的赞同和进一步发展。但是 Shleifer 和 Vishny、Morck 和 Yeung、Demselz 等的研究发现，除了英、美等极少数国家外，绝大多数国家的上市公司是由若干家族或政府所控制，股权高度集中。与股权分散下的直接控股相比，股权集中下的控股股东的控制手段是利用更加隐蔽的“金字塔”式股权结构来实现的。La Porta 等人和 Claessens 等人也通过研究发现，许多上市公司的终极控股股东会通过“金字塔”式股权结构（交叉持股与互为董事等方式）达到控制公司的目的，并因此而造成公司具有多层的控制关系，相应控制权与现金流量权发生了背离，使得终极控股股东所掌握的控制权超过了其所拥有的现金流量权。大量的研究都发现，当公司的控制层级越多（现金流权与控制权的分离度越高），控股股东就更方便采用“利益攫取”行动来侵占中小股东的利益。

Bertrand 和 Mullainathan 指出，在“金字塔”式股权结构中，公司所处的层级不同，终极控制人所拥有的现金流权也不同，这就促生了终极控制人很强的转移公司资源的动机。他们还提供了几种识别“隧道行为”的方法：(1) 贷款利息率；(2) 以非市场价格销售或购买产品；(3) 资产租赁；(4) 对其他企业借款提供担保。Johnson 等在他们的研究中提供了更为详细“利益攫取”的例子。Morck 和 Yeung 构建了金字塔股权模型验证大股东侵占中小股东利益的问题，他们从模型中发现，家族控股股东在金字塔的每一个层级都可以利用其控制权进行管理层防御；在金字塔结构的底层公司由于所有权与控制权分离度大，代理问题十分严重，侵占效应也更为明显；内部人可以通过自我交易和隧道行为进行利益攫取，侵占中小股东的利益。Bebchuk et al. 认为控制权与现金流权相分离会产生大量代理成本，比控股股东在公司中同样持有控制性现金流权相联系的成本高出一个数量级，现金流权与控制权之间的显著性分离会降低公司的价值。

Bertrand、Mehta 和 Mullainathan 设计了一个间接的方法来检测“利益攫取”的程度，这种方法就是跟踪通过“金字塔”的现金流活动，追溯出金字塔链条中的不同公司对外部波动因素的影响。他们把这种方法应用到印度的企业集团中，对这些集团 1989～1999 年的数据进行了研究，研究结果表明在印度的企业集团中存在着明显的“利益攫取”行为。但是，相关研究并非都发现了“利益攫取”行为的证据，Cheung、Rau 和 Stouraitis 研究了 328 家香港上市公司 1998～2000 年间的发生的关联交易以及他们的控股股东，并没有发现存在关联交易的公司因市场预期到的控股股东对中小股东的利益侵占行为而折价的证据。

对这些上述相反证据的解释是“金字塔”式股权结构并非只有“利益攫取”的效应。范博宏认为，“金字塔”结构还能起到从法律上保护终极控股股东，增加其与政府谈判筹码以及形成内部资本市场等重要功能。已有文献也指出，“金字塔”结构不仅能够用于利益掏空，也能够用于支持上市公司。

Obata 开发了一个“利益支持”模型，在这个模型中，他描述了在投资者的保护性法律不健全的情况下，“金字塔”式股权结构中面临财务危机的公司是怎样得到支持的。Friedman、Johnson 和 Mitton 也为“利益支持”建立起了一个动态模型，在模型中，他们揭示出了企业家希望通过“利益支持”来挽救一个公司，使其免除破产危险，但前提是这个公司的未来收益是有价值的。控股股东利用“利益支持”来盘活企业，通常是为了保存其未来能够进行“利益攫取”的可能性。

Eric Friedman，S. Johnson 和 Todd Mitton 提出了基于“金字塔”股权结构的“支持与掏空”理论。他们指出，当企业的外部环境不利时，控股股东会通过向上市公司转移资源以支持上市公司；但是当企业面临的环境过于不利，或者企业经营环境过于严峻时，公司控股股东则会选择掏空上市公司。

“利益支持”经常是秘密的，但是许多例子在亚洲金融危机后显现了出来。Friedman、E.、S. Johnson 和 T. Mitton 在其研究中引用了三个具有说服力的例子说明了在许多国家，有足够的证据表明控股股东会将其私人资源提供给处于困境的公司以提供暂时性的支持。

我国一些学者以国内上市公司为研究对象，从公司所有者、控制权分离状况、所有者权结构与公司绩效、所有权与公司价值、所有权与中小投资者保护等方面对“金字塔”式股权结构进行了研究，发现“金字塔”式股权结构与公司绩效及公司价值之间的相关关系。但是，上述研究大部分是基于所有权与控制权角度，基于大股东“掏空”假设。虽然谷祺等针对我国家族上市公司的价值与现金流权、控制权及其分离度进行了研究，但研究样本范围并没有扩展到所有上市公司；而且，这些研究都没有考虑市场化程度对公司价值保护程度的影响。因此，本节使用我国上市公司的全样本对“金字塔”式股权结构的经济后果进行进一步研究，以拓展前期研究的成果，试图发现新的证据。

三、“金字塔”式股权结构与公司价值：理论框架

1. 理论分析

从“金字塔”式股权结构导致的直接结果来看，现金流权和控制权的分离将会加大所有权集中产生的代理问题。因为控股股东可以利用其绝对优势的投票权将上市公司的利益转移到自己手中，同时只按照其拥有的现金流权比例部分地承担由于利益转移而给上市公司带来的损失。只要通过转移上市公司资源所获得的好处大于因现金流权的存在而遭受的损失，控股股东就有动机通过“利益

攫取”行为转移上市公司的资源，对中小股东实施掠夺。与“利益攫取”行为相对应的还有控股股东的“利益支持”行为。在“金字塔”式股权结构中，当公司面临财务危机时，控股股东为了自己的利益，会向公司转移自己的资源以支持上市公司。

根据上述分析，我们认为，“金字塔”式股权结构导致了控股股东现金流权的降低，进而使得现金流权与其控制权发生了背离，现金流权小于控制权。在对中小股东利益保护较差的市场环境下，控股股东具有强烈的采用“利益攫取”对中小股东利益进行侵占的动机；控股股东还会在公司面临财务危机时向公司转移自己的资源以支持公司度过困境，这又能给中小股东带来额外的利益保护和支持。从中小股东来看，它们即有可能由于控股股东的“利益攫取”行为而利益受损，也有可能在控股股东在对上市公司“利益支持”时得到“搭便车”的好处。他们可以通过“用脚投票”的方式，在权衡控股股东的“利益攫取”行为和“利益支持”行为利弊之后，对控股股东的行为作出综合反应。也就是说，中小股东会权衡这种利益影响，通过“用脚投票”带来公司股票价格的变化，进而影响公司价值。

控股股东也面临着以下权衡，即致力于公司经营活动以创造更多的利润进而与其他股东共同分享利润，还是攫取控制权的私人收益。由于控股股东只需按照现金流权比例承担小部分非法侵占公司资源的成本，却享受了由于侵占所带来的全部控制权私人收益，控股股东会尽可能地通过“利益攫取”来侵占中小股东的利益。但是，当这一利益侵占行为使中小股东承担的成本大于其“搭便车”所能获得的利益时，中小股东“用脚投票”的行为反应将使得控股股东所持有的股票价值降低，损害控股股东利益。

2. 分析式证据及假设

我们参考了 La Porta 等、Bebchuk 等以及谷祺等的模型，并基于以上理论分析和本节的研究需要，建立一个分析式模型来推导出待验证的研究假设。

假设某上市公司 A，其终极控股股东对公司 A 的控制权为 a，所拥有的现金流权为 c，则此控股股东的两权分离度为 b（ = c/a）（b 为反向指标，b 越小表示两权分离度越大）。公司的负债为 d，由于我们仅研究控股股东与中小股东之间利益侵占问题，而不研究股东与债权人之间的代理问题，因此，我们假定债权人的利益能够受到保护，也就是说不存在偿债风险，因此，债务不会发生贬值，其价值与负债账面价值相等。同时，我们还假定控股股东在偿债后、股利分配前对中小股东进行一定比例的利益侵占，侵占比例为 s。另外，利益支持理论同样说明，在公司发生偿债风险时，控股股东会拿出自己的钱以帮助公司渡过难关，这时，中小股东是不会拿出自己的钱来帮助公司，因此，这笔支出由控股股东一人承担。我们假定公司发生偿债风险的可能性 r，当公司 A 发生偿债风险，控股股东就必须偿付所有债务 d。一旦控股股东对公司进行利益支持，承担了债务，则中小股东就能获得 r×（1 - c）d 的“搭便车”利益。

我们认为，控股股东侵占中小股东利益的比例 s 会受到控股股东现金流权、控制权、现金流权与控制权的分离度以及市场化程度（i）的影响，则有 s = s（a，b，c，i），其中，a∈（0，1]，b∈（0，1]，c∈（0，1]，i > 0。根据 La Porta 等、叶勇等、沈艺峰等、谷祺的研究，我们可以假定 $\frac{\partial s}{\partial b}<0$，$\frac{\partial s}{\partial c}<0$，$\frac{\partial s}{\partial i}<0$，即：（1）控股股东的现金流权与控制权的分离度越大（系数 b 越小），则控股股东对中小股东的利益侵占比例就越大；（2）控股股东的现金流权比例 c 越大，则控股股东对中小股东的利益侵占比例就越小。在我国资本市场条件下，控股股东的控制权比例与公司价值的

关系，尚未见一致性证据，谷祺等发现我国家族上市公司价值与控制权比例显著负相关，然而刘峰等认为无论大股东持股比例如何，其总会通过不同的方式转移上市公司的现金。结合刘峰等的观点，我们认为，控股股东的“利益攫取”或“利益支持”的动机与公司财务状况相关，而与其控制权比例不相关，即 $\frac{\partial s}{\partial a}=0$。同时，随着市场化程度（i）的提高，经济、法律、金融等环境的完善，市场对股东的利益保护就越好，监督力度就越大，则控股股东对中小股东的利益侵占就越小，即 $\frac{\partial s}{\partial i}<0$。

控股股东对其控制公司的利益支持行为发生在公司存在偿债风险的时候，而公司发生偿债风险的可能性 r 受公司负债 d 的直接影响，即 r = r（d），而且，公司负债越多，公司发生偿债风险的概率越大，即，$\frac{\partial r}{\partial d}>0$。当公司发生偿债风险时，控股股东就必须支付价款 d 解除偿债风险。

我们研究的对象是公司的价值 V，为了分析相关影响因素对公司价值的影响，我们假定 V = V（a，b，c，i，d）。此时，控股股东能够的利益 = c（1 - s）（V - d）+ s（V - d）- rd，中小股东“搭便车”能够获得的利益 =（1 - c）（1 - s）（V - d）+ r（1 - c）（V - d），而中小股东被控股股东侵占的利益 =（1 - c）s（V - d）。从前面理论分析可知，中小股东并不是不知道控股股东对其的利益侵占，而只是在权衡了“搭便车”能获得的利益和被侵占的利益进行对比之后作出是否“用脚投票”的决策。而一旦中小股东实施了“用脚投票”，上市公司的股票价格就会下降，从而使得控股股东手中的股票价值下降，利益也相应受到损失。中小股东不作出“用脚投票”的条件是其“搭便车”能获得的利益应该大于被控股股东侵占的利益。因此，当且仅当下式成立时，中小股东不会“用脚投票”，控股股东的价值才不会降低。

$$(1-c)(1-s)(V-d)+r(1-c)d \geqslant (1-c)s(V-d) \tag{1}$$

对（1）式进行化简推导，可得到：

$$s \leqslant \frac{V-d+rd}{2(V-d)} \tag{2}$$

根据理性人假设，控股股东会最大化其利益，因此，控股股东会选择最大化地侵占中小股东的利益。由不等式（2）可知，控股股东最多能侵占中小股东 $\frac{V-d+rd}{2(V-d)}$ 的利益，一旦超过这个边界，中小股东就会“用脚投票”，使公司股票下跌，给控股股东带来损失，也就会得不偿失。因此，我们可以得到均衡等式：

$$s = \frac{V-d+rd}{2(V-d)} \tag{3}$$

从等式（3）我们推导出

$$V = \left(1+\frac{r}{2s-1}\right)d \tag{4}$$

由等式（4），并根据 $\frac{\partial s}{\partial a}=0$，$\frac{\partial s}{\partial b}<0$，$\frac{\partial s}{\partial c}<0$，$\frac{\partial s}{\partial i}<0$，$\frac{\partial r}{\partial d}>0$，可以得出：

$$\frac{\partial V}{\partial b} = -\frac{2rd}{(2s-1)^2}\frac{\partial s}{\partial b}>0 \tag{5}$$

$$\frac{\partial V}{\partial a} = -\frac{2rd}{(2s-1)^2}\frac{\partial s}{\partial a}=0 \tag{6}$$

$$\frac{\partial V}{\partial c} = -\frac{2rd}{(2s-1)^2}\frac{\partial s}{\partial c}>0 \tag{7}$$

$$\frac{\partial V}{\partial i} = -\frac{2rd}{(2s-1)^2}\frac{\partial s}{\partial i}>0 \tag{8}$$

根据式（5）—（8），我们可以提出以下研究假设：

假设 1：当控股股东现金流权和控制权的分离度越大时（b 值越小），公司价值越低；

假设 2：控股股东的控制权比例与公司价值没有显著的相关关系；

假设 3：当控股股东的现金流权越大时，公司价值就越高；

假设 4：当市场化指数越大时，市场的监督力度越强，公司价值就越高。

四、研究设计

1. 样本选择与数据来源

本节选取深市、沪市 A 股市场上 2007 年、2008 年挂牌交易的上市公司为研究样本，并按照如下标准进行了筛选：（1）公司在 2007 年、2008 年年报中披露了公司与实际控制人之间的股权及控制关系图，并列出了最终控制人，或通过其他渠道，如公司网站，能够获得公司的最终控制人详细资料；（2）公司在 2004 年前在 A 股市场上市，且 2007 年或 2008 年所披露的财务资料齐全，能够满足本研究取数的需要；（3）剔除了金融类上市公司；（4）剔除 2007 年、2008 年同时发行 A 股和 B 股或 H 股的上市公司；（5）剔除 2007 年、2008 年所有者权益为负的上市公司；（6）剔除交叉持股的上市公司；（7）剔除了到 2007 年初股权分置改革尚没有完成的公司。这样得到有效样本为 2 129 个公司年。

本节的现金流权、控制权以及两权分离度的数据是根据样本公司 2007 年、2008 年年报公布的控制权关系图或公司网站所披露的相关资料计算整理得出；市场化程度指数数据来自于中国经济改革研究基金会国民经济研究所发布的市场化指数数据库；其他数据来自深圳国泰安 CSMAR 数据库。

2. 变量定义

（1）被解释变量

公司价值（Tobin Q）

本节按照 Smith 和 Watts 提出的用 Tobin Q 来衡量公司价值的方法来计算样本公司的公司价值，Tobin Q 的计算方法是：

$$TobinQ = \frac{\text{流通股数} \times \text{股价} + \text{公司负债的账面价值}}{\text{总资产的账面价值}}$$

其中，流通股的股价按照当年 12 月份上市公司每个交易日股票市价的平均值来计算，每个交易日的股票价格按照当天交易最高价和最低价的平均值来计算。公司总负债和总资产账面价值均从当年年报中直接获取。

（2）解释变量

控制权（CR）

本节采取 La Porta 等、Claessens et al. 以及 Faccio et al. 的计算方法，即控制权等于控制链上最弱的投票权相加之和。CR $= \sum_{i=1}^{n} \min_i(a_{it})$，其中，$a_{i1}, a_{i2}, \cdots, a_{it}$ 为第 i 条控制链的所有链间的控股比例。例如，图 3－1 为美的电器（000527）2008 年的控股股东及控制关系图，其控制权为 51.23%（0.46% ＋46.47% ＋4.17% ＋0.13%）。如果上市公司仅有一条控制链，那么控制权即为此控制链中最小的控股比例。

现金流权（VR）

本节仍采取 La Port 等、Claessens et al. 以及 Faccio et al. 关于现金流权的计算方法，即用控股股东通过所有控制链累计持有上市公司的所有权权益比例来表示控股股东的现金流权，其中每条控制链顶端对终端上市公司的所有权权益比例，等于该条控制链的所有链上控股股东各层持股比例的乘积。VR $= \sum_{i=1}^{n} \prod_{t=1}^{t} a_{it}$ 其中，a_{i1}, a_{i2}，

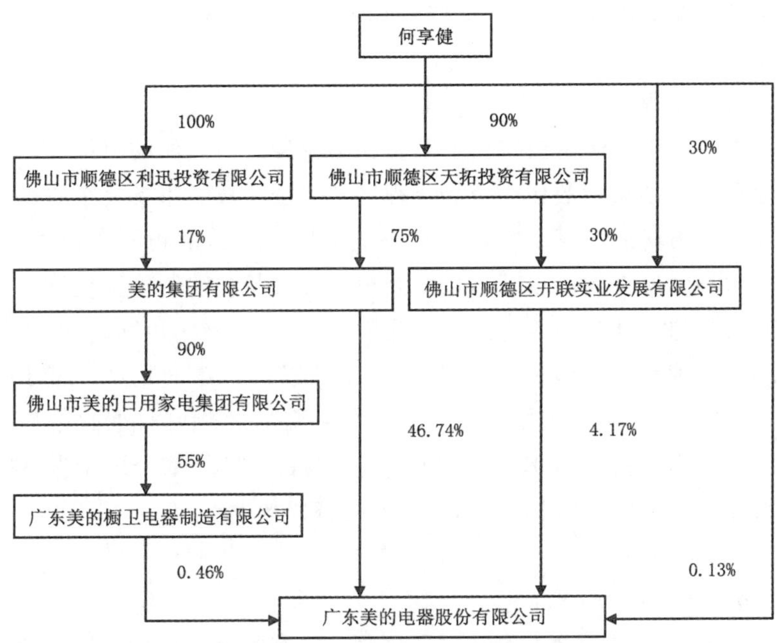

图 3－1　美的电器 2008 年控制权关系图

…，a_{it} 为第 i 条控制链的所有链间控股比例。如果上市公司仅有一条控制链，那么现金流权为此控制链所有链间控股比例的乘积，如果上市公司有多条控制链条，那么现金流权等于每条控制链所有链间控股比例乘积之和。如美的电器 2008 年的现金流权为 34.10%（100% ×17% ×90% ×55% ×0.46% +90% ×75% ×46.74% +90% ×30% ×4.17% +30% ×4.17% +0.13%）

现金流权与控制权的分离度（VCR）

本节采用了 Claessens et al. 计算分离度的方法，即以现金流权与控制权的比率作为现金流权与控制权的分离度，VCR 值越小，则说明现金流权与控制权的分离度越大，VCR 值越大，则说明现金流权与控制权的分离度越小。如美的电器 2008 年的分离度为

0.6656，即1个单位的控制权仅用0.6656个单位的现金流权来支撑。

市场化程度（INDEX）

本节用中国经济改革研究基金会国民经济研究所的樊纲、王小鲁发布的市场化指数作为市场化程度的代理变量。市场化指数是根据政府与市场的关系、非国有经济的发展、产品市场的发育程度、要素市场的发育程度以及市场中介组织发育与法律制度环境五个方面的指数综合计算而获得。由于我们没能获得2007年和2008年的市场化指数数据，而只能获得2002年及以前各年的数据，鉴于我国各地区2000年后市场化程度的变化趋势大致相同且变化幅度不是很大，本节就将2001年与2002年市场化程度指数分别作为2007年与2008年对应公司的市场化程度的替代数据。

（3）控制变量

公司性质（STATE）

当上市公司的终极控制人是政府、国有资产管理局、国有资产经营公司、国有独资公司和院校时，我们将此上市公司的属性确定为国营企业，其公司性质就是国营企业（STATE取1）；当上市公司的终极控制人是自然人、一般社会法人和外资股东时，我们将此上市公司的属性确定为民营企业（STATE取0）。

行业性质（INDU）

中国证券监督委员会将我国上市公司划分为制造业等13个行业，其中，采掘业、水电煤气业以及运输仓储业是属于政府保护性行业。因此，本节将13大行业划分为两类：一类是保护性行业，包括采掘业、水电煤气业以及运输仓储业，INDU取1；第二类是非保护性行业，包括制造业等10个行业，INDU取0。

另外，本节还对影响公司价值的相关因素进行了控制，包括资产负债率（LEV）、公司规模（SIZE）、净资产收益率（ROE）、净利润增长率（GROW）、数据年度（YEAR）以及上市地点（WHE）。

表 3－1　　变量定义及其计量一览表

变量类型	变量名称	变量符号	变量定义
被解释变量	公司价值	Tobin Q	具体计算方法见正文
解释变量	控制权	CR	等于控制链上最弱的投票权相加之和。CR $=\sum_{i=1}^{n}\min_i(a_{it})$，其中，$a_{i1},a_{i2},\cdots,a_{it}$ 为第 i 条控制链的所有链间的控股比例
	现金流权	VR	用控股股东通过所有控制链累积持有上市公司的所有权权益比例来表示控股股东的现金流权，其中每条控制链顶端对终端上市公司的所有权权益比例，等于该条控制链的所有链上控股股东各层持股比例的乘积。VR $=\sum_{i=1}^{n}\prod_{t=1}^{t}a_{it}$ 其中，$a_{i1},a_{i2},\cdots,a_{it}$ 为第 i 条控制链的所有链间控股比例
	两权分离度	VCR	以现金流权与控制权的比率作为现金流权与控制权的分离度
	市场化程度	INDEX	用中国经济改革研究基金会国民经济研究所的樊纲、王小鲁发布的市场化指数作为市场化程度的代理变量
控制变量	资产负债率	LEV	年末负债/总资产
	公司规模	SIZE	公司年末资产账面价值的自然对数
	行业性质	INDU	当公司属于采掘业、水电煤气业以及运输仓储业时，INDU 取 1；否则为 0

续表

变量类型	变量名称	变量符号	变量定义
控制变量	公司性质	STATE	当上市公司的终极控制人是政府、国有资产管理局、国有资产经营公司、国有独资公司和院校时，其值1；否则为0
	净资产收益率	ROE	公司年末净利润/所有者权益
	净利润增长率	GROW	（本年净利润 - 上年净利润）/上年净利润
	上市地点	WHE	当公司在上海证券交易所上市时，其值取1，否则取0
	数据年度	YEAR	当样本数据为2008年时，其值取1，否则取0

3. 模型设计

按照理论分析和推导，本节对解释变量两权分离度（VCR）、控制权（CR）、现金流权（VR）以及市场化指数（INDEX）均分别采用多元线性回归模型进行研究，并对公司资产负债率、公司规模、行业性质、公司性质以及上市地点和数据年度进行控制，模型设计如下：

MODEL1：

$$TobinQ = \alpha_0 + \beta_1 VCR_{it} + \beta_2 LEV_{it} + \beta_3 SIZE_{it} + \beta_4 INDU_{it} + \beta_5 STATE_{it} + \beta_6 ROE_{it} + \beta_7 GROW_{it} + \beta_8 WHE_{it} + \beta_9 YEAR_{it} + \varepsilon_{it}$$

MODEL2：

$$TobinQ = \alpha_0 + \beta_1 CR_{it} + \beta_2 LEV_{it} + \beta_3 SIZE_{it} + \beta_4 INDU_{it} + \beta_5 STATE_{it} + \beta_6 ROE_{it} + \beta_7 GROW_{it} + \beta_8 WHE_{it} + \beta_9 YEAR_{it} + \varepsilon_{it}$$

MODEL3：

$$TobinQ = \alpha_0 + \beta_1 VR_{it} + \beta_2 LEV_{it} + \beta_3 SIZE_{it} + \beta_4 INDU_{it} + \beta_5 STATE_{it} + \beta_6 ROE_{it} + \beta_7 GROW_{it} + \beta_8 WHE_{it} + \beta_9 YEAR_{it} + \varepsilon_{it}$$

MODEL4：

$$TobinQ = \alpha_0 + \beta_1 INDEX_{it} + \beta_2 LEV_{it} + \beta_3 SIZE_{it} + \beta_4 INDU_{it} + \beta_5 STATE_{it} + \beta_6 ROE_{it} + \beta_7 GROW_{it} + \beta_8 WHE_{it} + \beta_9 YEAR_{it} + \varepsilon_{it}$$

五、实证结果与分析

1. 描述性统计结果

从有关“金字塔”型股权结构的研究文献可以看出，“金字塔”式股权结构的刻画变量为控制权、现金流权以及现金流权与控制权的分离度，故本节在此也对控制权、现金流权以及两权分离度进行了统计分析。在表3－2中，全样本的控制权和现金流权的描述性统计结果显示，我国上市公司的控制权和现金流权的平均分别为0.4232和0.3521，以此为基础计算出来的两权分离度的平均值0.8145，中位数为1。因此整体上看，我国上市公司“金字塔”股权结构中的控制权与现金流权的分离度并不高。为了取得对样本公司现金流权与控制权的分离度全面认识，我们又分别按照年度、行业、公司性质以及上市地点对样本公司分类比较其现金流权与控制权的分离程度，统计结果见表3－3。

表3－2　　　　变量描述性统计结果

变量名称	样本数	平均值	中位数	最小值	最大值	标准差
公司价值	2 129	1.1837	1.1191	0.7945	5.2714	0.2798
两权分离度	2 129	0.8145	1	0.0369	1	0.2584
控制权	2 129	0.4132	0.3936	0.0149	0.92	0.1638
现金流权	2 129	0.3521	0.3281	0.005	0.92	0.1931
市场化指数	2 129	6.6422	6.37	1.57	9.74	1.6734
公司性质	2 129	0.6975	1	0	1	0.4594

续表

变量名称	样本数	平均值	中位数	最小值	最大值	标准差
资产负债率	2 129	0.4953	0.5091	0.0232	0.9964	0.1865
公司规模	2 129	21.1846	21.1073	17.4965	25.6988	0.9241

表 3 - 3　　两权分离度分类统计表

分类标准	样本数	平均值	中位数	最小值	最大值	标准差
2007 年	1 020	0.8242	1	0.0369	1	0.2569
2008 年	1 109	0.8056	1	0.0372	1	0.2596
控制性行业	223	0.8572	1	0.0372	1	0.2398
非控制性行业	1 906	0.8095	1	0.0369	1	0.2601
国营企业	1 485	0.9018	1	0.0467	1	0.1938
民营企业	644	0.6132	0.58	0.0369	1	0.2759
深市	781	0.7963	1	0.0369	1	0.271
沪市	1 348	0.8251	1	0.0385	1	0.2504
全样本	2 129	0.8145	1	0.0369	1	0.2584

表 3 - 3 的统计结果显示，和 2007 年的数据相比，2008 年的两权分离度有进一步扩大趋势，非控制性行业的两权分离度高于控制性行业，深市上市公司的两权分离度也高于沪市上市公司，这还不是最重要的，更为重要的是，当把样本公司划分为国营企业和民营企业进行对比分析时，我们发现，国营企业的两权分离率为 0.9018，明显大于民营企业的 0.6132，这说明民营企业的两权分离度远远大于国营企业，同时由于国营企业占样本的绝大多数，从而导致整体样本所体现出的两权分离程度并不高。由于非控制性行业、深圳证券交易所上市公司中民营企业偏多，所以其两权分离度均值体现出了上述统计差异。我们计算出的民营企业的两权分离程

度均值 0.613 与谷祺等以家族控制的上市公司为研究范围而得出的 0.621 的两权分离度①十分接近。本节样本中国营企业的平均现金流权为 0.4176，而民营企业的现金流权仅为 0.2010。所以民营企业运用较小的现金流权支持了其较大份额的控制权。

2. 多元回归分析结果

我们使用上市公司数据对 MODEL 1、MODEL 2、MODEL 3、MODEL 4 进行了回归，回归结果见表 3－4。

表 3－4　　模型回归结果

变　量	MODEL 1	MODEL 2	MODEL 3	MODEL 4
CONSTANT	3.9570 *** (12.580)	3.9530 *** (12.590)	3.9321 *** (12.400)	3.8980 *** (12.568)
两权分离度（VCR）	0.0240 *** (3.054)			
控制权（CR）		－0.0501 (－1.353)		
现金流权（VR）			0.0573 ** (2.019)	
市场化程度（INDEX）				0.0113 *** (3.750)
资产负债率（LEV）	－0.0768 *** (－2.564)	－0.0732 ** (－2.455)	－0.0744 ** (－2.472)	－0.0703 ** (－2.322)
公司规模（SIZE）	－0.1149 *** (－4.053)	－0.1041 *** (－4.107)	－0.1035 *** (－4.072)	－0.1078 *** (－4.219)
行业性质（INDU）	0.0711 *** (3.925)	0.0708 *** (3.943)	0.0712 *** (3.891)	0.0731 *** (4.075)

① 谷祺等用于计算现金流权与控制权分离度的方法与本节完全一致。

续表

变　量	MODEL 1	MODEL 2	MODEL 3	MODEL 4
公司性质（STATE）	-0.0089 (-0.790)	-0.0087 (-0.825)	-0.0128 (-1.332)	0.0003 (-0.133)
净资产收益率（ROE）	0.0075 0.820	0.0088 0.788	0.0075 0.820	0.0081 0.818
利润增长率（GROW）	-0.0002 0.910	-0.0002 0.930	-0.0002 0.909	-0.0001 0.910
上市地点（WHE）	-0.0032 (-0.473)	-0.0033 (-0.504)	-0.0041 (-0.625)	-0.0030 (-0.457)
数据年度（YEAR）	-0.0835*** (-4.895)	-0.0827*** (-4.735)	-0.0824*** (-4.625)	-0.0865*** (-4.878)
R^2	0.225	0.226	0.228	0.232
Adj - R^2	0.213	0.213	0.215	0.217
F 统计量	56.55***	54.32***	58.22***	59.35***

注：被解释变量是公司价值（Tobin Q）。

括号内的数分别为双尾 T 检验和 T 值。

*** 表示在 1% 水平上显著；** 表示在 5% 水平上显著；* 表示在 10% 水平上显著。

MODEL 1 是现金流权与控制权的分离度（VCR）和公司价值之间的关系的回归结果。结果表明，两权分离度的回归结果在 1% 的水平上显著为正，也就是说，两权分离度越大（VCR 值越小），公司的价值也越小，相反，两权分离度越小（VCR 值越大），公司价值越大。正如刘峰等指出的，控股股东会将利润注入上市公司，将现金转移给大股东，因此当两权分离度比较大时，通过分红方式获得现金的数量降低，控股股东具有更多的利用关联交易、股权转让、担保、借款等“隧道行为”进行“利益攫取”的动机，这将损害中小股东的利益，致使中小股东采用“用脚投票”，公司股价下跌，使得公司价值降低。而两权分离度变小时，控股股东的“支持动机”会超过“攫取动机”，提升公司价值。假设1得到证实，同时与国内叶勇等的研究结果相互印证。

MODEL 2的解释变量是控股股东对公司的控制权（CR），实证结果显示，控制权的回归系数为负，但不显著。实证结果没有推翻系数为0的假设，说明在我国目前的市场条件下，控股股东的侵占程度与控制权比例没有显著的相关关系，本节的经验支持了刘峰等的案例研究结论，同时也说明控股股东的支持或攫取公司没有受到控制权比例的显著影响。

为了检验控股股东所拥有的现金流权与公司价值的关系，我们采用MODEL 3进行检验。回归结果显示，现金流权（VR）的回归系数为正，而且在5%的水平上显著。这表明，控股股东的现金流权与公司价值成正相关关系，控股股东拥有的现金流权越高，公司的价值就越高。这与我们的理论推导和假设是一致的。控股股东拥有越多的现金流量权，进行“利益攫取”的成本越高，收益就越小，控股股东会更努力地去提高公司经营业绩，以从股利分配中获得收益，这时，中小股东的利益就能得到保证，“搭便车”效应能够得到实现，公司的价值也就能够得到提高。假设3得到证实。

MODEL 4的回归结果显示，解释变量市场化程度（INDEX）在1%的水平上显著为正，这表明，市场化程度与公司价值成显著的正相关关系，市场化程度越高，公司的价值越大。市场化程度反映了市场的发育程度，市场化程度指数越高，市场就越发达，市场机制就越完善，相关法律法规执行效率越高，监管力度也就越强，相应对股东利益的保护程度就越高，控股股东对中小股东的利益侵占就越少，中小股东的利益能够得到保障，从而使得公司价值得到提升。假设4得到证实。

六、研究结论及启示

本节运用我国上市公司2007年和2008年的数据研究了“金字塔”式股权结构的公司价值效应。研究发现，金字塔结构下控股股东的两权分离度越高，公司的价值越小。即两权分离度越大，控股股东有更强的“利益攫取”动机，而两权分离度越小，“利益攫取”动机可能会减小，也可能是控股股东的“利益支持”动机增强，从而导致公司价值的提升；控股股东的现金流权越高，则其越具有更强的“利益支持”动机，公司价值越大；而控股股东的控制权大小与公司价值没有显著的相关关系（但方向为正向关系）。说明，控股股东的“利益支持”更多是由于其现金流权引起，控股股东更关注上市公司的“真金白银”利益；市场化程度越高，控股股东的“利益攫取”成本越高，收益越小，更能减少控股股东的“掏空”行为，保护中小投资者利益；在我国目前的资本市场环境下，控股股东可能存在“利益支持”或“利益攫取”动机，其动机与其控制权比例没有显著相关关系，而主要取决于控股股东利益最大化的需要。

基于上述结论，有如下政策启示。加强中小投资者保护，要关注控股股东的控制权成本收益与其行为，在加强对高“两权分离”公司制度监管和会计监管、关注其关联交易的动向和行为同时，还要采取措施加大控股股东的“利益攫取”成本，降低其“利益攫取”收益预期的监管，切实保护中小投资者利益。

第二节　终极控制权性质、市场化程度与公司层级

摘　要： 企业的集团化发展形成了“金字塔”式的多层控股结构，同时带来了公司控制权与现金流权的分离。研究其层级的影响因素，对于进一步分析其经济后果及完善监管具有重要意义。本节利用我国上市公司资料，从终极控制权性质（国有或非国有）及市场化程度（以市场化指数代替）两个方面研究了公司层级的影响因素及存在因由。研究发现，市场失灵是多层控股形成的重要因素，国有上市公司控制层级与市场化程度呈负相关关系，非国有企业呈正相关关系。笔者分析了其形成原因，提出了框架性的政策建议。

关键词： 公司层级、终极控制权、市场化程度、“金字塔”控股结构

一、引言

股权结构一直是近几年国内外学者研究的重要领域，相关研究也取得了开创性的成果。“金字塔”式股权结构是使现金流权和控制权分离的直接原因，这是一种广泛存在的股权结构形式，最近几年倍受学者们的关注，也有着十分重要的研究价值。相关的研究文献表明，在新兴市场经济国家，乃至发达的资本主义国家，大部分公司都是由家族或者由国家通过控制链条而最终控制，这种“金字塔”式控制关系形成了企业集团或者可以称之为利益集团，使终极控股股东能够通过层级控制来实现自己的目的，相应也就使得

终极控股股东的现金流权和控制权发生了背离（La Porta et al.，1999；Claessens et al.，2000；Faccio et al.，2002）。在以往的研究中，大部分学者只是对这种既成的“金字塔”式股权结构所造成的对中小股东利益的侵害行为进行了大量研究，并没有全面分析金字塔式股权结构的形成原因，同时也缺少对其能够继续存在以及能够为中小股东所接受的原因作出合理解释和探究，这应当是现今对“金字塔”式股权结构的研究主题和重要任务之一。

在我国，同样存在着大量的由国家或家族最终控股的上市公司，这种“金字塔”式股权结构也广泛存在，并且其形成过程具有特殊性，中国的国情也赋予了“金字塔”式股权结构存在沃土。但是，国内专门针对这一现象的研究并不多见，大量的文章只是专注于“利益输送”所造成的对中小股东利益侵害以及现金流权、控制权以及两权分离度对上市公司价值的简单研究，并没有全面分析“金字塔”式股权结构的形成原因及其存在因由。因此，本节的研究目的就是要透彻分析“金字塔”式股权结构的成因、存在因由，并试图从经验上分析形成“金字塔”式股权结构中控制层级的影响因素，这不仅能够帮助我国的经济活动主体清晰地认识“金字塔”式股权结构，而且能够为集团组织结构优化提供有益的指引，同时还为我国政府制定相关的法律政策、监管制度提供重要的参考。

本节研究的样本为我国 2004 年、2005 年在上海和深圳两个交易所上市的所有 A 股公司，利用其年报中披露的“金字塔”式股权结构图，找出其控制层级并计算两分离度，分析终极控制权性质及市场化程度对公司控制层级以及由此导致的两权分离度的影响的实证证据。

二、文献回顾与评价

La Porta，Lopez - de - Silanes 和 Shleifer（1999）的研究发现公司经常是具有“金字塔”式股权结构特征的商业集团中的一部分。他们从全世界 27 个最富有的经济体中各选出了 20 家最大的上市公司，并对这些上市公司的股权结构进行了研究，其研究发现，以 20% 投票权为最终控制形态划分标准和各国最大公司为研究样本，27 个国家和地区的上市公司中，除了美国、英国及日本显示出有较高程度的股权分散比率外，其余国家大都存在有最终控制性股东，研究还发现，控制性股东所拥有的现金流权经常远远小于他们的控制权，这主要是因为“金字塔”式的股权结构。Claessens，Djankov 和 Lang（2000）追溯了东亚九个国家总共 2 980 家公开上市公司的终极所有者，并对其股权结构进行了研究，研究发现“金字塔”式股权结构广泛存在于这九个国家的上市公司中(38.7% 的公司是通过“金字塔”式股权结构实现控制的)，而且现金流权和控制权也普遍存在背离现象。Faccio et al.（2002）对欧洲上市公司进行了类似的研究，发现欧洲除了英国、爱尔兰等少数国家以外，约有 50% 的上市公司通过“金字塔”式股权结构由家族最终控制。

现代企业存在两种代理问题。第一种是因为所有权和经营权分离导致股东和管理层之间的代理问题（Demsetz 和 Lehn，1985；Jensen 和 Meckling，1976；Shleifer 和 Vishny，1997）；第二种是控股股东和非控股股东之间的代理问题（Fama 和 Jensen，1983；Morck，Shleifer 和 Vishny，1997）。“金字塔”式控股结构会带来现金流权和控制权的分离，会加剧第二种代理问题，产生一定的会计后果和经济后果。Fan 和 Wong（2002）、Francis et al.（2005）

研究发现，现金流权和控制权的分离会使控股股东有剥削非控股股东从而最大化自己利益的动机，导致较低的会计信息含量。

Bertrand 和 Mullainathan（2003）指出，在“金字塔”式股权结构中，公司所处的层级不同，终极控制人所拥有的现金流权也不同，这就促生了终极控制人很强的转移公司资源的动机。Randall Morck（2003）构建了金字塔股权模型验证大股东侵占中小股东利益的问题。Morck 从模型中发现家族控制性股东在金字塔的每一个层级都可以利用其控制权进行管理层防御；在金字塔结构的底层公司由于所有权与控制权分离程度大，代理问题十分严重，侵占效应也更为明显；内部人可以通过自我交易和隧道行为进行利益输送，侵占中小股东的利益。Bebchuk，Triantis（2000）认为控制权与现金流量权相分离会产生大量代理成本，比控制性股东在公司中同样持有控制性现金流量权相联系的成本高出一个数量级。现金流权与控制权之间的显著性分离会降低公司的价值。

Bertrand、Mehta 和 Mullainathan（2002）设计了一个间接的方法来检测“利益输送”的程度，研究结果表明在印度的企业集团中存在着明显的“利益输送”行为。Jian 和 Wong（2003）把 131 家存在关联交易（例如利益输送）的中国上市公司作为样本数据进行研究，他们发现至少这些交易中的一部分是没有被市场预期到的。Cheung、Rau 和 Stouraitis（2004）研究了 328 家香港上市公司 1998 年至 2000 年间的发生的关联交易以及他们的控股股东，并没有发现存在关联交易的公司因市场预期到的控股股东对中小股东的利益侵占行为而折价的证据。

我国一些学者以国内上市公司为研究对象，从公司所有者、控制权分离状况（张华、张俊喜和宋敏，2003；谷祺等，2006）、所有者权结构与公司绩效（许小年和王燕，1998；施东晖，2000；刘芍佳等，2002）、所有权与公司价值（孙永祥和黄祖辉，1999；

朱武详和宋勇，2001；谷祺等，2006）等方面对“金字塔式”股权结构进行了研究，发现了“金字塔”式股权结构的与公司绩效及公司价值之间的相关关系。

从以上文献研究来看，国内外学者的研究方法和思路基本一致，都是从股权结构入手，对公司“金字塔”式股权结构的各要素控制权、现金流权以及控制权与现金流权的背离度等问题进行分析和研究，但已有的文献仅仅对“金字塔”式股权结构下的诸多结果，比如控制权、现金流权以及控制权与现金流权的分离度进行研究和分析，而对形成这一股权结构的影响因素没有进行挖掘和剖析，因此也就不能从本质上去认识“金字塔”式股权结构以及正确分析这一结构的影响。现有的针对“金字塔”式股权结构的研究仅仅局限在控制权、现金流权以及控制权和现金流权背离度这些层面，而没有对造成控制权和现金流权分离的直接原因——控制层级进行研究和分析，也就不能透彻“金字塔”式股权结构的全部内涵。

在下面部分中，我们将以上述问题为切入点，在理论分析的基础上，利用中国沪市、深市 2004 年和 2005 年上市公司的数据进行实证研究。

三、研究设计与实证分析

（一）研究假设

为了对“金字塔”式股权结构进行完整、全面地分析，本节从分析“金字塔”式股权结构形成原因入手，对控制层级的影响因素进行理论分析并提出研究假设。

1. 市场因素分析

组织经济学家认为，科层式企业创立的原因是市场效率的失灵。市场失灵会使企业之间的交易成本大大增加，从而企业内部的组织成本相对较小，企业的股东为了使自己的利益受到保护，为了使企业价值最大化，就会将企业边界向外扩展，形成更多的控制层级，用相对较小的组织成本来代替较高的交易成本。因此，科层式企业以及“金字塔”式股权结构随之产生。

在不发达或者制度建设欠缺的国家，要素市场往往具有不完备性，“金字塔”式控股结构的存在可以弥补要素市场的不完善性，可以内部化资本市场、产品市场、经理人市场和无形资产市场。要素市场越不完善，企业所有者为了追求自己利益最大化就越有可能通过建立起层次更多的“金字塔”式股权结构来内部化各种市场（Khanna 和 Palcpu，2000）。从对中小股东利益保护来看，在信息不对称和不完全市场中，中小股东的利益经常受到控制性股东的侵害，信息越不对称、市场越不完全，控制性股东对中小股东的侵害就越厉害。控制性股东对中小股东利益的侵害通常是通过“金字塔”式股权结构来实现，这一结构使得控制性股东的现金流权与控制权发生分离，控制性股东只要投入很少的现金就能实现对公司的控制，控制层级越多，控制性股东投入的现金需要就越少，现金流权就越小，利益侵占就越厉害。

La Porta et al. （1999） 的研究发现明在法律对投资者保护薄弱的情况下，控制性股东可以轻易采取各种方式侵占中小投资者利益，法律体系对投资者的保护增强时，控制性股东对中小股东的侵占成本会增加，当侵占成本超过侵占收益时，侵占将不再发生（Dyck 和 Zingales，2001）。也就是说，在市场化程度较高的市场中，公司的股权控制层级较低，而在市场化程度较低的市场中，公司的股权控制层级则较高。但是，这一效应又会受到其他因素的消弱或者加强。

2. 我国二元股权结构因素分析

我国上市公司主要分析为两类，国有和非国有，笔者称之为二元股权结构。在二元股权结构下，国有股东与非国有股东及其经理层在行为特征、利益动机、管理决策方式、融资动机方面都存在较大差异，因此其的控制层级与非国有企业存在较大的差异，其控制层级对市场化程度的反应程度也有所不同。

国有上市公司大部分是通过改制，从原国有企业中划分出优质资产进行上市，而原国有企业成为了控制上市公司的母公司或者集团公司，这必然也就形成或增加了公司的控制层级。从企业激励的角度来看，改革前甚至是现在，国有企业的经理人都具有行政级别，按行政级别获取薪酬，行政级别代表着自己的权力、地位和发展潜力。国有企业经理人的激励主要来源于行政级别，来源于政绩，而行政级别与公司控制层级没有必然的正相关关系。因此，国有企业的层级激励效应会相对小于行政级别的激励效应。但是，非国有企业的经理人基本上不具有行政级别，他们的激励则主要来源于其管理公司的规模以及其在公司中所处的管理层级地位，也就是说，公司的控制层级越多，经理的激励空间越大。为了能够满足对财富的追求，非国有企业的经理就会使用更多的控制层级来进行自我激励。

从管理决策层面分析，国有企业的决策分散程度受到政府行为和市场规范性程度的影响，市场规范性程度又会加强政府行为的规范性程度。也就是说，在市场化程度高、法制健全的市场中，政府对企业经营的干预就少，政府与其控制的国有企业目标更趋于一致，愿意通过构建更多层级的“金字塔”式股权结构来将公司管理决策权分散给具备专业化经营技能的经理人。然而，在不规范的市场环境中，政府与国有企业价值最大化目标背离程度较大，这时，政府的控制收益较大，政府对国有企业的干预就比较多，相应，政府会通过直接控制上市公司或者采用尽量少的中间控制层级来管理控制上市公司。

从融资动机分析，在市场化程度不高、资本市场不发达的环境中，相对于国有企业，非国有企业有着强烈地通过增加上市公司“金字塔”式股权结构的控制层级来构建内部资本市场的动机。在市场化程度高、资本市场发达的环境中，非国有企业可以通过外部资本市场获得足够的投资资金，其增加上市公司“金字塔”式股权结构的控制层级构建内部资本市场的动机也将大大减小。

通过上面的分析，我们提出以下假设：

假设一：国有上市公司“金字塔”式股权结构的控制层级与市场化程度成正相关关系；

假设二：非国有上市公司“金字塔”式股权结构的控制层级与市场化程度成负相关关系；

假设三：在我国现存的市场环境下，非国有上市公司“金字塔”式股权结构的控制层级要比国有企业多。

本部分以下内容将利用我国上市公司的数据为上述假设寻找实证证据。

（二）样本选择与数据来源

本节选取深市、沪市 A 股市场上 2004 年、2005 年挂牌交易的上市公司为研究样本，为了研究的需要，本节采用如下标准来对样本公司进行筛选：（1）样本公司在 2004 年、2005 年年报中披露了公司与实际控制人之间的产权及控制关系图，并列出了最终控制人，或通过其他渠道，如本公司网站，能够获得公司的最终控制人详细资料；（2）样本公司在 2004 年或者 2005 年在 A 股市场上挂牌，披露的财务数据齐全；（3）所有样本公司中不包括金融行业的上市公司；（4）剔除 2004 年、2005 年同时发行 A 股和 B 股公司或者 A 股和 H 股的上市公司；（5）剔除 2004 年、2005 年所有者权益为负的上市公司；（6）剔除交叉持股的上市公司。按照上述步骤进行筛选处理之后，得出 2 129 个上市公司样本数据。

本节的数据来自上海证券交易所、深圳证券交易所及中国证券监督委员会官方网站，根据 2004 年、2005 年年报公布的资料整理得出，部分上市公司的最终控制人资料来自其公司网站。

（三）主要变量定义及描述统计

1. 被解释变量：控制层级（LAYER）

从 2004 年开始，中国证券监督管理委员会要求上市公司年报必须披露公司与实际控制人之间的产权及控制关系图，这一关系图给我们提供了终极控制人对上市公司的控制链条。本节的控制层级就是根据终极控制人的控制链条的级数来确定。如果终极控制人的控制链条为多条，我们则选择控制链条较短的一条来确定控制层级。

2. 被解释变量

（1）控制权（CR）。本节采取 La Porta 等人（1999）、Claessens、Djankov、Lang. L（2000）以及朗咸平（2002）的计算方法，即控制权等于控制链上最弱的投票权相加之和。CR $= \sum_{i=1}^{n} \min_i(a_{it})$，其中，$a_{i1}, a_{i2}, \cdots, a_{it}$ 为第 i 条控制链的所有链间的控股比例。如果上市公司仅有一条控制链，那么控制权即为此控制链中最小的控股比例。

（2）现金流权（VR）。本节仍采取 La Port 等人（1999）、Claessens、Djankov、Lang，L（2000）以及朗咸平（2002）关于现金流权的计算方法，即用控制性股东通过所有控制链累积持有上市公司的所有权权益比例来表示控股股东的现金流权，其中每条控制链顶端对终端上市公司的所有权权益比例，等于该条控制链的所有链上控股股东各层持股比例的乘积。VR = $\sum_{i=1}^{n}\prod_{t=1}^{t}a_{it}$ 其中，a_{i1}，a_{i2}，…，a_{it} 为第 i 条控制链的所有链间控股比例。如果上市公司仅有一条控制链，那么现金流权为此控制链所有链间控股比例的乘积，如果上市公司有多条控制链条，那么现金流权等于每条控制链所有链间控股比例乘积之和。

（3）现金流权与控制权的分离度（VCR）。本节采用了 Claessens、Djankov、Lang，L（2000）计算分离度的方法，即以现金流权与控制权的比率作为现金流权与控制权的分离度，VCR 值越小，则说明现金流权与控制权的分离程度越大，VCR 值越大，则说明现金流权与控制权的分离程度越小。

3. 解释变量

（1）市场化程度指数（INDEX）。本节用中国经济改革研究基金会国民经济研究所的樊纲、王小鲁发布的市场化指数作为市场化程度的代理变量。市场化指数是根据政府与市场的关系、非国有经济的发展、产品市场的发育程度、要素市场的发育程度以及市场中介组织发育与法律制度环境五个方面的指数综合计算而获得①。由于我们没能获得 2004 年和 2005 年的市场化指数数据，而只能获得 2002 年及以前各年的数据，鉴于我国各地区 2000 年后市场化程度的变化趋势大致相同且变化幅度不是很大，本节就依次将 2001 年与 2002 年市场化指数数据与 2004 年和 2005 年年报数据相匹配。

（2）公司性质（STATE）。本节对公司性质的定义是根据上市公司终极控制性股东的属性来确定的。在公司与实际控制人之间的

① 市场化指数的具体计算方法就不在此赘述，在经济出版社 2001 年出版的《中国市场化指数》一书中第 61 ~ 74 页有详细介绍。

产权及控制关系图中，我们可以追溯出上市公司的终极控制人。当上市公司的终极控制人是政府、国有资产管理局、国有资产经营公司、国有独资公司和院校时，我们将此上市公司的属性确定为国有企业，其公司性质就是国有企业；当上市公司的终极控制人是自然人、一般社会法人和外资股东时，我们将此上市公司的属性确定为非国有企业。

另外，本节还控制了公司的行业性质、资产负债率、公司规模、年报时间以及上市地点。本节将证监会分类的 13 大行业划分为两类：一类是保护性行业，包括采掘业、水电煤气业以及运输仓储业；第二类是非保护性行业，包括制造业等 10 个行业。

上述变量及其定义列示在表 3 – 5 中。

表 3 – 5　　　　变量定义表

变量名称	变量代码	变量定义
控制层级	LAYER	年报中披露的公司与实际控制人之间的产权及控制关系图中的层级数
控制权	CR	$CR = \sum_{i=1}^{n} \min_i(a_{it})$，$a_{i1}, a_{i2}, \cdots, a_{it}$ 为第 i 条控制链所有链间的控股比例
现金流权	VR	$VR = \sum_{i=1}^{n} \prod_{t=1}^{t} a_{it}$，$a_{i1}, a_{i2}, \cdots, a_{it}$ 为第 i 条控制链的所有链间控股比例
现金流权与控制权的分离度	VCR	VCR = VR/CR（两权分离度越大，VCR 值越小）
市场化程度	INDEX	数据来源于经济出版社出版的《中国市场化指数》
公司性质	STATE	当上市公司终极控制人是国家或政府时，STATE 取 1，否则，STATE 取 0

续表

变量名称	变量代码	变量定义
资产负债率	LEV	LEV = 上市公司的负债总额与总资产的比率
资产规模	SIZE	SIZE = 上市公司总资产的自然对数
行业性质	INDU	当样本公司属于非保护性行业时，我们赋值 INDU = 0，否则，INDU = 1
年报时间	YEAR	当数据来源于 2004 年年报时，我们赋值 YEAR = 0，否则，YEAR = 1
公司上市地	WHE	当上市公司在深圳上市时，WHE = 0，否则，WHE = 1

4. 变量的描述性的统计

表 3 – 6 对选取样本的相关变量进行了描述性统计。

表 3 – 6　　　　变量描述性统计表

变量名称	样本数	平均值	中位数	最小值	最大值	标准差
控制层级	2 129	3. 2748	3	2	7	0. 7634
控制权	2 129	0. 4132	0. 3936	0. 0149	0. 92	0. 1638
现金流权	2 129	0. 3521	0. 3281	0. 0050	0. 92	0. 1931
两权分离度	2 129	0. 8145	1	0. 0369	1	0. 2584
市场化指数	2 129	6. 6422	6. 37	1. 57	9. 74	1. 6734
公司性质	2 129	0. 6975	1	0	1	0. 4594
资产负债率	2 129	0. 4953	0. 5091	0. 0232	0. 9964	0. 1865
公司规模	2 129	21. 1846	21. 1073	17. 4965	25. 6988	0. 9241
行业性质	2 129	0. 1047	0	0	1	0. 3063
YEAR	2 129	0. 5209	1	0	1	0. 4997
上市地点	2 129	0. 6332	1	0	1	0. 4821

从表 3－6 的统计分析结果可以看出，样本公司中控制层级的平均数为 3.2748，最小层级为 2 层，最大层级为 7 层。样本数据中控制层级为 3 层的样本公司数有 1 336，占了样本总数的一半还多，而层级排在第二位的是控制层级为 4 的样本公司数，最少的是控制层级为 7 的样本公司，仅有 7 个，我国上市公司的控制层级高度集中在 3 层和 4 层。

典型的“金字塔”型股权结构中，股权结构的各要素还包括控制权、现金流权以及现金流权与控制权的分离度，故本节在此也对控制权、现金流权以及两权分离度进行了统计分析，统计结果见表3－7。

表 3－7　　两权分离度分类统计表

分类标准	样本数	平均值	中位数	最小值	最大值	标准差
2004 年	1 020	0.8242	1	0.0369	1	0.2569
2005 年	1 109	0.8056	1	0.0372	1	0.2596
控制性行业	223	0.8572	1	0.0372	1	0.2398
非控制性行业	1 906	0.8095	1	0.0369	1	0.2601
国有企业	1 485	0.9018	1	0.0467	1	0.1938
非国有企业	644	0.6132	0.58	0.0369	1	0.2759
深市	781	0.7963	1	0.0369	1	0.2710
沪市	1 348	0.8251	1	0.0385	1	0.2504
全样本	2 129	0.8145	1	0.0369	1	0.2584

表 3－7 的统计结果显示，和 2004 年的数据相比，2005 年的两权分离度进一步扩大，非控制性行业的两权分离度高于控制性行业，深市上市公司的两权分离度也高于沪市上市公司，但是，这些差异并不是很明显。当把样本公司划分为国有企业和非国有企业进行对比分析时，我们发现，国有企业的两权分离率为 0.9018，明

显大于非国有企业的 0.6132，这说明非国有企业的两权分离度远远大于国有企业。这一结果与谷祺等（2006）以家族控制的上市公司为研究范围而得出的 0.621 的两权分离度十分接近。和东亚家族企业的现金流权与控制权之间的分离度（Claessens, S., et al., 2000）相比，我国家族上市公司的两权分离度较高。

（五）回归分析

1. 模型设计

为了深入分析公司层级与两权分离度的影响因素，本节使用以下回归模型进行分析。

对全样本进行回归，采用回归模型 1a。

$$LAYER_{it} = \alpha_0 + \beta_1 \cdot INDEX_{it} + \beta_2 \cdot LEV_{it} + \beta_3 \cdot STATE_{it} + \beta_4 \cdot SIZE_{it} + \beta_5 \cdot INDU_{it} + \beta_6 \cdot YEAR_{it} + \varepsilon_{it} \tag{1a}$$

为了分析不同性质公司的控制层次影响因素，我们按公司性质把样本分为国有企业和非国有企业两组样本，分析进行回归分析，模型为 1b。

$$LAYER_{it} = \alpha_0 + \beta_1 \cdot INDEX_{it} + \beta_2 \cdot LEV_{it} + \beta_4 \cdot SIZE_{it} + \beta_5 \cdot INDU_{it} + \beta_6 \cdot YEAR_{it} + \varepsilon_{it} \tag{1b}$$

为了分析控制权与现金流权分离度的影响因素，我们把模型（1a）中的因变量 LAYER 替换为 VCR，即为回归模型 2：

$$VCR_{it} = \alpha_0 + \beta_1 \cdot INDEX_{it} + \beta_2 \cdot LEV_{it} + \beta_3 \cdot STATE_{it} + \beta_4 \cdot SIZE_{it} + \beta_5 \cdot INDU_{it} + \beta_6 \cdot YEAR_{it} + \varepsilon_{it} \tag{2}$$

2. 自变量相关性检验

由于解释变量之间的多重共线性会影响回归效果，在进行回归分析之前，有必要对变量的多重共线性问题检验，本节运用 SPSS 软件对变量之间的 Pearson 相关系数进行了分析（结果略），排除了解释变量之间的多重共线性对模型回归结果的影响。

3. 假设检验与分析

我们分别按照上述设计的模型进行了回归，回归结果见表3－8。

表 3－8　　模型回归结果

变　量	模型 1			模型 2
	全样本（1a）	国有（1b）	非国有（1b）	
CONSTANT	3.5886*** (0.0000)	3.7664*** (0.0000)	2.9062*** (0.0004)	0.5407*** (0.0000)
市场化指数（INDEX）	－0.0095 (0.3432)	0.0138** (0.0363)	－0.0541*** (0.0046)	0.0022** (0.0409)
公司性质（STATE）	－0.0766** (0.0360)			0.2861*** (0.0000)
公司规模（SIZE）	－0.0184 (0.3320)	－0.0339* (0.0975)	0.0228 (0.5676)	0.0035 (0.5308)
资产负债率（LEV）	0.2172** (0.0189)	－0.0121 (0.9088)	0.6525*** (0.0003)	－0.0390 (0.1484)
行业性质（INDU）	－0.0660 (0.2345)	－0.1048* (0.0774)	－0.0249 (0.8488)	0.0144 (0.3737)
上市地点（WHE）	0.0691** (0.0442)	0.1334*** (0.0006)	－0.1063 (0.1200)	0.0149 (0.1378)
年报时间（YEAR）	0.0914*** (0.0062)	－0.0869** (0.0209)	0.1024 (0.1268)	－0.0096 (0.3220)
Adj－R^2	0.209	0.213	0.236	0.364
F 统计量	3.778***	4.245***	5.042***	109.856***
样本量	2 129	1 485	644	2 129

注：模型 1b 的被解释变量是控制层级（LAYER），模型 2 的被解释变量是两权分离度（VCR），括号内的数分别为双尾 T 检验与双尾 F 检验的概率值。

*** 表示在 1% 水平上显著；** 表示在 5% 水平上显著；* 表示在 10% 水平上显著。

我们采用模型1检验了上市公司“金字塔”式股权结构中控制层级的影响因素。从模型1a中的回归结果中可以看出，市场化指数（INDEX）的系数为负，但是不显著，这说明，对于样本总体来说，以政府与市场的关系、非国有经济的发展、产品市场的发育程度、要素市场的发育程度以及市场中介组织发育与法律制度环境五个方面的指数综合计算出来的市场化指数与上市公司的控制层级之间的相关关系并不明显。

我们进一步将样本数据按公司性质进行了分组回归，从国有样本组的回归结果看，市场化指数（INDEX）在5%的水平上显著为正，也就是说，国有上市公司“金字塔”式股权结构的控制层级与市场化指数成正相关关系，即在市场化程度较高的环境下，国有企业的控制层级较高，政府所有者更愿意通过增加控制层级的方式将公司的管理决策权转移给国有企业的专业化管理者。非国有样本组的回归结果显示，市场化指数（INDEX）在1%的水平上显著为负，这说明非国有上市公司“金字塔”式股权结构的控制层级与市场化指数成负相关关系，即在市场化程度较低的环境下，非国有企业的控制层级较高，非国有企业家更愿意通过增加“金字塔”式股权结构的控制层级来构建内部资本市场。

进一步分析非国有企业可以看出，市场失灵使得企业之间的交易成本急剧增加，从而使企业内部的组织成本相对较小，企业的股东为了使自己的利益受到保护，为了使企业价值最大化，就会将企业边界向外扩展，形成更多的控制层级，用较小的组织成本来代替较高的交易成本，“金字塔”式股权结构随之产生。市场失灵是市场不完善的表现，市场不完善又会使得公司控制性股东利用“金字塔”式股权结构侵占中小股东的利益。因此，市场化程度影响“金字塔”式股权结构，但这种影响并不是独立发生作用的。

模型1a的回归结果还显示，公司性质（STATE）的回归系数在5%的水平上显著为负，也就是说非国有上市公司的控制层级明显多于国有企业，证明了我们的研究假设三。我国的市场经济体制还不够健全，金融环境对非国有企业的融资来说仍然是一个瓶颈，国有企业的双重激励以及管理决策分散效应与市场因素存在一定的抵消作用，因而致使国有企业“金字塔”式股权结构的控制层级相对较少。而激励的需求以及融资环境的不利都加强了市场因素对非国有企业“金字塔”式股权结构的控制层级的作用效果，使非国有企业的控制层级相对较多。

国有企业的决策分散程度受到政府行为和市场规范性程度的影响，市场规范性程度又会加强政府行为规范性程度。因此，在市场化程度高、法制健全的市场中，政府对企业经营的干预就少，政府与其控制的国有企业目标更趋于一致，政府愿意通过构建更多层级的“金字塔”型股权控制结构来将公司管理决策权分散给具备专业化经营技能的经理人。我国非国有企业存在融资瓶颈，为了能够获得发展的资金，非国有企业家通过构建“金字塔”式结构的方式建立起内部资本市场。在市场化程度不高、资本市场不发达的环境中，非国有企业有着强烈地通过增加上市公司“金字塔”式股权结构的控制层级来构建内部资本市场的动机。在市场化程度高、资本市场发达的环境中，非国有企业可以通过外部资本市场获得足够的投资资金，其增加上市公司“金字塔”式股权结构的控制层级构建内部资本市场的动机也将大大减小。

模型2中，将控制层级因变量替换成两权分离度（VCR）进行了回归，回归结果显示出与模型1类似的结果，即市场化程度越高，两权分离度越低，而市场化程度对两权分离度的影响比对控制层级的影响更为显著。公司性质（STATE）均在1%的水平上显著为正，也就是说非国有企业的两权分离度要高于国有企业。

四、研究结论及政策建议

本节的主要研究结论为：（1）市场失灵是“金字塔”式股权结构形成的重要因素之一，同时，市场化程度又是影响“金字塔”式股权结构控制层级的原因；（2）国有上市公司“金字塔”型股权控制结构的控制层级与市场化程度成正相关关系；（3）非国有上市公司“金字塔”式股权结构的控制层级与市场化程度成负相关关系；（4）市场化程度对企业控制权与现金流权的分离度有显著的负向影响，非国有企业的两权分离度要高于国有企业。

基于以上研究结论，结合我国实际，提出如下政策建议：（1）完善非国有企业的经营环境，营造有效的外部资本市场。我国当前的法律、市场等环境不够健全，市场监管力度不大，一方面造成非国有企业通过加长控制层次，自建内部资本市场，另一方面也存在控制性股东通过控制层次复杂化侵犯中小股东的利益。有效的市场环境是促进公司发展，进而推进投资者保护的重要外部因素；（2）加强信息披露，规范股东行为。在本节的实证数据收集过程中发现，部分上市公司完全按照《公司法》及相关管理办法中规定的对“最终控制股东或终极所有人”信息的完善披露。这说明一些控制性股东存在故意隐瞒信息的问题，相应也隐瞒了股东不规范甚至是违法的行为。因此，加强信息披露，规范股东行为是保护中小股东利益，是提高公司价值的必需之策；（3）完善资本市场，拓展融资渠道。我国资本市场尚不完善，融资渠道和方式有限，非国有企业不能通过外部资本市场获得足够的资金，融资瓶颈极大地阻碍了非国有企业的发展。非国有企业已经成为了我国经济发展的生力军，其对我国国民经济建设以及就业作出了巨大的贡献。因此，解决非国有企业的发展瓶颈问题是当务之急。鉴于我国资本市场的现状，要解决非国有企业的资金瓶颈首先要从拓宽融资渠道入手。由于我国商业银行主要是国有性质，其贷款受政策限制较多，设立的门槛较高。同时，非国有企业信用体系不够健全，借款风险较大。针对这些问题，发展风险投资基金和创业投资基金是一个有效地解决非国有企业融资瓶颈的方法。另外，还应该完善信用体系建设，提高非国有企业家的守法意识和社会责任感。

第三节 投资者关系、公司价值与投资者保护

摘 要：投资者关系管理（IRM）对于增强公司的透明度、完善公司治理、提升公司价值，进行推动投资者保护具有重要作用。理论分析表明，IRM 可以通过降低资本成本，提高公司价值；通过沟通和监控，防止“掏空”，提升投资者保护程度，提升公司价值和绩效。实证证据支持了上述理论假设，控制相关因素后，IRM 与公司的 Tobin’s Q 和 ROA 有显著的正相关关系。这说明，良好的 IRM 可地促进公司价值增值，保护投资者利益。研究结论对于加强上市公司 IRM 的制度建设和监管，推动投资者保护具有较强的政策含义。

关键词：投资者关系管理、公司价值、投资者保护、金牌董秘

一、引言

中国证券市场进行的全流通变革及后全流通背景把投资者关系管理（Investor Relationship Management，IRM）推向了风口浪尖。即有研究表明，IRM 有利于改善公司治理结构和经营管理（杨义灿等，2006）、降低融资成本（Lang et al，1993）、实现公司价值

最大化（Higgins，1992），进而在推进投资者保护方面发挥重要作用。分析 IRM 水平与公司价值及公司绩效的关系，寻找理论和实证证据，对于推进上市公司 IRM 管理的开展及制度完善具有重要的现实意义。

随着我国资本市场的日益成熟和规范，上市公司的 IRM 工作逐渐成为提升上市公司治理水平、实现公司价值最大化、保护投资者利益的内在需要。良好的投资者关系管理，有利于促进大股东与中小股东之间、外部股东与内部经理层之间的沟通。因此，加强和完善 IRM 工作，处理好公司和股东之间的关系，获得投资者的长期支持，改善公司的治理结构和经营管理，进而提升上市公司价值，保护投资者利益，具有深远的意义。

然而，目前 IRM 更多是以理论形态存在，因其量化难度高，使目前国内该方面的实证研究文献较少。又由于我国体制背景和市场环境的特殊性，使该类研究更为匮乏。近两年备受关注的《新财富》金牌董秘的评比数据给我们提供了量化依据。因此，本节将借助金牌董秘的评比结果，基于中国资本市场环境和特定的制度环境，探讨研究 IRM 与公司价值及绩效之间的关系。

二、文献回顾与研究假设

（一）文献回顾

IRM 产生伊始其基本职能即被定位为确保上市公司的股价充分地反映公司真实价值，使其拥有公平合理的市场价值，因此 IRM 价值的研究主要集中在上市公司的价值创造方面，同时探讨 IRM 在提高公司股价、提高资本流动性、降低资本成本及保护股东价值、防止“掏空”等方面的作用。

首先，良好的IRM通过降低信息不对称风险，提升公司价值。信息不对称会导致资源分配无效并带来市场均衡利率增大的逆向选择问题（Akerlof，1970），Aboody et al.（2005）、Francis et al.（2005）、Kravet et al.，（2007）、J. Manuel et al.（2007）等的实证研究表明，代表了外部投资者与内部管理层的信息不对称风险可以被市场所定价，高透明度公司、低信息不对称风险公司会带来权益资本成本的变化，引起市场期望回报率的降低，从而可以提升公司价值。

一个完善的资本市场的重要特征是上市公司的高透明度，这能降低投资者的信息风险，提升股票的流动性并降低资本成本。而达到此目标的一个重要答案就是IRM计划的实施（Bushee et al.，2007）。有效的IRM政策能使公司加强在资本市场中的透明度，改善公众对公司的了解，提高分析师对公司的关注度，并吸引机构投资者（Chang et al.，2006）。

其次，及时与投资者交流和沟通，可以增进上市公司的可信度，从而提升投资者对公司前景的信心，提升公司价值（Diamond et al.，1991）。正如美国SEC前主席Arthur Levitt所提出的，公司透明的信息能够提升投资者信心，因而增加流动性，减少资本成本（Levitt，1998）。Brennan et al.（2000）指出投资者关系与公司价值之间存在间接关系。投资者关系管理不仅可以减少资本成本并提高公司市场价值，其另一个重要功能是增强管理层的信誉，而信誉在公司并购过程中会产生较大的并购溢价。投资者关系管理不管是通过公开披露有用信息，还是通过吸引开展专业化研究和发布研究报告的分析师，其实质都是为所有投资者提供一个诚信的信息平台。因此投资者关系管理可以提高股票的流动性（Hong et al，2005），从而导致更高的股票价格。麦肯锡的全球投资者观点调查结果也表明，良好的IRM会增强投资者对公司的信心，增加现金流的预期增长率，投资者更愿意为公司支付更高的溢价。

最后，良好的IRM可以有效地制约大股东的掏空行为，保护公司价值，促进投资者保护。公司价值的增值不仅在于通过传递良好的信息，带来短期的市场效应，更重要的在于从长远来看，它能够有效地促进公司治理、制约大股东的掏空行为和内部人控制行为，从公司自身治理质量提升方面增进公司价值，提高公司绩效。

公司通过良好的IRM工作，可以实现与投资者的互动沟通，随着上市公司透明度的提升，投资者能够在一定程度上加强对公司的监督，减少监督成本，同时可以缓解代理问题，减少代理成本。例如，高透明的信息能够优化管理层酌量性投资决策、约束高管对他们自身和其他利益体的机会性支付、提高契约效率、方便投资者对管理层的监督、减少诉讼成本等（Watts，2003；Ball & Shivakumar，2005），因此提升公司价值和绩效。同时，完善的IRM，有利股东加强对公司经理层的监控，也有利于小股东利用法律法规等手段监控大股东，使得法律对投资者的保护在较大程度上得到落实，进而减少掏空行为，保护公司价值（La Porta，2002）。

当然，在投资者关系管理和提高披露水平是否必然降低资本成本，也存在一些争议。Botosan（1997）认为，现有的研究都是选择某些指标来替代资本成本，很多研究结论不是直接使用真实资本成本，所以结论是可疑的，他详细定义了权益资本成本的计算公式，通过披露水平和资本成本的相关性分析发现，并不是所有公司的投资者关系管理都能降低资本成本，只有那些只有少量分析师关注的公司，投资者关系管理才能降低资本成本。Hong et al.（2005）通过建模研究发现，由于投资者关系管理是需要投入和成本的，管理层实施IR活动并不必然会提升股价，但可以强化他们股票的流动性，以防他们不得不因为流动性原因卖出他们的权益资产。

国内方面，林斌等（2005）研究发现，规模大、业绩好的上市公司具有良好的投资者关系管理水平。杨义灿、程书萍（2006）从理论上分析 IRM 能够通过改善公司治理结构进而提升公司价值。李心丹等（2007）通过实证研究发现中国上市公司投资者关系管理能够提升公司价值，投资者也愿意为投资者关系管理水平高的公司支付溢价。汪炜等（2004）、曾颖等（2006）学者则对中国资本市场的信息披露研究也基本支持其价值增加的观点。

上述研究的一个基本结论是 IRM 体系能够提升公司价值和绩效、降低投资风险，保护外部股东利益。然而，在我国这方面的研究尚处于萌芽状态，大部分是从信息披露角度进行的研究，并不能真正代表 IRM 的好坏。因此，从对董秘的社会评价出发，研究良好的 IRM 能否带来公司价值和绩效的提升，从而起到投资者保护作用，更具有说服力，同时也具有重要的实践意义。

（二）研究假设

从即有研究文献来看，IRM 能够有效的影响公司价值和绩效。首先，具有良好 IRM 的公司，公司的信息透明度更好，外部投资者与内部管理层之间的信息不对称风险更低，从而降低外部投资者对公司预期的回报率，即降低公司的权益资本成本，提升公司价值；其次，良好的 IRM，可以增加上市公司的可信度，产生投资溢价，提升公司价值；最后，IRM 的功能不仅在于其信息效应，更在其作为一种有效的公司治理机制，可以在一定程度上防止公司被“掏空”，防止大股东剥削和内部人控制，同时降低代理成本，提升公司决策效率的同时提升公司绩效。

因此，我们得出的基本结论同时也提出的一个研究假设为：上市公司 IRM 水平越好，其公司价值和绩效也越高。

在本节的第三部分中，我们将利用我国上市公司的相关数据对上述理论假设寻找实证证据。

三、IRM与公司价值：实证证据

（一）实证研究设计

1. IRM水平、公司价值与绩效替代指标

（1）本节借用2005年及2006年金牌董秘的评选结果作为评价IRM水平的标准。评选活动由《新财富》杂志发起，以国内股票市场当年年底上市交易的公司董事会秘书为评选对象，同时剔除截至当年年受到过公开谴责、行政处罚的公司。从对上市公司董秘有所了解且相对公平公正的第三方角度考虑，参评主体确定为相关监管机构（深圳证券交易所和上海证券交易所）、机构投资者（基金经理和证券分析师）、散户投资者及相关媒体资深记者，请他们对符合标准的合格上市公司董秘进行提名和投票。评选过程经过两轮投票，第一轮根据董秘总得分产生100名“优秀董秘”名单并进入第二轮投票，根据最终总得分评出当年中国上市公司中最优秀的50名“金牌董秘”。其评分计算公式为：

董秘总得分 = 获得监管机构票数 ×100 ×0.3 + （基金经理投票给该董秘票数/参与投票的基金经理总数） ×100 ×0.2 + （证券分析师投票给该董秘票数/参与投票的证券分析师总数） ×100 ×0.2 + （个人投资者投票给该董秘票数/参与投票的个人投资者总数） ×100 ×0.15 + （财经媒体记者投票给该董秘票数/参与投票的财经媒体记者总数） ×100 ×0.15。

需要提出的是，董事会秘书是由董事会聘任的高级管理人员。《公司法》第124条规定：“上市公司设立董事会秘书，负责公司股东大会的董事会会议的筹备、文件保管以及公司股东资料的管

理，办理信息披露事务等事宜。”可见，董事会秘书非董事长秘书也非一般的秘书，而是由董事会聘任对董事会负责的公司高级管理人员。由此可见，董事会秘书具有重要的管理投资者关系的职能。

（2）本节使用Tobin's Q值和总资产收益率（ROA）来衡量公司的价值及业绩水平。Tobin's Q值即指资产市值与其重置成本之比。但根据若以重置成本作为权值计算的基础，将会存在计算上的困难，因此本节以账面价值作为权值计算的基础，较为可行。

若Tobin's Q>1，表示公司市场价值较账面价值高，显示公司经营绩效为投资人肯定；若Tobin's Q<1，表示公司市场价值低于账面价值，显示公司经营绩效相对不受投资人肯定。

Tobin's Q=资产市场价值/资产账面价值

公司绩效通常指公司的盈利能力，国内学者大多采用传统的财务指标，如每股收益（EPS）、净资产收益率（ROE）、总资产收益率（ROA）来衡量公司绩效，本节采用总资产收益率（ROA）测度公司绩效水平。

2. 样本选取

本节选取沪、深两市A股市场2005年、2006年挂牌交易的公司，按如下标准进行筛选：（1）分别在2005年、2006年获得金牌董秘的公司。（2）剔除金融行业的上市公司。（3）剔除2005年或2006年退市的公司。这样获得样本2005年为48家，2006年为47家。

同时为了便于对比分析，我们分别为这些公司寻找了配对样本，配对原则为：（1）上市地点相同；（2）处于同一行业；（3）资产规模最接近。这样我们筛选出2005年和2006年的控制样本分别是48家和47家，从而研究样本分别变为96家和94家。研究样本总数为190家。本节的数据均来自国泰安CSMAR数据库。

3. 变量设计

本节采用描述性统计、与多元线性回归对问题展开研究。在多元线性回归中变量定义如下。

（1）因变量。本节选用了 i 公司、t 年度的 Tobin's Q_{it} 和总资产收益率 ROA_{it} 值。

$$ROA_{it} = (NI_{it} \div TotalAssets_{it}) \times 100\% \quad (1)$$

公式（1）中，NI_{it} 代表 i 公司 t 年度的净利润，$TotalAssets_{it}$ 代表 i 公司 t 年度末的资产总额。

（2）Tobin's Q 值。Tobin's Q 值的计算我们借鉴了苏启文等（2003），汪辉（2003）以及夏立军等（2005）的方法，计算公式如下：

Tobin's Q = 市场价值/重置成本 =（每股价格 × 流通股股数 + 每股净资产 × 非流通股股数 + 负债账面价值）/总资产

（3）解释变量。本节将用 IR 比表示解释变量，即获得金牌董秘的公司 IR = 1，没有获得金牌董秘的公司 IR = 0。

（4）控制变量。基于现有研究文献，影响上市公司价值的因素有很多，这些因素包括公司规模、资本结构、上年公司业绩、第一大股东性质等。因此本节选择包括公司规模、公司资本结构、上年公司业绩、独董比例、前十大股东持股比例平方和、第一大股东性质等作为控制变量。这些变量的定义及含义见表 3 - 9。

表 3 - 9　　变量定义一览表

变量类型	变量符号	变量说明及计量方法
因变量	ROA	总资产收益率
	Tobin's Q	Tobin's Q 的值
解释变量	IR	当公司获得金牌董秘时 IR = 1，否则 IR = 0
控制变量	LnA	公司规模，等于公司资产总额的自然对数
	LEV	财务杠杆，以资产负债率表示，即负债除以总资产

续表

变量类型	变量符号	变量说明及计量方法
控制变量	ROA_{t-1}	上年盈利水平，以总资产收益率表示，即公司净利润除以总资产
	IDR	独立董事比例，等于独立董事数量除以公司董事规模
	Herfin	前十大股东持股比例平方和
	Top 1 Chr.	第一大股东性质，若为国有股取值为0，否则为1
	Year	2005 年的样本公司等于 1，2006 年的样本公司等于 2

（二）实证结果分析与讨论

1. 描述性统计结果分析

表 3－10 为主要研究变量的描述性统计。结果表明，Tobin's Q 值最小为 0.89，最大为 6.24，均值为 1.22；ROA 最小值为－0.68，最大值为 0.22，均值 0.05，说明上市公司间的绩效水平有一定差距。ROA_{t-1}最小值和最大值分别为－0.27 和 0.28，差距较当年 ROA 小些。另外，发现 Top 1 chr. 的均值为 0.31，这说明大多数样本公司的第一大股东性质为国有股。

表 3－10　　　　模型回归变量描述性统计表

Variable	N	Minimum	Maximum	Mean	Std. Deviation
Tobin's Q	190	0.89	6.24	1.22	0.44
ROA	190	(0.68)	0.22	0.05	0.08
IR	190	0.00	1.00	0.50	0.50
LnA	190	19.61	26.98	22.40	1.14
Lev	190	0.03	6.51	0.51	0.48
ROA_1	190	(0.27)	0.28	0.05	0.05

续表

Variable	N	Minimum	Maximum	Mean	Std. Deviation
IDR	190	0.13	0.53	0.34	0.04
Herfin	190	0.01	0.72	0.25	0.16
Top 1 chr.	190	0.00	1.00	0.31	0.46
Year	190	1.00	2.00	1.49	0.50

2. 回归模型

为了进一步在控制相关因素的基础上，分析 IRM 的业绩效应和价值效应，我们进行了多元线性回归分析。根据前面的理论论述和有关变量定义，我们分采用以下用两个模型对研究问题进行实证分析。

模型 1：

$$ROA_{it} = \beta_0 + \beta_1 IR_{it} + \beta_2 LnA_{it} + \beta_3 Lev_{it} + \beta_4 ROA_{1_{it}} + \beta_5 IDR_{it} + \beta_6 Herfin_{it} + \beta_7 Top\ 1\ chr._{it} + \beta_8 Year_{it} + \varepsilon_{it}$$

模型 2：

$$Tobin's\ Q_{it} = \beta_0 + \beta_1 IR_{it} + \beta_2 LnA_{it} + \beta_3 Lev_{it} + \beta_4 ROA_{1_{it}} + \beta_5 IDR_{it} + \beta_6 Herfin_{it} + \beta_7 Top\ 1\ chr._{it} + \beta_8 Year_{it} + \varepsilon_{it}$$

3. 模型多重共线性诊断

由于解释变量之间的多重共线性会影响回归效果，在回归分析之前，有必要对变量的多重共线性问题进行检查。本节运用相关系数分析法对变量之间的共线性进行了诊断，双尾 Pearson 相关系数分析结果见表 3－11（表中上栏为 Pearson 相关系数，下栏为双尾显著性水平）。

可以看出，解释变量 IR 和 ROA_1 相关性最高，相关系数为 0.31。但是，只要相关系数不超过 0.8，就不必担心解释变量之间多重共线性问题。因此，我们可以排出解释变量之间的多重共线性问题。

表 3－11　　　　变量相关系数矩阵

	IR	LnA	Lev	ROA_1	IDR	Herfin	Top 1 chr	Year
IR	1.00 .							
LnA	0.14 ** 0.05	1.00 .						
Lev	－0.15 ** 0.04	－0.10 0.16	1.00 .					
ROA_1	0.31 *** 0.00	0.24 *** 0.00	－0.58 *** 0.00	1.00 .				
IDR	0.05 ** 0.50	0.04 0.54	－0.11 0.14	0.08 0.29	1.00 .			
Herfin	0.02 0.80	0.02 0.80	－0.09 0.20	－0.02 0.80	－0.06 0.39	1.00 .		
Top 1 chr.	0.01 0.88	－0.16 ** 0.03	0.13 * 0.07	－0.22 *** 0.00	0.03 0.66	0.00 0.99	1.00 .	
Year	0.00 1.00	－0.04 0.63	0.07 0.32	0.03 0.68	－0.01 0.92	－0.13 * 0.08	0.18 *** 0.01	1.00 .

注：括号中的数值是相关系数双尾检验的 P 值。

*** 表示相关系数在 1% 上显著；** 表示相关系数在 5% 上显著；* 表示相关系数在 10% 上显著（下同）。

4. 回归结果分析

我们使用模型 1 和模型 2 对配对样本进行了回归，回归结果见表 3－12。

可以看出，两个模型的调整后 R^2 都在 20% 以上，模型 1 中达到了 39%，这说明 ROA 有 39% 能被模型中所有变量整体解释，模型 2 中为 62.8%，说明 Tobin's Q 有 62.8% 能被模型中所有变量整体解释，线性拟合度较好。两个模型的 F 值都在 0.01 水平上显著，方程的整体显著性水平较高。

表 3－12　　　　　　　　模型回归结果

变量	模型 1		模型 2	
	β 系数	t (sig.)	β 系数	t (sig.)
截距	0.154	1.604 (−0.111)	3.491	7.927*** (0)
IR	0.018	1.899* (0.059)	0.119	2.810** (0.005)
LnA	−0.006	−1.454 (0.148)	−0.118	−6.452*** (0)
Lev	0.020	1.761* (0.08)	0.806	15.376*** (0)
ROA_1	0.878	8.155*** (0)	2.788	5.634*** (0)
IDR	−0.064	−0.637 (0.525)	−0.233	−0.503 (0.616)
Herfin	0.013	0.460 (0.646)	−0.021	−0.161 (0.873)
Top 1 chr.	−0.017	−1.685* (0.094)	0.015	0.322 (0.748)
Year	−0.009	−1.011 (0.313)	−0.098	−2.368** (0.019)
R Square Adjusted R Square	0.390 0.363		0.628 0.612	
F 值	14.439*** (0.000)		38.251*** (0.000)	

注：括号内为 t 或 f 的显著性水平。

此外，无论模型1和模型2中，核心变量IR对因变量的影响均为正面影响。相关性系数显著水平分别为5.9%、0.5%，分别在10%、1%显著性水平下高度显著。这说明，投资者关系管理在提升公司绩效和价值中具有显著作用。这验证了本节的假设，即上市公司投资者关系管理水平越好，其公司绩效和价值也越好。控制变量总资产对数（LnA）在模型2中在1%水平下显著，在模型1中不显著，说明公司规模对市值影响较大，对财务指标影响较小。资产负债率（Lev）在两个模型中均显著，这说明股权结构影响到公司绩效。另外，上年度总资产收益率（ROA_{t-1}）在两个模型中都显著，说明控制这一因素是合理的。Top 1 chr. 在模型1中在10%水平下显著，在模型2不显著，这说明第一大股东性质对公司财务业绩影响较大。虽然本节选择的是截面数据，但是通过对前一期业绩指标（ROA_{t-1}）的控制，就能在一定程度上消除截面数据研究存在的不足，更有利于说明本期公司的业绩表现。

四、研究结论及政策建议

本节运用《新财富》金牌董秘的评比定义IRM的好坏，采用总资产收益率、Tobin's Q等业绩指标作为公司绩效和价值的衡量指标，运用描述性统计和多元回归等研究方法，从多角度分析了投资者关系管理与公司绩效之间的关系。本节从实证上验证了投资者关系对公司绩效的影响，即投资者关系管理越好，公司绩效越好。

我国证监会虽然也采取了一系列行动加强IRM管理，出台了一些针对投资者关系管理的制度和措施，但跟发达国家相比，我国上市公司在IRM方面还存在一定的差距，主要表现在：（1）我国上市公司还没有形成完整的投资者关系管理的概念，尊重投资者尤其是中小投资者的意识不强；（2）我国上市公司的投资者关系管理是单向的，而国外上市公司投资者管理关系是双向的，是一种可以使投资者与上市公司随时保持沟通的机制；（3）我国上市公司投资者关系管理的内容少，形式单一，主要在公司年报和中报、董事会公告、发行时的路演等载体或活动中零星出现。因此更加迫切要求证券市场各参与方携手努力致力于全面改进全国的投资者关系管理状况。

因此，作为一种促进投资者保护的重要证券市场制度，笔者认为，在后全流通时代，应当加强对上市公司实施 IRM 的管理、指导和制度建设，培养上市公司 IRM 意识；同时，作为一项促进公司治理的重要工具，IRM 对于上市公司进行市值管理和治理完善具有重要的借鉴和应用意义；当然，对于外部投资者来说，评估上市公司的 IRM 状况，对于改善投资方向，进行股票投资选择，保护自身利益也具有较强的参考性意义。

当然，本节囿于金牌董秘评比的不完美性，结果可能会受到一定影响。随着上市公司 IRM 指数和数据库的逐渐完善和充实，可以对该领域继续进行深入研究和探讨。

第四节　大股东变更、公司治理与公司绩效

摘　要：本节立足我国现实的体制背景与上市公司大股东变更的现实特征，通过构建更能反映公司绩效的财务指标——现金收益率，来研究大股东变更所导致的公司治理机制变化，以及这些变化对公司绩效的影响。对大股东变更绩效影响因素的研究发现，大股东变更前目标公司国有股比例，收购方是否是民营公司、大股东变

更后半年内董事长变更、大股东变更前目标公司规模、资产负债率、前十大股东持股比例是影响大股东变更后公司绩效的主要因素。国有股比例，收购方是否是民营公司、董事长变更以及前十大股东持股比例均为公司治理变量。研究结果显示，大股东变更对改善目标公司治理机制，增强目标公司管理层压力是有积极意义的。这为公司重组创造价值提供了实证证据。

关键词：大股东变更、公司治理机制、公司绩效

一、理论渊源与文献回顾

对公司而言，大股东的存在既有成本，但也有其潜在的功能。所有权结构的集中其成本可能是巨大的，例如，大股东的控制导致风险分担能力降低（Demsetz 和 Lehn，1985）；股权集中会降低市场流动性；大股东监督可能导致管理决策承受过度风险，特别是在负债很高的公司中（Jensen 和 Mechling，1976）。然而，Shleifer 和 Vishny（1986）阐明了一个公司的所有权结构中大股东的存在使得可增加价值的接管成为可能，因而有助于克服 Grossman 和 Hart（1980）的“搭便车”矛盾。也就是说，增加公司价值的兼并重组活动往往涉及到公司大股东变更。

综合西方近 20 年对大股东变更的事件研究，几乎所有的证据都表明，目标公司（即被并购公司）的股东获得了正的超额报酬，且这种超额报酬随时间的推移而有所提高（Jensen 和 Ruback，1983；Jarrell、Brickley 和 Nettet，1988；Schwert，1996）。这种正的超额报酬来自哪里？目前西方理论界对此主要有两种观点：财富分配（Wealth Redistributed）理论和财富创造（Wealth Created）理论。

财富分配理论认为，股东变更中目标公司股东获得的超额报酬

主要来自于重组活动中其他参与方的财富转移，即股东变更并没有创造新的价值，而是社会财富的重新分配。该理论的主要内容包括："过度支付假说（Overpayment Hypothesis）"、"短视论(Short - Term Myopia Theory)"以及来自于其他参与方的财富转移，如目标公司股东的超额报酬可能来自于政府对公司的税收优惠、债券持有人和优先股股东在并购活动中的财富损失以及目标公司员工的工资和福利待遇的下降。

但是，现有的实证证据似乎不支持财富分配理论（Jarrell、Brickly 和 Nettet, 1988），而普遍被金融学界所接受的则是财富创造理论。该理论指出，大股东变更可以通过两条重要途径增加公司的价值：一是收购公司与目标公司之间的协同效应（Healy, Palepu 和 Ruback，1992）；二是加强目标公司的高级管理人员的力量，这主要通过更换高级管理人员来实现（Martin 和 McConnell, 1991）[①]。实证研究表明大股东变更被正的超额收益所伴随，因此平均来说是创造价值的（Holderness 和 Sheehan，1988），不管交易中支付的价格高低，这种效应都存在（Barclay 和 Holderness, 1989）。Barclay 和 Holderness（1991）认为控制的变更改善了公司治理，加快了管理层的变更和提高了重组活动的强度。而且，市场对交易后公司发生完全收购的控制权交易的反应更有利（Barclay 和 Holderness，1992）。Bethel 等（1998）说明在美国金融投资者或战略投资者购买公司控制权没有引起显著的市场反应，而争取股东权益的主动型投资者获取公司控制权时有显著的正超额收益。实证研究也为控制权的私有利益的存在提供了支持，Bar-

① Walsh 和 Ellwood（1991）、Martin 和 McConell（1991）、Mikelson 和 Partch（1997）和 Kenneddy 和 Limmack（1996）等发现大股东变更公司的管理人员变换的频率显著高于没有发生大股东变更的公司。

clay 和 Holderness（1989，1992）和 Zingales（1994，1995）发现控制权的私有利益随着大股东持有股份的增大而增加，这种利益依赖于所有权结构，在不同国家有显著差异，而且受公司特征的影响。

随着我国资本市场的快速发展，发展壮大的民营公司产生了强烈的上市需求，然而受现有政策的制约[①]，民营公司往往采取收购国有上市公司来间接上市；而已经上市的公司为满足政策要求以保"配"及保"壳"，在这种背景下，上市公司大股东变更事件日渐频繁。1997 年，上市公司发生大股东变更猛增到 33 起，以后逐年上升。迄今为止，我国 A 股上市公司发生大股东变更 500 多起，占上市公司总数的 20% 以上，有的上市公司上市不到半年即发生大股东变更，有的上市公司大股东出现二次甚至三次变更。我国已经加入了 WTO，我国的产品市场和资本市场将进一步对外开放，外国资本对我国的直接投资和间接投资的力度将会越来越大，从战略的角度出发必然会对我国的上市公司和非上市公司加强并购力度。国内外的学者和实务界人士都普遍认为，我国的证券市场将会进入并购热潮（胡汝银，2002；张卓元，2002；摩根大通，2002；曹远征，2003）。然而，我国上市公司股权变更有不同于西方公司的鲜明特征，具体表现为公司国有股的比例过大使得政府可以积极参与和干预上市公司的股权变更；非流通股比例过大导致了股权变更主要以协议转让的方式进行；国有公司分拆上市间接导致了无效率控股股东的股权出售；行政管制模式的直接上市制度使得大股东变更的买壳动机占主导（崔学刚，2004）。我国上市公司大股东变更行为也表现出与之相适应的特征，例如，协议转让大都是大股东

---

① 目前，这方面的政策有些改进，如 2004 年 6 月深市开放的中小企业板为民营企业上市提供了便利。

的主动退出，大股东主动退出的公司多数都是经营无效率或者业绩差的公司。

在这种背景下，股东的地位和作用如何，大股东变更对公司治理和公司业绩会产生什么样的影响等，已成为当前人们关注的核心问题（徐晓东、陈小悦，2003）。国内对大股东变更的事件研究（Event Study）已经开始重视，如杨朝军、蔡明超和刘波（2000）以 1998 年发生的 28 起大股东变更事件为样本进行了研究，发现在公告窗口［-40，+20］内存在显著的超额收益。在对大股东变更的动因和后果的分析上，徐晓东、陈小悦（2003）以 1997 年以前在中国上市的 508 家上市公司 1997~2000 年 4 年间的 2032 个观察值为样本进行研究，发现上市公司第一大股东的所有权性质不同，其公司业绩、股权结构和治理效力也不同。第一大股东为非国家股股东的公司有着更高的公司价值和更强的盈利能力，在经营上更具灵活性，公司治理的效力更高，其高级管理层也面临着更多的来自公司内部和市场的监督和激励；对于不同性质的公司，第一大股东的变更带来的影响也有所不同，但基本上都是正面的；第一大股东的变更有利于公司治理效力的提高，有利于公司规模的扩大和管理的更加专业化。

王志诚、张翼（2003）运用深沪两地上市的公司 1995~2001 年间的大宗非流通股权转让记录，研究了上市公司大宗非流通股权转让对公司市场价值的影响。研究发现，大宗非流通股权转让的市场反应为正；当股权转让后产生新的第一大股东，或随后发生管理层变更，或者在转让过程中发生国有股等委托代理关系和监督能力弱的变更为有监督能力和激励更强的法人股时，股票价格上涨的幅度较大；大宗股权转让购买者在公司监督和管理中扮演了积极的角色。

从以上的文献回顾可以看出，西方对大股东变更的研究，文献相当丰富，观点林立，流派众多[①]，但是由于我国特殊的体制背景，大股东变更具有不同于西方公司的显著特征，西方的理论成果能否解释我国的大股东变更现象则需要进一步的实证证据；而我国对大股东变更的研究才刚刚起步，对于由大股东变更而导致的公司治理结构的变化以及这种变化对公司业绩的作用过程还不清楚。本节将立足我国现实的体制背景，研究上市公司大股东变更过程中，公司治理机制的变化以及这些变化对公司绩效的影响，从而深入考察大股东变更中影响公司绩效的治理因素。

二、研究假设

（一）国有股比重

有关股权结构和公司绩效的众多研究表明，法人股比例与公司绩效正相关。杜莹、刘立国（2002）研究发现国有股效率低下，分散的流通股股东在浓重的投机气氛下难以在公司治理中有所作为，法人股股东则起积极作用。孙永祥、黄祖辉（1999）以1998年底沪深两市上市公司为样本，得出第一大股东为国有股的上市公司治理要差于法人股为第一大股东的公司。徐晓东、陈小悦（2003）以1997年以前在中国上市的508个上市公司1997～2000年4年间的2032个观察值为样本，研究发现第一大股东为非国有股股东的企业价值和公司治理均好于第一大股东为国有股股东的企业。王志诚、张翼（2003）研究发现，国有大股份转为法人实体

---

① 西方对大股东变更方面的研究属于控制权市场研究的一个重要组成部分，而西方的控制权市场理论已经相当成熟，有些观点已经深入人心，如在实务中，控制权市场已经被看作替代以董事会为代表的公司内部治理机制的重要的外部治理机制。

拥有的大股份，公司会创造价值；国有大宗股权从一个国有实体转移到另一个国有实体也为公司创造价值。因此，我们有假设1：

H1：大股东变更前上市公司国有股比重越高，大股东变更后上市公司获得的绩效越高。

（二）民营企业股东

大量的实证研究认为民营公司股东在公司绩效方面更具有正面作用（Sun 和 Tong，2002；D'Souza 和 Megginson，1998；Galal、Jones、Tandon 和 Vogelsang，1992）。同时研究认为民营公司股东在公司治理中的作用比其他股东更为积极而有效，因为民营公司股东对公司治理具有以下功能：增强公司的凝聚力；提高公司的稳定性；加快公司的决策速度和决策效率等（李维安等，2001）。许小年、王燕（1997）研究发现中国上市公司中，当国家持股比例上升，劳动生产力则趋于下降，他们认为，国家持股不单纯是“盈利”目标，这些目标有时与企业价值最大化目标并不一致，因此，作为大股东，国家经常参与或干预企业决策，从而会导致作出降低公司价值的决策。而法人股东（尤其是民营公司股东）不但有动力，而且有能力监督管理层，从而提高公司绩效。研究发现，民营公司借壳上市后，原本经营困难的壳公司绩效又得到提高（崔学刚，2004）。因此，我们有假设2：

H2：股权收购方如果是民营公司，上市公司能够获得更高的大股东变更绩效。

（三）控股股东的变化

研究发现，股权变更能够改善目标公司的治理机制，加强目标公司高级管理人员的力量，这主要通过更换高级管理人员加以实现。然而在我国由于缺乏经理人才市场和其他方面的监督压力，更换后的高级管理人员往往存在“三年效应”[①]；同时，是否更换高级管理人员，往往取决于控股股东的变化与否（崔学刚，2004）。而且新的控股股东往往会通过注入新的管理理念和优质资产，能够更大幅度地提高目标公司的经营绩效。但是，当收购公司在重组前就是该公司的控股股东，此功能将会受到局限。因此，我们有假设 3：

H3：股权收购方在大股东变更前就是上市公司的控股股东，将对大股东变更绩效产生负面影响。

（四）新大股东的股权比重

代理理论认为股权越分散，经营者侵犯投资者利益的可能性越大（Leftwich et al，1981；Fama 和 Jensen，1983）。一个主要的原因是股权分散情况下，单个股东为保护其利益的行动越困难（成本越高），从而与单个股东加强监督的成本相比，其获取的利益比重较小。Grossman 和 Hart（1980）的模型表明，一定的股权集中度是必要的，股权结构分散的情况下，单个股东缺乏监督公司经营管理和驱动价值增长的激励。Shleifer 和 Vishny（1986）的模型则表明，大股东具有限制管理层牺牲股东利益、谋取自身利益行为的

① “三年效应”是指控制权转移导致的董事长变更对公司业绩提高的正面影响存在显著的“三年效应”，也可以称为“新官上任三把火”效应。从第四年开始这种正面效应的消失，可能由于我国缺乏完善的经理人才市场，导致董事长被再次更换的压力较小，而控制权转移后更换的董事长经过了前三年的初步考验，已经取得了资本，从而缺乏努力工作的压力，或者更多追求在职消费，故导致了其对业绩提高正面效应的消失。尽管如此，控制权转移导致的董事长更换，其“三年效应”，足以说明公司重组对公司治理机制完善的压力和推动作用。但是由于缺乏完善的经理人才市场，导致这种效应不能持续太久。从另一个方面也说明，我国公司高管人员的激励与压力远没有达到使其“跳起来摘苹果”的程度，而这反过来又说明通过完善公司治理机制降低代理成本从而提高公司价值具有广阔空间。

经济激励及能力，可以更有效地监督经理层的行为，有助于增强接管市场运行的有效性，降低经理代理层成本。Klein（1986）研究发现，控制权转让比例低于10%时，不对价格产生重要影响；当控制权转让比例在10%～50%之间时，卖方的平均超常收益率为2.53%；当转让比例超过50%时，超常收益为8.09%。Poon（1999）研究了1995～1998年的中国上市公司重组现象后指出，累积超常收益随着由收购公司控制的目标公司的股份的增加（减少）而增加（减少）。所以，大股东变更的上述功效，取决于收购方重组后的力量，而重组方的力量又是由其股权比例决定，因此，我们有假设4：

H4：大股东变更中，股权收购方收购的股权比重越大，大股东变更绩效越高。

（五）董事长变更

公司治理机制包括内部控制机制和外部控制机制。活跃的外部兼并收购市场可以提高内部控制机制的有效性，因为市场潜在收购者的压力越大，高管人员努力工作的激励也就越大。西方的研究文献已经验证了这一点（Mikelson 和 Partch，1997），即外部控制机制与内部控制机制之间存在互相补充的关系。因此，当存在有效的外部控制机制和内部控制机制时，由于有损股东的利益，经营不力的高级管理人员将被董事会更换。在我国，尽管尚不存在有效的外部兼并收购市场，但是大股东变更使得股东、董事会和经理层关系得以重新再造，并且解聘不合格的管理者，对现有的管理者产生压力。在我国上市公司中，董事长在公司决策中往往具有实质的权力，而对董事长的约束往往是不够硬。大股东变更往往导致的董事长变更，新上任董事长为建立其在的公司的权威地位，一般会更加勤奋地工作，哪怕是“新官上任三把火”，也会使其对公司管理层产生压力。因此，我们有假设5：

H5：大股东变更后半年内董事长发生变更，大股东变更绩效就会越高。

（六）控制变量

根据有关文献以及本节的研究设计，需要控制以下变量：大股东变更前一年末的资产规模（黄德华，2001）、大股东变更前一年末资产负债率（黄德华，2001）、大股东变更前公司前十大股东持股比例。

三、研究设计与数据来源

（一）绩效衡量方法

本节旨在研究上市公司大股东变更前后，公司治理结构的变化及其对公司绩效的影响，因此，衡量公司绩效是本节首先要解决的问题。国外对股权变更中公司绩效的衡量一般有两种方法：一种基于超常收益的事件研究法，即从公司股票价格的变动来研究大股东变更对公司股东财富的影响；一种基于财务业绩，从公司利润的变化角度来研究大股东变更对公司经营业绩的影响。理论上看来，两种方法的实质都是基于同一基础，即公司现金流量的变化，理应得到相同的研究结果。但国外实证研究的现实表明，两种方法所得出的结论并不完全一致。

1. 超常收益法（Cumulative Abnormal Return，CAR）

用股价波动（超常收益）来衡量重组绩效，无论在西方相对发达的资本市场还是在我国的资本市场上都存在诸多局限。在我国现有的市场环境和上市公司股权状况下，这种局限尤为突出。尽管近年来我国也有一些学者采用超常收益法对中国上市公司的重组绩效进行研究（陈信元、张田余，1999；杨朝军、蔡明超和刘波，2000；等）。但是在我国资本市场上，基于超常收益的事件研究法的适用性受到我国资本市场效率问题、我国上市公司的股权性质问题（非流通股问题）以及窗口长短等问题的制约。总的来说，超常收益率法无法从更长的时期来研究股权变更的绩效问题。因此，单独依赖超常收益率法研究我国上市公司股权变更绩效，会存在准确度问题。

2. 财务业绩法

衡量公司绩效变化的另一种方法是采用财务和会计数字来进行比较和分析（Parrino 和 Harris，1999）。尽管财务指标受到并购公司支付方式和会计合并方法的影响，甚至经常受到操纵，但是中国上市公司的报表盈余数字具有很强的信息含量（陈晓，1999），并且给予较长的会计期间，会计指标的操纵会得到一定程度的克服，公司业绩的变化最终都要反映到其会计报表中（冯根福、吴林江，2001）。然而，尽管如此，会计指标的人为操纵问题不可能完全通过延长会计期间来消除（事实上，也没有总够长的会计年度数据），更为重要的是，在我国，许多股东变更行为受到政府主导作用的影响，有时可以享受许多优惠措施（包括税收或利息费用的减免），由于这些优惠收益包括在净利润指标中，但它却并不反映股权变更对公司经营业绩的影响（它反映了社会财富重新分配的结果），因此，如果采用以净利润指标为基础的财务指标来衡量重组绩效，将会受到非重组因素的干扰，影响研究结果的可信度。为此西方学者普遍采用基于会计报表调整得到的现金流量来衡量股权变更绩效，即现金流量分析方法，如 Healy et al.（1992，1997）、Manson et al.（1994）、Clark 和 Ofek（1994）、Anand、Singh（1997）和 Ghosh（1998）等。现金流量分析方法是通过比较大股东变更前后公司现金流量的变化，来考察大股东变更对公司绩效的影响程度，所谓现金流量是通过对会计利润进行调整而得到的，具体计算方法（Healy et al.，1992，1997）[①] 如下：

现金流量 = 营业收入 - 营业成本 - 营业费用 - 管理费用 + 折旧费用 + 商誉摊销费用

为满足研究需要，并进一步克服上述基于会计盈余指标衡量公司绩效的局限，本节同样也通过构建现金收益率（RCF）来衡量股权变更对我国上市公司经营业绩的影响。RCF 的具体计算方法如下[②]：

$$RCF = \frac{OP_t + FC_t + TE_t}{TA_t}$$

其中：

OP_t 指 t 年度的营业利润；

FC_t 指 t 年度的财务费用；

TE_t 指 t 年度的汇兑损失；

TA_t 指 t 年末的总资产。

采用 RCF 作为绩效衡量标准有以下优势：可以剔除净利润指标中不但不能反映公司真实绩效且容易被操纵的线下项目的干扰，如营业外收支净额、政府补贴收入等；还可以剔除容易被操纵的投资收益项目；还可以剔除政府主导的利息费用减免等非重组因素的

① 有的研究还对资本性支出进行了调整，例如 Bowen et al.（1986）、Lee（1984）、Manson et al（1994）和 Ali and Pope（1995）等。

② 我们之所以没有从现金流量表中取数，基于两个方面考虑：第一，我国上市公司从 1998 年才开始提供现金流量表，难以满足我们研究需要；第二，现金流量表中的现金流量数字并不满足我们研究要求，我们需要类似息税前利润的指标，用以构造 RCF 这样的指标。另外本节之所以没有对资本性支出进行调整，是因为无法获得这些数字。尽管如此，RCF 指标较上述财务指标在衡量公司业绩方面更令人满意，同时能够实现与上述指标相互对照，更有利于发现有关规律。

干扰。同时，RCF 指标被操纵的可能性比净利润低得多。所以 RCF 能够更加真实反映公司的经营绩效。

（二）变量定义

根据研究需要和数据可得性，本节把大股东变更限定为上市公司第一大股东发生变更的协议转让行为，即收购方在协议转让前不是目标公司的第一大股东，协议转让后则成为目标公司的第一大股东。大股东变更对公司绩效的影响用 RCF 差量来表示，分别研究大股东变更当年、变更后第一年、第二年、第三年、第四年、第五年的公司绩效的影响因素。

根据研究设计与研究假设，各变量的定义如表 3－13。

表 3－13　　变量定义一览表

变量类型	变量符号	变量含义及计量
因变量	Yt	大股东变更后第 t 年公司 RCF 与大股东变更前一年 RCF 的差量，t＝0，1，2，3，4，5。即 $Yt = RCF^t - RCF^{-1}$，如 $Y_1 = RCF^1 - RCF^{-1}$①
解释变量	GSH	大股东变更前上市公司国有股比重，等于大股东变更前目标公司国有股②股数占公司总股本的比重。
	PRI	民营公司哑变量。如果股权收购方是民营公司 PRI 取 1；否则取 0。

① 大股东变更前一年 RCF 记为 RCF^{-1}、大股东变更当年 RCF 记为 RCF^0、大股东变更后第一年 RCF 记为 RCF^1、第二年记为 RCF^2、第三年记为 RCF^3、第四年记为 RCF^4 和第五年记为 RCF^5。

② 根据所有权的性质不同可以将第一大股东分为国有股股东、国有法人股股东和其他股东，经我们测算和比较，发现第一大股东为国有法人股股东的公司和第一大股东为其他股东的公司 RCF 差量不显著，限于篇幅，我们把第一大股东为国有法人股股东和其他股东的这两类公司并在一起，作为非国有股股东。所以这里的国有股不包括国有法人股。

续表

变量类型	变量符号	变量含义及计量
解释变量	BAC	控股股东哑变量。如果股权收购方在大股东变更前就是上市公司的控股股东，则 BAC 取 1；否则取 0。
	BSH	股权收购方在大股东变更事件中收购的股权比重。等于收购股权数除以公司总股本。
	DCH	董事长变更哑变量。大股东变更后半年内董事长发生变更的，DCH 取 1；否则取 0。
控制变量	SIZE	大股东变更前一年末目标公司的资产规模。数值上等于大股东变更前一年末的公司总资产价值的自然对数。
	LEV	大股东变更前一年末目标公司资产负债率。等于大股东变更前一年末负债总额除以总资产。
	TENR	大股东变更前目标公司前十大股东持股比例。

（三）样本选取

本节选取 1997～2002 年期间发生的上市公司第一大股东变更事件作为研究样本，为符合研究目的，本节采用如下标准对样本进行筛选：（1）样本公司是因国有股或法人股发生协议转让（不含法院判决、拍卖）而发生的第一大股东变更的上市公司；（2）股权收购方在收购前不是样本公司的第一大股东，收购后则成为样本公司的第一大股东；（3）1997 年样本公司必须在发生第一大股东变更前一年就已经在 A 股市场上挂牌，1998～2002 年样本公司必须在发生第一大股东变更前两年已经在 A 股市场上挂牌；（4）所有样本公司都需要存在从第一大股东发生变更当年至 2002 年公开披露的财务数据，即样本公司从大股东变更当年至 2002 年没有被摘牌或变更公司代码；（5）如果一家上市公司一年中多次发生控制权转让，我们只算该年最早的一次；（6）扣除金融、房地产业的上市公司①。

这样，进入样本的共有300家A股上市公司。样本分布情况见表3-14。

表3-14　　样本年度分布情况

年　度	1997	1998	1999	2000	2001	2002	总计
公司家数（事件数）	67	76	37	47	41	32	300

（四）数据来源

本节数据通过以下途径取得：

（1）大股东变更事件按照如下程序获取：首先从北京大学中国经济研究中心（CCER）和色诺芬（SinoFin）信息服务公司联合开发的CCER金融经济数据库——《中国证券市场兼并重组数据库（2003年版）》取得，然后通过《上海证券报》和《中国证券报》刊登的年度（季度）资产重组统计数据进行核对，并按公司代码和事件发生日期，查找重要事项公告，核查有关事件内容的正确与否。

（2）全部财务数据及财务指标均来自巨灵数据库或根据巨灵数据库的原始数据计算得到，并通过CCER金融经济数据库——《财务数据库》对照后确定。

① 截至2002年年底，我国A股市场上有金融保险业类上市公司7家，房地产业类上市公司72家，这些公司行业特殊，且适用的会计准则和会计制度与其他类上市公司有所不同，其财务指标表示的内容可能有所不同，而金融保险业在观察期间没有发生大股东变更，房地产业类公司较多且发生多宗大股东变更。为消除这两类行业会计方法与会计口径对统计结果的影响，我们扣除了这两类公司。

四、实证结果分析与讨论

（一）公司大股东变更所导致的业绩变化特征描述

大股东变更后不同年度的绩效变化分别用相应的 RCF 差量来表示，RCF 差量的有关检验结果见表 3-15。

表 3-15　RCF 差量均值检验及正值比率检验结果

RCF 差量	Y_0	Y_1	Y_2	Y_3	Y_4	Y_5
样本量①	300	268	227	180	143	67
均值**	0.011 (0.760)	0.009 (1.909)[a]	0.005 (0.767)	-0.026 (-2.194)[b]	-0.032 (-3.650)[c]	-0.050 (-1.284)
正值比率*	0.513 (0.686)	0.489 (0.760)	0.476 (0.507)	0.422 (0.044)	0.378 (0.004)	0.373 (0.051)

注：** 和 * 行括号中的数字分别为 T 检验值、Z 检验值概率。

a、b、c 分别表示双尾检验在 10%、5%。

从表 3-15 看，大股东变更当年 RCF 就得到提高，较上一年提高了 0.011，大股东变更后第一年继续提高 0.014，但大股东变更后第二年开始下跌，下跌 0.005，然而仍高于大股东变更前一年的水平。大股东变更后第三年跌到大股东变更前一年的水平以下。尽管重组后第四年 RCF 略有提高，但是仍然没有超过重组前第一年的水平，重组后第五年依然下跌。因此，大股东变更促进了公司业绩的提高，但是这种绩效随着时间的推移逐渐消失。

① 由于各年的样本数不同，因此 RCF 差量的各年度样本数也不相同。

（二）大股东变更前后公司特征描述

连续型变量描述性统计结果见表 3 – 16。

表 3 – 16　　连续型变量描述性统计

解释变量	N	Minimum	Maximum	Mean	Std. Deviation
GSH	300	0.000	0.775	0.265	0.232
BSH	300	0.012	0.775	0.292	0.158
SIZE	300	9.284	14.120	11.034	0.816
LEV	300	0.018	4.521	0.494	0.329
TENR	300	0.267	0.945	0.590	0.123

从表 3 – 16 可以看出，目标公司大股东变更前国有股比例的均值为 26.5%（均值高度显著），是比较低的，这可能是因为政府对国有股权转让限制比较严格，收购国有股权比重过大的公司会增加交易难度。大股东变更中收购方的购买股权的比重均值为 29.2%，均值高度显著。这可能是出于规避要约收购的目的。《证券法》规定，通过证券交易所的证券交易，投资者持有一个上市公司已发行的股份的 30% 时，继续进行收购的，应当依法向该上市公司所有股东发出收购要约。但经国务院证券监督管理机构免除发出要约的除外。这是要约收购的法定条件和法定义务。在申请要约收购豁免有难度的情况下，收购公司普遍以 30% 作为股权收购的上限。29.2% 的收购股权比例均值就是这种情况的一种反映。另外，大股东变更前目标公司的规模较小、资产负债率高、前十大股东持股比例较低等特点，也是收购方出于降低交易难度和控制权取得成本的考虑所导致的。表 3 – 17 列出了大股东变更前三大股东持股比例的均值，可以看出，收购公司青睐股权相对分散的公司。

表 3－17　大股东变更前目标公司前三大股东持股比例

持股比例	N	Mean	Std. Deviation
第一大股东持股比例	300	0.3514	0.1481
第二大股东持股比例	300	0.0995	0.0761
第三大股东持股比例	300	0.0470	0.0379

从表 3－18 列出了哑变量的描述性统计结果。从表 3－18 可以看出大股东变更中民营公司占全部样本公司的 16.33%，大股东变更前收购方就已经是目标公司控股股东的公司占样本公司的 46.33%，大股东变更后半年内董事长发生变更的公司占样本公司的 42.67%。因此，大股东变更使得目标公司董事长变更的概率远远大于正常公司董事长变更的概率。

表 3－18　哑变量的描述性统计结果

变量	N	取值为 1 的公司	
		公司家数	占样本总数的比重（%）
PRI	300	49	16.33
BAC	300	139	46.33
DCH	300	128	42.67

（三）多元回归模型与假设检验

为检验上述假设，本节运用如下模型分别对大股东变更当年、大股东变更后第一年、第二年、第三年、第四年、第五年的 RCF 差量进行多因素分析：

模型 1：

$$Y_{0i} = a_0 + \beta_1 GSH_i + \beta_2 PRI_i + \beta_3 BAC_i + \beta_4 BSH_i + \beta_5 DCH_i +$$

$\beta_6 SIZE_i + \beta_7 LEV_i + \beta_8 TENR_i + \varepsilon_i$

模型 2：

$$Y_{1i} = a_0 + \beta_1 GSH_i + \beta_2 PRI_i + \beta_3 BAC_i + \beta_4 BSH_i + \beta_5 DCH_i + \beta_6 SIZE_i + \beta_7 LEV_i + \beta_8 TENR_i + \varepsilon_i$$

模型 3：

$$Y_{2i} = a_0 + \beta_1 GSH_i + \beta_2 PRI_i + \beta_3 BAC_i + \beta_4 BSH_i + \beta_5 DCH_i + \beta_6 SIZE_i + \beta_7 LEV_i + \beta_8 TENR_i + \varepsilon_i$$

模型 4：

$$Y_{3i} = a_0 + \beta_1 GSH_i + \beta_2 PRI_i + \beta_3 BAC_i + \beta_4 BSH_i + \beta_5 DCH_i + \beta_6 SIZE_i + \beta_7 LEV_i + \beta_8 TENR_i + \varepsilon_i$$

模型 5：

$$Y_{4i} = a_0 + \beta_1 GSH_i + \beta_2 PRI_i + \beta_3 BAC_i + \beta_4 BSH_i + \beta_5 DCH_i + \beta_6 SIZE_i + \beta_7 LEV_i + \beta_8 TENR_i + \varepsilon_i$$

模型 6：

$$Y_{5i} = a_0 + \beta_1 GSH_i + \beta_2 PRI_i + \beta_3 BAC_i + \beta_4 BSH_i + \beta_5 DCH_i + \beta_6 SIZE_i + \beta_7 LEV_i + \beta_8 TENR_i + \varepsilon_i$$

其中：i 分别代表不同年度的第 i 家样本公司。

1. 模型的多重共线性诊断

由于变量数目较多，必须控制变量之间的多重共线性对回归模型的影响，为此，本节将采用多种方法检验变量之间多重共线的影响程度。首先要进行解释变量的相关系数分析，见表 3 - 19；然后通过回归过程中的 Tolerance 系数和 VIF 值进行进一步检验。

可以看出最高的相关系数在 GSH 和 PRI 之间（$R^2 = 0.387$），但是只要相关系数不超过 0. 8，就不必担心解释变量之间的多重共线性问题（Ho 和 Wong，2001）。同时通过回归方程的 Tolerance 系数和 VIF 值可以看出（见表 8），最低的 Tolerance 系数为 0. 667，其他均大于 0. 7；VIF 最大为 1. 279，其他均小于 1. 2。这样就不必担心变量之间的多重共线性对模型的影响①。

表 3－19　　　　解释变量的相关系数表

变量	GSH	PRI	BSH	BAC	DCH	SIZE	LEV	TENR
GSH	1							
PRI	－0.175 (0.002)	1 .						
BSH	0.387 (0.000)	－0.215 (0.000)	1 .					
BAC	－0.085 (0.142)	－0.140 (0.015)	0.1196 (0.038)	1 .				
DCH	－0.048 (0.409)	0.148 (0.010)	0.018 (0.760)	－0.163 (0.005)	1 .			
SIZE	0.058 (0.314)	－0.047 (0.420)	0.270 (0.000)	0.015 (0.790)	－0.122 (0.034)	1 .		
LEV	－0.019 (0.744)	－0.007 (0.905)	0.064 (0.268)	－0.045 (0.437)	0.081 (0.163)	0.105 (0.071)	1 .	
TENR	0.301 (0.000)	－0.179 (0.002)	0.327 (0.000)	0.049 (0.399)	－0.088 (0.128)	0.042 (0.466)	－0.112 (0.053)	1 .

注：括号中的数值是相关系数双尾检验的 P 值。

1. 多元回归结果及分析

本节运用上述六个模型分别对大股东变更当年、大股东变更后第一年、第二年、第三年、第四年、第五年的 RCF 差量进行了多因素分析。发现模型 1、模型 4、模型 5 和模型 6 无论是方程整体拟合度还是变量系数均不显著，限于篇幅，这里就不再列出有关结果。而模型 2 与模型 3 则无论是方程的整体拟合度还是变量系数均

① 只要 VIF 值不超过 10，多元回归模型就不受多重共线的显著影响。

在不同程度上显著，有关回归分析结果见表 3－20。

表 3－20　　大股东变更绩效影响因素回归分析结果

变量		模型 2	模型 3	多重共线分析	
		B (t)	B (t)	Tolerance	VIF
自变量	GSH	0.048 (2.288)**	−0.039 (−1.356)	0.782	1.279
	PRI	0.023 (1.938)*	0.002 (0.155)	0.926	1.080
	BAC	−0.006 (−0.677)	−0.016 (−1.363)	0.922	1.085
	BSH	0.049 (1.471)	0.082 (1.825)*	0.667	1.499
	DCH	0.017 (1.848)*	0.033 (2.567)**	0.900	1.111
	SIZE	−0.016 (−2.696)***	−0.021 (−2.510)**	0.850	1.176
	LEV	0.138 (6.262)***	0.131 (3.927)***	0.892	1.121
	TENR	−0.068 (−1.719)***	−0.064 (−1.184)	0.843	1.186
	(Constant)	0.122 (1.829)*	0.187 (2.047)**		
因变量		Y1	Y2		
R^2		0.226	0.159		
Adj－R^2		0.203	0.128		
F		9.479***	5.148***		
样本量		268	227		

注：括号中的数值是回归系数的双尾检验的 t 值。

*** 表示在 1% 水平显著；** 表示在 5% 水平显著；* 表示在 10% 水平显著。

从表 3 – 20 可以看出，大股东变更后第一年的业绩（用 RCF 表示）的提升与大股东变更前国有股比例显著正相关，与民营公司股东显著正相关，与大股东变更后半年内董事长变更显著正相关，与大股东变更前公司规模显著负相关，与大股东变更前目标公司资产负债率显著正相关，与大股东变更前十大股东持股比例显著负相关。大股东变更后第二年目标公司的业绩提升程度与收购方收购股权比重显著正相关，与董事长变更显著正相关，与大股东变更前公司规模显著负相关，与大股东变更前目标公司资产负债率显著正相关，而与其他变量相关性不显著。

从表 3 – 20 还可以看出，大股东变更后公司业绩的提高程度与大股东变更前收购方是目标公司控股股东负相关，但都不显著；第一年业绩提升程度与收购前国有股比重显著正相关，第二年则变得负相关，但不显著；第二年业绩提升程度与收购方是民营公司依旧正相关，但是已经变得不显著；收购方收购的股权比例由第一年的正相关，但不显著，到第二年变得显著正相关；前十大股东持股比例由第一年的显著负相关，到第二年变得负相关，但不显著。

如果把大股东变更后业绩提升程度看成是影响大股东变更概率的主要影响因素的话，那么，实证结果中公司规模、资产负债率和前十大股东持股比例对大股东变更的影响就很容易解释。即资产规模越小的目标公司发生大股东变更的概率越高，这一点与朱红军（2003）结论一致；目标公司资产负债率越高，意味着其经营效率低下，财务困难，发生大股东变更的概率就越高，这与效率动因理论假说相吻合；前十大股东持股比例越高，意味着股权越集中，而股权越分散发生大股东变更的概率越大，即发生大股东变更越容易，所以前十大股东持股比例与大股东变更概率负相关。

所以，这里除了模型 3 中国有股权比重变量的回归结果令人费解以外，其他结果都在不同程度上支持了上述研究假设。

另外，大股东变更当年以及变更后第三年、第四年、第五年中研究变量与业绩变化均不相关，即模型1、模型4、模型5、模型6无论是方程整体拟合度还是变量系数均不显著，说明大股东变更对公司治理以及公司绩效的影响需要一个过程，变更当年这种效应尚不能显示，变更后第一、第二年能够突出反映这种效应，但是随着时间的推移，这种效应逐渐消失，说明我国大股东变更对公司治理机制以及公司绩效的正面影响的短暂性。因此，我国的大股东变更并没有使公司治理机制与公司业绩彻底走上健康发展的轨道，其追求短期目标的现象十分突出，这也与我国借壳上市以及保“壳”及保“配”的现实相吻合。

五、结论及研究局限

本节立足我国现实的体制背景与上市公司大股东变更的现实特征，通过构建更能反映公司绩效的财务指标——现金收益率，来研究大股东变更所导致的公司治理机制变化，以及这些变化对公司绩效的影响。研究发现，大股东变更所导致的公司治理结构的变化是影响公司绩效的重要因素，但是这种影响只能持续两年，这可能与上市公司更多地追求保“壳”及保“配”，以及由于经营不善而被迫卖“壳”等目标，而不是真正处于追求公司治理机制的完善。然而，大股东变更客观上具有完善治理机制，促进公司业绩提高的功能。所以大股东变更对于完善公司治理机制、提升公司业绩的功能在一定程度上得以体现。

对大股东变更绩效影响因素的研究发现，大股东变更前目标公司国有股比例、收购方是否是民营公司、大股东变更后半年内董事长变更、大股东变更前目标公司规模、目标公司资产负债率、目标公司前十大股东持股比例是影响大股东变更后公司绩效的主要因素，但是这些因素只与大股东变更后第一年和第二年的目标公司业绩提升程度有关，而与其他年度公司业绩提升程度关系不显著。其中，国有股比例、收购方是否是民营公司、董事长变更以及大股东变更前十大股东持股比例均为公司治理变量，根据以上变量的回归结果，可以发现，大股东变更对改善目标公司治理机制、增强目标公司管理层压力是有积极意义的。这为公司重组创造价值提供了实证证据。

另外，本节的结果具有重要的政策意义：即有关管理审批部分在进行股权变更事项的审批中，应该对拟进行大股东变更公司的股权变更性质、高管的更换以及股权结构等方面的合理性进行审视，引导股权变更后公司走向股权结构合理化，进而促进新设上市公司治理结构的优化和绩效的提高。此外，本节的结果还对公司法规制订中有关股权变更的设计引导，以及 2005 年将要进行的国有公司中央与地方股权置换等实践提供决策参考。

第五节 上市公司控制权转移预测研究

摘 要：本节基于我国的资本市场与制度环境，运用全样本研究思路，运用 Logit 回归技术，建立预测模型。运用预测模型对 1999~2001 年 A 股上市公司的全样本进行回归检验，有 64.5% 的总正确率；对未来数据（2002 年和 2003 年）数据的预测研究表明，2002 年预测总正确率为 75.7%，2003 年的预测总正确率为 64.4%，对未来数据（2002 年和 2003 年）综合预测正确率为 70.1%，综合预测敏感度为 57.8%，综合指定度为 70.3%，说明预测模型能够较好地预测目标公司，并且具有令人满意的稳定度，说明我国上市公司控制权转移具有较好的可预测性，从而在一定程度上反映出我国资本市场效率尚达不到中强式有效状态。

关键词：控制权转移、控制权转移预测模型、模型预测准确性

一、问题的提出

上市公司兼并重组一直是各国证券市场上理论与实践的热点。我国经济的持续健康快速发展与证券市场的蓬勃兴起，加大了公司兼并重组的深度与广度。根据国外的经验，不管采用何种收购方式收购控制权股份，收购价格都要超出目标公司股票市价，即收购价格中含有控制权溢价，通常溢价幅度在20% ~30%之间，被收购公司股东将因此获得短期超额收益。在成熟股票市场上，控制权转移是目标公司股东获取厚利的重要机会，那么投资者是否可以事先预测出潜在的目标公司，提前买进其股票，从而获得超常收益呢？而一些想要获得上市公司控制权的公司及中介机构，在开展接管行动之前，更要寻找合适的目标公司，挑选的目标公司是否合适将决定实际接管的成本、难度、收益和最终的成功与否。不希望被接管的上市公司现任高层管理者和第一大股东也必须清楚了解目标公司特征，以使自己不吸引接管者，或据此设计出合理的防御策略。因此，分析什么样的上市公司容易被并购者看中，即分析具有什么特征的上市公司其控制权可能发生转移，一直是股票投资实务界关注的问题，无论是投资者、接管者、管理者还是中介机构，都有强烈的意愿去辨别控制权转移公司的特征，并据以预测什么样的上市公司可能发生控制权转移。

从学术研究角度看，资本市场效率与公司重组能创造价值问题一直是财务金融学界争论不休，而且对资本市场研究而言是极为基础的两大问题。通过公开披露的信息能否预测目标公司控制权转移行为，并根据预测出的目标公司组合进行投资，是否能够获得超额

收益，就可以从另外的角度检验资本市场效率；对于公司重组能否创造价值的研究，尽管研究文献可谓汗牛充栋，也提出了各种各样的假说，然而价值创造与价值分配这两种截然对立的观点都不能说服对方，同时由于研究中价值衡量指标选择的多样性①以及对指标变动方向的稳定性方面没有给予必要的关注，这都影响了研究结论的可信度。通过研究目标公司发生控制权转移的可预测性，可以检验公司重组绩效指标在年度之间发生变化的稳定程度，从而可以进一步检验公司重组能否稳定地创造价值。

我国资本市场与上市公司控制权市场具有不同于西方市场的鲜明特征，具体表现为国有股的比例过大使得政府可以积极参与和干预上市公司的控制权转移；非流通股比例过大导致了控制权转移主要以协议转让的方式进行；国有公司分拆上市间接导致了无效率控股股东的股权出售；行政管制模式的直接上市制度使得控制权转移的买壳动机占主导（崔学刚，2004）。我国控制权发生转移的公司也表现出与之相适应的特征，例如，控制权转移都是出让方的主动退出，出让方主动退出的目标公司多数都是经营无效率或者业绩差的公司。那么，在这种情况下，研究我国资本市场效率与公司重组能否创造价值问题对于深入认识我国资本市场的运行规律具有基础性重要意义。本节将对我国上市公司的控制权转移是否具有可预测性进行实证研究，以期对我国资本市场效率研究及公司重组能够创造价值的研究提供新的研究思路与经验积累。

① 国内外对公司重组绩效的衡量的指标一般有两大类：一类是基于股票价格的累计超常收益率指标；另一类是会计数据的指标。基于会计数据的指标又分为两类：一类是基于利润的指标；另一类是基于现金流量的指标（崔学刚，2004）。

二、文献回顾

20 世纪 60 年代起，美国出现了大规模的混合兼并浪潮，1974 ~ 1975 年经济衰退之后，兼并与收购的数量与金额更是不断上升（Weston，1996）。兼并公司希望通过分析被并购公司的特征，寻找合适自己和易于被并购的潜在目标公司。由于在兼并与收购的过程中，持有目标公司股票的投资者可以获得由控制权溢价带来的超额收益（Jensen 和 Ruback，1983），中介机构和机构投资者也积极分析目标公司的特征，寻找可能成为收购目标的上市公司。在这种背景下，美英国家学者展开了有关成为收购目标的上市公司特征与预测的研究。事实上，早期的并购模型大都宣称有较强的预测能力（赵勇、朱武祥，2000）。Monroe 和 Simkowitz（1971）用判别模型来识别目标公司，他们的多元判定模型能准确地判别 83% 的目标和 72% 的非目标公司，预测出样本中的 64% 的目标公司和 61% 的非目标公司。Stevens（1973）运用多元判别分析（MDA），判别检验有 70% 的正确率（50/80）。其他模型的准确率也宣称在 70% ~ 90% 之间。

Palepu（1986）采用更为严谨的方法进行了实证分析和预测检验，并预测出了 625 家样本中的 80% 的目标公司，45% 的非目标公司，但投资模型预测的目标公司股票不能够获得显著的超常收益。Adelaja 等（1999）集中于食品行业，不仅关注财务特征，也用计量的方法估计了非财务因素，预测准确率也为 74%。Barnes（2000）则对模型方法问题 lda（线性判别分析）、Logit 模型进行了比较，认为 Logit 模型较好。

我国已有学者讨论了我国 A 股市场并购目标的公司特征，如孙永祥（1999）分析了 1994 ~ 1998 年股权结构与并购现象之间的关系，指出股权分散的公司比股权集中的公司更易发生并购，但主要是简单统计和归纳，没有进行显著性检验；赵勇、朱武祥（2000）采用 Palepu（1986）的方法对我国 1998 下半年发生的国有法人控股权协议转让（不包括无偿划拨）的 31 家 A 股上市公司和 39 家随机抽取的控制样本公司进行了模型估计，识别了影响上市公司成为并购目标的显著性因素，但其样本年度过短，样本过小，变量选择存在较大的主观性，研究结论似是而非；李善民、曾昭灶（2003）识别出控制权转移中目标公司的主要特征，Logit 回归模型的拟合预测得到 71.8% 的正确率，遗憾的是其拟合检验只是把用来建立回归模型的数据回归到模型，没有对未来数据做预测检验，从而没有触及控制权转移预测问题；同时，他们用来判断 Logit 回归模型性能的指标运用不恰当。

本研究以控制权转移事件为研究对象，采用 1999～2001 年的全样本，按照财务理论框架选用尽量全面的指标变量，运用 Logit 回归等统计方法建立控制权转移的预测模型，然后分别用该模型对 1999～2001 年的数据进行回归检验以及对 2002～2003 年的数据进行预测检验，以检验该模型的判别性能与预测性能，同时采用了更为严谨与科学的预测模型性能判别指标，并最终识别出影响控制权转移行为的显著性因素，从而克服了上述研究中存在的问题。

三、样本选择与变量选取

（一）样本选择

本节基于全样本的研究思路，估计样本采用 1999～2001 年我国 A 股市场全部上市公司，控制权转移样本则是对 1999～2001 年发生控制权转移的公司。为符合研究目的，本节采用如下标准对样本进行了筛选：（1）目标公司是因国有股或法人股发生协议转让（不含法院判决、拍卖）而发生的第一大股东变更的上市公司；（2）股权收购方在收购前不是目标公司的第一大股东，收购后则成为目标公司的第一大股东；（3）目标公司必须在发生第一大股东变更前一年已经在A股市场上挂牌；（4）如果一家上市公司一年中多次发生控制权转让，我们只取第一次；（5）作为目标公司样本的对照样本——非目标公司样本为A股上市公司中除了目标公司样本外的其余公司，这样可以避免较小的配对样本可能导致的过大方差和尽量利用非样本公司的信息，而使本研究的信息更真实；（6）不包括金融、房地产业的上市公司①。这样，样本年度分布见表3－21。

表3－21　　样本年度分布表

年度	1999	2000	2001	总数
样本总数	900	1 047	1 125	3 072
目标公司数	49	56	49	154

（二）变量选取

本节的研究目的在于寻找控制权转移公司的主要特征，并以此建立预测模型，而这些特征的对控制权转移的相关性，则通过对预

① 截至2001年底，我国A股市场上有金融保险业类上市公司7家，房地产业类上市公司36家，这些公司行业特殊，且适用的会计准则和会计制度与其他类上市公司有所不同，其财务指标表示的内容可能有所不同，而金融保险业在观察期间没有发生控制权转移，房地产业公司较多且发生多宗控制权转移。为消除这两类行业会计方法与会计口径对统计结果的影响，我们扣除了这两类公司。

测模型的预测能力检验来实现。即如果预测模型具有较好的预测能力，则模型中包含的特征变量对于预测控制权转移公司是有用的。为此，我们根据我国控制权转移的体制背景和有关文献对目标公司特征的假设（Palepu，1986；Barnes，2000；Adesoji，1999；李善民、曾昭灶，2003），并根据上市公司公开披露的财务变量与经营绩效评价指标体系来设置相应的备选变量。

Palepu（1986）以有关变量来代表六个假设：管理无效率假设、增长——资源不平衡假设、行业干扰假设、规模假设、市净率假设和市盈率假设。Barnes（2000）选取了多达 42 个会计指标变量，为了排除多重共线性，去掉那些相关系数超过 0.65 的变量，得到 17 个变量，分别代表三种假设：管理无效率、增长——资源不平衡与规模假设。Adesoji（1999）以 21 个变量代表相关的目标公司特征的假设：流动性、杠杆、营运能力、盈利性、规模、增长、股利政策、股票市场特征和 Tobin'Q 假设。李善民、曾昭灶（2003）以 30 个指标变量来检验八个假设：管理无效率、流动性、财务杠杆、资源增长不平衡、公司规模、股权分散、股份流动性和 Tobin'Q 假设。

我们在综合分析以上假设的基础上，根据我国资本市场特征与上市公司控制权转移的体制特征，建立选择以下 10 个方面因素以及相应反映这些因素情况的 31 个指标，作为备选指标。这 10 个方面基本涵盖了上述文献假设中符合我国资本市场特征与上市公司股权转让特征的所有假设。同时，我们避开了在我国资本市场上颇有争议的指标（或假设），如 Tobin'Q。然后，通过 Logit 模型多次试验选择进入模型的变量，以建立预测模型。选择变量所考虑的因素以及变量含义与变量简称见表 3－22。

表 3-22　　变量选择列表

考虑因素	变量	变量简称①
盈利能力	主营业务利润率	主营利润
	总资产利润率	ROA
	净资产利润率	ROE
	每股收益	EPS
营运能力	应收账款周转率	账周转率
	存货周转率	存周转率
	总资产周转率	总资周率
偿债能力	流动比率	流动比率
	现金比率	现金比率
	资产负债率	资债比率
成长能力	主营收入增长率	收入增率
	净利润增长率	净利增率
	净资产增长率	净资增率
	总资产增长率	总资增率
公司规模	主营业务收入对数	净资对数
	净资产对数	总资对数
	总资产对数	收入对数
	总股本对数	股本对数
买壳成本	每股净资产	每股净资
	每股未分配利润	每股未分
资金实力/收益质量	每股经营现金流量	每股现流
	经营现金净流量/总资产	现流总资
	经营现金净流量/主营业务收入	现流收入

① 由于初始考虑的变量较多，为了避免理解上的混乱，变量简称主要采用中文简写的形式。

续表

考虑因素	变量	变量简称
股权结构（公司治理因素）	第一大股东持股比例	一大持股
	前五大股东持股比例	前五持股
	前十大股东持股比例	前十持股
股权性质	国家股比例	国有股比
	法人股比例	法人股比
	流通股比例	流通股比
价值低估程度（炒作获利难易）	市盈率	市盈率
	市值/账面净资产	价比净资

（三）研究方法

1. 预测模型的构建

对于因变量不是连续变量，而是离散变量的情况下，往往要采用判别式分析（线性判别或 Fisher 判别）和 Logit 回归技术。统计学研究和金融学实证研究都证明了 Logit 模型的效果好于判别式分析（Halperin et al.，1971；Press 和 Wilson，1978；Barnes，2000）。本节采用 Logit 概率模型。

2. 阀值概率的确定

在得出拟合模型后，首先需要确定阀值概率，以选择模型，并据以判断得出某一概率的某家公司，是否属于目标公司。所谓阀值概率就是这样一种概率，把数据代入回归模型中计算得出的概率与之相比较，当计算出的概率大于等于它时，把这个数据对应的公司判断为目标公司；小于它时，则把这个数据对应的公司判断为非目标公司。预测结果对阀值概率的选取十分敏感。由于本节研究采用了全样本，以先验概率（即过去真正发生控股权转移的目标公司占全部上市公司的比例）来作为阀值概率，这样在检验模型的判别能力时能够使判别误差最小，而且阀值概率在 0.04～0.06 之间判别结果比较稳定（Palepu，1986）。

四、控制权转移预测模型的建立

本节运用 Logit 回归分析技术，通过筛选目标公司的特征变量，建立预测模型。

进入模型的发生控制权转移前一年的上市公司总数 2 747 个，其中 80 个公司数据有缺失，有效公司数为 2 672；全样本中目标公司 131 个，非目标公司 2 616 个。在回归的过程中，先把全部变量都作为解释变量进入回归方程，然后根据极大似然估计的似然比统计量的概率变化是否显著的标准逐渐剔除一些变量。由于选用的变量存在相关性，可能产生严重的多重共线性的问题，这虽然可以提高模型的拟合程度，但会导致有关变量的估计参数出现和经验（或单变量回归的估计参数）相反的符号。因此在得出似然比卡方统计量最大的结果中，进入回归方程的显著的解释变量间，如果相关系数显著大于 0.5[①]，就把有关变量（与最多变量相关的变量优先）剔除，重新进行上面的处理。在经过多次变量组合的实验，并逐渐筛选掉一些不显著的变量，同时充分考虑变量间多重共线性问题的基础上，最后得出的回归模型的似然比卡方统计检验在 0.001 的显著性水平上显著，估计参数的 t 检验在 0.10 显著性水平

① Barnes（2000）为了排除多重共线性的问题，根据相关系数不超过 0.65 来选取变量，本节选择比其更保守的做法。

上显著①，而且进入模型的变量相关系数不高②。回归结果见表3－23。

表3－23　　　　预测模型的参数值

解释变量	系数	标准差	Wald值	显著性水平
主营利润	－0.013	0.005	6.105	0.013 **
每股净资	－0.093	0.071	1.710	0.191
总资对数	－0.539	0.130	17.179	0.000 ***
一大持股	－2.753	0.577	22.757	0.000 ***
现金比率	－0.003	0.002	3.026	0.082 *
常数项	4.739	1.418	11.162	0.001 ***
Chi－square	89.941			
Sig.	0.000			
－2Longlikehood	952.005			
Nagelkerke R^2	0.102			

注：显著性水平栏列示的是系数双尾检验值T的概率P值。

*** 表示在1%水平下显著；** 表示在5%水平下显著；* 表示在10%水平下显著。

Logit回归模型的整体检验（Omnibus Tests）的似然比卡方统计量为89.941，在0.001水平上显著。相当于最小二乘法回归中

① 每股净资产在Logit回归方程中系数并不显著，但经验分析表明，每股净资产是控制权转移定价的核心影响因素，放弃这一变量会损失一定的预测信息，故我们在预测模型中保留了该变量，以提高模型的解释力。

② 限于篇幅，本节没有列出变量的相关系数矩阵，变量的相关系数最大没有超过0.3。

R^2 的 Nagelkerke R^2 为 0.102，也算比较高①。所以，可以认为预测模型的拟合效果是很好的。

回归方程中变量的回归系数除了每股净资产不显著外，总资产对数和第一大股东持股比例在 0.001 水平显著，主营业务利润率在 0.05 水平显著，现金比率在 0.1 水平显著。除常数项为正值外，所有变量的系数均为负值。说明上市公司成为控制权转移目标公司的可能性分别随着总资产规模的增大、第一大股东持股比例的增大、主营业务利润率的提高、现金比率的增大、每股净资产的增大而降低。由于表示公司某一方面特征的数个变量之间存在较强的相关性，所以不可能同时进入回归方程（在使用统计软件进行处理时，自动被筛选掉）。表征公司某一方面特征的变量有一个进入方程，就基本上能够说明这方面的特征对公司成为目标公司的可能性的影响。因此，Logit 回归结果显示公司盈利能力、偿债能力、公司规模、股权分散程度和买壳成本对公司成为控制权转移的目标公司具有很强的解释能力。进一步考察模型的五个解释变量，可以看出，业绩越差、资金实力越弱、规模越小、股权越分散、每股净资产越低的公司，其控制权被转移的概率越大。这些变量实质上都与收购成本有关。说明控制权转移交易符合收购者买壳上市的实际。

五、模型预测能力检验

得到回归模型以后，可以把模型用于对使用过的数据进行拟合检验和对未来数据进行预测，以评估所得模型的解释能力和预测能力。进行拟合或者预测检验的关键是确定阀值概率。判断的准确程

① Palepu（1986），其中一个较好的模型为 0.0979（李善民等，2003）。

度对阀值概率的选取非常敏感。

预测时，概率阀值的一个普遍选择是取0.5，当预测概率值大于0.5时，令因变量取1；当预测概率值小于0.5时，令因变量取0。然而，当样本是相对不平衡时，即0比1多得多或相反，此预测规则可能会从来不预测1或0。例如，假设在有10 000个观测值的样本中，仅有1 000个Y=1，则此样本中的平均预测概率将是0.1，而不是0.5（赵勇、朱武祥，2000）。

如前文所述，Palepu（1986）以所预测的并购公司谋取超额收益最大化作为决策准则，建立了较为科学的阀值概率选取方法。但是Palepu阀值概率的决策准则是建立在西方全流通股票市场基础之上的，并且西方资本市场的有效性与我国有一定差异（陈晓等，1997），而且我们研究的是控制权的有偿转让，转让的股权属于不流通股份，这样Palepu的阀值概率选取就失去了其应有的价值，盲目采用反而会弄巧成拙。

由于本节采用的是全样本，所以用样本中先验的目标公司占全部上市公司的大概比例0.048作为拟合阀值的检验概率。

（一）拟合检验

我们首先对1999~2001年三年的样本分年度进行拟合检验。

分别把1999年、2000年、2001年的前一年的变量指标代入预测模型，计算出每个年度全部样本公司成为控制权转移目标公司的概率，按照0.048的阀值概率，选择概率值大于0.048的公司作为预测出来的公司。把这些公司与当年实际发生控制权转移公司的样本进行比较，得到模型的拟合性能。表3－24列出了回归模型对不同年度的数据进行回归拟合的基础效果，是对1999~2001三年汇总数据拟合的有偏分类表及模型效果评价指标的计算。

表 3-24　　预测模型数据回代拟合基础效果

年　度	1999	2000	2001	汇　总
样本公司总数	800	900	1 047	2 747
实际发生控制权转移的目标公司样本	40	47	44	131
模型预测出的公司家数	387	374	272	1 033
预测出的公司实际发生控制权转让的公司家数	31	34	29	94
阀值概率	0.048			

评价 Logit 预测模型回代拟合效果以及预测效果常用的工具就是有偏分类表，在有偏分类表中可以计算出总正确率、敏感度和指定度等指标来估测 Logistic 回归模型的预测准确性。

有偏分类表是将观测事件分为发生或不发生的频数表，通过有偏分类表可以比较预测情况和实际观测情况，见表 3-25。总正确率（Percentage of correct）表示预测模型的预测准确程度和整体预测效果，是指被正确分类的事件数和事件总数之比，在表 3-25 中，总正确率 =（被正确判定为非目标公司数 + 被正确判定为目标公司数）/样本公司总数 =（1 677 + 94）/2 747 = 64.5%，表示通过本节建立的预测模型，发生控制权转移的目标公司和非目标公司被正确分类的程度为 64.5%。敏感度（Sensitivity）是指正确预测事件发生的案例数与观测事件发生的总数之比，表示通过预测模型准确预测出的发生事件占实际发生事件的比重。在表 3-25 中，敏感度 = 被正确预测为目标公司的事件数/实际发生控制权转移的目标公司数 = 94/131 = 71.8%，表示通过预测模型准确预测出的目标公司占实际发生控制权转移的目标公司数的 71.8%。指定度（Specificity）是指正确的事件未发生数与实际观测事件未发生总数之比，表示被预测模型准确预测出的为发生事件占实际未发生事件的比重。在表 3-25，指定度 = 被正确预测为非目标公司数/样本

中非目标公司数 =1 677/2 616 =64.1%，表示被正确预测出的目标公司数占样本中实际的非目标公司数的64.1%。综上所述，总正确率、敏感度与指定度三个指标可以基本衡量出 Logistic 预测模型的预测准确性。通过回归拟合发现，无论总正确率（64.5%）、敏感度（71.8%）还是指定度（64.1%）都比较理想，说明预测模型对回归拟合效果较好。

表 3 –25　　回代拟合的有偏分类表及模型效果评价

观察（实际）	预测　（阀值概率 =0.048）		
	非目标公司	目标公司	总　数
非目标公司	1 677	939	2 616
目标公司	37	94	131
总数	1 714	1 033	2 747
总正确率	64.5%		
敏感度	71.8%		
指定度	64.1%		

（二）模型预测检验

预测模型的价值不仅仅在于对回归拟合效果，而关键在于对未来事件的预测准确性。所以，预测模型能否经得起对未来数据的预测检验及其预测准确性是评价预测模型价值以及模型构建是否成功的关键标准。为此，我们用已经建立的模型对 2002 年样本与 2003 年样本分别进行预测检验，并分别计算模型预测准确性指标，以评价我们建立的预测模型的预测性能。

1. 检验样本

从所有 2001 年 1 月 1 日前上市并公布 2002 年年报的 A 股上市公司中扣除金融业、房地产业公司以及变量数据缺失的公司，得到所预测的总体为1 026家公司，我们以这1 026家公司作为2002年公司的全样本进行预测检验；从所有2002年1月1日前上市并公布2003年年报的A股上市公司中扣除金融业、房地产业公司以及变量数据缺失的公司，得到所预测的总体为1 169家公司，我们以这1 169家公司作为2003年公司的全样本进行预测检验。2002年和2003年实际发生控制权转让的目标公司（指有偿协议转让，不包括无偿划拨和抵债、诉讼等其他形式发生的控制权转让，以保证样本性质与建立预测模型时性质相同）的公司，扣除金融类和房地产类公司，得到2002年和2003年的目标公司样本分别为33家和76家。然后通过上文得到的预测模型和阀值概率，分别对2002年与2003年的全样本进行预测，并计算相应的总正确率、敏感度以及指定度，以评价模型的预测能力。

2. 预测结果

在2002年样本总体1 026家公司中，使用预测模型分别计算每家公司发生控制权转移的概率。结果大于阀值概率0.048的有250家，小于0.048的有776家。表3-26是预测模型对2002年样本预测结果的有偏分类表及模型预测准确性指标。

表3-26　预测模型对2002年样本预测结果的有偏分类表及预测准确性指标

观　察	预测　（阀值概率=0.048）		
	非目标公司	目标公司	总　数
非目标公司	760	233	993
目标公司	16	17	33
总数	776	250	1 026
总正确率	75.7%		
敏感度	51.5%		
指定度	76.5%		

在1 026家样本总体中包含实际发生控制权转移的样本33家，通过预测模型准确预测出的有17家，敏感度为51.5%。1 026家样本公司中实际没有发生控制权转移的公司数为993家，通过预测模型准确预测出的非目标公司数为760家，指定度为76.5%。这样被准确预测为目标公司（17家）和被准确预测为非目标公司（760家）之和为777家，因此，总正确率=777/1 026=75.7%。从对2002年全样本进行预测的总正确率、敏感度和指定度来看，预测模型具有较强的预测力①。

在2003年样本总体1 169家公司中，使用预测模型分别计算每家公司发生控制权转移的概率。结果大于阀值概率0.048的有432家，小于0.048的有737家。表3－27是预测模型对2003年全样本预测结果的有偏分类表及模型预测准确性指标。

表3－27　预测模型对2003年样本预测结果的有偏分类表及预测准确性指标

观　察	预测　（阀值概率=0.048）		
	非目标公司	目标公司	总　数
非目标公司	707	386	1 093
目标公司	30	46	76
总数	737	432	1 169
总正确率	64.4%		
敏感度	60.5%		
指定度	64.7%		

① 模型预测敏感度为51.5%，似乎仅仅达到一半的准确率而不被重视，然而，由于样本是相对不平衡的，即实际发生控制权转移的公司占全部样本的比例远远小于50%（本节仅为4.8%），所以51.5%的敏感度已经相当高了，能够大大提高对目标公司的搜索效率，降低搜索成本。

在 1 169 家样本总体中包含实际发生控制权转移的样本 76 家，通过预测模型准确预测出 46 家，敏感度 = 46/76 = 60.5%，较 2002 年预测效果大为提高。1 169 家样本公司中实际没有发生控制权转移的公司数为 1 093 家，通过预测模型准确预测出的非目标公司数为 707 家，指定度 = 707/1 093 = 64.7%。这样被准确预测为目标公司（46 家）和被准确预测为非目标公司（707 家）之和为 753 家，因此，总正确率 = 753/1 169 = 64.4%。从对 2003 年全样本预测的总正确率、敏感度和指定度来看，预测模型仍然具有较强的预测力。

把 2002 年与 2003 年的预测结果综合起来计算的模型预测性指标见表 3 – 28。

表 3 – 28　　综合 2002 年与 2003 年预测结果的有偏分类表及预测准确性指标

观　察	预测　（阀值概率 = 0.048）		
	非目标公司	目标公司	总　数
非目标公司	1 467	619	2 086
目标公司	46	63	109
总数	1 513	682	2 195
总正确率	70.1%		
敏感度	57.8%		
指定度	70.3%		

从表 3 – 28 可以看出，综合起来我们建立的预测模型具有较强的预测能力和较好的预测效果，对未来两年的数据进行预测的总正确率为 70.1%，敏感度为 57.8%，指定度为 70.3%。因此，该模型可以有效帮助投资者筛选出可能被接管的上市公司，作为获取控制权关注的对象，以缩小协议收购中目标公司的搜索范围，提高搜

索效率，降低搜索成本。

因此，我们的预测模型对意图获取上市公司控制权的投资者有效搜索收购目标具有一定的使用价值，能够提高搜索效率，降低搜索成本。同时表明我国上市公司控制权转移交易尽管受多种复杂因素的影响，但是仍然具有一定的可预测性。本节预测模型所考察目标公司特征变量，对于投资者具有一定的参考价值。

六、研究结论

本节根据公开信息建立控制权转移的预测模型，预测模型包含了每股净资产、总资产对数、第一大股东持股比例、主营业务利润率、现金比率五个变量。除常数项为正值外，所有变量的系数均为负值。说明上市公司成为目标公司的可能性分别随着总资产规模的增大、第一大股东持股比例的增大、主营业务利润率的提高、现金比率的增大、每股净资产的增大而降低。从而显示了公司盈利能力、偿债能力、公司规模、股权分散程度和买壳成本对公司成为目标公司具有很强的解释能力。进一步考察模型的五个解释变量，发现公司业绩越差、资金实力越弱、规模越小、股权越分散、每股净资产越低的公司，其控制权被转移的概率越大。这些变量实质上都与收购成本有关，说明控制权转移交易符合接管者买壳上市的实际。

运用预测模型对 1999 ~2001 年 A 股上市公司的全样本进行回归检验，有 64.5% 的总正确率，拟合效果较好。对未来数据（2002 年和 2003 年）数据的预测研究表明，2002 年预测总正确率为 75.7%，2003 年的预测总正确率为 64.4%，对未来数据（2002 年和 2003 年）综合预测准确率为 70.1%，综合预测敏感度为 57.8%，综合指定度为 70.3%，说明预测模型能够较好地预测目标公司，并且具有令人满意的稳定度。同时说明我国上市公司控制权转移具有较好的可预测性，该预测模型能够较好地帮助投资者和接管者有效地筛选出潜在的目标公司，同时对于潜在的目标公司管理者和股东及时评估公司股权转移的可能性，并进行调整或者构造防御策略是很有价值的。尽管如此，由于目标公司在我国A股市场上的分布比例太小，即使较高的预测正确率，也会由于把太多的非目标公司预测成了目标公司，从而能否依据该预测模型来获取超额收益的则是需要进一步研究的问题。

主要参考文献：

[1] ABOODY D, HUGHES J, LIU J. Earnings quality, insider trading and cost of capital, Journal of Accounting Research, 2005, 43 (5): 651 - 673

[2] Adesoji, Rodolfo Nayga and Z. Farooq. "Predicting mergers and acquisitions in food industry", Agribusinees 1999 (15)

[3] Adolf A. Berle, Gardiner C. Means, The Modern Corporation and Private Property, [M] New York: Harcourt, Brace & World, 1932

[4] AKERLOF G. The market for lemons, Quality uncertainty and the market mechanism. Quarterly Journal of Economics, 1970, 84 (3): 488 - 500

[5] BALL R, SHIVAKUMAR L. Earnings quality in UK private firms: comparative loss recognition timeliness. Journal of Accounting and Economics, 2005, 39 (1): 83 - 128

[6] Barnes, P. "The identification of U. K. takeover targets using published historical cost accounting data: Some empirical evidence comparing logit with linear discriminate analysis and raw financial ratios with industry - relative ratios", International Review of Financial

Analysis, 2000

[7] Bebchuk, Lucian, Reinier Kraakman, George Triantis, Stock Pyramids, Crossownership, Dual Class Equity: The Creation and Agency Costs of Separating Control From Cash Flow Rights, in Randall K, Morck, ed., Concentrated Corporate Ownership, [M] University of Chicago Press, Chicago, 2000

[8] Bertrand M., Mullainathan S. Pyramids. Journal of the European Economic Association, 2003, (1): 478 -483

[9] BOTOSAN C. Disclosure level and the cost of equity capital. Accounting Review, 1997, 72 (7): 23 -50

[10] BRENNAN M J, TAMAROWSKI C. Investor relations, liquidity and stock prices. Journal of Applied Corporate Finance, 2000, 12 (4): 26 -37

[11] BUSHEE B J, MILLER G S. Investor relations, firm visibility and investor following [EB/OL] // Social Science Research Network. http: //www. ssrn. com/ 2007

[12] Cheung, Yan - Leung, Rau, P. Raghavendra, Stouraitis, Aris, Tunneling, Propping and Expropriation: Evidence from Connected Party Transactions in Hong Kong, Journal of Financial Economics, 2006, 82 (2): 343 -386

[13] Claessens Stijn, Djankov Simeon, Lang Larry H. P. The Separation of Ownership and Control in East Asian Corporations, Journal of Financial Economics, 2000, 58 (1 -2): 81 -112

[14] Claessens Stijn, Joseph P. H Fan, Larry H. P. Lang. The Benefits and Costs of Group Affiliation Evidence from East Asia [Z]. Centre for Economic Policy Research, Working Paper, 2002

[15] Dernsetz, H., Villalonga, B. Ownership Structure and Cor-

porate Performance, Journal of Corporate Finance. 2001, (7): 209 -233

[16] DIAMON D D W, VERRECCHIA R E. Disclosure, liquidity, and the cost of capital, Journal of Finance, American Finance Association, 1991, 46 (4): 1325 -1359

[17] Du Julan, Yi Dai. Ultimate Corporate Ownership Structure and Capital Structure. Corporate Governance: An International Review, 2005, 13 (1): 60 -71

[18] Ekkehart Boehmer, Business Groups, Bank Control, and Large Shareholders: An Analysis of German Takeoves, Journal of Financial Intermediation, 2000 (9), 117 -148. evidence, Journal of Financial Economics, 2000 (2): 5 -50

[19] Faccio Mara, Lang Larry H. P. The Ultimate Ownership of Western European Corporations, Journal of Financial Economics, 2002, 65 (3): 365 -395

[20] Faccio Mara, Larry H. P. Lang, Leslie Young. Debt and Expropriation. Centre for Economic Policy Research, Working Paper, 2000

[21] Fama, E. Agency problems and the theory of the firm, Journal of Political Economy 1980 (88): 287 -307

[22] Fortier, Diana L. Hostile takeovers and the market for corporate control, Economics Perspectives, 1989, 13 (1): 2 -16

[23] FRANCIS J, LAFOND R, OLSSON P, ET AL. The market pricing of earnings quality. Journal of Accounting and Economics, 2005, 39 (3): 295 -327

[24] Franks, J. , Mayer. C. Hostile takeovers and the correction of managerial failure, Journal of Financial Economics, 1996 (40): 163 - 181

[25] Franks, J. R. , S. Harris, Shridan Titman. The post - merger share - price performance of aquiring firms, Journal of Financial Economics,1991 (29): 81 -96

[26] Friedman E. , S Johnson, T. Mitton. Propping and tunneling. Journal of Comparative Economics, 2003, 31, (4): 732 -750

[27] Hanson Robert C. , Moon H. Song. Managerial ownership, board structure, and the division of gains in divestitures, Journal of Corporate Finance, 2000 (6): 55 - 70

[28] Healy, Paul M. , Krishna G. Palepu, Richard S. Ruback. Does Corporate Performance Improve After Mergers?, Journal of Financial Economics, 992 (31): 135 -175

[29] Heitor Almeida, Daniel Wolfenzon. A Theory of Pyramidal Ownership and Family Business Groups [Z] . Stern NYU, Working paper, 2003

[30] HONG H, HUANG M. Talking up liquidity: insider trading and investor relations, Journal of Financial Intermediation, 2005, 14 (1): 1 -31

[31] Jensen, M. C. Agency costs of free cash flow, corporate finance, and takeovers, American Economics Review, May 1986: 323 -329

[32] Jensen, M. C. Takeovers: Their causes and consequences, Journal of Economics Perspectives Winter, 1988: 21 - 44

[33] Jensen, M. , Meckling, W. The Theory of the Firm: Managerial Behavior, Agency Costs and Ownership Structure. Journal of Financial Economics, 1976, 3 (1): 305 -360

[34] Jensen, M. C. , R. S. Ruback, The market for corporate control: the scientific, 1983

[35] Johnson S. , La Porta R, Lopez - de - Silanes F. , Shleifer A. Tunneling. American Economic Review, 2000, 90, (2): 22 -27

[36] KRAVET T, SHEVLIN T. Accounting restatements and information risk. , [EB/OL] // Social Science Research Network, http: //www. ssrn. com/2007

[37] LA PORTA R, LOPEZ - DE - SILANES F, SHLEIFER A, et al. Investor protection and corporate valuation, Journal of Finance, 2002, 57 (3): 1147 -1170

[38] La Porta R. , Lopez - de - Salinas F. , Shleifer A. Corporate Ownership Around the World. Journal of Finance, 1999, 54 (2): 471 -517

[39] Lang, Larry, H. P, Rene M. Stulz, Ralph A. Walking, Managerial performance, tobin's Q, and the gains from successful tender offers, Journal of Financial Economics, 1989 (24): 137 -154

[40] LANG, M, LUNDHOLM, R.. Cross - sectional determinants of analyst ratings of corporate disclosures. Journal of Accounting Research, 1993, 31 (2): 246 -271

[41] LEVITT A. The importance of high quality accounting standards. Accounting Horizons, 1998, 12 (1): 79 -82

[42] Lucien Arya Bebchuk, Christine Jolls. Managerial Value Diversion and Shareholder Wealth. Journal of Law, Economics and Organization, 1999, 15 (2): 487 -502

[43] MANUEL J G, BEATRIZ G. O, FERNANDO P. Cost of equity and accounting conservatism, [EB/OL] // Social Science Research Network. http: //www. ssrn. com/, 2007

[44] MATTHEW RHODES - KROPF and S. VISWANATHAN. Corporate Reorganizations and Non - Cash Auctions, The Journal of Fi-

nance, 2000 (4)

[45] Morck, R. , Yeung, B. Why Investors Value Muhinationality. Journal of Business. 1991, 64 (2): 165 -187

[46] Najah Attig, Yoser Gadhoum, Larry Lang. Bid - Ask Spread. Asymmetric Information and Ultimate Ownership [Z]. Laval University, Working Paper, 2003

[47] Obata, S. Pyramid Groups, Financial Distress and Investor Protection. mimeo, Harvard University, Cambridge, Mass, 2001

[48] Palepu. K. G. "Predicting Takeover Targets: A Methodological and Empirical Analysis", Journal of Accounting and Economics, 1986 (8)

[49] Paolo F. Volpin Governance with poor investor protection: evidence from top executive turnover in Italy, Journal of Financial Economics, 2002 (64): 61 -90

[50] Perez - Gonzalez, Francisco. Does Inherit Control Hurt Firm Performance [Z]. Columbia University, Working paper, 2002

[51] Rafacl La Porta, FLorencio Lopez - de - Silanes, Andrei Shleifer, Robert Vishny. Corporate Ownership Around the World. Journal of Finance. 1999, 54 (2): 471 -517

[52] Randall Morck, Bernard Yeung. Family Control and the Rent - Seeking, University of Michigan Stephen M. Ross Business School. Working Papers, 2003

[53] Randall Morck, Agency Problems In Large Family Business Groups, Entrepreneurship Theory and Practice, summer, 2003

[54] Richard T. Bliss, Richard J. Rosen CEO compensation and bank mergers, Journal of Financial Economics, 2001 (61): 107 -138

[55] Riyanto, Y. , Toolsema, L. Tunneling and Propping: A Jus-

tification for Pyramidal Ownership [Z]. National University of Singapore, Working Paper, 2004

[56] Sanford Jay Grossman, Oliver D. Hart. The Costs and Benefits of Ownership: A Theory of Vertical and Lateral Integration, Journal of Political Economy, 1986, 94 (4): 691 – 719

[57] Shleifer A., Vishny, R. W. A Survey of Corporate Governance., Journal of Finance, 1997, 52 (2): 737 – 783

[58] Shleifer, A., Vishny, R. W. Large Shareholders and Corporate Control., The Journal of Political Economv, 1986, 94 (3): 461 – 488

[59] Smith, Clifford Jr., Watts, Ross L. The Investment Opportunity, Corporate Financing, Dividend and Compensation Policies, Journal of Financial Economics. 1992, 32 (3): 263 – 292

[60] Stulz, R. M. Managerial control of voting rights: financing policies and the market for corporate contro1, Journal of Financial Economics, 1988: 25 – 54

[61] Tarun Khanna, Krishna Palcpu. Is group Affiliation Profitable in Emerging markets, An Analysis of Dibersitied Indian Business Groups. Journal of Finance 2000, 55 (2): 867 – 891

[62] WATTS R. Conservatism in accounting Part I: Explanations and implications, Accounting Horizons, 2003, 17 (3): 207 – 221

[63] 陈小悦，徐晓东．股权结构、企业绩效与投资者利益保护．《经济研究》，2001 (11)

[64] 陈晓，陈小悦，刘钊．A股盈余报告的有用性研究．《经济研究》，1999 (6)

[65] 崔学刚．董事会治理效率：成因与特征研究．《财贸研究》，2004 (2)

[66] 崔学刚．公司治理机制对公司透明度的影响．《会计研究》，2004（8）

[67] 崔学刚．上市公司财务信息披露：政府职能与角色定位．《会计研究》，2004（1）

[68] 崔学刚．《上市公司重组绩效：理论与实证研究》．博士论文，2004

[69] 杜莹，刘立国．股权结构与公司治理绩效：中国上市公司的实证分析．《管理世界》，2002（11）

[70] 范博宏．产权、企业组织与公司财务．中国第四届实证会计国际研讨会主题报告．2005

[71] 弗雷德·威斯通，郑光，苏姗·E·侯格．《兼并、重组与公司控制》．经济科学出版社，1998

[72] 谷祺，邓德强，路倩．现金流权与控制权分离下的公司价值——基于我国家族上市公司的实证研究．《会计研究》，2006（4）

[73] 金雪军，张学勇．公司控制权研究的新进展．《经济理论与经济管理》，2005（8）

[74] 李善民，曾昭灶．大股东变更的背景与大股东变更公司的特征研究．《经济研究》，2003（11）

[75] 李心丹，肖斌卿，张兵等．投资者关系管理能提升上市公司价值吗？——基于中国A股上市公司投资者关系管理调查的实证研究．《管理世界》，（9）

[76] 林斌，辛清泉，杨德明等．投资者关系管理及其影响因素分析——基于深圳上市公司的实证检验．《会计研究》，（9）

[77] 刘峰，贺建刚，魏明海．控制权、业绩与利益输送——基于五粮液的案例研究．《管理世界》，2004（8）

[78] 刘芍佳，孙霈，刘乃全．终极产权、股权结构及公司绩

效.《经济研究》，2003（4）

[79] 沈艺峰，况学文，聂亚娟.控股股东超额控制权与现金持有量价值研究.《南开管理评论》，2008（1）

[80] 施东晖.当代公司治理研究的新发展.《中国金融学》，2004（3）

[81] 苏启文，朱文.上市公司家族控制与企业价值.《经济研究》，2003（8）

[82] 孙永祥，黄祖辉.上市公司的股权结构与绩效.《经济研究》，1999（12）

[83] 汪辉.上市公司债务融资、公司治理与市场价值.《经济研究》，2003（8）

[84] 汪炜，蒋高峰.信息披露、透明度与资本成本.《经济研究》，2004（7）

[85] 王济川，郭志刚.《Logitic 回归模型——方法与运用》，高等教育出版社，2001

[86] 王名玲，周春生.家族金字塔控股结构存在原因探析.《外国经济与管理》，2006（2）

[87] 王志诚，张翼.大宗股权转让与公司控制.中国第二届实证会计国际研讨会交流论文，重庆，2003（12）

[88] 吴凤来.产权所有制性质与企业绩效实证研究.《经济科学》，2003（3）

[89] 吴淑琨.股权结构与公司绩效的U型关系研究.《中国工业经济》，2002（1）

[90] 夏立军，方轶强.政府控制、治理环境与公司价值——来自中国证券市场的经验证据.《经济研究》，2005（5）

[91] 徐晋，张祥建，郭岚.大股东终极控制权增长模式与隐性收益.《中国软科学》，2005（1）

[92] 徐晓东，陈小悦．第一大股东对公司治理、企业绩效的影响分析．《经济研究》，2003（2）

[93] 许小年，王燕．中国上市公司的所有制结构与公司治理．梁能主编．公司治理结构：中国的实践与美国的经验．北京：中国人民大学出版社，1998

[94] 杨义灿，程书萍．投资者关系管理：改善公司治理、提升公司价值的有效工具．《生产力研究》，2006（6）

[95] 叶勇，刘波，黄雷．终极控制权现金流量权与企业价值．管理科学学报，2007（2）

[96] 叶勇，胡培，黄登仕．中国上市公司终极控制权及其与东亚、西欧上市公司的比较分析．《南开管理评论》，2005（3）

[97] 殷醒民．《企业购并的金融经济学解释》．上海财经大学出版社，1999

[98] 于东智．股权结构、治理效率与公司绩效．《中国工业经济》，2001（5）

[99] 曾颖，陆正飞．信息披露质量与股权融资成本．《经济研究》，2006（2）

[100] 张华，张俊喜，宋敏．两权分离的决定因素及因果关系——上市公司所有权和控制权状况研究．《中国金融学》，2004，2（3）

[101] 赵勇，朱武祥．上市公司兼并收购可预测性．《经济研究》，2000（4）

[102] 朱红军．《高级管理人员更换的原因与经济后果——一项基于企业绩效的实证研究》．上海财经大学出版社，2003

[103] 朱武祥，宋勇．股权结构与企业价值．《经济研究》，2001（12）

第四章
会计信息、透明度与投资者保护

第一节　两权分离下的盈余管理

摘　要：本节就终极控股股东所有权与控制权之间的分离程度对上市公司盈余管理的影响进行了理论分析和实证检验，发现在股东对企业已取得有效控制的前提下，控制性股东的现金流权与投票权的分离程度越大，盈余管理行为越严重，盈余信息含量越低。这不仅体现了控制性股东在两权分离下的侵害效应，同时也反映了信息效应。即拥有财产信息的控制性股东可以从自身利益出发，通过金字塔结构和交叉持股结构的杠杆效应来加强他们的控制，并增强公司的不透明程度，以获取超额利润。

关键词：盈余管理、现金流权、控制权

一、引言

我国公司的股权结构的一大特点是控制权高度集中。在我国法律体制较弱且公司治理机制不完善的环境中，控制性股东对中小股东权利的剥夺是无法测算的（Shleifer 和 Vishny，1997；La Porta 等，1999；Johnson 等，2000b）。另外，由于我国公司中普遍存在的金字塔和交叉持股结构，多数控制性股东实际上拥有比其所持有

的股份数更多的控制权，这就加剧了这种掠夺效应。同时控制性股东控制着会计报告政策，他们有很强的动机防止中小股东获知真相，即这种所有权结构潜在地影响了公司的财务报告，降低了会计盈余报告和与之相关信息的可信度。

会计盈余信息在整体公司治理机制中是一个重要的环节。企业有许多利益相关者，包括股东、债权人、管理者、雇员、供应商、顾客以及政府等。各利益相关者将自身拥有的各种资源投入到企业，期望自身的财富增长。为了企业发展和共同的利益，他们相互合作，为了使自己获得尽可能多利益，他们相互冲突，在这种合作与冲突的关系中，会计盈余扮演了重要的角色。首先，会计盈余决定利益相关者之间契约的执行。董事会与投资人对经理人的绩效和公司的经营状况评价、股东股利分配、政府的所得税收取以及企业员工的风险报酬，都以企业会计盈余数据为依据。这种以盈余为基础的契约使利益相关各方产生了盈余管理的动机，期望得到符合自身要求的盈余数字，使契约按有利于自己的方向执行。其次，会计盈余影响利益相关者的决策。会计盈余极大地影响到人们对企业的市场价值、还债能力和发展前景等方面的判断，影响到利益者的决策。利益相关者各方都想通过盈余管理，得到符合自己期望的会计盈余，诱使其他各方作出有利于自己的决策。

基于这些原因，人们对企业盈余质量和会计盈余操纵行为强烈关注，从国内外学者对盈余操纵行为的研究可以看出，盈余操纵可以多种形式存在于对外披露会计信息的过程中，其主要目的是获取私人利益，这与对外财务报告的中立性是相对立的。Jan Barton 和 Waymire（2004）的研究表明，高质量的会计信息有助于保护投资者的利益，而盈余管理则通常会降低会计信息质量。

当代公司理论认为，在获取了对公司的有效控制的情形下，控股股东可以通过金字塔股权结构、交叉持股等工具，使其“剩余索取权”与“剩余控制权”发生分离，以此获得超额控制权。由于利益不一致，拥有超额控制权的大股东可以通过关联交易、资产重组或资金占用等方式侵占、转移公司资源，“掏空”公司（Johnson 等，2000；Friedman 等 2003）。但是当公司出现困境时，大股东也可能向公司进行利益输送，帮助公司渡过难关，以便后期攫取更多利益。然而，目前的研究多集中于大股东的“掏空”与“利益输送”行为对会计盈余质量的影响（如雷光勇，控股股东性质、利益输送与盈余管理幅度），而从产权角度研究盈余管理的文献较少。

本节旨在通过实证分析，建立盈余管理与两权分离度（这里指控制权与所有权的分离程度）之间关系的回归模型，拟从终极产权角度分析在控制性股东已对企业取得有效控制的前提下，其投票权与现金流权的分离程度对企业盈余管理的影响，从而为公司治理及中小股东保护提供思考的方向。

二、文献回顾

关于现金流权与控制权及会计信息质量方面的研究文献颇多，本节第二部分将分别从盈余管理的研究、股权结构与会计信息质量的研究、现金流权与控制权的分离程度及经济后果三个方面进行回顾。

（一）盈余管理的研究

从委托代理角度看，盈余管理是公司代理问题在会计呈报上的反映。对公司代理问题的治理力度，是投资者保护有效性的重要体现。Schipper（1989）认为盈余管理是有目的地干预企业对外财务报告过程，以获取某些私人利益的披露管理。他将盈余管理限定在对外报告领域，实质上是对所披露信息的操纵，而管理盈余报告及那些旨在影响或改变公认会计准则的活动被排除在外。Healy 和 Wahler（1999）从会计准则制定者的角度出发，认为盈余管理是指管理当局运用职业判断编制财务报告和通过规划交易以变更财务报告，旨在误导那些以公司经营业绩为基础的利益相关者的决策或影响那些以会计报告数字为基础的契约后果。张祥建等（2004）认为盈余管理是在不违反相关政策法规及会计原则的情况下，企业管理当局利用会计或非会计手段，凭借一定的职业判断，对财务报告中有关盈余信息披露或与其相关辅助信息进行管理的过程，其目的是误导其他会计信息使用者对企业经营业绩的理解或影响那些基于会计数据的契约，以实现自身利益的最大化或企业价值最大化。

配股盈余操纵一直是我国学界关注的重大问题，相关文献较为丰富。蒋义宏、魏刚（1998）较早关注配股盈余操纵的存在与否，发现上市公司 ROE 的分布变化与配股政策具有高度的相关性，上市公司确实存在通过盈余操纵获取配股资格的现象；Aharony 等（2000）的研究揭示了中国股票在海外首次公开发行前盈余操纵的存在。除此之外，很多研究记载了中国企业针对“10% 规定”的盈余操纵行为。例如，Jiang 和 Wei（1998）认为 1994 至 1997 年间 ROE 略大于 10% 的企业比例持续增长；Chen（1998）提供证据表明那些 ROE 略微高于 10% 的企业的应收账款都由异常增长（以应收账款占销售额比例列示）；Chen 等（2000）和 Haw 等（2003）的研究表明那些 ROE 在 10% 和 11% 之间的公司（“底线公司”）比其他公司有更高的或有项目，如非正常应计项目和非营业收入；Haw 等（2003）进一步指出底线公司的盈余相关性低于那些控制公司，并且指出底线公司执行了配股权力之后与没有执行的公司相比具有较少的操纵盈余。Teoh、Welch 和 Wong（1998）及 Rangan（1998）从盈余操纵角度解释了上市公司再融资后业绩下滑的现象；李志文、宋衍蘅（2002）则在控制配股时机效应、资金闲置效应等影响后，发现盈余操纵仍是公司配股后“变脸”的重要原因；Haw 等（1998）发现，上市公司通过操控应计项目规避监管；Chen 和 Yuan（2004）则通过实证分析得出我国上市公司利用线下项目进行盈余操纵以规避监管。

李东平（2005）认为，中国上市公司盈余管理的基本特征是大股东控制下的盈余管理；李增泉等（2005）发现，具有配股动机的上市公司能得到大股东支持，利用并购来提升账面利润以规避监管；李志文、宋衍蘅（2003a，2003b）发现，在缺乏相应约束机制时，具有绝对控制权的大股东更有可能通过盈余操纵达到配股要求；原红旗（2004b）认为，大股东控制着配股规则，小股东处于被动地位。

（二）股权结构与盈余管理的研究

Mckinnon 和 Dalimunthe（1993）以及 Mitchell 等（1995）的研究认为，控制权分散程度越高，公司信息披露的水平越高，会计盈余信息的质量越高。Fan 和 Wong（2002）对东亚国家上市公司的研究表明，在给定拥有足够的控制能力的情况下，企业的最终控制权和所有权（或者说现金流量权）的差距越大，越不利于企业的透明度。Leuz 等（2003）对 31 国的比较研究发现，投资者保护程度较低的国家，其盈余管理现象比较严重。Chau 和 Gray（2002）在研究家族集中的所有权结构对自愿性信息披露的影响时，发现其他外部股东的持股比例越大，自愿性信息披露程度越高。Leung 和 Horwitz（2004）进一步研究表明董事会控制权的集中度与自愿性信息披露成负相关关系，即大股东的控制权越集中，上市公司的自愿性信息披露程度越低。程书强（2006）认为我国上市公司盈余操纵行为较为普遍，严重影响到盈余信息的质量。王化成等

(2006) 认为影响我国企业盈余质量的重要内在因素之一就是大量缺位的控股股东的存在。由于股权集中程度较高，企业的各项重大决策都由几个大股东作出，甚至是一个绝对控股股东作出，这些股东有动机也有能力影响盈余质量并从中获取超常收益。雷光勇等(2006) 认为第一大股东的持股比例越高，对上市公司的控制能力越强，正向操纵盈余的程度越大。

Fan 和 Wong (2002) 研究表明金字塔的股权结构导致控制权与现金流权分离，并且这种分离程度越大，上市公司会计信息的含量越低。当控制权集中，并且出现所有权与控制权分离时，大股东会为了追求自身的利益而对上市公司的运作更加谨慎，在这种情况下，管理层会对公司对外披露的信息进行严格的控制，这种现象加剧了控制性股东和中小股东之间的信息不对称，降低了会计信息的透明度。Francisa、Schipper 和 Vincent (2005) 的研究结果表明在对股东权益保护和财务报告设置较好的美国，两权分离同样会降低上市公司的会计信息含量。终极控制人通过金字塔持股结构使得其对上市公司的所有权与控制权分离，并且这种分离程度越大，终极控制人获取控制权私人利益的可能性越大，终极控制人与其他股东的信息不对称程度越严重，因此终极控制人有动力通过管理层来控制上市公司的信息披露从而实现其自身利益最大化的目的。

(三) 现金流权与控制权的分离程度及经济后果

La Porta、Lopez - de - Silanes、Shleifer 和 Vishny (学界简称 LLSV, 1998) 的研究提出了控制权与现金流权分离的问题。LLSV 发现在具体控制手段上，控股股东一般会通过发行具有不同投票权利的差别股份构造金字塔式持股模式或进行交叉持股等手段，使其投票权超过实际投入资金的现金流权 (Cash Flow Rights)，以此实现对公司的超额控制 (Excess Control)。但是 LLSV 没有对现金流权做进一步的分析，因此无法衡量现金流权和投票权的真实分离程度。但是后续的研究克服了这一不足，对公司的所有权形态的研究又迈进了一大步。

Bebchuk 等（1999）以及 Wolfenzon（1999）根据他们的模型得出结论：当上市公司与企业集团有关联关系时（通常是集团内的公司由同一个控股股东控制），控股股东掠夺外部股东的概率尤其高。控股股东通过在集团内、公司之间的商品和劳务交易以及资产和控制权转移，来掠夺上市公司的财富。我国的研究也显示相近的结论，如苏启林（2003）发现，我国的家族控股股东通过投票权和现金流权的分离来侵害中小股东的利益。

Claesens、Djankow 和 Lang（2000）对 9 个东亚国家（地区）的 2 980 家上市公司进行了分析，并以现金流权衡量所有权，以投票权衡量控制权，研究结果发现，除日本公司拥有较为分散的所有权结构外，其余东亚国家（地区）中的 2/3 的公司都拥有单一控制性股东，其中家族控制性公司的比例均超过了 45%，从控制手段上来看，大股东一般通过金字塔式持股和交叉持股模式实现超额控制，现金流权与投票权的比例平均是 74.6%，这种分离现象在家族控制性公司与小型公司中尤为显著。

Classens、Djankov、Fan 和 Lang（2001）对 8 个东亚国家（地区）的 1 301 家上市公司进行了研究，发现公司市净率（每股市价与每股净资产比率）与控股股东的现金流权呈正向关系，但与现金流权和控制权的分离程度呈反向关系。这种反向关系在家族控股和国家控股的公司中较为显著，但对于金融机构控股和股权分散型企业控股的公司则不显著。这一研究结果表明，控股股东现金流权的增加将带来激励效应，而现金流权和控制权的分离将产生侵害效应。Lins（2003）对 18 个新兴市场的研究也得出相似的结论。

Faccio 和 Lang（2002）则分析了 13 个西欧国家的 5 232 家公

司，发现股权分散与家族控制是最主要的所有权形态，其所占的比例分别为36.93%和44.29%。其中股权分散型公司集中于英国与爱尔兰，而家族控制型公司则集中于欧洲大陆。欧洲大陆国家中，大股东通过差别投票权或金字塔式持股模式提高控制力的现象较为普遍。

Berglof和Pajuste（2002）对10个中东欧转轨经济国家的企业的所有权进行了分析，发现第一大股东的股票权平均高达51.2%，大股东也普遍通过差别投票权股份、金字塔持股模式以及交叉持股来分离所有权和控制权。

张华、张俊喜和宋敏（2003）分析了我国民营上市公司的控制方式及其对企业价值的影响，发现这些企业的最终控制人大多采用金字塔方式实现以较少的投资控制较多的企业股份的目的。平均而言，最终投资人对企业的投入为18.93%，而其控制权则为32.15%。与所有权和控制权分离严重的东亚其他国家相比，我国民营上市企业的两权分离度更大。他们还发现两权分离程度越大的公司，其市值与账面价值的比例越低。苏启文、朱文（2003）得出类似的结论。

以上的研究赋予了“两权分离”特定的意义，即剩余索取权与剩余控制权的分离。剩余索取权是相对于合同收益权而言的，指的是对企业收入在扣除所有固定的合同支付（如原材料成本、固定工资、利息等）的余额（利润）的要求权（潘琰和辛清泉，2004），它来源于股东投入资金后取得的股份比例，即现金流权；而剩余控制权指的是在契约中没有特别规定的活动的决策权（潘琰和辛清泉，2004），它来源于控股股东的投票权。由于控股股东采取各种“杠杆工具”使得其投票权超过了现金流权，产生了所谓的“两权分离”，从而对公司拥有超额控制，并可以进一步取得超额收益。

三、理论框架与假设提出

（一）所有权结构集中的原因

东亚国家的上市公司的典型特征之一是股权集中度较高，这种集中的股权结构是通过金字塔结构及交叉持股结构所取得的。公司股份所有者根据契约合同被赋予了三种财产权利：首先，所有者有处置公司资产的权利，即控制权或投票权；其次，所有者有获取收益的权利，即现金流权或所有权；第三，所有者有转移股份及相关的控制权与现金流权的权利。所有权的价值取决于它所代表的财产权利的受保护程度。通常来说，财产权利的保护是由所有者个人与国家共同完成的，但在国家保护力度不足的经济环境中，这种责任就由所有者个人承担了。所有权结构影响着公司合同的受保护程度，因为它影响着所有者保护自己根据合同被赋予的财产权利的动机与能力。从财产权利框架得出的预期就是集中的所有权结构在财产权利保护程度不好的国家经济中较为普遍，因为控制性股东有权力（通过投票权）与动机（通过较高的现金流权）与各利益相关者（包括少数股东、经理人、劳动者、供应商、顾客、债权人和政府）进行谈判，而公司契约中的各主体都能从此谈判中获益。Shleifer 和 Vishny（1997）考虑到这一点并提出集中的所有权结构在欠发达的国家中益处更大，因为在这些国家中单纯地依靠法律体系不能很好地保护财产权利。为了验证这一假设，La Porta 等人（1999）通过实证研究发现较弱的法律组织环境与上市公司较高的所有权结构是相关的。

（二）所有权集中的激励效应

所有权的集中程度影响着合同的性质，产生了经理人与外部投资者间的代理问题。当所有权集中程度达到所有者可以对公司进行有效控制时，代理问题的性质就转移为控制性股东与中小股东之间的冲突。

1. 侵害效应（The Entrenchment Effect）

对公司的有效控制使得控制性股东可以决定利润在投资者之间的分配，虽然中小股东可以获取与他们投资股份相对应的现金流，但他们面临着控制性股东可能通过关联交易或追求并非利润最大化的目标而侵害他们的权益的风险。

2. 协同效应（The Alignment Effect）

消除控制性股东的侵害效应的一个方法就是进一步增大控制性股东在公司中的利益，甚至是私有化。一旦大股东取得了对公司的有效控制，任何投票权的增加并不会增大其控制权力，但更高的现金流权却意味着其将公司的现金流转为私利的成本更高了。

3. 控制权超过现金流权的侵害效应

除了所有权集中的特点，东亚公司的所有权安排由于金字塔结构与交叉持股结构而变得更加复杂。这种所有权安排使得控制性股东可以通过较少的所有者权益投资就掌握了对公司的严密控制，从而产生了控制权（投票权）与所有权（现金流权）的分离。两权分离的后果之一就是这种较低的所有者权益投资仅仅提供了控制性股东与少数股东间较低的协同效应，而较高程度的控制权加强了控制性股东的侵害效应。在这种情况下，控制性股东可以从公司向外输送利益，获取全部的好处却仅承担一部分的损失。假定一个家族拥有 25% 的 A 公司股权，A 公司拥有 B 公司 20% 的股权，那么这个家族就拥有 B 公司 20% 的控制权——控制链条中最薄弱的环节；

同时拥有5%的现金流权——控制链条中各层级持股比例之积，即25% ×20% =5%。在这种所有权结构中，若该家族已通过20%的投票权取得对B公司的有效控制，则其每从B公司剥夺100元的利益，仅仅会花费该家族5元的成本。很明显，如果金字塔结构或交叉持股结构被用来加强控制，它们将会导致控制权与所有权的分离，这就加剧了控制性股东的侵害问题。

总而言之，一旦控制性股东获取了对公司的有效控制，集中的所有权结构就产生了两种激励效应：侵害效应和协同效应。当投票权与现金流权没有分离的时候，超过有效控制所需最低投票权的集中的所有权结构能够加强利益的一致性从而降低侵害效应。然而，当投票权与现金流权发生分离时，这种较低的现金流权就不能提供足够的一致利益来抵消侵害效应。

（三）所有权结构与盈余信息质量

这里所谈到的所有权结构是指终极控制人的所有权（现金流权）与控制权（投票权）的分离程度。这种分离程度表明控制性股东以较少的股份数就获得了对公司的有效控制。关于这种现金流权与投票权的分离程度如何影响会计盈余信息质量，下面论述了两个观点。

1. 侵害观点（The Entrenchment Argument）

正如所有权结构影响了代理问题的性质，它同样影响着公司的财务报告。当所有者可以对公司进行有效控制的时候，他们也可以控制公司的会计信息及报告政策。当控制性股东的控制权与现金流权发生分离时，会计信息的可信度就大大降低了。即外部股东就不大关注所报告的会计数字，因为他们预期控制性股东是出于私利而不是真实反映公司的经济交易来报告会计信息的，特别是外部股东知道控制性股东可以操纵会计盈余信息来掩盖其对公司的利益剥夺。另外，控制性股东有动机避免报告那些可能招致外部股东严密监视的会计信息。这种盈余信息可信性的丧失降低了盈余的股票信息含量的价格。先前的研究说明了盈余可信度的重要性，如 Teoh 和 Wong（1993）报告中以公司审计规模来衡量的会计盈余信息质量与盈余信息含量的股票价格正相关。

2. 信息观点（The Information Argument）

拥有终极控制人的公司有动机限制他们对外披露的信息数量，而控制性股东对公司的有效控制使其成为可能。不透明就是他们的一个策略，因为它阻止了财产信息对竞争者的泄漏并使公司可以避免一些政治或社会监管。在控制性股东的所有权与控制权产生较大分离的时候，也就是在公司拥有很多中小股东的情形下，拥有财产信息和人力资本的公司倾向于将决定权交予掌握这些特定信息的个人（Jesen 和 Meckling，1992；Christie 等，2002），即控制性股东，而非中小股东。因为中小股东通常是从公司的财务报告中获取公司的经营状况等信息的，将控制权交给那些没有掌握可靠信息的中小股东就意味着要向他们披露更多财产信息以使其作出有信息支持的决策。而公司股权结构越分散，中小股东人数越多，财产信息泄漏给公众及潜在竞争者的可能性就越大。既然公司已经从内部产生了决策人（控制性股东），也就没有必要通过会计报告再向公众发布更多的信息，以免招致监管。

3. 预期结论

首先，侵害效应预期集中的所有权结构会导致较低的盈余信息含量。然而，当股权集中度超过有效控制所需最低要求时，协同效应就会削弱侵害效应。即在这种情况下进一步地加大所有权集中程度可以提高盈余的信息含量。也就是说，当股权集中程度仅达到对公司的有效控制时，即控制性股东的现金流权与投票权的分离程度最大时，控制性股东的侵害效应最大，盈余信息含量最低。其次，信息观点也表明控制性股东的两权分离程度与盈余信息含量负相关。

我们预期随着投票权超出现金流权的程度升高，公司会计信息的可信度及对外部股东报告的盈余信息含量会降低。这不仅体现了控制性股东在两权分离下的侵害效应，同时也反映了信息效应。即拥有财产信息的控制性股东可以通过金字塔结构和交叉持股结构的杠杆效应来加强他们的控制，并且随着投票权与现金流权分离程度的增加，公司所需不透明度也在不断增加。

据此我们提出的假设是：控制性股东的投票权与现金流权的分离程度越大，公司会计盈余的信息含量就越低。

四、两权分离度与盈余操纵程度的计量方法

（一）两权分离度的计量方法

本节中两权分离是指“控制权与所有权的分离”，即剩余索取权与剩余控制权的分离。剩余索取权来源于股东投入资金后取得的股份比例，即现金流权；而剩余控制权来源于控股股东的投票权，反映股东对企业的控制能力。由于控股股东采取各种“杠杆工具”使其投票权超过现金流权，产生所谓“两权分离”，从而对公司拥有超额控制，并进一步取得超额收益。按照理论分析，控股股东的控制权超出所有权越多，其超额控制力就愈强，也就越有动机通过各种行为获取超额收益。

在不考虑其他因素的情况下，依据一股一票制和资本多数决议原则，控股股东免于实际控制权旁落的资本控制量至多是其自身资本量的两倍，即至少需要持有目标公司 50% 的现金流要求权。此种情形下，控股股东自身承担的背离公司价值最大化目标的成本较

大，所引发的代理问题较轻。然而，在现实情况中，控股股东经常可以凭借小于50%的股权份额获取某个公司的实际控制权。

有两种情况使得控股股东的实际控制权获得有效增长。一种情况是控股股东获取与其股权份额相匹配的控制权。在现有的法律制度框架下，控股股东可以以少于50%的股权份额取得某个公司的实际控制权。这种实际控制权超出名义控制权的情况，归因于其他股东的股权分散，实质上就是一些中小股东因股权份额较小而放弃的投票控制权。控股股东的实际控制权只是获得了相对放大，并没有得到绝对增长。另一种情况是控股股东获取超越其现金流要求权份额的控制权。借助金字塔式控股（Stock Pyramids）、交叉持股（Cross - ownership Ties）、发行多种类股票（Dual - class Share Structure）等方式，控股股东以相对较少甚至很少的股权份额获取目标公司的实际控制权。

本节采用终极控制人对上市公司的控制链条中的控制权比例来反映其控制权大小，一般用控制链条中比例最小的持股比例作为控制权比例；用所有权比例来反映其现金流权的大小，所有权比例为各层级持股比例之积（张建祥，刘建军，2004）。仍以上文中所举例子说明。假定一个家族拥有25%的A公司股权，A公司拥有B公司20%的股权，那么这个家族就拥有B公司20%的控制权（控制链条中最薄弱环节的持股比例）和5%的现金流权（各层级持股比例之积，即25%×20%=5%）。控制权比例与所有权比例之间的差异值作为反映终极控制人的两权分离度大小的指标。为了实证研究的方便，本节采用"两权分离度"SEP（Separation Degree of Control Right and Cash - flow Right）指标来反映，SEP=所有权比例/控制权比例。可以看出SEP的值越小，表示两权分离程度越高，即控制权超出现金流权的比例就越大。

（二）盈余操纵程度的计量方法

盈余操纵的计量方法有三种：应计利润分离法、具体项目法和盈余分布检测法。在国外，应计利润分离法使用得最为广泛，而在国内，有关配股中的盈余操纵问题，用得最多的还是盈余分布检测法和具体项目法。尽管应计利润分离法争议较大，但其用途仍较广泛，而盈余分布检测法和具体项目法在应用上则受到诸多限制，尤其是涉及盈余操纵程度的研究，因此，本节采用应计利润分离法来计量盈余操纵。

相关的应计利润分离模型很多，Dechow 等（1995）在比较众多模型后发现，修正的 Jones（1991）模型分离出来的操纵性应计利润最能反映出公司的盈余操纵行为。Borton 等（2001）的研究发现，横截面 Jones 模型优于时间序列 Jones 模型。本节采用修正的 Jones 模型的横截面模型来估计总体特征参数。

修正的 Jones 模型是在基本 Jones 模型的基础上考虑了收入的操纵修正后得到的，具体模型如下：

$$NDA_{i,t}/A_{i,t-1} = \alpha_1(1/A_{i,t-1}) + \alpha_2[(\Delta REV_{i,t} - \Delta REC_{i,t})/A_{i,t-1}] + \alpha_3(PPE_{i,t}/A_{i,t-1})$$

其中，$NDA_{i,t}/A_{i,t-1}$ 是经过上期期末总资产调整后公司 i 的正常应计利润，$\Delta REV_{i,t}$ 是公司 i 当期主营业务收入和上期主营业务收入的差额，$\Delta REC_{i,t}$ 是公司 i 当期期末应收账款余额与上期期末应收账款余额的差额，$PPE_{i,t}$ 是公司 i 固定资产原值，$A_{i,t-1}$ 是公司 i 上期期末总资产。以上指标均可以直接取自样本公司的年度报表或通过简单的数学运算取得。$\alpha_1, \alpha_2, \alpha_3$ 是总体特征参数，这些参数的估计值在本节是依据基本 Jones 模型，使用总体数据，即使用 2004 年与 2005 年深沪两市所有 2 630 家非金融类 A 股上市公司的有关数据，剔除了数据不完整的 119 家公司后进行回归取得：

$$TA_{i,t}/A_{i,t-1} = \alpha_1(1/A_{i,t-1}) + \alpha_2(\Delta REV_{i,t}/A_{i,t-1}) + \alpha_3(PPE_{i,t}/A_{i,t-1}) + \varepsilon$$

其中，$TA_{i,t} = EARNING_{i,t} - CFO_{i,t}$；$TA_{i,t}$，$EARNING_{i,t}$，$CFO_{i,t}$ 分别表示总应计利润、净利润与经营活动现金净流量。这样，公司i的操控性应计项目如下：

$$DA_{i,t}/A_{i,t-1} = TA_{i,t}/A_{i,t-1} - NDA_{i,t}/A_{i,t-1}$$

表4－1描述了有关变量的描述性统计结果，表4－2是总体特征参数估计的模型回归结果。从回归结果来看，无论模型的整体显著性水平，还是总体参数回归值的显著性水平均显著，与以往的研究一致，$\Delta REV_{i,t}/A_{i,t-1}$ 的回归系数符号为正（0.01306），$PPE_{i,t}/A_{i,t-1}$ 的回归系数符号为负（－0.04605），符合现象的经济特征。

表4－1　　按总体估计特征参数基于Jones模型回归变量描述性统计表

变　量	N	Mean	Std. Deviation
TA/A	2 517	－.047	.121
1/A	2 517	.000	.000
ΔREV/A	2 517	.113	.345
PPE/A	2 517	.532	.333

表4－2　　总体特征参数估计基于Jones模型回归结果

变　量	预期符号	回归系数
1/A	?	－3 578 707.334 （－1.970）**

续表

变 量	预期符号	回归系数
ΔREV/A	+	.013 (1.873)*
PPE/A	−	−.046 (−6.371)***
Adj. R^2 F − statistic N		.016 14.954*** 2 517

注：*** 表示在1%水平上显著；** 表示在5%水平上显著；* 表示在10%水平上显著；括号里的数字表示t值。

五、研究设计

（一）样本选择与数据来源

2004年与2005年在上海和深圳证券交易所上市的A股公司共2 630家，本节选取其中的2 511家作为研究样本，另外119家由于数据资料不齐全而剔除。

本节全部公司信息、财务数据及财务指标均来自国泰安CSMAR数据库或根据CSMAR数据库的原始数据计算得到。

（二）回归模型与变量设置

由于本节的研究主要考虑盈余操纵的程度，所以被解释变量为不带符号的操控性应计项目。为验证本节提出的假说，我们采用如下的模型来进行检验：

$$ABS(DA_{i,t}/A_{i,t-1}) = \alpha_0 + \beta_1 SEP_{i,t} + \beta_2 SIZE_{i,t} + \beta_3 LEV_{i,t}$$

$$+ \beta_4 ROA_{i,t} + \beta_5 SD_{i,t} + \beta_6 CO_{i,t}$$

各变量含义、类型及计量方法如表 4－3 所示。

表 4－3　　　　变量定义一览表

变量类型	变量符号	变量含义及计量
因变量	ABS（DA/A）	根据修正后的 Jones 模型计算出的操控性应计项目
解释变量	SEP	现金流权与投票权的分离程度，以所有权占控制权比例衡量
控制变量	SIZE	公司总资产规模，数值上等于公司上年末总资产的自然对数
	LEV	资产负债率，等于公司年末负债总额除以总资产
	ROA	总资产报酬率，等于公司该年净利润与资产总额的比值
	SD	监督力度，数值上等于独立董事占董事会总人数比例
	CO	两职合一哑变量，董事长与总经理为同一人时取 1，否则取 0

以往的研究发现，修正的 Jones 模型尽管有效，但仍有较大的计量误差。一个主要的批评就是，它对非操控性应计项目的分离是不完全的（Dechow 等，1995；Bernard，V. L.，和 D. J. Skinner，1996；Healy，1996；William G. Heninger，2001；Jan Barton，2001；D. F. Larcker 等，2004）。为控制修正的 Jones 模型的计量误差和其他因素对操控性应计项目的影响，我们设置了 LNTA、LEV、ROA、SD 和 CO 几个控制变量。国外的研究发现，公司的资产负债率与操控性应计项目正相关（Dechow，Sloan 和 Sweeney，1995，1996；Bartov 和 Tsui，2000）；与 Haw 等（2004）一致，我们设置了 SIZE 这一控制变量。此外，我国的许多学者认为，ROE 边际区间的公司具有比较明显的盈余操纵行为（陈小悦等，2000；孙铮、王跃堂，1999），为此我们设置了 ROA 这一控制变量。

另外，有大量的研究证据支持独立董事在特定的代理问题上保护了股东的权益（Brickley 和 James，1987；Byrd 和 Hickman，1992），其他一些研究证明独立董事的数量和经理财务舞弊的发生之间存在负的相关关系（Dechow 等，1995；Beasley，1996，Biao Xie 等，2003）。研究了董事会、审计委员会和执行委员会在控制盈余管理方面的作用，证明了董事会中独立董事的数量和盈余管理的程度是线性负相关的，即独立董事越多，公司财务报告的真实性越强，因此我们设置了 SD 这一控制变量。崔学刚在“公司治理机制对公司透明度的影响”（会计研究，2004）一文中提到，在所有权与经营权分离的现代公司中，利用董事会监控总经理，是股东维护自身利益的一种机制。然而两职合一意味着总经理自己监督自己，这与总经理的自利性相违背，于是代理理论认为，董事长和总经理两职合一会削弱董事会的监控功能（Molz，1988），公司倾向于隐瞒对自身不利的信息，从而公司透明度会降低。因此，我们提出 CO（两职合一）这一哑变量。

（三）统计结果及其分析

1. 描述性统计结果及其分析

表 4 - 4 是回归模型变量的描述性统计结果。从 2004 年和 2005 年在深沪两地上市的 2 630 家公司中，剔除了财务数据指标不完整的 113 家及两权分离程度不合理的 6 家，即样本总量为 2 511 家公司。从表 4 - 4 可以看出，2004 年和 2005 年在深圳和上海证券交易所上市的公司中，终极控制性股东的现金流权占投票权比例最低为接近于 0，最高为 1（即两者无分离），均值在 80% 左右，说明两权分离程度较大。2 511 家公司中，该期间的总资产报酬率最小为 - 3. 587，而最大接近 0. 729，差距较大；独董占董事会总人数比例最小为 0，最大达 60% 。另外，对于哑变量 CO（两职合一）

来说，董事长与总经理为同一人的公司数量占样本总量的12.5%。

表4-4　　连续变量的描述性统计

变量	N	Minimum	Maximum	Mean	Std. Deviation
ABS（DA/A）	2 511	.000	1.453	.072	.098
SEP	2 511	.000	1.000	.803	.266
SIZE	2 511	17.061	26.978	21.226	1.026
LEV	2 511	.008	43.075	.594	1.137
ROA	2 511	-3.587	.729	.003	.461
SD	2 511	.000	.600	.344	.047

表4-5是回归变量间的相关关系矩阵。由于变量数目较多，必须控制变量之间的多重共线性对回归模型的影响，为此，本节采用多种方法检验变量之间多重共线性的影响程度问题。首先要进行解释变量的相关系数分析（见表4-5），然后通过回归过程中的Tolerance系数和VIF值进行进一步的检验。

表4-5　　变量相关系数矩阵

变量	ABS（DA/A）	SEP	SIZE	LEV	ROA	SD	CO
ABS（DA/A）	1.000						
SEP	-.073*** (.000)	1.000					
SIZE	-.210*** (.000)	.150*** (.000)	1.000				
LEV	.302*** (.000)	-.025 (.210)	-.192*** (.000)	1.000			
ROA	-.499*** (.000)	.038* (.058)	.230*** (.000)	-.501*** (.000)	1.000		

续表

变量	ABS (DA/A)	SEP	SIZE	LEV	ROA	SD	CO
SD	-.014 (.480)	-.044** (.028)	.014 (.485)	-.026 (.195)	.073*** (.000)	1.000	
CO	.022 (.275)	-.079*** (.000)	-.087*** (.000)	.013 (.511)	-.037* (.062)	.039* (.051)	1.000

注：括号中的数值是相关系数双尾检验的 P 值。

*** 表示相关系数在 1% 上显著；** 表示相关系数在 5% 上显著；* 表示相关系数在 10% 上显著。

可以看出最高的相关系数在 LEV 和 ROA 之间（为 -0.501），但是只要相关系数不超过 0.8 就不必担心解释变量之间的多重共线性问题（Ho 和 Wong，2001）。同时通过回归方程的 Tolerance 系数和 VIF 值可以看出（见表 4-6），最低的 Tolerance 系数为 0.727，其他均大于 0.74；VIF 最大为 1.376，其他均小于 1.35。这样就不必担心变量之间多重共线性对模型的影响（只要 VIF 值不超过 10，多元回归模型就不受多重共线性的显著影响）。

2. 回归结果及其分析

表 4-6 是模型回归的结果。从表 4-6 可以看出，SEP 的回归系数为 -0.01502，在 5% 水平上显著，表明终极控股股东的现金流权与投票权的比值越小，即所有权与控制权的分离程度越大，盈余操纵程度越大，与假设相符；SIZE 的回归系数为 -0.008572，并在 1% 水平上显著；LEV 的情况与 SIZE 类似，也在 1% 水平上显著，回归系数为 0.005167；ROA 的回归系数为 -0.09495，在 1% 水平上显著；SD 的回归系数为 0.04103，但在 10% 水平上没有通过显著性检验；同样 CO 在 10% 水平上也没有通过显著性检验，其

回归系数为 -0.002204。

表 4-6　　　　　　　　模型回归结果

变量	预期符号	回归系数		Tolerance		VIF	
		(1)	(2)	(1)	(2)	(1)	(2)
截距	?	.249*** (6.541)	.093*** (15.084)				
SEP	—	-.015** (-2.353)	-.027*** (-3.677)	.971	1.000	1.030	1.000
SIZE	?	-.009*** (-5.023)		.915		1.093	
LEV	?	.005*** (3.021)		.743		1.346	
ROA	?	-.095*** (-22.292)		.727		1.376	
SD	+	.041 (1.146)		.991		1.009	
CO	—	-.002 (-.432)		.986		1.014	
Adj. R^2 F - statistic N		.262 149.276*** 2 511					

注：括号中的数值表示 t 值；*** 表示相关系数在 1% 上显著；** 表示相关系数在 5% 上显著。

(1) 列表示模型整体回归结果；(2) 列表示敏感性测试结果。

3. 敏感性测试

我们测试了模型的结果对控制变量的敏感性，剔除了模型中的控制变量，进行了一次回归，回归结果见表 4-6 中的回归系数第

2 列。解释变量的回归结果与模型的回归结果基本一致且显著性也没有下降。

六、研究结论与局限性

盈余操纵作为一种异化的会计行为，其实质是各利益相关者在特定制度环境下相互博弈的过程与结果在会计呈报上的反映，从委托代理角度来看，它是公司代理问题的一种表现形式。对我国上市公司来说尽管已有努力通过实施新的会计政策和披露原则来增加公司透明度，但公司财务报告质量还是很低。由于我国上市公司终极控股股东的现金流权与控制权的分离程度较大，导致公司的主要代理问题是控股股东与中小股东的利益冲突，因此本节关注于这个焦点，主要讨论了控股股东的两权分离程度对会计信息质量的影响。

我们假设控制性股东的所有权与控制权间的高度分离降低了对外部投资者报告盈余信息的含量。我们对这种关系提供了两种解释。第一种解释基于控制性股东的侵害效应。当所有者可以对公司进行有效控制的时候，特别是当控制性股东的控制权与现金流权发生分离时，他们可以出于私利控制公司的会计信息及报告政策，通过操纵会计盈余信息来掩盖其对公司的利益剥夺。第二种解释与信息理论相关。在控制性股东的所有权与控制权产生较大分离的时候，也就是在公司拥有很多中小股东的情形下，拥有财产信息和人力资本的公司倾向于将决定权交予控制性股东，这样可以避免向公众披露更多财产信息，既降低了财产信息泄漏给潜在竞争者的可能性，又可以避免招致监管。因此信息观点预期高两权分离程度与低盈余信息含量相关。

我们的实证结论基本上与侵害效应和信息观点是一致的。本节选取了 2004 年及 2005 年在深沪两地上市的 2 511 家公司的相关财务与非财务指标，通过建立回归模型及对回归结果的分析，得出控制性股东的投票权与现金流权的分离程度越大，公司会计盈余的信息含量就越低。

本节的研究结论可能存在以下局限性：（1）只考察了2004年和2005年两年的公司数据；（2）沿用国外学者的研究方法，对盈余操纵的计量采用修正的Jones模型，而该模型对中国公司的适用性还有待进一步检验。因而对此话题还需要进一步展开研究。

第二节　公司治理机制对公司透明度的影响

摘　要：越来越多的国家把公司透明度作为衡量公司治理效率的标志，并为提高企业透明度作出了种种努力。中国同样面临提高公司透明度的问题，然而截至目前，国内并没有关于企业透明度与公司治理机制之间关系的实证研究。本节以我国上市公司作为研究对象，以自愿性信息披露水平作为公司透明度的替代变量，分析了公司治理机制对公司透明度的影响。我们发现，两职合一对公司透明度产生负面影响，而独立董事、前十大股东持股比例、A股流通股比例、前十大股东中具有机构投资者、B股比例等公司治理变量能够提高公司透明度。同时发现公司透明度与无形资产比例、行业类型、公司规模等控制变量具有显著的相关性。此外，没有足够的证据显示，增加独立董事在董事会中的比例，可以削弱两职合一对企业透明度的负面影响。这对政策制定的启示是，要求两职合一的公司增设独立董事，至少从提高企业透明度的角度来看，其成效是值得怀疑的。我们的研究结论支持了公司内部治理与外部治理之间存在互补效应的论断。

关键词：自愿披露水平、两职合一、独立董事、股权结构、机

构投资者

一、理论渊源与文献回顾

在现代资本市场中，对上市公司信息披露的要求源于管理层和外部股东之间的信息不对称和利益冲突。因此，有效的信息披露可以降低信息不对称性，使股价更准确地反映公司信息，强化资本市场对公司管理层的约束。此外，在存在控股大股东的情况下，对有关股权结构、关联交易等非财务信息的披露也有利于保护中小股东的利益。Merton（1987）指出，当公司信息披露无法达到要求时，投资者对该公司的股票进行估值时将要求信息风险溢价，从而会增加公司的资本成本。Bushee 和 Noe（1999）、Luez 和 Verrecchia（2000）的实证研究也证实了这一点。

1996 年 4 月 11 日，美国证券交易委员会（SEC）发布了关于 IASC“核心准则”的声明。在该声明中，SEC 提出三项评价“核心准则”的要素，其中第二项是“高质量”，SEC 对“高质量”的具体解释是可比性、透明度（transparency）和充分披露。这之后，SEC 及其主席 Arthur Levitt 多次公开重申高质量会计准则问题，并将透明度作为一个核心概念加以使用。1997 年初东南亚金融危机爆发后，许多国际性组织将东南亚国家不透明的信息披露归为经济危机爆发的原因之一。联合国贸发局（UNCTAD）的调查报告认为，东南亚国家很多金融机构与公司的失败或近乎失败，其可能的原因有：高负债、私营部门对外汇日益增长的依赖、透明度和解释度的不足（lack of transparency and accountability），透明度和解释度不足被认为是东南亚金融危机的直接诱因，并将透明度定义为“使得公司状况、决策和行动可获知、可监督和可理解的一种技术程序”（Working Group on International Financial Crisis，1998）。巴塞尔银行监管委员会（Basle Committee on Banking Supervision）1998年9月发布的“增强银行透明度”研究报告中，将透明度定义为：“公开披露可靠与及时的信息，有助于信息使用者准确评价一家银行的财务状况和业绩、经营活动、风险分布及风险管理实务”。该报告进一步讨论认为，披露本身不必然导致透明。为实现透明，必须提供及时、准确、相关和充分的定性与定量信息披露，且这些披露必须建立在完善的计量原则之上。透明信息的质量特征包括：全面（comprehensiveness）、相关和及时（relevant 和 timeliness）、可靠（reliability）、可比（comparability）、重大（materiality）。按照巴塞尔银行监管委员会的定义，高透明度意味着能够“透过现象看本质”，即企业所提供的信息，使用者能据以准确了解企业的财务状况、经营成果及风险程度等。

公司披露由强制性披露与自愿性披露构成。所谓强制性披露是指由证券法、会计准则和监管部门条例等法律、法规明确规定的上市公司必须披露的信息；所谓自愿性披露则是指除强制性披露以外，上市公司基于公司形象、投资者关系、回避诉讼风险等动机主动披露的信息。近年来，世界各国为提高本国上市公司透明度，纷纷强化了本国信息披露制度建设。然而公司的高透明度不仅有赖于信息披露制度的强制披露，更大程度上表现为自愿性信息披露。Ball、Robin 和 Wu 对据称都执行了国际会计准则的香港、泰国、马来西亚和新加坡的研究表明，如果只按照会计准则区分，这四国（地区）应当提供高透明度的财务报表；但如果按照当地经济和政治环境对财务报表提供者所产生的激励来看，则他们所报告的会计信息将是低透明度的。所以，一套清晰、准确的会计准则和相应的信息披露制度，只是为高透明度会计的实现提供了技术上的可能，只有当相关会计环境使得提供不透明会计信息的预期收益为负时，会计高透明度的实现才成为必要。因此，尽管公司的自愿性信息披露可能是由强制性信息披露诱致或者是强制性信息披露的必要补充，但是自愿信息披露具有相对的独立性，且更能反映公司的透明度程度。所以，透明度实际上指除了强制信息披露之外的自愿信息披露（Simon S. M. HO 和 Kar Shun Wong，2001）。本节同意这种观点，并用自愿性信息披露水平作为公司透明度的替代变量，认为具有较高自愿性信息披露水平的公司具有较高的透明度。反之，则公司透明度较低。

我国上市公司信息披露的法规架构虽已基本确立，但部分上市公司缺少公开透明、及时提供准确信息的传统，一些公司甚至操纵利润报表，提供虚假信息。即便在发育较成熟的美国资本市场上，各种“数字游戏”仍然存在。这些问题的解决，即公司透明度的提高，则有赖与于公司治理机制设计的有效性。然而什么样的公司治理机制对提高公司透明度是有效的？人们对这一问题的认识尚不十分清楚。

国外一些文献就公司治理要素对公司自愿信息披露水平的影响做了研究。这些研究中，涉及以下公司治理变量：股权结构（如 Craswell 和 Taylor 1992；Mckinnon 和 Dalimunthe 1993；Hossain，Tan 和 Adams 1994；Raffournier 1995）、独立董事比例（如 Forker，1992；Malone，Fries 和 Jones 1993）、董事长的任命（如 Forker，1992）、是否存在审计委员会（如 Forker，1992；HO 和 Wong，2001）、董事长与 CEO 的两职合一以及董事会中家族成员比例（如 Ho 和 Wong，2001）。然而这些研究主要基于西方和香港等地的资本市场环境和制度背景，与中国大陆的市场环境与制度背景差异较大，其结论对中国大陆上市公司的适用性有待检验。然而迄今为止，国内并没有公司治理机制与公司透明度之间关系的研究。因此，本节将基于中国大陆资本市场环境和特定的制度环境，研究公司治理机制对公司透明度的影响。

本节其余部分安排如下：第二部分，阐述公司治理与公司自愿信息披露的理论框架，并由此提出本节的研究假设；第三部分，针对要验证的理论假设，设计研究方案，并进行变量定义和样本选择；第四部分，对实证结果进行分析和讨论，对中国公司治理与信息披露规律进行总结；第五部分，进一步独立董事和两职合一对公司自愿信息披露水平的交互影响情况；最后对全文进行总结，并解释研究结论的政策含义以及研究不足。

二、研究假设

Jensen 和 Meckling（1976）的代理理论提供了考察信息披露行为与公司治理关系的理论框架。公司治理是用来控制代理问题，保证经营者能够从股东利益最大化出发来管理公司。公司治理机制主要存在内部治理机制与外部治理机制两个方面，前者以董事会监控为核心，后者以外部治理主体为核心，而公司信息披露主要服务于外部治理机制。在理论上，公司内部治理机制与公司信息披露（外部治理机制）之间存在互补（Complementary）效应与替代（Substitutive）效应两种可能。如果这两种治理机制存在互补效应，当公司采用有效的内部治理机制，从而提供了强大的内部监控手段，这样可以有效减少经营者的机会主义行为（Opportunistic Behaviors）和信息不对称（Information Asymmetry），那么根据代理理论可以预期外部治理机制也相应得到完善，即信息披露水平较高（Leftwich，Watts 和 Zimmerman 1981；Welker 1995）。经营者在这种严格的监控环境中不太可能为实现个人的利益而隐瞒过多信息，从而导致公司财务报告的可理解性和信息的整体质量水平提高，即公司透明度的提高。另一方面，如果内外两种治理机制存在替代效应，那么，当公司可以采取有效的内部治理机制时，公司就不可能提供更多的信息披露，因为完善的内部公司治理机制可以替代外部公司治理机制。这时由于完善的内部治理治理机制可以有效减轻信息不对称，从而公司对外部治理机制的需求程度将会降低；相反，如果公司无法采取有效的内部治理机制时，公司对外部治理机制的需求程度将会增强，从而信息披露水平将会提高。公司内外治理机制的互补效应与替代效应这两个截然相反的观点，孰是孰非，迄今还没有完全得到证实。尽管存在理论上的分歧，Hill（1999）却认为，无论内部治理机制还是外部治理机制，各自都不可能完全单独地成为公司治理机制的完美替代，因而，理想的情况是这两种治理机制实现最佳配合与均衡。所以，在本节中我们运用互补效应观点，预期内部治理机制与外部治理机制之间存在正相关关系，即存在较完善的内部治理机制的公司具有较高的信息披露水平。为此，我们引入了如下公司治理变量，并提出相应的理论假设。

（一）董事长与总经理的两职合一

在所有权与经营权分离的现代公司中，代理问题主要表现为以总经理为代表的高层管理人员与股东之间的利益冲突。利用董事会，发挥监控总经理的功能，是股东所能控制的最佳机制。然而两职合一意味着总经理自己监督自己，这与总经理的自利性相违背，于是代理理论认为，董事长和总经理两职合一会削弱董事会的监控功能（Molz，1988），公司倾向于隐瞒对自身不利的信息，从而公司透明度会降低。虽然 Jensen（1983）认为逆向选择的后果可以通过市场规则来消除。但是 Forker（1992）断言两职合一会威胁到内部监控质量和信息披露质量，并发现两职合一与公司信息披露水平存在负相关关系；Ho 和 Wong（2001）对香港上市公司的研究也得到同样的发现。因此，我们有假设：

H1：存在两职合一的公司具有较低的公司透明度。

（二）独立董事

董事会的重要角色在于其对经营者的监控功能（Pound，1995）。独立董事作为抵制经营者机会主义行为的手段，有利于内部治理机制的强化（Rosenstein 和 Wyatt 1990），从而独立董事在董事会中的比例越大，公司越倾向于更大程度地自愿披露信息。Leftwich et al.（1981）和 Fama 和 Jensen（1983）都证实了独立董事在董事会中的比例越高，越能有效地监督经营者的机会主义行为。从而可以预期公司更多地自愿披露信息。Forker（1992）发现较高的独立董事比例能够提高财务信息披露质量，减少经营者由于隐瞒信息而获得不当利益的可能性。因此，我们有假设：

H2：具有较高独立董事比例的公司具有较高的公司透明度。

（三）前十大股东持股比例

代理理论认为股权越分散，经营者侵犯投资者利益的可能性越大（Leftwich et al，1981；Fama 和 Jensen，1983）。一个主要的原因是股权分散情况下，单个股东为保护其利益的行动越困难（成本越高），从而与单个股东加强监督的成本相比，其获取的利益比重较小。Grossman 和 Hart（1980）的模型表明，一定的股权集中度是必要的，股权结构分散的情况下，单个股东缺乏监督公司经营管理和驱动价值增长的激励。Shleifer 和 Vishny（1986）的模型则表明，大股东具有限制管理层牺牲股东利益、谋取自身利益行为的经济激励及能力，可以更有效地监督经理层的行为，有助于增强接管市场运行的有效性，降低经理代理层成本。所以我们预期，在控制前十大股东内部持股集中程度的基础上，前十大股东持股比例越高，股东对经营者的监督越有利，根据内外治理机制的互补效应观点，公司越倾向于更多地自愿披露信息。于是有假设：

H3：前十大股东持股比例越高的公司具有较高的公司透明度。

（四）高级管理人员持股

董事会是内部公司治理机制的核心，其监控效率不仅与内部治理结构有关，而且更与董事会成员（董事）的能力与责任心有关，股东与董事会成员之间仍然存在委托代理关系（崔学刚、杨有红，2003）。较高的董事持股比例能够有效激发董事为股东利益而勤勉尽责地工作，从而会强化董事会的运作效率。所以较高的董事会成员持股比例意味着公司具有有效率的内部治理机制，从而信息披露水平较高。于是我们有假设：

H4（a）：董事持股比例较高的公司具有较高的公司透明度。

根据代理理论，公司总经理是风险回避型的，而股东是风险中性的。当经理对公司没有剩余索取权时，他们就会回避风险较高、收益较高的项目，选择风险较小、收益较低的项目，从而偏离股东价值最大化目标。当经理拥有公司剩余索取权时，即持有公司股份时，他们就会投资风险较高而收益较高的项目，从而使自己福利水平得到提高。因此，当公司经理人员持有较多的公司股份时，就如给他们戴上了“金手铐”，公司利益与经理人员的利益就紧紧地捆在一起。这样内部治理机制就会更有效，公司将倾向于披露更多信息。所以，我们有假设：

H4（b）：总经理持股比例越高的公司，越倾向于较高的公司透明度。

（五）前十大股东中是否具有机构投资者①

我国上市公司具有特殊的股权结构，大多数上市公司由国企改制而成，并且目前政府和国有法人仍然持有较大份额的股权。而国有股、法人股不能像社会公众股一样在市场上流通，属于非流通股。而国有股、法人股等非流通股的投资目标不单纯是盈利目标（许小年、王燕，1999）；另外这些持股主体通常很容易接触公司内幕信息（Defond et al，2000），因而对公司信息披露的依赖程度低。然而机构投资者却有着不同的情形，机构投资者入主公司的主要目的是盈利，同时会以不同的方式对公司管理施加压力，机构投资者不在是一个纯粹意义上的资本炒作者，而更是一个理性投资者、管家型的管理者（王斌，2001），它具有较强的市场激励，在公司监控方面是较为积极的。我国机构投资者的迅速发展，打破了我国上市公司股权结构单一、国有股站绝对控股地位、董事会构成单一、董事长一言堂和家长制的不良模式，突出了股权结构中少数大股东的相互制衡与相互约束（王斌，2001）。证券监管部门后来也认识到并通过部门规章规范了机构投资者在公司治理中的作用②。我们推测，在前十大股东中具有机构投资者的公司，信息披露程度较高，因而公司透明度也较高。于是，我们假设：

H5：前十大股东中拥有机构投资者的公司，具有较高的公司透明度。

---

① 机构投资者有各种各样的定义，它泛指以法人形式入主公司并进行投资的实体。我国自颁布实施证券投资基金管理办法以来，证券投资基金取得了长足发展，截止到2000年初，我国证券投资基金已达19家，发行规模达470亿元，基金成为中国二级市场中最主要的机构投资者。因此本节所研究的机构投资者仅指投资基金或基金公司。

② 如《上市公司治理准则》（2002）第十一条规定，机构投资者应在公司董事选任、经营者激励与监督、重大事项决策等方面发挥作用。

（六）A股流通股的比例

在我国上市公司同时存在流通股和非流通股的体制背景下，A股流通股的市场约束显然高于非流通股，正如H5的道理一样，发行A股流通股的比例越高，非流通股相对越低，对公司改善治理的压力越大，所要求的公司透明度越高，所以，我们假定：

H6：发行A股流通股的比例越高，公司越倾向于更透明。

（七）B股比例

一般地，外资股股东可能面临更高的信息不对称，从而承担更高的代理成本。这样公司只有更多地自愿披露信息，增加公司透明度才能提高公司外资股股价。对中国上市公司更是如此（肖泽忠等，2003），因为外资股东缺乏直接接触公司员工以获得信息收集和信息证实的渠道。同时，发行B股的公司除了要求遵循中国的会计准则以外，还要求遵循国际会计准则（ISA），这种额外要求也带动了国内信息的自愿披露。西方学者也有证据证明，公司在多地上市具有较高的信息披露水平（Singhvi 和 Desai，1971；Firth，1979；Cook，1989；Inchausti，1997；Ferguson，2002）。这些证据证明外资股在改善我国上市公司治理方面具有特殊功能。所以我们假设：

H5：B股比例越高的公司具有更高的公司透明度。

（八）其他控制变量

为有效检验以上假设，我们在多元回归模型中控制如下变量：公司规模（Chow 和 Wong－Boren1987；崔学刚、朱文明，2003）、盈利水平（Meek et al. 1995；崔学刚、朱文明，2003）、财务杠杆（Bradbury，1992；崔学刚、朱文明，2003）；行业类型（Meek et al. 1995；崔学刚、朱文明，2003）[①]、前十大股东股权相对集中程度[②]、无形资产比例[③]。

三、数据来源与研究设计

（一）公司透明度的计量

如前文所述，以公司自愿性信息披露水平作为公司透明度的替代变量，且自愿性信息披露水平越高，公司透明度越高；反之则反之。因此对公司自愿性信息披露水平的计量即是对公司透明度的计量。

采用信息披露指数（Disclosure Index）来定义信息披露水平是国内外有关文献普遍采用的方法。尽管在不同的文献中信息披露指数所测度信息的内容、数量以及质量有很大区别，但是它们都遵循了一个基本思想——体现投资决策的有用信息。一些文献把强制披露的信息与自愿披露的信息一同纳入了信息披露指数的测度范围（Singhvi 和 Desai，1971；Choi，1973；Barrett，1976；Cooke，

① 除以上控制变量以外，我们还对前文提到的其他变量进行了分析与测试，要么因为不符合中国的制度背景，要么因为测试结果不显著而被排除了考察与控制的范围。

② 我们认为，只有控制前十大股东之间股权的相对集中程度，前十大股东持股比例对公司治理结构的影响才能正确反映出来，才能较好地作为股权集中度的替代变量。否则是存在问题的，后文对此将进一步分析。

③ 无形资产比例本来应该是公司治理的重要替代变量，因为无形资产主要来自巨大的管理效益和治理效益，具有较大无形资产的公司应该具有较有效率的公司治理机制。但是本节无形资产的数据主要取自公司财务报告，由于受会计规则对无形资产种类和入账原则的限制，无形资产比例的上述含义荡然无存。但是，具有较高无形资产比例的公司仍可能倾向于更多地自愿披露信息，因为无形资产价值不如有形资产来的直观，更需要详细披露，以更好地反映公司价值。所以，我们把无形资产比例作为控制变量引入多元回归模型。

1989)。然而更多的文献只考察自愿披露的信息（Firth，1979；Chow 和 Wong - Boren，1987；Wagenhofer，1990；Raffournier，1991)；在信息指数所包含的信息条目数量上，不同文献也存在较大差异，从 17 个（Barrett，1976）到 224 个（Cooke，1989）信息条目不等；有的文献侧重于研究某一时期信息披露水平的变化情况（Barrett，1976；Amernic 和 Maioccp，1981)，而另一些文献则侧重于研究不同国家信息披露程度的比较（Kahl 和 Belkaoui，1981)。

本节按照国际通行的研究方法，采用信息披露指数来测度自愿信息披露水平。我们设计的信息披露指数包括了 41 个信息条目，这些条目全部是自愿披露条目，且每个年度的公司信息披露指数均由这 41 个自愿信息披露条目汇总而成。构成信息披露指数的 41 个信息条目主要是以信息使用者的信息需求为宗旨，参照前人的研究成果和通用信息需求而设计的①，并从公司 1997、1999、2001 三年年报中选取的。这样，每一家样本公司在各年所被考察的信息条目是完全相同的。

然后分别对各年每家样本公司的 41 条自愿性披露信息条目打分，打分原则是：任意一家样本公司在 1997、1999、2001 任一年进行披露，则该年该公司的该条目取值为 1；如果未披露，则有两种情况，第一，公司该年本身没有该项业务，则为缺省值，第二，如果有相关业务而未披露则取值为 0。

---

① 20 世纪 70 年代国外关于信息条目的设计方法主要有两种，一种方法是集中于投资者的信息偏好，如 Baker 和 Haslem，1973；Lee 和 Tweedie，1975；Chendall 和 Juchau，1977；另一种方法是集中于信息提供者和使用者之间的协调一致，如 Chandra，1974，以及不同信息使用者之间的协调一致，如 Benjamin 和 Stanga，1977。但是国外最近的研究认为年报的信息需求是多重目的的，因此我们在设计信息披露条目的时候，主要参考研究背景与中国大陆市场相近的文献所进行的调查结果，以及中国大陆有关文献对信息披露条目的选取和我们自己的判断来选择的，具体信息条目的内容及分步状况请见附录一。

接下来要把每家样本公司的信息条目的分值汇总成公司信息披露指数。这里，有两种方法：一种是假定信息条目的重要性是一样，由信息条目得分直接汇总；另一种方法是对每一信息条目赋以权重，以反映信息条目的重要程度，然后加权汇总。使用加权信息指数的合理性在于区分了信息条目的相对重要性。但是，信息条目的重要性是对信息使用者而言的，因而需要对信息使用者进行调查来决定（如 Singhvi 和 Desai，1971；Buzby，1974）。然而，Barrett（1976）指出："对于任何加权的信息披露指数都夹杂着人为的主观因素"，Dhaliwal（1980）也指出，有证据表明信息使用者一般都缺乏对私人拥有信息的深刻的洞察力，为了说明这一点，他比较了对同一样本分别使用加权和不使用加权的两种方法，发现得出了近似的结论。因此，我们采用直接汇总的方法，即采用第一种方法。国外学者 Cooke（1989）、Raffournier（1991）、Wallace（1994）也是采用直接汇总的方法。

具体汇总方法是：

第 i 家公司信息披露指数记为 Y_i，Y_i 等于第 i 家公司自愿披露条目得分之和除以有效条目[①]数量。Y_i 考察的是公司的自愿信息披露水平，Y_i 是本节考察的因变量。

（二）变量定义与计量

关于变量含义及计量见表 4－7。

---

① 我们所选的 41 个自愿披露信息条目，不是每个公司的信息披露都涉及，比如公司没有某一信息条目所涉及的经济业务，该公司自然不会披露该项信息，我们就认为该条目对该公司来说属于无效条目，在对该公司的该条目打分时赋予缺省值。所以有效信息条目是指公司涉及有关业务并且得分不为缺省值的信息条目。比如，在汇总时，某公司 1997 年涉及 30 个有效信息条目，而各有效信息条目的得分之和为 12，则该公司该年的信息披露指数 =12/30 =0.4。

表 4-7　　变量含义及其计量规则一览表

变量类型	变量符号	含义描述及计量
因变量	Y	公司信息披露指数，代表公司信息自愿披露水平，其计量见前文。
解释变量	DUA	董事长与总经理是否两职合一，两职合一取值为 1；否则为 0
	IDR	独立董事比例，等于独立董事数量除以公司董事规模
	TENR	前十大股东持股比例，等于前十大股东持股数量之和除以公司总股数
	DEQU	董事持股比例，等于董事会成员持股数量之和除以公司总股数。
	MEQU	总经理持股比例，等于公司总经理持股数量除以公司总股本
	INST	前十大股东中是否具有机构投资者，前十大股东中具有机构投资者取值为 1；否则为 0
	ALIQ	发行的 A 股流通股比例，等于发行的 A 股流通股数量除以公司总股数。
	BSH	B 股比例，等于发行的 B 股数量除以公司总股数
控制变量	SIZE	公司规模，等于公司资产总额的自然对数
	ROE	盈利水平，等于净资产收益率，即公司净利润除以所有者权益
	LEV	财务杠杆，等于资产负债率，即负债除以总资产
	IND	行业类型，属于制造业的公司，取值为 1；否则为 0
	CONC	前十大股东股权相对集中程度。等于 $\Sigma\ (N_j/N_T)^2$，其中，N_j 是第 j 大股东的持股数量，j 从 1 到 10；N_T 是公司总股数。
	INTAN	无形资产比例，等于无形资产金额除以资产总额

资料来源：解释变量数据均来自巨灵数据库和公司年报，我们通过统计、计算而得到。

（三）样本选择

从1997年至今，我国上市公司治理机制发生变化最大的几年。我们为了把公司治理机制的这些变化尽可能纳入研究范围，以提高自变量的方差，我们等间隔地选取了1997、1999和2001年作为研究样本。

为满足研究需要，我们采用下列规则对样本进行筛选。从截止到2001年底发行A股1172家上市公司中，首先扣除1997～2001年间被ST、PT的公司（1997～2001年累计有101家公司被ST、PT），因为ST、PT公司财务状况异常，而我们主要考察的是正常经营状态下公司的信息披露；其次，扣除了金融类与房地产类公司共34家，因为金融类和房地产类上市公司，其业务及其风险揭示具有特殊性，证监会对属于这两类行业的公司信息披露有专门规定；第三，扣除了在1997～2001年633家新增上市的公司（2001年新增上市108家、2000年134家、1999年96家、1998年101家，1997年194家），以保证1997、1999、2001三年公司披露数据的连续性；第四，扣除了1997～2001三年更名的公司118家，公司更名，往往是因为被并购或重组，其主营业务会因之发生较大变化，为保证主业经营的连续性和稳定性，需要把研究期内更名的公司扣除；第五，由于在境外发行H股或N股的上市公司信息披露的内容与格式与境内上市公司有很大差异，对境内信息披露可能会有较大影响，为控制这种影响，我们扣除了发行H股或N股的上市公司。最后得到有效样本量为234个。

234个样本公司行业分布见表4－8。

表 4－8　　样本的行业分布

行业代码	行业名称	数　量
A	农、林、牧、渔业	2
B	采掘业	1
C	制造业	138
D	电力、煤气及水的生产和供应业	13
E	建筑业	2
F	交通运输、仓储业	5
G	信息技术业	4
H	批发和零售贸易	35
K	社会服务业	11
M	综合类	23
样本数		234

四、实证结果分析与讨论

（一）样本公司治理机制与自愿信息披露特征描述

表 4－9　　连续型变量的描述性统计

	Range	Minimum	Maximum	Mean	Std. Deviation
因变量:					
Y	.51	.03	.54	.20	.11
自变量:					
IDR（%）	80	.0000	80	3	8
TENR（%）	86.15	8.54	94.68	60.18	14.04
DEQU（%）	0.63	.0000	.63	.04	.07

续表

	Range	Minimum	Maximum	Mean	Std. Deviation
自变量:					
MEQU（%）	0.47	.0000	.47	.008	.03
ALIQ（%）	100	.0000	100	34	16
BSH（%）	51	.0000	51	4	11
INTAN（%）	31	.0000	31	3	4
LEV（%）	84.75	1.90	86.65	43.26	16.03
CONC	.88	.1121	.9918	.58	.24
SIZE	5.27	9.45	14.72	11.58	.89
ROE（%）	225.95	-84.1502	141.8020	30.53	21.75

表4-9列示了因变量Y（用信息披露指数表示）的统计分布情况。因变量Y的均值为0.20，变化区间为0.03到0.54，因而样本公司的信息披露指数具有较大的方差（标准差系数为0.55），即说明样本公司之间透明度存在较大差异。这个结果与中国大陆资本市场整体信息披露水平不高、公司在自愿披露信息方面具有较高灵活性的背景相一致。另外还可以看出，公司透明度的整体水平是很低的，比透明度较低的中国香港证券市场还低（如香港自愿信息披露指数均值为0.29，也是相对较低的（Ho和wong，2001））①。这说明中国大陆上市公司透明度较低，专业的证券分析机构或人员

① 2001年1月，普华永道（Price waterhouse和Coopers）发布了一份关于“不透明指数”（The Opacity Index）的调查报告。在普华永道“不透明指数”的分项调查中包括了会计准则与实务（含公司治理与信息披露）的“不透明”研究。根据该报告，中国的“会计不透明指数”为86，仅次于南非（90），会计透明度与其他国家相比有明显的差距。由于该项调查至少在受访者的控制上，存在较大争议。比如，对中国的调查以普华永道的员工作为主要受访者，而其他国家的受访对象为当地人士。所以尽管笔者不赞同普华永道过于极端的研究结论，但是中国上市公司透明度较低似乎是事实。

必须从公司报告以外的渠道获取有关公司信息，这与中国大陆证券市场的“政策市”、“消息市”、“消息满天飞”等现象是吻合的，因为在公司透明度不高的情况下，股东或专业投资者必然求助于其他途径获取的信息，然而这些信息是没有诚信保证，甚至是以讹传讹的。

表4-9还给出了连续型解释变量的统计分布情况。独立董事与董事会规模的比例IDR均值为3%，变化区间0到80%，说明独立董事数量偏低，各公司之间差异较大。这虽然可能与2001年8月22日证监会发布《关于上市公司设立独立董事的指导意见》有关[①]，而在这之前，监管部门没有对独立董事的聘任作出具体规定，但是，由于《意见》只可能对2001年IDR有影响，而且影响时间范围有限（最多是4个月），同时由于独立董事的聘任有许多限制性规定[②]，也会使公司在聘任独立董事方面谨慎行事，从而使考察独立董事的时间拉长，这又会进一步缩小《意见》对本节样本公司IDR的影响。所以我们认为本节样本公司的IDR是在市场力量约束下的公司自主行为。

前十大股东持股比例TENR的均值为60.18%，变化区间为8.54%到94.68%；前十大股东的股权集中程度CONC均值为0.58，变化区间为0.11到0.99。TENR和CONC的统计结果说明我国在打破“一股独大”、解决“内部人控制”，建立竞争性股权结构方面取得了一定成效，但是总体来说，股权集中度还是很

① 其要求：在2002年6月30日以前，上市公司董事成员中至少包括2名独立董事；在2003年6月30日以前，上市公司董事会成员中应当至少包括三分之一独立董事，其中至少一名会计专业人士。

② 比如更换独立董事必须公告的规定，使得公司要考虑更换独立董事公告对公司带来的负面影响。

高的[①]。

董事持股比例 DEQU 和总经理持股比例 MEQU 是很低的，其均值分别是 0.04% 和 0.008%。A 股流通股比例 ALIQ 和 B 股比例 BSH 均值分别为 34% 和 4%，因此我国资本市场非流通股的比例是很高的。无形资产占总资产的比例 INTAN 均值为 3%。

表 4－10 表明样本公司中董事长与总经理两职合一的公司占样本总体的 27.78%，前十大股东中具有机构投资者股东的公司占样本的 59.54%，属于制造行业的公司占样本的 58.97%。

表 4－10　　哑变量的描述统计

	取值为 1 的公司所占比重（%）
DUA（两职合一）	27.78
INST（前十大股东中具有机构投资者）	59.54
IND（属于制造业）	58.97

附录一列示了各变量的相关系数。最高的相关系数在 TENR 和 ALIQ 之间（$R^2=0.67$）。但是只要相关系数不超过 0.8，就不需要担心自变量之间的多重共线问题（Ho 和 Wong，2001）。

（二）多元回归模型与假设检验

本节的多元回归模型是以信息披露指数 Y 作为因变量，公司治理因素和表征公司特征的控制变量作为自变量来构建的。模型如下：

① 如果前十大股东之间的持股比例基本均衡的情况下，CONC 应该小于 0.1。CONC 的均值为 0.58，意味着前十大股东之间的持股是不均衡的，较多地集中在少数股东手中，结合考虑 TENR 的均值，可以得出我国上市公司股权集中度是很高的结论。

$$Y_i = a_0 + \beta_1 DUA_i + \beta_2 IDR_i + \beta_3 TENR_i + \beta_4 DEQU_i + \beta_5 MEQU_i + \beta_6 ALIQ_i + \beta_7 BSH_i + \beta_8 INST_i + \beta_9 INTAN_i + \beta_{10} LEV_i + \beta_{11} CONC_i + \beta_{12} IND_i + \beta_{13} ROE_i + \beta_{14} SIZE + \varepsilon_i$$

其中 i 从 1 到 702。

由于变量数目较多，必须控制变量之间的多重共线性对回归模型的影响，为此，我们采用了多种方法进行检验变量之间多重共线的影响程度。我们前面检验变量之间的相关系数，发现多重共线的影响很小。为保险起见，我们又采用了其他两种检验变量之间多重共线的方法，即计算 Tolerance 系数和 VIF。从表 4 – 9 和表 4 – 10 看出，最低的 Tolerance 为 0. 319，其他的均大于 0. 362；VIF 最大为 3. 132，其他均小于 2. 764。这样进一步证实了我们的多元回归模型不受多重共线显著的影响①，我们就可以很有信心地对回归结果展开讨论。

表 4 – 11 列出了上述方程及其系数的回归结果。模型的 F 值在 1% 水平上显著，R^2 为 0. 232，调整 R^2 为 0. 216，说明方程的整体拟合效果较好，并且信息披露指数变化的 23. 2% 能由自变量解释。

根据表 4 – 11 所列的方程系数回归结果发现，公司治理变量 DUA、IDR、INST、ALIQ 系数在 1% 的水平上显著，且系数符号与假设预期的一致。这样假设 H1、H2、H5、H6 分别得到证实。两职合一会降低公司自愿信息披露水平，从而降低公司透明度。我国的《上市公司治理准则》（修改稿）明确提出“董事长与总经理原则上不能由同一人兼任”是有一定道理的；独立董事能够有效推动公司透明度的提高，这从一个侧面证明了近年来，我国证券监管部门在推动独立董事制度的建立与完善方面所做的工作是符合提高公司透明度要求的；A 股流通股比例以及机构投资者能够有效改善

① 只要 VIF 值不超过 10，多元回归模型就不受多重共线的显著影响。

公司治理，提高公司自愿信息披露水平，从而提高公司透明度。因此，我国近年来发展机构投资者的努力以及十六届三中全会提出的股市全流通目标是符合提高公司透明度，以发展证券市场、完善公司治理要求的。

表 4-11　　　　方程及变量系数回归结果

Dependent variable = Y
$R^2 = 0.232$
Adjusted $R^2 = 0.216$
F significance = 0.000
N = 702

	B	Std. Error	t	Sig.	Tolerance	VIF
(Constant)	-.1660	.066	-2.509	.012 **		
DUA	-.0451	.008	-5.329	.000 ***	.968	1.033
IDR	.2760	.047	5.821	.000 ***	.925	1.081
DEQU	4.5E-07	.000	1.330	.184	.720	1.389
MEQU	-1.5E-07	.000	-.408	.684	.727	1.375
TENR	.0008	.000	1.748	.081 *	.362	2.764
ALIQ	.1780	.042	4.279	.000 ***	.319	3.132
BSH	.0848	.048	1.750	.081 *	.537	1.862
INST	.0480	.008	5.947	.000 ***	.893	1.120
INTAN	.2130	.107	1.984	.048 **	.954	1.049
LEV	-.0003	.000	-1.228	.220	.918	1.089
CONC	-.0152	.016	-.930	.353	.879	1.138
IND	.0237	.009	2.777	.006 ***	.789	1.267
ROE	.0003	.000	1.602	.110	.841	1.188
SIZE	.0196	.005	4.135	.000 ***	.780	1.282

注：*** 表示在 1% 的水平显著；** 表示在 5% 的水平显著；* 表示在 10% 的水平显著。

公司治理变量 BSH 系数在 10% 的水平上显著，证实了假设 H7。说明外国投资者在提高公司透明度方面具有一定作用。TENR 系数也在 10% 的水平上显著，符号也与假设预期一致，证实了 H3。

表 4－11 还表明董事持股比例与总经理持股比例对公司透明度没有显著的影响，所以 H3（a）、H3（b）假设遭到拒绝。那么，为什么我国上市公司高级管理人员（董事与总经理等公司高层管理人员的统称）的持股制度没有达到应有的效果呢？我们认为有如下原因：第一，高级管理人员的持股比例偏低，不能产生有效的激励作用。本节样本公司董事持股总和占公司总股本的比例仅为 0.04%，总经理平均持股比例为 0.008%，这同《财富》杂志 1980 年公布的 371 家美国大公司董事会成员平均 10.6% 的持股比例相比（Mock，1988），无疑是太低了。如此低的持股比例，根本无法把董事的利益、总经理的利益与公司（股东）的利益紧紧地捆在一起。第二，我国上市公司高级管理人员持股制度从一诞生就存在问题。这主要表现在以下两个方面，一方面是定位不明确。高级管理人员持股仅仅是内部职工持股的一个组成部分，并不是一项单独的激励制度安排，没有独立的目的，也没有独立的运行机制和体制保障。由于我国股票一级市场和二级市场存在巨大的差价，持有股份的高级管理人员几乎不用付出太大的努力，就可获得丰厚利益。这就使得我国上市公司高级管理人员的持股变成了一种福利制度，导致拥有剩余索取权产生的激励效应荡然无存。另外，与西方上市公司高级管理人员的持股计划相比，我国上市公司高级管理人员的持股有两个显著不同的特点：第一，它也是一种奖励，但这种奖励不是靠表现，而是凭公司正式员工资格就可获得；第二，这种奖励是针对过去的奖励，是一次性的，将来表现再好可能也不会有。因此，这样定位不明确的持股制度，仅仅是一种福利性质的补偿，并

不能起到多大的激励作用。另一方面是持股制度僵硬。我国的法规规定，上市公司高级管理人员在任职期间不能通过二级市场买卖本公司的股票。这样，高管人员除了在公司初次发行、增发新股或送配股（这些机会非常少）时可以取得公司股票外，没有其他增加持股的渠道。另外，为了控制扩容和提高筹资的效果，国家对内部职工股的发行和交易都有严格限制，并且中国证监会于 1998 年 12 月下文禁止上市企业发行内部职工股。这些最终使得我国上市公司的高级管理人员的持股处于一个十分僵硬而自我封闭的体系中（魏刚，2000）。因此，我国目前的董事和总经理的持股制度，在提高公司透明度、改善公司治理方面的作用，是值得怀疑的。

另外，公司透明度与行业类型、公司规模等特征在 1% 的水平上呈现正相关关系，即制造行业具有较高的公司透明度，公司规模越大越倾向于高透明度，这与大量的研究结果相一致（Cooke，1995；崔学刚、朱文明，2003；等），无形资产在 10% 的水平上与公司透明度正相关，所以控制无形资产比例是合适的。

五、独立董事与两职合一对自愿信息披露的交互影响

前文的实证结论证实了两职合一对于提高公司透明度具有负面影响，而独立董事在提高公司透明度方面具有正面影响，但是把两者结合起来考虑有会有什么结果呢？中国证监会 2001 年 9 月发布的《上市公司治理准则》（修订稿）第三十二条规定："……董事长和总经理要明确各自的职责。为有利于董事会对经理层的有效监督，上市公司董事长和总经理原则上不应该由同一人担任。如果董事长和总经理由同一人担任，则公司董事会成员中应至少包括二分之一的独立董事……。"但是，在 2002 年 1 月颁布的《上市公司治理准则》中，取消了这一规定。我们不知道取消的具体原因是

什么[①]，但是，这给我们提出了研究独立董事在两职合一情况下能否改善公司透明度的问题。这一问题的结论似乎是肯定的，但是我们的研究并没有发现相关的支持证据。

为研究独立董事与两职合一对公司自愿信息披露水平的影响，我们做如下设计：

在前文的回归模型中，把独立董事变量从模型中取出，而加入独立董事变量 IDR 与两职合一 DUA 变量的乘积，即 IDR 作为一个新的自变量，这样，多元回归方程变为：

$$Y_i = a_0 + \beta_1 DUA_i + \beta_3 TENR_i + \beta_4 DEQU_i + \beta_5 MEQU_i + \beta_6 ALIQ_i + \beta_7 BSH_i + \beta_8 INST_i + \beta_9 INTAN_i + \beta_{10} LEV_i + \beta_{11} CONC_i + \beta_{12} IND_i + \beta_{13} ROE_i + \beta_{14} SIZE + \beta_{15} IDR_i \times DUA_i + \varepsilon_i$$

这样对于新的解释变量（$IDR_i \times DUA_i$），当两职不合一，即 $DUA_i = 0$ 时，该变量为 0；但当公司存在两职合一，即 $DUA_i = 1$ 时，该变量就等于 IDR_i。因为在前文的回归方程中 IDR、DUA 的系数均高度显著，且符号相反，所以在新的回归方程中，如果新的解释变量（IDR ×DUA）的回归系数不显著，那么，就说明独立董事在两职合一情况下提高公司自愿披露水平的作用是不显著的，即独立董事无法对两职合一的负面影响产生抵消作用，这反过来也说明独立董事对提高公司透明度、改善公司治理的积极作用在公司不存在两职的情况下最有效。

表 4 -12 列出了新方程的回归结果。

---

① 我们推测，禁止董事长与总经理的两职合一，既不符合我国的具体的经济环境，也不符合国际惯例。因而取消禁止两职合一的规定，是因为考虑独立董事对在两职合一情况能否提高公司透明度的问题。

表 4-12　独立董事与两职合一对自愿信息披露交互影响的回归结果

Dependent variable = Y
R^2 = 0.195
Adjusted R^2 = 0.178
F significance = 0.000
N = 702

	B	Std. Error	t	Sig.	Tolerance	VIF
(Constant)	-.221	.067	-3.276	.001 ***		
DUA	-4.882E-02	.009	-5.452	.000 ***	.906	1.104
DEQU	4.186E-07	.000	1.203	.229	.720	1.389
MEQU	-1.467E-07	.000	-.396	.692	.727	1.375
TENR	7.870E-04	.000	1.736	.083 *	.361	2.771
ALIQ	.183	.043	4.310	.000 ***	.319	3.132
BSH	9.525E-02	.050	1.921	.055 *	.538	1.860
INST	4.592E-02	.008	5.568	.000 ***	.895	1.118
INTAN	.225	.110	2.049	.041 **	.953	1.049
LEV	-2.911E-04	.000	-1.163	.245	.916	1.092
CONC	-2.180E-02	.017	-1.304	.193	.882	1.133
IND	2.682E-02	.009	3.072	.002 **	.792	1.262
ROE	3.313E-04	.000	1.728	.084 *	.837	1.194
SIZE	2.478E-02	.005	5.210	.000 ***	.809	1.236
IDR × DUA	.140	.100	1.410	.159	.910	1.099

注：*** 表示在 1% 的水平显著；** 表示在 5% 的水平显著；* 表示在 10% 的水平显著。

表 4-12 表明，在取走 IDR，加入（IDR ×DUA）自变量后，方程的 R^2 = 0.195，Adjusted R^2 = 0.178，方程在 1% 的水平上显著。说明方程仍然具有较好的拟合优度。且 Tolerance 和 VIF 值都表明无须担心变量之间多重共线问题。这时，原先系数显著的变量

仍旧显著，而且 ROE 也在 10% 的水平上变得显著。但是，新变量（IDR ×DUA）的系数不显著。因此，独立董事在克服两职合一对公司透明度的负面影响方面是无能为力的。《上市公司治理准则》（修订稿）中关于“如果董事长和总经理由同一人担任，则公司董事会成员中应至少包括二分之一的独立董事……”的规定是缺乏理论证据的。

六、研究结论与政策含义

（一）研究结论

美国大法官路易斯·布兰戴斯在其所著的《他人的金钱》中提出一句名言：“公开是救治现代化社会及工业弊病的良药，阳光是最好的防腐剂，灯光是最好的警察”。作为公开原则的具体体现，充分有效的信息披露是保证资本市场有效运转的重要基石。越来越多的国家把公司透明度作为衡量公司治理效率的标志，并为提高公司的透明度采取了种种努力。这些努力强化了有关公司治理机制与透明度问题研究的需要。中国资本市场同样面临改善公司治理，提高公司透明度的迫切需求，然而就公司治理机制与公司透明度之间关系的研究十分匮乏。本节运用我国上市公司数据分析了对公司透明度产生影响的公司治理因素，并考察了它们之间的作用规律。发现公司治理变量中的两职合一对公司透明度产生负面影响，而独立董事、前十大股东持股比例、A 股流通股比例、前十大股东中具有机构投资者、B 股比例等公司治理变量能够提高公司透明度。同时发现公司透明度与无形资产比例、行业类型、公司规模等控制变量具有显著的相关性。另外，我们发现，在存在两职合一的情况下，独立董事对提高公司透明度的作用会受到限制。我们的研究结论支持了公司内部治理与外部治理之间存在互补效应的论断。

(二)政策含义

本节的研究结论具有以下政策含义:

公司内部治理机制与外部治理机制具有互补效应,对上市公司而言,完善公司治理,仅仅按照《公司法》的要求建立股东大会、董事会、监事会的管理体制是远远不够的,强制所谓的“规范运作”最终可能还是不规范运作。内部治理机制与外部环境要同步建设,塑造理性、成熟、受市场严格约束的投资主体,提高公司透明度,是完善公司治理的关键一环。

1. 由于公司透明度受行业类型、公司规模、无形资产比例等公司特征变量的影响,因此在制定信息披露准则时,要根据市场发展程度,因势利导,实现“规则导向”向“原则导向”的转变。

2. 高层管理人员持股制度等西方公司治理机制的引入要考虑我国现实的体制背景和市场环境,不能盲目照搬。至少从提高公司透明度来看,没有证据支持我国的高层持股制度取得了预期的效果。

3. 独立董事在一定程度上能够促进公司透明度的提高,但是在两职合一的情况下,这种作用会大大减弱。所以,要求两职合一的公司增设独立董事,至少从提高企业透明度的角度来看,其成效是值得怀疑的。同时,还说明公司治理机制的有效性是有条件的、权变的。

本节存在以下不足:第一,我们仅仅局限于公司自愿披露水平的考察,而没有考察披露效率与所披露信息的质量,因为公司披露的信息未必是可信的或反映公司实际情况的。同时更多的信息披露未必意味着更高的信息质量,信息披露是否造成信息冗余我们没有关注。第二,研究变量数量较多,是否会对研究结论造成影响,我们还没有更多的证据予以证实。因此，本节的研究结论在解释和运用时，需要考虑这些局限。

附录一：　　　　　　变量之间的相关系数表

	Y	DUA	IDR	TENR	DEQU	MEQU	ALIQ	BSH	INTAN	LEV	INST	IND	ROE	SIZE	CONC
Y	1.000														
DUA	-.208	1.000													
	(.000)	.													
IDR	.253	-.039	1.000												
	(.000)	(.303)	.												
TENR	-.033	-.017	.011	1.000											
	(.391)	(.655)	(.768)	.											
DEQU	-.069	.052	-.071	-.086	1.000										
	(.067)	(.169)	(.061)	(.024)	.										
MEQU	-.046	.058	-.036	-.139	.463	1.000									
	(.220)	(.123)	(.340)	(.000)	(.000)	.									
ALIQ	.116	.037	-.041	-.673	.057	.159	1.000								
	(.002)	(.334)	(.278)	(.000)	(.133)	(.000)	.								
BSH	.029	-.114	.100	-.067	.008	-.024	-.428	1.000							
	(.448)	(.002)	(.008)	(.077)	(.823)	(.534)	(.000)	.							
INTAN	.097	.057	.035	-.023	-.057	-.035	.090	-.063	1.000						
	(.010)	(.135)	(.358)	(.542)	(.132)	(.351)	(.017)	(.098)	.						
LEV	.010	-.066	.083	-.052	-.077	-.061	-.004	.044	-.007	1.000					
	(.793)	(.083)	(.029)	(.174)	(.042)	(.107)	(.912)	(.249)	(.862)	.					
INST	.238	-.008	-.033	.005	.043	.044	.084	-.166	.093	-.048	1.000				
	(.000)	(.842)	(.383)	(.902)	(.259)	(.250)	(.026)	(.000)	(.014)	(.205)	.				
IND	.103	-.033	.081	.231	-.095	-.101	-.176	.176	-.124	-.001	-.109	1.000			
	(.006)	(.387)	(.034)	(.000)	(.012)	(.008)	(.000)	(.000)	(.001)	(.982)	(.004)	.			
ROE	.104	-.051	.103	.235	-.110	-.085	-.180	.047	-.005	.146	-.060	.285	1.000		
	(.006)	(.175)	(.007)	(.000)	(.004)	(.025)	(.000)	(.218)	(.900)	(.000)	(.115)	(.000)	.		
SIZE	.240	-.066	.219	.025	-.031	.043	-.164	.237	.064	.192	.186	.068	.134	1.000	
	(.000)	(.081)	(.000)	(.512)	(.417)	(.255)	(.000)	(.000)	(.091)	(.000)	(.000)	(.071)	(.000)	.	
CONC	.013	.040	-.039	.144	-.065	-.021	-.048	-.087	-.037	-.083	.095	.214	.132	.135	1.000
	(.737)	(.293)	(.311)	(.000)	(.087)	(.589)	(.204)	(.023)	(.328)	(.028)	(.012)	(.000)	(.001)	(.000)	.

括号内数字是 2 - tailed T 检验的 p 值。

第三节 会计信息质量与 CEO 更替

摘　要：本节以会计盈余及时性作为会计信息质量的替代变量，通过考察上海证券交易所 A 股制造业 477 家上市公司 1998～2005 年连续八年的数据，探讨了我国上市公司会计信息质量与 CEO 更替①之间的关系。研究结果显示，与国外上市公司不同，在我国的上市公司中，会计信息和 CEO 的业绩在 CEO 更替决策制定的过程中所占的份量很小，很难影响到 CEO 更替决策的制定。

关键词：会计信息质量、盈余及时性、CEO 更替

一、引言

会计信质量是会计功能有效发挥的关键因素。会计功能主要包括定价功能和治理功能。由于一定时期市场环境与体制环境的影响，人们对上述两种会计功能的强调程度不同，进而导致所关注的会计信息质量的标准也在发生着变化。总体来讲，会计信息质量的评价观主要从用户需求观逐步发展为投资者保护观，体现着人们在会计功能认识上的不断深化②。

关于会计信息的定价功能，在先前已经做过很多研究，主要表现为决策有用性和价值相关性。财务会计信息在公司治理中的角色

① 本节所指的 CEO 更替包含了董事长的更替和总经理的更替。

② 魏明海等（2007）分析了财务会计信息的定价功能和治理功能在投资者保护中的作用机制，认为前者有助于降低信息成本，帮助投资者正确定价，形成投资决策；后者有助于降低代理成本，约束内部人的机会主义行为，保护投资者获得投资回报。

被定位为：在有关控制机制中使用对外报告的财务会计数据，以提高治理的效率，从而提高企业的经济业绩（徐晓阳，2001）。它主要体现为会计在契约的签订、履行以及契约的利益分配方面的功能。其中会计的治理功能能否根据会计业绩或信息质量对高管人员进行奖惩、约束内部人的机会主义行为成为会计治理功能最主要的证据。

关于会计信息的治理功能，虽然国内外出现了一些研究，但是相关的研究还是比较匮乏。CEO 更替作为公司治理中重要的组成部分，虽然国内外出现了一些针对 CEO 更替的研究，但这些研究主要是以业绩的衡量方法为基础进行考虑，很少从会计信息质量方面进行关注。如 Engle 等（2003）认为大量的代理人业绩衡量模型预测最优的契约应该更加依赖于业绩衡量方法，因为它比较精确而且对代理者的努力程度也很敏感，所以将这些预测用在 CEO 去留的决策上。蒋荣等（2007）通过研究发现，上市公司相对操控前业绩变化与 CEO 非常规变更显著正相关。朱红军（2004）认为低劣的经营业绩能够对高管人员①的更换产生显著的影响力。针对此，本节试图基于投资者保护观，从会计信息质量的角度来研究中国上市公司中 CEO 更替的行为。

由于国内证券市场起步较晚，经验研究方法在会计领域的引进也为时不长，加上数据的收集工作极为困难，有关 CEO 更换的研究还为数不多。而财务会计信息的治理功能同样因为数据等方面的原因，国内的研究还不是很充分。到目前为止，国内外从会计信息质量的角度来评判 CEO 的更替的关注度还不够。因此本节试图基

① 由于在公司制企业中，董事长和总经理是决策层中处于最高级别的两个高级管理人员，而其他管理人员则通常处于从属地位，而本节的研究内容与管理人员的决策权力密切相关，因此本节仅研究董事长和总经理这两类高级管理人员，后文中高管人员也特指董事长和总经理，高管人员的更替也特指董事长或总经理的更替，即 CEO 的更替。

于中国的制度背景，从会计信息的契约有用性功能出发，将会计信息的盈余及时性作为会计信息质量的替代变量，旨在研究会计信息质量对于 CEO 更替决策的影响。

本节剩余部分如下：第二部分，我们对相关文献进行了回顾。第三、四部分，我们建立了模型的理论框架，为研究提供了方程式。第五部分，我们对变量进行了定义，提供了研究的模型，并对样本的选择进行了描述。文章的第六、七部分，我们对样本分别进行了描述性统计和实证分析。第八部分为结论和建议。

二、文献回顾

（一）会计信息质量

会计信息指一种反映主体价值运动的经济信息，是对经济事项的数量说明。其基本形式是数据及定义或数据加说明，其本质是会计管理性劳动的产品。会计信息质量是指会计信息满足信息使用者需求特征的总和（财政部“会计信息质量特征研究课题组”，2006）。

自从 Ball 和 Brown 开创会计经验研究以来，会计信息质量就成为会计经验研究的核心所在。他们大多从会计信息的价值相关性、盈余的持续性与可预见性、稳健性与及时性来衡量会计信息质量。魏明海（2005）通过研究认为国内外的研究大多从以下六个方面研究公司的会计信息质量。

1. 盈余质量

盈余质量是会计信息质量经验研究中介入最多、程度也最深的一个侧面。这主要是因为，盈余是最重要、最综合、投资者最为关心的信息，同时盈余也代表了最典型的会计确认和计量。盈余质量是会计信息质量的一个典型代表。与盈余质量有关的经验研究文献很多，魏明海（2005）认为有关盈余质量主要的研究角度有：从盈余管理角度来研究盈余质量，从盈余市场反应角度来分析盈余质量，通过分析收益与应计额和现金流量之间的关系来预测盈余质量的，除此之外还有从财务报告编报者、审计师专业胜任和激励机制的角度来衡量盈余质量。经验研究表明，持续性、可预测性、变动性都是反映盈余的时间序列特性的重要指标。高质量的盈余是可持续的核心盈余，经验研究常用股票回报与盈余变动之间的相关系数①或盈余的自相关系数来反映盈余的质量。

2. 价值相关性

价值相关性是与决策有用性密切联系的一个概念。自 FASB 的“会计信息质量特征”概念公告明确提出相关性是会计信息质量的一个重要特征之后，有关信息含量和价值相关性的经验研究得到了蓬勃的发展②。为了测量价值相关性，经验研究已经发展了收益模型、Feltham－Ohloson 模型和剩余收益模型等，价值相关性的经验研究大都认为应计额有增量信息，会计信息具有价值相关性。透过这些经验研究，使原本非常抽象的概念得到了具体化，也使人们了解相关性是可以测量和感觉得到的。

3. 可比性

可比性作为一个会计信息质量特征，比较早地受到了会计准则制定机构的关注。早在 20 世纪 80 年代末期，当时的 IASC 启动的“可比性项目”就是试图通过建立基准会计处理方法，减少备选会计处理方法，以达到或增强会计信息的可比性。Pownall 和 Schiip-

① 相关研究如 Bushman，financial accounting information organization complexity and corporate governance systems，Journal of Accounting and Economics，2004. 37 等。

② 相关研究如 Holthausen 和 Watts，2001；Bath，Beaver 和 Landsman，2001 等。

per（1999）认为测量可比性有多种方式。在经验研究中，Land 和 Lang（2001）发现不同时期盈余与应计额倍数差异、账面价值与市场价值倍数差异、现金流量与应计额相关性差异的变化都可在一定程度上反映会计信息的可比性。

4. 披露质量

Helaly 和 Palepu（2001）认为，随着经验研究的不断完善，会计信息质量的经验研究从过去偏重于会计确认与计量方面逐步发展为更多地关注会计信息披露质量及其影响。魏明海（2005）认为披露质量之所以受到越来越多的人的关注，一方面是因为信息质量的提高有助于缓解信息不对称问题，降低企业的代理成本和融资成本。另一方面，高质量的确认计量并不能带来高质量的披露，披露是确认计量之外的一个环节，有许多相对独立的内容，并且披露质量不仅仅受到会计准则的影响，还可能受到其他监管或规则（如证券监管）的影响。披露质量通常取决于信息披露的及时性、详略程度和清晰度。

5. 透明度

透明度常常用以反映会计信息质量，特别是披露质量。Bushman 等（2004）认为，公司透明度是公司特定信息可被投资者接受的程度，具体包括会计透明度和公司治理透明度。其中，会计透明度是指财务信息可被接受、解读和扩散的程度。

魏明海（2005）认为，透明度侧重于反映披露质量，在很多经验研究中经常将透明度与披露质量混合起来，但也有将透明度独立出来进行研究的。Bushman 等（2004）将公司报告的透明度分为 5 个主要因素财务披露的密集度；包括会计政策、分部报告、资本性支出等在内的财务披露；包含主要股东、管理层、董事会、高管报酬和持股信息的治理披露；披露的及时性；财务披露的审计质量。

6. 及时性

基于决策有用性下，早期的经验研究一般认为价值的相关性已经包含了及时性的内容。但是在契约观下，由于受到各种契约及其时限的影响[①]，稳健会计的运用和及时性问题就显得更加突出。正如 Watts（2003）分析得出：无论是盈余基础的管理报酬方案还是会计基础的债务契约都要求会计及时地反映盈余和净资产的变化。

及时性作为一个会计信息质量特性，部分经验研究透过对应计额、盈余与应计额的变化比率、盈余与现金流量比率、账面价值与市场价值比率、收益与股票回报关系、加速折旧额与固定资产价值比率等变化的时间序列来分析，公司之间和国家之间的横截面分析，是可以对其在一定程度上给以测量的（魏明海，2005）。

（二）CEO 更替

大型企业或者跨国公司高级管理人员的更换通常是实务界非常关心的一个议题。优秀的企业家能为企业带来大量的利润与广阔的发展前景，而跨国集团的总经理或者其他高级职务则更是实务界的风云人物，他们的突然离去带给企业将是股价的大幅震荡和人事的大量更迭。与此同时，高级管理人员的更换是证券市场和管理学研究中的一项重要内容，尤其是经营绩效是否成为影响高管人员更换的重要原因，而高管人员的更换是否会导致经营业绩的大幅度改变等。有关这些内容的研究也是公司治理研究的一个重要方面。大量企业的高管人员的更换为学术界提供了良好的研究素材。经过多年的努力，关于高管人员更替的研究已经发展出了成熟的理论并积累了丰厚的经验证据。

CEO 变更是指公司中的权力中心——CEO 的更替，任何一个

① 如聘用合同、报酬方案、债务契约都有一定的时限。

企业在发展过程中都无法回避 CEO 的变更事件（皮莉莉等，2007）。CEO 的更换是证券市场和管理学研究中的一项重要内容，相关的内容在财务和会计学科的国际顶尖杂志上发表了大量的论文，为后续研究提供了一个全面而坚实的基础。目前 CEO 更替的研究者要集中在四个方面：

1. 高级管理人员更换的原因。例如 Martin 和 McConnell（1991）研究了控股权的转移是否会影响公司高级管理人员的更换，研究结果表明经营业绩低劣的公司容易发生控股权的转移，同时控股权的转移将提高高级管理人员更换的可能性。另外大量的研究集中在公司经营业绩的优劣与高级管理人员更换之间的关系，分析经营业绩在更换高级管理人员中所起的作用，以探悉公司治理的科学程度。相关的研究如 Gilson（1989）和 Hotchkiss（1995）研究了财务困境与高级管理人员更换之间的可能性等。Mark 和 Chul（1999）进一步发现 RPE（Relative Performance Evaluation）业绩评价指标[①]有助于提高董事会发现不得力的总经理，并予以更换。随着行业竞争性的增强，这一指标与总经理更换之间的相关性更为相关。Weisbach（1988）、Murphy（1990）和 Jensen（1993）认为影响 CEO 变更的因素主要有董事会中独立董事的构成比例、CEO 的年龄、董事长和 CEO 是否两权合一和时间。Engel（2003）将 CEO 更替事件的原因分为被迫的与非被迫的，并将更替事件“被解聘”、“业绩不好”、“追求其他的东西”、“政策的不同”、“控制的转变”、“法律或是诽谤事件”和“没有理由”归类为“被迫”的，将剩下的理由归为“非被迫”。皮莉莉（2007）则指出影响 CEO 变更的因素主要有组织业绩、内部约束机制、外部约束机制

① RPE（Relative Performance Evaluation）业绩评价指标即在计量业绩时通常需要剔除行业平均水平以反映企业自身业绩的真实水平。

和其他因素，她认为在影响 CEO 变更的内部因素主要有股权结构和董事会规模的大小。影响 CEO 变更的外部约束机制主要有产品市场的竞争和公司控制权的变更。与此同时，她将 CEO 的年龄、公司的规模作为影响 CEO 变更的其他因素。朱红军（2002）通过研究统计后认为，从外部披露的原因来看，辞职和工作调动是 CEO 更替最多的托词，但是他认为，高管人员的年龄、以前年度的经营业绩和大股东的更换是影响高管人员更换的重要原因，他发现高管人员的更换与大股东的更换密切相关，但是不同经营业绩水平的公司在更换高管人员尚有很大的差异，具体表现为经营业绩低劣的公司更容易更换高管①，然而控股股东的更换以及高管人员的更换并没有根本上改变公司的经营业绩，仅能给企业带来较为严重的盈余管理。Martin 和 Me Connell（1991）研究了控股权的转移是否会影响公司高级管理人员的更换，研究结果表明经营业绩低劣的公司容易发生控股权的转移，同时控股权的转移将提高高级管理人员更换的可能性。沈艺峰等（2007）通过对我国上市公司的统计得出上市公司年报中对 CEO 变更原因的解释大致有如下几种：辞职（被免去或者自动提请）、工作原因（相同此语还包括工作需要、工作调整、工作调动等）、个人原因（包括健康原因、年龄原因、病逝）、公司治理的要求（包括换届、到期、落实证监会公司治理要求而实施的董事长与总经理两职分离）、股权变更（包括大股东变更、股权转让、资产重组等）以及未说明。

2. 高级管理人员更换前后经营业绩的变化趋势。相关的经验研究如 Murphy 和 Zimmerman（1993），他们分析了首席执行官更换

① 对于经营业绩与高管人员更换之间的关系西方已经有大量的研究文献，如 Vaneil（1957）和 Gilson（1959），他们认为低劣的经营业绩会在一定程度上导致高管人员的更换。

前后经营业绩的变化，以及首席执行官更换对有关会计指标的影响。

3. 高级管理人员的变化对股东财富或股票价格的影响。相关的研究如 Furtado 和 Rozeff（1987），Bonnier 和 Bruner（1989）等。

4. 高级管理人员更换与公司治理机制的关系。如高级管理人员更换中老的高管人员去了何处、新的高管人员来自哪里，又如外部独立董事与高管人员更换之间的关系。相关的研究如 Weisbach（1988）、Parrino（1997）等。

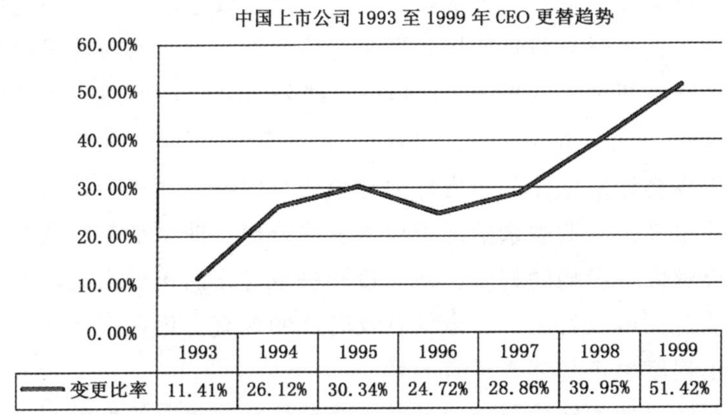

	1993	1994	1995	1996	1997	1998	1999
变更比率	11.41%	26.12%	30.34%	24.72%	28.86%	39.95%	51.42%

图 4－1　中国上市公司 CEO 更替趋势图

数据来源：朱红军（2002），“我国上市公司高管人员更换的现状分析”，管理世界（月刊），2002. 5。

CEO 的变更已经成为现代公司治理机制的重要组成部分。随着证券市场的逐步发展，从 1993 年至今，我国上市公司的购并活动风起云涌，带来上市公司的 CEO 发生了大量的更换，引起了市场人士的广泛关注。从图 4－1 中可以发现，从 1993 年来高管人员更换的比例在不断增加。总体来看，1993 年至 1999 年共 7 年间，共有 1 369 家公司更换了 CEO，占到了年度公司总数的 35.36%。

Thomas 和 William（1990）通过随机抽取《财富》500 强企业中的 80 个公司，并考察了 1945 年至 1984 年共 40 年期间的高管人员更换情况后发现，高管人员的更换频率在不断增加，并认为这主要由于经营环境发生了变化，导致企业的经营波动性在不断上升，进而影响到高管人员的更换。

三、会计信息质量的衡量——盈余及时性

财务会计信息是一种能够影响经济运行效率的重要产品，而会计盈余一直是财务信息使用者所关注的焦点。盈余及时性是财务报告的关键特征之一（Watts，2003），即公司会计系统捕捉相关信息的及时性限制（Bushman，2004）。Ball 等（2000）用盈余的及时性来代表会计信息在公司内部治理中的有用性，并将会计盈余信息及时性定义为本期盈余信息中包含有关公司当期活动与经营状况对股东投资效率影响的程度，即对投资决策者作出正确决策的有用程度。从定义可以看出，盈余信息及时性的含有价值程度和作出决策的有用程度也正是体现了有效性。

在较早期的经验研究中，基于会计信息决策有用性的观点认为价值的相关性已经包含了及时性的内容。但在近年的经验研究中，随着人们对稳健会计重新关注的影响，将及时性作为一个相对独立的会计信息质量特征进行研究的文献在不断增加。这是因为，在决策有用观下，当人们重点关注会计信息对投资者或股票市场是否有用的时候，及时性只是影响价值相关性的一个因素，及时性可以被包含在价值相关性之中（魏明海，2005）。但是魏明海（2005）认为，在契约观下，由于受到各种契约及其事项的影响（如聘用合同、报酬方案、债务契约等都有一定的时限），稳健会计的运用和及时性的问题就更加凸现出来。Ball 等（2000）认为，会计盈余的

核心特征是及时性和稳健性。

但是根据 Basu（1997）对稳健性的定义，“当期会计盈余包含了经济损失的程度，相比较其包含经济收益的程度，是不对称的”。所以稳健性不过是更及时地包含了经济损失的信息而已，因而可以看作是及时性的另外一种形式的表述。随着人们对稳健会计重新关注的影响，及时性作为会计信息质量的特征，越来越受到研究者的关注。

及时性包括两个层次：核算及时性与披露及时性。盈余作为会计报告所披露的一项重要信息，是资本市场上重要的会计信息之一（程小可等，2004）。需要指出的是，及时性在这里不是简单地指按时编报财务报告或及时披露，而是包括了及时确认计量（魏明海，2005）。Ball 和 Shivakumar（2005）指出，会计盈余及时性主要来源于会计盈余对经济损失的及时确认，并指出这是财务会计信息质量最重要的一个特征。还有的经验研究将及时性理解成企业的经济收益被确认为会计收益的时间，即两者在时间序列上的关系（Ball，Robin 和 Wu，2003）。鉴于企业经济价值不断变化的特征，如果经济价值的会计确认越不及时，收益表和资产负债表将充斥着更多的噪音信息，财务报表的质量将会下降。在会计确认计量中，人们往往对经济损失的及时确认给予了更多的关注，这也与契约观有关。

盈余信息是投资者最为关注的会计信息，诸多学者认为，盈余公告时机与其信息内涵之间存在一定关联性。特别是经验研究提供的证据显示，坏消息相对于好消息有延迟披露的倾向（Beaver 1968；Bates 1968）。陈汉文等（2004）通过借助不同的测度指标，考察了中国上市公司 2000 至 2002 年度盈余报告及时性与业绩变动间的关联性。研究发现，虽然监管部门在 2000 至 2002 年间加大了对上市公司年度报告的规范力度，但盈余报告的及时性并未得到进一步强化，盈余报告及时性有整体退后的趋势。盈余报告及时性与盈余消息间的“好消息早，坏消息晚”的披露规律依然存在，与以往不同的是，这种关联性更为明显地表现为好消息早的现象。

但是，到目前为止，国内外的研究只通过以业绩的衡量方法来衡量 CEO 的更替①，忽略了会计信息质量对整个公司治理系统的影响。本节以会计盈余的及时性作为会计信息质量的替代变量，并基于此来检测会计信息质量对公司治理的影响。

本节选取盈余及时性来作为会计信息质量的替代变量来检测对 CEO 更替的影响。考虑到单独一个指标不能捕捉到所有及时性特征，因此，我们的研究采用了 Bushman（2003）的观点，使用 Bushman 设计的一种盈余及时性衡量方法以描述盈余股价变化间的联系。通过描述盈余和股价的时间序列关系来构建模型。模型主要涉及两个指标 b_1 与 R^2，这两个指标是在 2005 年以前至少八年的年度盈余与同期股票年回报率之间的回归为基础的。具体模型为：

$$EARN_t = \alpha_0 + \alpha_1 NEG_t + b_1 RET_t + b_2 NEG_t \times RET_t + \varepsilon_t$$

式中，$EARN_t$ 是给定公司在 t 年的核心收益，定义为在非经常发生、非持续经营及特殊项目之前的收益，本节中我们使用营业利润加财务费用除以年初股票市场价值来计算。RET_t 是公司 t 年的年回报率，由 15 个月②报酬率复利计算得出。NEG_t 是一个哑变量，如果 RET_t 小于 0，NEG_t 取值为 1，否则为 0。

模型中，第一个指标为 b_1，它代表股票收益中好消息反映在盈余中的速度，当 b_1 越大，说明消息反应越快。第二个指标为，

① Engle 等（2003）比较了经理人变更决策对会计基础的业绩衡量方式和市场基础的业绩计量方式的依赖程度，他们发现当会计基础的业绩测量更加准确和敏感时，经理人的变更决策更加依赖于财务会计信息。国内学者蒋荣等（2007）认为，上市公司相对操控前业绩变化与 CEO 非常规变更显著正相关但与常规变更的正相关关系不显著。

② 由 t 年 1 月 1 日至 t+1 年的 3 月 31 日。

它代表盈余捕捉反映在股票收益中的信息滞后性的减函数，R^2 越小，消息反应越及时①。就像 Ball 等（2000）所观察到的那样，它随着收益反映股权收益情况信息的滞后而下降。

四、理论分析

对于高管变更与公司业绩之间的关系，国内外学者已经作了大量的研究。② 这些研究结果都表明，公司经营业绩越差，CEO 被更替的可能性越大，并且 CEO 的更替与公司业绩两者之间的关系受限于各种条件。然而，上述研究都没有涉及会计信息质量在高管变更中的作用。

会计盈余及时性越高，意味着公司越透明。透明度高的公司，一方面委托人可以准确地观察到代理人的全部行为，易于对代理人的努力程度作出恰如其分的评价，保护了薪酬契约中的激励相容机制。另一方面，代理人掩盖其“掏空”行为逃过法律的监管与惩处的难度加大，降低了代理人谋取私利的动机。随着透明度的提高，CEO 的行为能够被投资者和监管者充分的洞察和准确的甄别并及时地作出反应，上市公司在约束和惩戒不称职管理者上的时效性将得以提高。因此，从这个意义上来说，在预期收益一定的情况下，理性的投资者会去选择盈余及时性更高，会计信息更为透明的公司进行投资。与此相反，如果会计盈余及时性更低，意味着公司

① 在理想状况下，R^2 应为无穷小，意味着各种经济事件一发生经会计确认就能立刻反映出来。但是因为谨慎性原则的存在，实际中的 R^2 并非无穷小。

② 相关研究如 Volpin，P. F.. Governance with Poor Investor Protection：Evidence from Top Executive Turnover in Italy. Journal of Financial Economics，2002. 64；龚玉池．公司绩效与高层更换．经济研究，2001. 10；张俊生，曾亚敏．董事会特征与总经理变更．南开管理评论，2005. 1 等。

越不透明，那么在预期收益一定的情况下，公司越得不到投资者的投资。与此同时，当会计信息及时性越高时，管理者要求的薪酬也越高。这一方面是对管理者的激励，鼓励他们提供高质量的会计信息。另一方面，这同时也是对 CEO 的一种约束，增加他们对提供低质量会计信息造成更替的机会成本，同时增加风险道德成本。这样，在投资者、监管层要求会计信息更透明，盈余及时性更高以及薪酬激励的压力下，会计信息质量对管理层制定 CEO 更替的决策进行影响。

五、研究设计

（一）样本选择和数据来源

因为本节目的是分析 2006 年 CEO 更替的影响，所以盈余及时性指标的构建需要对样本公司 1998～2005 年八年的会计盈余数据和年股票回报数据逐个进行回归分析才能获得。

本节会计盈余样本数据来自于在上海证券交易所 A 股上市的制造业 477 家公司。研究期间初步取得样本共 477 个，选取的过程如下：（1）1997 年 3 月 31 日之后上市的公司；（2）排除盈余及股票报酬历史数据不足八年的公司；（3）排除样本公司为 ST 或 PT 的公司，因为考虑到他们财务状况异常，有严重的盈余管理行为；（4）扣除资料不全者。最后得到有效样本数据为 108 家，共计 864 个公司年数据。

在盈余及时性变量统计过程中，因为两家公司出现连续 7 年的好消息，无法进行回归统计，所以将样本删除，样本数据减少为 106 个。

关于 CEO 更替，研究期间初步获得 2006 年制造类企业 334 个更替事件。通过与会计盈余样本代码匹配后发现 35 家公司发生了更替。在样本筛选过程中我们发现，有的公司在一年内发生了两次甚至三次更替，所以我们将更替样本扩大，将一个公司一年内发生的多次更替作为多个更替样本，最后得到 50 个更替事件，样本量增加到 120 个。

关于数据的搜集，相关的年度财务及股价资料、CEO 更替数据等取自国泰安 CSMAR 数据库或者根据 CSMAR 数据库原始数据计算得到。本节的数据处理采用 EXCEL 软件，回归分析采用 SPSS 10 软件。

（二）回归模型及变量定义

本节主要研究会计信息盈余及时性对 CEO 更替的影响，在这一部分中，为了验证本节提出的假设，我们采用如下模型来进行检验。

我们首先检查最基本的规范模型，使得 2006 年的更替事项可以通过 2005 年的股票回报、会计收益、CEO 的年龄、CEO 是否到退休年龄的变量来推测出来。类似于 Engel 等（2003）的研究，我们将公司的股票回报与息税前利润分别作为股价的衡量方法和会计衡量方法。与此类似，Weisbach（1988）也使用 EBIT 和调整后的股票回报来检验 CEO 的更替。

模型Ⅰ：

$$Y_1 = \alpha_0 + \beta_1 \mathrm{Return}_{-1} + \beta_2 EBIT_{-1} + \beta_3 Age_{58} + \beta_4 Age + \varepsilon$$

在模型Ⅱ、模型Ⅲ，模型Ⅳ、模型Ⅴ中，我们分别使用了 R^2，B_1 作为盈余及时性变量检验了 CEO 更替。

模型Ⅱ：

$$Y_2 = \alpha_0 + \beta_1 \mathrm{Return}_{-1} + \beta_2 EBIT_{-1} + \beta_3 Age_{58} + \beta_4 Age + \beta_5 R^2 + \beta_6 EBIT_{-1} \times R^2 + \beta_7 \mathrm{Return}_{-1} \times R^2 + \beta_8 + \beta_9 + \beta_{10} + \beta_{11} EarnVar$$

$+\beta_{12}EBIT_{-1}\times EarnVar+\beta_{13}\mathrm{Ret}Var+\beta_{14}\mathrm{Ren}turn_{-1}\times \mathrm{Ret}Var+\varepsilon$

模型Ⅲ:

$$Y_3=\alpha_0+\beta_1\mathrm{Ret}urn_{-1}+\beta_2EBIT_{-1}+\beta_3Age_{58}+\beta_4Age+\beta_5R^2+\beta_6EBIT_{-1}\times R^2+\beta_7\mathrm{Ret}urn_{-1}\times R^2+\beta_8+\beta_9+\beta_{10}+\beta_{11}+\beta_{12}+\beta_{13}+\beta_{14}+\beta_{15}VarRatio+\beta_{16}EBIT_{-1}\times VarRatio+\beta_{17}\mathrm{Ret}urn_{-1}\times VarRatio+\varepsilon$$

模型Ⅳ:

$$Y_4=\alpha_0+\beta_1\mathrm{Ret}urn_{-1}+\beta_2EBIT_{-1}+\beta_3Age_{58}+\beta_4Age+\beta_5+\beta_6+\beta_7+\beta_8B_1+\beta_9EBIT_{-1}\times B_1+\beta_{10}\mathrm{Ret}urn_{-1}\times B_1+\beta_{11}EarnVar+\beta_{12}EBIT_{-1}\times EarnVar+\beta_{13}\mathrm{Ret}Var+\beta_{14}\mathrm{Ren}turn_{-1}\times \mathrm{Ret}Var+\varepsilon$$

模型Ⅴ:

$$Y_5=\alpha_0+\beta_1\mathrm{Ret}urn_{-1}+\beta_2EBIT_{-1}+\beta_3Age_{58}+\beta_4Age+\beta_5+\beta_6+\beta_7+\beta_8B_1+\beta_9EBIT_{-1}\times B_1+\beta_{10}\mathrm{Ret}urn_{-1}\times B_1+\beta_{11}+\beta_{12}+\beta_{13}+\beta_{14}+\beta_{15}VarRatio+\beta_{16}EBIT_{-1}\times VarRatio+\beta_{17}\mathrm{Ret}urn_{-1}\times VarRatio+\varepsilon$$

各变量的含义、类型及计量方法如表4-13所示。

表4-13　　变量的含义及计量方法

变量类型	变量符号	变量含义及计量
被解释变量	Turnover	CEO是否发生更替，更替时取1，未更替时取0
解释变量	R^2	盈余与股价间反回归所得的判定系数
	B_1	盈余与股价间反回归所得的斜率系数
控制变量	$Return_{-1}$	2005年的股票回报，用15个月的股票回报表示
	$EBIT_{-1}$	2005年息税前利润，用2005年（净利润+所得税+财务费用）/总资产表示
	Age_{58}	CEO是否到退休年龄
	Age	CEO的年龄
	EarnVar	2006年主营业务收入的方差
	RetVar	样本公司八年股票回报的方差
	VarRatio	用EarnVar除以RetVar表示

一般而言，我国企业单位职工正常的退休年龄为 60 岁，当高管人员年龄达到退休年龄规定时离开工作职位，这可以被看作是正常的更换。但是根据我国面临的实际情况，本节进一步将视线集中在退休年龄为 58 岁。①

六、描述性统计

表 4－14 包括了我们主要变量的描述性统计结果。我们对沪市 A 股制造业 1998 年至 2006 年上市的 477 家公司中，剔除财务数据指标不正常以及不完整、股票回报信息不全的 369 家公司及两家连续好消息无法回归的公司后，得到 106 家公司样本，随后考虑到一家公司在一年内发生多次 CEO 变更增加了样本数量，实际得到的样本总数为 120 个样本。

表 4－14　　　　描 述 性 统 计

变量类型	Variable	Average	Mean	Maximum	Minimum	Std. Deviation
CEO 更替变量	Turnover	0.416667	0	1	0	0.495073771
盈余及时性变量	R^2	0.404266	0.354375	0.952328	0.009474	0.263349865
	B_1	14.85178	3.927699	963.9892	－443.582	120.6119846
控制变量	$Return_{-1}$	－0.20049	－0.24762	0.644616	－0.72612	0.240510486
	$EBIT_{-1}$	0.039535	0.037783	0.205173	－0.12542	0.045720809
	Age_{58}	0.141667	0	1	0	0.350170027

① 朱红军（2002）通过收集 1997～1999 年的数据研究后发现，在被更换了总经理的公司中，有 18.37% 的公司总经理在 56～60 岁之间，9.19% 的公司总经理在 61～65 岁之间，但是从所有上市公司来看，仅有 10.50% 的公司总经理在 56～60 岁之间，1.90% 的公司总经理在 61～65 岁之间。董事长的情况也基本如此。类似于朱红军（2002）的研究，在我们的研究模型中我们将注意力更加集中在 58 岁以上。

续表

变量类型	Variable	Average	Mean	Maximum	Minimum	Std. Deviation
控制变量	Age	49.60833	50	67	36	6.591687958
	EarnVar	0.872281	0.021042	37.48929	8.23E-05	4.21029399
	RetVar	0.295339	0.195769	1.553413	0.049788	0.283784236
	VarRatio	3.717066	0.089946	99.11408	0.000628	14.0286466

从表4-14中我们可以看出股票回报基于不同的公司差别较大，最大值与最小值分别为0.645和-0.726，而平均值在-0.200，多数公司股票回报为负。与此同时，我们注意到 $EBIT_{-1}$ 分布较为集中。关于CEO的年龄，我们发现最年轻的CEO为36岁，这与年龄最大的CEO相差较大，为31岁，整个行业的CEO年龄平均数与中位均为50岁，说明整个行业中CEO均较为年轻。

针对盈余及时性变量我们发现：

1. 不同上市公司个体之间会计信息质量存在着较大的差异：对于及时性变量 R^2，最小值为0.009474，最大值为0.952328，两者相差100.52倍。对于及时性变量 B_1 我们观察到最小值为-443.582，最大值为963.9892，均值为14.85178，而中位数为3.927699。

2. 盈余及时性变量中，R^2 的中位数和均值分别为0.354375和0.404266，美国上市公司1994年年末的盈余及时性指标中的 R^2 的中位数和平均值分别为0.29和0.33，结果表明，我国目前上市公司的会计信息盈余及时性整体质量仍略低于美国公司1994年的水平，我国上市公司信息披露依然不够及时。①

① Bushman曾经在2001年以美国1994年年末的上市公司为研究样本，研究了美国上市公司的盈余及时性问题。结果发现，所选样本的 R^2 的平均值为0.33，因此从我们的研究中可以发现，如果沪市A股制造业的盈余及时性水平可以代表中国整个上市公司状况的话，目前中国上市公司的会计信息盈余及时性整体质量仍略低于美国公司1994年年末的水平。至于与目前美国公司盈余及时性状况的对比还有待于进一步研究。

表4－15描述了120个样本2005年以及2006年CEO更替的情况以及更替的原因。从中可以看出，公司披露的更替CEO的原因是多种多样的。CEO的更替将可能引起企业经营战略或者人事等方面的变动，会对股东财富产生影响，所以上市公司应该充分披露。我们注意到在2005年只有1家公司没有披露CEO更替的原因，在2006年也只有2家公司没有披露具体原因，分别占到CEO更替总数的2.50%与4.00%，说明在这段时间上市公司信息披露较为充分[①]。

从上市公司关于高管人员更换原因的信息披露来看，CEO更替的主要原因集中在工作的调动以及CEO任期的届满，2005年与2006年分别占到了总数的50.00%、25.00%与54.00%、20.00%。类似于潘琰等（2004）的研究，我们认为，基于中国市场，地方政府在上市公司治理中扮演着十分复杂的角色。一方面，作为公司行为的有力监督者，地方政府在平衡各方利益、促进公司治理结构优化方面起着重要的作用。另一方面，由于地方政府存在自己的地方利益，地方官员的升迁机制常常与本地经济能否有良好地发展有着直接的关系。为了争夺市场资源，提高自身政绩[②]，地方政府在公司管理层任命上经常施加影响，致使公司管理层权责不清。企业行为经常不是为自身价值最大化服务，而是为政府政绩服务，导致公司治理结构趋于无效，这也是导致工作调动成为CEO更替的主要原因。

① 朱红军（2002）通过研究发现1996～1999年间我国上市公司共有305家公司更换了董事长，但是只有103次更换公告了更换原因，同期间共有381家公司更换了总经理，也只有186次更换公告了更换原因，说明我国上市公司在这段期间的信息披露不够充分。

② 地方政府常常通过减免税赋、提供税收返还、财政补贴等方式帮助公司获得上市资格、配股或增发权。

总体而言，公司自身披露的原因中主要为原高管人员的工作调动、任期届满和辞职。但是，这些原因究竟是否为高管人员更换的真正原因，单从上市公司的信息披露来看，不得而知。如果一个高管人员由于经营业绩低劣而被“炒鱿鱼”，公司是否会披露真正的原因，答案往往是否定的。通常为了照顾经理人的面子，在对外公布时总会用一些冠冕堂皇的理由来掩盖事实的真相。另一方面，地方政府在上市公司治理中扮演着十分复杂的角色，地方政府是否为了自身利益而对公司管理层任命施加影响也是影响 CEO 更替的重要原因。因此，为了分析高管人员更换的真正原因，希望后续研究者能够进一步利用上市公司的财务数据或者其他资料进行分析。

表 4－15　样本 2005 年、2006 年 CEO 变更原因统计

2005 年 CEO 更替原因表			2006 年 CEO 更替原因表		
	数量	百分比		数量	百分比
工作调动[①]	20	50.00%	工作调动	27	54.00%
退休	3	7.50%	退休	1	2.00%
任期届满	10	25.00%	任期届满	10	20.00%
健康原因	2	5.00%	健康原因	1	2.00%
个人			个人	3	6.00%
辞职	3	7.50%	辞职	4	8.00%
未披露	1	2.50%	未披露	2	4.00%
非被迫	39	97.50%	非被迫	47	96.00%
控股权变动	1	2.50%	控股权变动	1	2.00%

① 我们认为，基于中国股市的背景，工作调动作为 CEO 更替的一个重要原因，多是由于行政强制手段产生的。

续表

2005 年 CEO 更替原因表			2006 年 CEO 更替原因表		
	数量	百分比		数量	百分比
解聘			解聘		
完善公司法人治理结构			完善公司法人治理结构		
涉案			涉案		
其他			其他	1	2.00%
结束代理			结束代理		
被迫	1	2.50%	被迫	2	4.00%
共计	40	100.00%	共计	50	100.00%

表 4-16　　logist 统计回归结果

	(1)	(2)	(3)	(4)	(5)
Constant	0.491 (0.484)	0.085 (0.77)	0 (0.987)	0.39 (0.533)	0.16 (0.689)
$Return_{-1}$	9.948*** (0.002)	2.99* (0.084)	4.557** (0.033)	5.01** (0.025)	9.088*** (0.003)
$EBIT_{-1}$	0.032 (0.857)	0.092 (0.762)	0.145 (0.704)	0.062 (0.804)	0.072 (0.788)
Age_{58}	7.362*** (0.007)	6.873*** (0.009)	6.44** (0.011)	7.429*** (0.006)	7.271*** (-0.007)
Age	2.02 (0.155)	0.683 (0.409)	0.519 (0.471)	1.553 (0.213)	1.305 (-0.253)
R^2		0.065 (0.799)	0.076 (0.782)		
$EBIT_{-1} * R^2$		0.001 (0.976)	0.021 (0.884)		

续表

	(1)	(2)	(3)	(4)	(5)
$Return_{-1}$ * R^2		0.292 (0.589)	0.205 (0.651)		
B_1				1.065 (0.302)	0.45 (−0.502)
EBIT * B_1				2.246 (0.134)	1.959 (−0.162)
RET * B_1				0.206 (0.65)	0.576 (−0.448)
EarnVar		0.315 (0.575)		 (0.251)	1.319
$EBIT_{-1}$ * EarnVar		0.774 (0.379)		1.71 (0.191)	
RetVar		0.596 (0.44)		0.35 (0.554)	
$Return_{-1}$ * RetVar		0.505 (0.477)		0.063 (0.803)	
VarRatio			2.919* (0.088)		3.052* (−0.081)
$EBIT_{-1}$ * VarRatio			1.062 (0.303)		1.89 (−0.169)
$Return_{-1}$ * VarRatio			1.649 (0.199)		0.373 (−0.542)
−2 Log likelihood	140.836	134.893	134.379	134.725	134.594
Cox & Snell R Square	0.169	0.209	0.212	0.21	0.211
Nagelkerke R Square	0.227	0.281	0.286	0.283	0.284

注：*** 表示在 1% 的水平下显著，** 表示在 5% 的水平下显著，* 表示在 10% 的水平下显著。

七、实证分析

表4－16描述了整个logit统计回归后的结果。通过对五个模型的logit统计回归我们发现，股票回报和是否到退休年龄是两个持续显著的控制变量。从模型一中我们发现，当股票回报低于1%时，CEO更替的可能性以0.2%的可能性增加，但是回归的结果显示，年龄作为重要的控制变量并不显著，而位于58岁以上的CEO们，每增长一年就会有0.7%的可能性退休。

我们注意到，无论在任何一个模型中，基于R^2、B_1和EARN-VAR的系数均没有达到重要性水平，这表明有着高时效性和盈余变化的公司的CEO没有有着低时效性的盈余和低盈余变化的公司的CEO们更替更明显。与此同时值得注意的是，作为重要的控制变量会计信息（EBIT）和会计信息质量（R^2、B_1）所得到的回归结果同时不显著，模型二、三、四、五均支持了同样的结果。这是因为当会计信息不能对CEO的更替产生影响时，会计信息质量就更不能对CEO的更替产生作用。

同时我们还观察到，与国外资本市场不同，中国上市公司往往和地方政府行政有着千丝万缕的关系，CEO的更替也往往很少从业绩方面来考量。会计业绩越好，会计信息质量越高、股票回报越大并不能说明CEO更替的可能性越小。与此相反，当股票回报越高或是股价出现异常波动时，上市公司受到各方面的关注度便会随之增高。为了维系股价的稳定，证监会、媒体等带来的压力也随之越大，公司变得更加敏感。随着证监会对敏感公司监督更加的严格、规范，媒体等方面的炒作的逐步增强，上市公司为了摆脱各方面的注意力，所以我国上市公司CEO的更替多是工作调动、退休等原因产生的行政强制性更替。我国上市公司运用行政手段带来的行政强制性更替也同时解释了为什么回归得到的会计信息和会计信息质量不显著的问题。

八、研究结论及政策建议

（一）研究结论

本节以1998年以来在沪市A股上市的制造业类477家公司为研究样本，采用会计信息盈余及时性作为会计信息质量的替代指标，以中国上市公司为背景，基于Bushman（2003）设计的盈余和股价时间序列关系的模型，研究了会计信息质量对于CEO更替决策的影响。通过研究我们发现：

第一，通过描述性统计并与朱红军（2002）、Bushman（2001）的研究结论相对比，我们发现，虽然我国会计信息披露充分性已有所改善，但我国上市公司的会计信息盈余及时性整体水平仍低于美国公司20世纪90年代中期的水平，而且公司之间呈现较大的个体差异。

第二，通过描述性统计中“工作调动”是CEO更替的最重要原因，我们注意到，基于中国市场地方政府在上市公司治理中扮演着十分复杂的角色。一方面，作为公司行为的有力监督者，地方政府在平衡各方利益、促进公司治理结构优化方面起着重要的作用。另一方面，由于地方政府存在自己的地方利益，地方官员的升迁机制常常与本地经济能否有良好地发展有着直接的关系。为了争夺市场资源，提高自身政绩，地方政府在公司管理层任命上经常施加影响，致使公司管理层权责不清。企业行为经常不是为自身价值最大化服务，而是为政府政绩服务，导致公司治理结构趋于无效。

第三，与国外上市公司不同，我国上市公司CEO的很少受到业绩的影响，会计信息质量往往不能对 CEO 更替决策的制定产生作用。我国上市公司 CEO 更替多是由于行政手段产生的基于工作调换、退休等原因的行政强制性更替。

从以上结论可以看出，我国上市财务报告所提供的会计盈余与资本市场所反映的经济盈余仍有一定的差距，我国上市公司 CEO 更替主要是基于行政手段产生的行政强制性更替，会计信息质量往往很难对 CEO 的更替决策制定产生影响。

（二）政策建议

第一，证监会和各级监管部门除了设计颁布一套良好并且能够有效推行的法律法规外，应该加大对上市公司会计信息质量的监督与管理，提高上市公司会计信息质量。

第二，　为了维护公平竞争的市场环境，保护利益相关者的合法权益，引导社会资源的有效配置，中央政府应该对地方政府的财政行为加以约束，以克服地方官员的非理性行为。

第三，　改革国有公司 CEO 任命的方式，让政府逐渐淡出该领域，而把这一权力交给市场去解决。

第四节　信息披露水平：市场推动与政府监管

摘　要：公司信息披露主要受市场和监管两种力量的促动，本节试图研究这两种力量对我国上市公司信息披露水平的影响。公司信息披露水平通过信息披露指数予以衡量。研究结果显示样本年度政府监管大大促进了强制性信息披露水平的提高，而公司的自愿披露水平也得到相应提高。公司若干特征对信息披露水平产生重要影响，它们是公司规模、上市地点、股权结构。公司盈利水平与债务杠杆对公司强制披露与自愿披露分别具有不同程度的影响。

关键词： 信息披露水平、公司特征、信息监管、信息披露指数

上市公司信息披露对于证券市场能否有效运作、能否健康发展、市场监督约束机制能否发挥作用具有重大意义。市场与监管两种力量促进了上市公司信息披露的均衡水平。市场力量促使公司自愿地披露会计信息，监管迫使公司提供某些被认为对于利益相关者必须的信息。信息披露水平包括信息数量与质量两个方面，本节主要研究信息披露数量，而不关注信息披露的质量以及披露效率问题。所以本节所说的信息披露水平，是指信息披露的数量水平或披露程度问题。

一、理论渊源与研究背景

（一）理论渊源

理论表明，由于多种原因，公司在缺乏准则管制的情况下仍要生产信息，这主要源于合同订立的信息需要和市场力量（Scott，1999）。即使没有监管部门的管制以强迫上市公司披露有关信息，市场机制本身也可以促使公司的信息披露达到一个均衡——“合意”的水平之上（Watts 和 Zimmerman，1986）。公司实际上是不同利益主体之间的一组契约的联结，信息（会计信息）可以被看作是建立各类契约的基础和控制工具（Jensen 和 meckling，1976）。这些契约界定了不同利益主体之间的互相博弈的规则：业绩评价系统、报酬系统和决策权分配系统（Jensen，1983）。在管理当局和公司外部，主要有两大契约：股东和管理当局之间的报酬契约，债权人和管理当局的债务契约。正是这些市场机制中各种契约合同的

存在，合同各方需要信息来激励努力程度，嘉奖成就。同时，经理人才市场和接管市场与证券市场相互作用，也会激励经理人员威力最大化公司的市场价值而披露信息。

这样市场会推动促进信息生产的私人动力的产生并发挥积极作用。然而，理论也表明，即使我们忽略外部性和搭便车问题，仅靠市场所产生的私人动力所产生的信息数量也会无法满足社会需要。首先是因为，当参与人为多数时，信息生产合同就失效了，因而不能依赖合同满足所有社会信息的需要；第二，当合同失效时，市场价格（经理人服务和证券）将取而代之，成为信息生产的动力。这时源于信息不对称的两种问题，即道德风险与逆向选择，却会影响市场价格。道德风险问题的存在，需要有建立在如净利润等公司业绩基础上的经理人激励合同，然而这样的合同可能会激励经理扭曲或操纵信息的披露。逆向选择问题是内部人交易及经理人员不愿意报告低质量和坏的消息。这些正式未获得“适当”数量信息的市场失灵的症结所在（Scott，1999）。

许多机制在缺乏管制时可以限制市场失灵，这些机制包括披露原则、私人信息搜寻和信号。问题在于这些机制能否充分消灭市场失灵呢？如果回答是肯定的，那么就不需要管制。LEV（1988）指出，“披露管制的目标就是减轻资本市场上的逆向选择。”西方许多研究人员在试图回答这些问题时，就会将信号的使用，如自愿信息披露作为研究对象。但是，需要认识到，并非要求前述机制完全消除市场失灵才能排除管制。这是因为管制也有成本，这些成本包括如制定和实施准则的机构运行的成本这样的直接成本，还有公司的遵循成本。然而，更重要的是，这包括了如果监管权力机构确定了“错误”的信息数量而将给社会带来的间接成本，即政府失灵。事实上，政府失灵的后果往往比市场失灵的后果更为严重（崔学刚，2003）。

那么，在我国上市公司信息披露的过程中，市场力量与政府监管的作用程度如何？在作用过程中，哪些公司特征将对信息披露水平产生重要影响？这些问题的研究，对于提高我国公司透明度，确立信息披露监管的政策导向具有重要意义。本节将对此展开研究。

（二）研究背景与研究时段的选择

我国上市公司信息披露从一开始就是在监管部门（证监会）的严格监管与促动下发展起来的。证监会从1993年制定《公开发行股票公司信息披露实施细则》以来，上市公司的信息披露规范不断得到修订和补充。随着我国证券市场的发展，证监会对上市公司信息披露的管制力度也在不断加强，尤其是1997年以后，上市公司信息披露监管成为我国经济生活中的重大话题。证监会1997年制定了《公开发行证券的公司信息披露内容与格式准则第2号——年度报告的内容和格式》（以下简称“年报披露准则”），1999年与2001年又分别重新修订了《年报披露准则》，修订前后变化很大，对我国上市公司信息披露产生了深远影响。与此同时，其他有关信息披露的制度也不断推出。而1997年以后，也是我国会计制度（准则）变动最大的时期，从1996～2003年，财政部先后颁布了适用于上市公司的、变化极大的三个会计制度：1992～1998年的《股份制企业试行会计制度》、1998～2001年的《股份制企业会计制度》、2001年至今的《企业会计制度》。在此期间，财政部共颁布了16个具体会计准则，都适用于上市公司。因此，1997年、1999年与2001年无论是上市公司所执行的会计制度还是信息披露法规都是变动很大，对研究信息披露来讲是很有代表性的。因此，我们分别选取1997年、1999年与2001年为样本年度。

二、研究假设

（一）公司规模

规模较大的公司容易受到公众和管制的关注（Watts 和 Zimmerman，1986），同时公司的规模越大，对外部资金的依赖和需求就越大，因此大公司有动力更多地披露信息，以减少由于信息不对称而产生的代理成本，从而获得公众支持，提高资本规模，并减少政治成本（Chow 和 Wong - Boren，1987；Craswell 和 Taylor，1992；Inchausti，1997）。另外，对外信息披露也可能是由于竞争对手争夺财务资源所致，因为小公司较少地受到公众与管制法规的注意，从而多地披露信息未必能够获得争夺财务资源的竞争优势，对它们来讲，其信息披露成本相对较高，因而小公司从增加对外披露所获得的净收益较少，所以小公司信息披露水平会低。因此有：

假设 1：公司信息披露水平与公司的规模正相关，大公司信息披露水平要高于规模较小的公司。

（二）上市地点

一些研究发现企业的信息披露水平和上市交易地点有相关关系（Shinghvi 和 Desai，1971；Firth，1979；Cooke，1989），但是也有一些研究没有得出肯定的结论（Cerf，1961；Buzby，1975；Wagenhofer，1990；Raffournier，1991）。

根据有效市场假说，市场效率是影响公司信息披露水平的因素之一。市场效率越高，投资者获取相关信息的渠道越多，并且对信息的理解越透彻，从而证券价格能够更好地反映有关信息。反过来，会计信息披露对证券价格的影响越小。根据代理理论与信号理论，在效率较低的市场上市的公司倾向于更多地披露信息，以更好地解决信息不对称或更好地传递对公司有利的信息。由于上海证券交易市场与深圳证券交易市场的效率不同，上海的效率高于深圳效率（赵宇龙等，2000），所以，我们假定在上海上市的公司信息披露水平低于在深圳上市的公司。于是有：

假设2：在深圳上市的公司信息披露水平高于在上海上市的公司。

（三）盈利水平

契约理论认为，高盈利公司的管理者更有对外披露信息的积极性，从而为维持他们的地位和薪酬安排提供理由（Wallace et al，1994；Inchausti，1997）。同时绩效较好的公司将愿意更多地披露信息，传递信号，以使市场正确评价其价值，从而吸引更多的资本或避免股票的价值被市场低估（Grossman 和 Hart，1980；Milgrom，1981）。与上述理论预期相一致，Lang 和 Lundholm（1993）发现在公司盈利的会计期间，财务分析师能够更多地获得该公司披露的用于财务分析的信息。Miller（2002）也发现随着公司盈利水平提高，公司信息披露水平也相应提高。基于以上情况，我们有：

假设3：公司信息披露的水平与公司盈利水平正相关。

（四）公司杠杆

契约理论认为随着公司资本结构中债务比例的提高，股东侵占债权人利益的可能性增大（Jensen 和 Meckling，1976；Leftwich et al，1981）。为此债权人会随着公司债务比例的提高，倾向于采取提高债权价值的保护措施（例如要求更高的利息率）。为减少债权人的这种保护性倾向所带来的潜在影响，公司管理层有动力披露更多信息以表明其愿意接受监督的态度，增强债权人的信任，从而提高信用等级。随着公司杠杆比例的提高，公司财务失败的风险将大大提高，无论债权人还是股东都要求更多的信息来及时评价公司财务的健康状况。（Leftwich et al，1981）和（Ferguson et al，2002）的研究结果支持上述论断。于是有：

假设4：公司信息披露水平与公司杠杆正相关。

（五）股权结构

我国上市公司具有特殊的股权结构，大多数上市公司由国企改制而成，并且目前政府和国有法人仍然持有较大份额的股权。而国有股、法人股不能像社会公众股一样在市场上流通。这些持股主体，其目标不单纯是盈利目标（Xu 和 Wang，1999）。另外这些持股主体通常很容易接触公司内幕信息（Defond et al，2000）。所以，非流通股比例越高，公共披露的信息需求越低。相反，公司公众股比例越大，公司管理者通过提高信息披露程度所能获得潜在收益的可能性越大。我们选择前十大股东持股比例作为股权结构的代理变量。于是我们有：

假设5：公司信息披露程度与前十大股东持股比例负相关。

（六）审计意见类型

契约理论认为审计是消除投资者与经营者利益冲突的重要机制。执行审计的会计师事务所通常会以其应有的职业谨慎来发表审计意见，以控制审计风险，从而避免其经济损失和名誉损失。因此，审计意见类型是专业人士对公司的财务情况的鉴证。根据信号理论，审计意见又是公司取信投资者的一个重要方面。被出具非标准意见的公司为了减少因之而带来的不利影响，隐藏信息的动机将会减少，并且尽可能满足有关充分披露的要求，从而信息披露带来较高水平的信息披露。于是有：

假设6：被出具非标准意见审计报告的公司披露水平高于标准意见的公司。

（七）股利分配

根据契约理论，股利政策可以减少代理成本（Edwards，1988），因为正常的股利分配有助于保持财务结构的稳定，避免债权人掠夺股东财富。当利润过多留存公司时，杠杆比率将降低，从而公司的财务风险降低，但是如果公司的债务利率没有变小的话，债权人将以股东利益为代价获得好处。同时根据信号理论认为较低的股利支付率政策可能需要公司向股东作出有关解释，以避免较低股利政策对公司产生的不利影响，因此低股利发放率的公司将产生较高的信息披露水平。于是有：

假设7：股利发放率较高的公司信息披露水平较低。

（八）行业性质

公司信息披露文献表明，来自于同一行业的信息披露水平相当，而且不同于另外的一些行业（Inchauati，1997）。比如，被管制严格的行业或政治成本较高的行业（如美国的烟草、石油与天然气行业）往往倾向于更多地披露信息，然而高竞争行业可能为避免竞争信息的溢漏（Leakage）而较少地披露信息。我们有：

假设8：存在政府管制行业①的公司具有较低的信息披露水平。

① 按照政府对行业的管制状况不同，可以将行业分为两类：一类是存在政府管制的行业，包括：公用事业、（金融业）、交通运输业、矿业；其余的都划入不存在政府管制的行业。

三、信息披露指数的构造与变量定义

（一）信息披露指数的构造

采用信息披露指数（Disclosure Index）来定义信息披露水平是国外有关文献中普遍采用的方法。本节沿用该种方法。我们设计的信息披露指数包括了 93 个信息条目，其中一部分信息条目是强制性披露项目，另一部分信息条目是自愿性披露项目。根据信息条目自愿披露还是强制披露的性质，汇总成整体信息披露指数和自愿信息披露指数。强制性披露条目主要是根据中国证券会 1997、1999、2001 三年颁布的《年报披露准则》所规定披露条目；自愿性信息披露主要是以信息使用者的信息需求为宗旨设计。[①] 每一家样本公司在每一年所被考察的信息条目是完全相同的。

93 个信息条目在三年内的类型分布见表 4-17，这种分类提供了信息披露指数的内容框架。具体信息条目见附录。

表 4-17　　信息条目分布

信息披露管制法规	信息条目	比例	1997	1999	2001
1997 年《年报披露准则》	23	25%	C	C	C
1999 年《年报披露准则》	18	20%	V	C	C

① 20 世纪 70 年代国外关于信息条目的设计方法主要有两种：一种方法是集中于投资者的信息偏好，如 Baker 和 Haslem，1973；Lee 和 Tweedie，1975；Chendall 和 Juchau，1977；另一种方法是集中于信息提供者和使用者之间的协调一致，如 Chandra，1974，以及不同信息使用者之间的协调一致，如 Benjamin 和 Stanga，1977。但是国外最近的研究认为年报的信息需求是多重目的的，因此在设计信息披露条目的时候不再区分不同信息使用者的差异。

续表

信息披露管制法规	信息条目	比例	1997	1999	2001
2001 年《年报披露准则》	12	13%	V	V	C
自愿披露	40	42%	V	V	V

注：C：强制性披露条目（Compulsory）；V：自愿性披露条目（Voluntary）。

（二）信息条目的取值与信息披露指数的形成

我们对这 93 条信息按照如下标准进行打分，这些取值标准是：

1. 对于 40 条自愿性信息披露，任意一家样本公司在 1997、1999、2001 年任一年进行披露，则该年该公司的该条目取值为 1；如果未披露，则有两种情况：第一，公司该年本身没有该项业务，则为缺省值，第二，如果有相关业务而未披露则取值为 0。

2. 对于三年全强制披露 23 条信息条目，若样本公司对该信息条目详细揭示，则取值为 1，简单披露，取值为 0.5，没有披露，取值原则同上。详细与简单的判断标准为：如果不仅披露准则要求的内容，而且还详细说明有关理由或业务发展过程的，为详细；否则为简单披露，下同。

3. 对于 1997 年，后两年强制的信息条目，样本公司在 1997 年自愿披露为 1，没披露取值原则同上。1999 和 2001 年的强制披露按披露的详细程度分别取 1，0.5，0 或缺省值。

4. 对于前两年自愿、2001 年强制的信息条目，1997 年与 1999 年自愿披露取值为 1，否则为 0 或缺省值；2001 年的强制披露按照披露的详细程度分别取 1、0.5、0 或缺省值。

从而我们汇总成两种信息披露指数：

第一，包括全部强制披露与自愿披露条目的信息披露指数 YT，第 i 家公司的信息披露指数记为 YTi，它等于第 i 家公司 93 条信息条目得分之和除以有效信息条目[1]数量。TY 考察的是公司整体的信息披露水平；

第二，只包括自愿披露条目的信息披露指数 YV0，第 i 家公司自愿披露信息指数记为 TVi，它等于第 i 家公司自愿披露条目得分之和除以有效条目[2]数量。YV 考察的是公司的自愿信息披露水平。

关于变量含义及表示符号见表 4－18。

表 4－18　　　　变量含义一览表

变量类型	变量符号		含义及描述
因变量	Y	YT	包含全部强制披露与自愿披露条目的信息披露指数
		YV	只包含自愿披露条目的自愿信息披露指数
解释变量	SIZE		公司资产总额的自然对数，代表公司规模
	PLA		哑变量，深圳上市为 0，上海上市为 1，区分上市交易地点
	ROE		净资产收益率，代表公司盈利变量
	LEV		产权比率，表示公司杠杆
	AUDI		哑变量，标准意见为 1，非标准意见为 0，区分审计意见类型
	DIVI		股利支付率，代表股利分配变量
	IND		行业哑变量，竞争性行业为 1，非竞争性行业为 0
	PERC		前十大股东持股比例，代表股权集中度
	a_1、a_2		时间哑变量，1999 年 a_1 为 1，其余为 0；2001 年 a_2 为 1，其余为 0

① 我们所选的 93 个信息条目，不是每个公司的信息披露都涉及。比如公司没有某一信息条目所涉及的经济业务，该公司自然不会披露该项信息，我们就认为该条目对该公司来说属于无效条目，在对该公司的该条目打分时赋予缺省值。所以有效信息条目是指公司涉及有关业务并且得分不为缺省值的信息条目。

② 同上。

（三）关于信息披露水平的相关定义

为了反映年度样本自愿信息披露的得分情况，以及反映公司年度内自愿信息披露程度占整体披露程度的比重，我们分别定义了两个指标：自愿披露年度综合指数与自愿信息披露强度。

自愿披露年度综合指数（V－INDEX），我们定义为年度样本公司为转换（下同）的自愿披露指数得分总和除以样本公司数：

V－INDEX＝ΣYVi/N；其中 i 从 1 到 234，N＝234

为了比较参照，我们还把 ΣYTi/N 定义为年度信息披露指数，记为 I－INDEX。

如果把第 i 家公司年度强制披露条目得分之和除以有效强制条目数量定义为 YCi 的话，那么，我们可以定义出强制披露年度指数 C－INDEX。

C－INDEX＝ΣYCi/N；

其中，i 从 1 到 234，N＝234

自愿披露强度（V－POWER），我们定义为年度所有样本公司自愿信息披露指数与强制披露指数的比重的总和除以年度样本公司：

V－POWER＝Σ（YVi/YCi）/N

其中 i 从 1 到 234，N＝234

不同年度的 I－INDEX 反映该年度样本公司整体披露水平；不同年度的 V－INDEX，反映不同年度自愿披露水平的综合情况；不同年度的 C－INDEX 反映该年度强制披露水平的综合情况；不同年度的 V－POWER 表示该年度自愿披露水平与强制披露水平的比重，反映自愿披露随着强制披露变化而变化的相对程度[①]。

四、样本选择

我们从截至2001年底发行A股1172家上市公司中，首先扣除1997~2001年间被ST、PT的公司（1997~2001年累计有101家公司被ST、PT），因为ST、PT公司财务状况异常，而我们主要考察的是正常经营情况下公司的信息披露；其次，扣除了金融类与房地产类公司共34家，因为金融类和房地产类上市公司，其业务及其风险揭示具有特殊性，证监会对属于这两类行业的公司信息披露有专门规定；第三，扣除了在1997~2001年633家新增上市的公司（2001年新增上市108家、2000年134家、1999年96家、1998年101家、1997年194家），以保证1997、1999、2001三年公司披露数据的连续性；第四，扣除了1997~2001三年更名的公司118家，公司更名，往往是因为被并购或重组，其主营业务会因之发生较大变化，为保证主业经营的连续性和稳定性，需要把研究期内更名的公司扣除；第五，由于在境外发行H股或N股的上市公司信息披露的内容与格式与境内上市公司有很大差异，对境内信息披露可能会有较大影响，为控制这种影响，我们扣除了发行H股或N股的上市公司。最后得到有效样本量为234个。

---

① 注：V-INDEX+C-INDEX≠I-INDEX，它们都是在相应有效信息条目基础上的平均分值。如某公司2001年总体信息披露得分是42，其中强制披露条目总得分为30，自愿披露条目总得分为12；公司该年全部有效信息条目为84，其中，有效强制条目强制条目为48，有效自愿条目为36。则公司信息披露指数0.5=42/84；强制信息披露指数0.93=30/48；自愿信息披露指数0.33。由此可知强制信息披露质数均值加上自愿披露指数均值不等于信息披露指数均值，而且差异很大。

五、实证结果分析

（一）描述性统计

表 4 – 19 给出了三年的信息披露年度综合指数、自愿披露年度综合指数、强制披露年度综合指数与自愿披露强度。表 4 – 19 表明，在样本年度，随着监管法规的变化，强制披露水平在稳步提高，而自愿披露水平与整体披露水平也随之同步提高。从三年自愿披露强度指数看，基本保持平稳态势。这说明自愿披露的提高水平与强制披露的提高水平保持这一个稳定的比例。同时表明信息管制起到了促进公司信息披露的作用，不但没有“挤压”自愿披露，而且保持了与自愿披露水平同步稳定增长的态势。这也从一个侧面说明近年来我国信息管制有效带动了自愿披露水平的提高，实现了强制披露与自愿披露的协同发展，进一步说明了政府信息披露管制政策是符合市场发展要求的。

表 4 – 19　　信息披露年度指标比较

	1997 年	1999 年	2001 年	平均值
I – INDEX	0. 1766	0. 3538	0. 5038	0. 3447
V – INDEX	0. 0834	0. 2388	0. 2806	0. 2009
C – INDEX	0. 2533	0. 4481	0. 6652	0. 4556
V – POWER	69. 72%	78. 96%	75. 74%	74. 81%

（二）多元回归分析

1. 信息披露水平的决定因素

我们按照如下模型进行回归分析：

$$YT_i = a_0 + \beta_1 SIZE_i + \beta_2 PLA_i + \beta_3 ROE_i + \beta_4 LEV_i + \beta_5 AUDI_i + \beta_6 DIVI_i + \beta_7 IND_i + \beta_8 PERC_i + \varepsilon_i$$

通过变量之间 Pearson 系数①以及 VIF 值和 Tolerance 值表明不必担心变量之间多重共线性对回归结果的影响。表 4－20 显示了上述模型的回归的整体情况。表 4－20 列示了有关回归结果。

表 4－20　　　　回　归　结　果

Dependent variable = YT
$R^2 = 0.185$
Adjusted $R^2 = 0.175$
F significance = 0.000
N = 702

Viariables	B	T	Sig.	Tolerance	VIF
a_0	−2.970	−8.610***	0.000		
PLA	−0.137	−2.647***	0.008	0.958	1.044
AUDI	0.074	0.970	0.332	0.893	1.120
SIZE	0.242	8.387***	0.000	0.885	1.130
ROE	−1.612	−6.924***	0.000	0.874	1.144
DIVI	−0.010	−0.065	0.948	0.953	1.049
PERC	−0.687	−4.515***	0.000	0.963	1.039
LEV	−0.020	−0.590	0.555	0.908	1.101
IND	0.007	0.143	0.887	0.951	1.051

*** 表示在 1% 水平显著，** 表示在 5% 水平显著，* 表示在 10% 水平显著，下同。

根据表 4－20 回归结果，我们发现 PLA、SIZE、PERC 系数高

① 限于篇幅，没有列出变量相关系数矩阵。

度显著，且系数符号与预期一致，从而假设1（公司规模假设）、假设2（上市地点假设）、假设5（股权结构假设）得到支持。ROE系数也高度显著，但系数符号与预期符号相反，说明高盈利公司倾向于更少地披露信息，尽管我们缺少数据来解释其中原因，但是有三点线索可以引发我们的思考：第一，中国上市公司缺乏对管理业绩的强调，或者说市场对公司管理业绩的关注不够（Xu和Wang，1997）；第二，盈利公司担心过多披露会泄露公司秘密，失去竞争优势；第三，信号理论也有过与前述假设矛盾的证据，认为业绩较差公司更多地披露信息，因为它们把信息作为“坏消息”的辩解机制（Wagenhofer，1990）。对于其他变量系数均不显著，审计意见类型假设、股利分配假设、公司盈利假设、行业性质假设均没有被支持。所以从横截面回归来看，公司的规模、上市地点、股权结构等特征是影响公司信息披露水平的重要因素；公司盈利可能也是一个因素，但是我们没有更多证据。

2. 考虑时间效应的横截面分析

运用三年横截面数据研究信息披露水平的影响因素时，由于样本数据跨年度，同一公司可能会由于时间序列的不同而产生系统差异。因此我们把横截面分析与时间序列分析结合使用，其好处是能够同时获取公司间固定效应与不同年度的时间固定效应。

为考虑不同年度监管法规变化对因变量的影响，我们采用变参数模型，来重新回归。模型如下：

$$YT_i = a_0 + a_1 + a_2 + \beta_1 SIZE_i + \beta_2 PLA_i + \beta_3 ROE_i + \beta_4 LEV_i + \beta_5 AUDI_i + \beta_6 DIVI_i + \beta_7 IND_i + \beta_8 PERC_i + \varepsilon_i$$

令 $a = a_0 + a_1 + a_2$，其中 a_1、a_2 分别代表1999年与2001年的时间效应，可以看出时间效应将反映在模型的常数项里。因此，这个模型是固定效应模型的特殊形式，在这里，其固定效应仅指时间效应，而不包括个体公司特征的差异①。这种分析增加了对公司行为的另外一种重要解释，即由于信息披露法规随着时间而演变，所以时间变量可以被理解为测度信息披露法规变化对信息披露水平影响程度的变量。因此，这个模型用来发现公司信息披露水平的决定因素仅是我们所选择的特征变量，还是管制法规的变化，或者是由于它们共同作用的影响。回归结果见表 4－21。

表 4－21　　　　考虑时间效应的回归结果

Dependent variable = YT
R^2 =0. 185
Adjusted R^2 =0. 175
F significance =0. 000
N =702

Viariables	B	t	Sig.
a_0	－2. 063	－14. 094 ***	0. 000
a_1	0. 941	36. 524 ***	0. 000
a_2	1. 563	56. 129 ***	0. 000
PLA	－0. 065	－2. 959 ***	0. 003
AUDI	0. 015	0. 450	0. 653
SIZE	0. 046	3. 674 ***	0. 000
ROE	－0. 063	－0. 613	0. 540
DIVI	0. 102	1. 554	0. 121
PERC	0. 074	1. 122	0. 262
LEV	－0. 044	－3. 052 ***	0. 002
IND	0. 009	0. 398	0. 690

① 我们对公司个体之间的固定效应进行了检验，发现公司个体固定效应之间无显著差异。

引入时间变量 a_1、a_2 后，从标准化系数来看 a_1、a_2 系数均大于0，且高度显著，说明1999年与2001年信息披露法规的变化对信息披露水平的影响极为显著，说明监管法规变化的确是促进信息披露水平的提高的因素。这时SIZE、PLA系数仍然与预期一致而且显著，所以公司规模假设、上市地点假设仍然得到支持。前十大股东持股比例变系数变得不显著，这说明公司股权集中程度变量对公司披露水平的影响本身可能是由于信息披露法规的变化所导致的，或者说法规的变化对信息披露水平的影响包含了公司股权集中程度特征对披露水平的影响。产权比率系数变得显著，但是符号与预期相反。这可能是由于以下原因所致：第一，我国不存在西方完善的债务市场，债务约束像假设中那样严格；第二，信息披露法规的变化使得投资者对高债务公司的潜在风险有一定程度的关注，这时高债务公司只有更多披露信息来游说投资者，从而获得所需资金。当然我们没有进一步的证据来证明这种推测。通过时间效应模型，我们发现1999年与2001年的信息监管大大促进了信息披露水平的提高。

3. 公司自愿披露水平的决定因素

参照上述方法，我们对公司自愿披露水平的影响因素进行进一步考察。我们采用如下模型首先对我们所选择的自变量进行多元回归。

$$YV_i = a_0 + \beta_1 SIZE_i + \beta_2 PLA_i + \beta_3 ROE_i + \beta_4 LEV_i + \beta_5 AUDI_i + \beta_6 DIVI_i + \beta_7 IND_i + \beta_8 PERC_i + \varepsilon_i$$

结果发现①，PLA、SIZE和PERC系数高度显著，说明公司上市地点、规模与股权集中程度等特征对于公司自愿信息披露具有重要影响，ROE系数也高度显著，但是符号与预期相反，

① 限于篇幅没有列出回归结果。

其原因可能与前述相同。其他变量系数均不显著。同时我们发现影响公司自愿披露的因素与影响公司整体信息披露的因素完全一样。

我们同样引入时间变量 a_1、a_2 来检测年度时间效应（见表 4－22），发现 a_1、a_2 的系数均大于 0，且高度显著，说明信息披露法规的变化是促进了上市公司自愿披露的重要因素，随着监管强度的增大，自愿披露与强制披露同向增大。这进一步证实了描述性统计的发现。这一发现与国外的发现不一致。国外一般存在两种观点，一种是无关论，即认为市场力量决定公司自愿披露水平，监管力量决定强制披露水平，这两种力量的作用是独立分布的；另一种是替代理论，即随着强制披露水平的提高，自愿披露水平在降低，存在“挤出”效应（Inchauti，1997），或者说监管对自愿披露具有替代效应。我们的发现体现了我国现阶段，市场与监管两种力量交互作用的特殊规律，说明我国上市公司尚处在强制披露与自愿披露协同发展的阶段，在该阶段政府业已采取的信息披露管制政策是适应市场化取向的，对自愿披露起到了引导、规范的作用，从而说明我国证券市场的信息披露从一开始就政府就实施严格管制的策略是适当的，也是卓有成效的。但是市场与监管这种协同发展的状况存在的空间或限度是什么则是值得进一步研究的问题。

在引入时间变量后，PLA 系数仍然保持显著，但是 SIZE、ROE、PERC 系数变得不显著。这其中的原因我们尚不能解释，需要进一步研究。有趣的是股利支付率与产权比率变得显著，但符号都与假设相反。这说明股利支付比率与债务杠杆都是影响公司自愿披露的重要因素，但是其原因并非在假设中所推导的那样，在我国有其特有的作用机制，这些特有的作用机制应当从我国的市场环境与制度背景来寻找，这也是需要深入研究的问题。

表 4-22　　　　回　归　结　果

Dependent variable = YV
R^2 = 0.689
Adjusted R^2 = 0.684
F significance = 0.000
N = 702

Viariables	B	t	Sig.
a_0	-2.750	-11.401***	0.000
a_1	1.248	29.400***	0.000
a_2	1.493	32.543***	0.000
PLA	-0.101	-2.810***	0.005
AUDI	0.015	0.287	0.774
SIZE	0.033	1.577	0.115
ROE	0.092	0.547	0.585
DIVI	0.203	1.880*	0.061
PERC	0.057	0.531	0.596
LEV	-0.054	-2.282**	0.023
IND	-0.057	-1.590	0.112

六、研究结论

本节采用了融合强制披露信息与自愿披露信息在内的信息披露指数作为衡量信息披露水平的指标，研究了决定上市公司信息披露水平高低的因素。实证结果支持了公司规模假设、上市地点假设与股权结构假设。在考虑年度时间效应后，公司规模假设与上市地点假设仍然成立。样本年度信息披露法规的变化大大促进了上市公司信息披露水平的提高，说明信息管制力量推动了公司自愿信息披露水平。上市地点、现金股利状况与债务杠杆连同信息管制是公司自愿信息披露的主要因素。

同时发现随着信息披露法规的完善，公司的强制披露与自愿披露水平同时获得了提高，这说明近几年我国的信息披露管制是有效的。这种效率可能是因为我国资本市场是新兴市场，整体信息披露水平较低，通过信息披露管制来加强信息披露以及促进市场自愿披露的思路是合适的。

因此，对于准则、法规制定机构而言，应考虑出台的会计准则、法规文件与经济环境的融合性；对于市场监管机构而言，应积极采用市场导向的监管体制，变革排斥真实财务信息的制度安排，提高市场的监管水平和效率。推动行政机关间的协调配合；推动立法、司法和行政部门间的良性互动程度，以促进证券市场信息披露水平的提高与市场效率的完善。

第五节　经营透明度对公司监控机制的影响

摘　要：本节利用我国沪市制造业上市公司 1999 ~ 2006 年的数据，以会计盈余及时性与组织复杂度作为经营透明度的衡量指标，分别验证了大股东监控假设、董事会监控假设与高管薪酬假设。研究发现，股权集中度与盈余及时性显著负相关，董事会会议（次数）与盈余及时性显著负相关，与行业集中度及地区集中度显著负相关，高管薪酬与盈余及时性显著负相关，与行业集中度和地区集中度显著负相关。研究结果表明，低经营透明度提高了投资者对监控机制的需求，表现为面对低透明的经营环境，公司可能采用成本高昂的监管运行机制以缓解信息不对称和道德风险。因此，公司监控运行机制会对公司信息状况作出适当反应，从而为使公司契约的履行提供了一定程度的自我实现保障，体现出激励相融的内在特性。本节研究结论对于公司监管机制、公司治理与内部控制制度设计具有重要的政策含义。

关键词： 经营透明度、盈余及时性、组织复杂度、监控运行机制

一、引言

公司监控运行机制作为一种制度安排，应该会对公司信息不对称状况作出反应，如果公司具有很高的经营透明度①，即公司信息在不同的利益相关者之间是完全对称且是充分及时的，那么在完善的法律保护环境下，现有各种复杂的公司监控机制似乎没有存在的必要，公司监控结构必然会发生巨大变化。极端地讲，大凡制度都会对信息透明状况作出一定反应，如战场上敌我双方信息不对称状况可能是催生间谍制度及其演变的重要因素，在中国封建社会，皇帝和地方官员之间的信息不对称可能是催生“巡抚”或“钦差大臣”制度的因素，等等。正如比较制度分析理论所指出的，制度是关于博弈如何进行的共有信念的一个自我维持系统，这样的制度在一定的信息配置状况下就以一种自我实施的方式制约着参与人的策略互动，并反过来又被他们在连续变化的环境下的实际决策不断再生产出来，而决定参与人策略互动和制度再生的基本因素是信息的生产和分配状况（青木昌彦，2001）。现实中，公司监控作为一种制度或机制，是否会对公司经营透明度作出一定反应，并不断优

① 本节的经营透明度概念源自特 Bushman et al.（2004），特指公司投资者为其决策所获取的公司经营活动与经营业绩信息的及时、准确和可靠程度。

化呢？这一问题是公司监控理论与实践的基础性问题，对于公司治理机制与公司内部控制制度设计具有关键性意义。然而到目前为止，这一问题尚缺乏研究，从而使公司监管运行机制、公司治理与公司内部控制制度设计过度强调制度结构，而忽视机制运行中的激励相融问题。人们在研究经营透明度，尤其是研究会计信息时，往往假定公司治理结构和公司监控机制为外生变量，研究股权制衡、股权集中度、机构投资者、独立董事、最终控制人性质、高层管理当局薪酬等具体治理因素和监控机制对经营透明度或会计信息的影响（如 Beasley，1996；Fan 和 Wong，2002；Gul 和 Leung，2004；崔学刚，2004）。但 Demsetz 和 Lehn （1985）、Himmelberg et al.（1999）、Bushman et al. （2004） 等学者在研究中发现，公司监控机制会对信息不完备、信息不透明作出反应，以缓解信息不对称，减少公司契约执行过程中的道德风险，保护相关方利益。如在美国和其他一些经济体中，外部投资者权益的法律保护较为完善，如果公司经营行为具有较高透明度，就可以保证经理人员必须完全按照投资者利益来行事，公司对高成本的监控运行机制的需求就弱；而较低的经营透明度会增加投资者对公司监控机制的需求，以缓解由于投资者与经营者之间严重的信息不对称而导致的更为严重的道德风险问题，由此产生的监管收益可能会使得某些高成本的监控运行机制变得具有使用价值，因而在现实公司中得以存在。本节将主要考察公司监控运行机制对公司经营透明度的反应情况。公司监控运行机制在某种程度上说，是公司契约的延伸，也是保证公司契约各方利益均衡的制度安排。借鉴已有文献[①]，本节选择了大股东监控、董事会监控和高管薪酬等可观测的公司监管运行机制，考察这些机制在公司内外环境的决定下的优化与均衡过程。

① 如 Bushman et al.，2004；Smith 和 Watts，1992。

会计盈余及时性与组织复杂度是决定公司经营透明度的两个基本因素（Bushman et al. 2004）。如果公司的会计信息具有较低的盈余及时性，即具有较低的信息含量，不能够及时揭示公司价值或公司业绩的变化，公司经营透明度就相对低；当公司由于多元化程度太高，导致具有较多的地区分部或业务分部，甚至形成了复杂的“金字塔”股权结构等，公司就具有较高的组织复杂度，公司的经营透明度也相对低。在界定经营透明度的基础上，本节提出并检验了反映股权集中度、董事会会议和高管薪酬等公司监管运行机制随经营透明度高低而变化的研究假设。

在研究经营透明度对公司监控运行机制的影响时，一个关键性问题需要注意，那就是经营透明度是否是由公司内在决定的，而并非是由监控机制及其他控制变量作用于公司行为所产生的经济结果，也就是要排除经营透明度与本节的要检验的监控机制及其控制变量之间具有内生性问题。作为经营透明度衡量指标的多元化经营是独立于公司治理机制的公司固有特征，这一点不需要过多讨论，问题主要是盈余及时性是否也也是独立于监控机制之外的公司固有的信息特征呢？本节借鉴 Bushman et al.（2004）对此进行了直接的检验，发现盈余及时性的确是公司固有的信息特征，因为通过偏相关系数矩阵分析，发现盈余及时性与决定公司监管机制的相关变量（控制变量）具有很低的偏相关系数，从而排除了变量内生性对本节结论的影响。

本节其他部分结构如下，第二部分是理论框架构建和研究假设的提出；第三部分重点剖析了经营透明度的含义，探讨了其计量方式；第四部分是研究设计；第五部分是实证证据及其分析；最后得出本节结论，并指出研究局限。

二、理论框架与研究假设

(一) 理论框架

本节的理论框架建立在公司治理和有关公司监管文献基础上。Demsetz 和 Lehn (1985) 在其开创性文献中论证了经营环境波动较大的公司，其经理人员的道德风险也更为严重的问题，并提供了股票回报波动较大的情况下，股权集中度也较高的证据。Himmelberg et al. (1999) 利用研发费用投资、广告支出和无形资产确认等由管理层确定的决策事项，考察了管理层的道德风险问题，进一步扩展了 Demsetz 和 Lehn (1985) 的思想。Smith 和 Watts (1992) 论证了公司成长机会与通过薪酬计划和股票期权等监控机制强加给管理层的风险收益有关。与这些文献一致，本节将采用可观测的公司监控机制来研究由公司契约环境内生决定的契约优化问题。遵循了 Himmelberg et al. (1999) 和 Bushman et al. (2004) 的方法和思路，本节把对道德风险的考察范围扩展到信息技术和组织复杂性方面。信息系统在公司监控中扮演着重要角色，信息不对称的存在，导致公司利益各方在参与监管过程中不断进行监管成本与收益的权衡，并由此实现了动态均衡，进而影响公司监控机制的形成及其优化。那么如何把握信息系统的本质特征呢？公司监管所需要的信息首先是关于公司价值状况及其变动的信息。而反映公司价值的信息主要是股票的价格和财务会计系统。虽然股票价格可以提供公司价值变化的信息，但是股票价格是在众多因素影响下的综合结果，难以区分公司的可控与不可控事项，难以清晰地体现公司的价值变动的原因。而根据代理理论，公司管理层只需要对可控的事项承担责任，而对不可控的事项不承担责任。于是财务会计系统就成了反映公司价值的重要信息来源。尤其是按照公认会计原则编制并经过审计的财务报表向利益相关方提供了广泛的、可信的、低成本信息，这些信息构成了可以评价特定公司价值及其代理问题的信息基础。会计系统还会帮助监控主体去区分公司可控与不可控事件。例如，高管人员要事前向董事会提交预算，然后定期汇报预算执行情况，并解释各种预算差异，这个过程很可能帮助股东或董事会区分可控与不可控事件（Bushman et al.，2004）。而会计信息的决策有用性存在于会计信息对公司价值变化的解释程度，因此，本节用盈余及时性作为会计信息在公司监控机制中有用性的指标，它是按照 Basu（1997）和 Ball et al.（2000）方法，把现有会计准则下的盈余能够反映经济收入和价值相关性信息的程度作为盈余及时性。尽管用于公司监控的会计报告与对外披露的会计报告存在差异，但是本节构造的盈余及时性指标可以及时有效地捕捉到相关监管有用信息，许多企业递交给董事会的内部财务报告的有用性往往也取决于盈余及时性（Bushman et al.，2004）。因此，本节预测财务报告盈余及时性低的公司，公司相关监管主体可能会采取成本相对较高的信息收集机制或行为，以至少部分地替代具有较低盈余及时性的会计信息，因而盈余及时性会影响到公司监控机制结构和运行方式。与此同时，组织复杂度是反映经营信息不透明的另一个维度。多元化程度越高，业务分部或地区分部越多，公司的组织复杂度越高（Bushman et al.，2004）。组织复杂度较高的公司，由于需要在多个行业或地区展开业务，具有更为复杂的经营和信息环境，信息不对称程度更高，管理层的道德风险更为严重。在这种情况下，通过特定的监管运行机制，尽管这些机制的运行成本可能较高，但是，通过这些高成本的监管机制获取特定信息，抑制管理层道德风险，其监管收益可能足以弥补监管成本，使得这些高成本监管运行机制得以存在于现实的企业。因此，利用可观测的公司监控机制特征，可以验证上述理论预期的正确性。遵循上述理论框架，本节提出并检验了大股东监控假设、董事会监控假设和高管薪酬假设，并取得了有效证据。

（二）研究假设

1. 大股东监控假设

代理理论认为股权越分散，经营者侵犯投资者利益的可能性越大（Leftwich et al，1981；Fama 和 Jensen，1983）。一个主要的原因是股权分散情况下，单个股东为保护其利益的行动越困难（成本越高），从而与单个股东加强监督的成本相比，其获取的利益比重较小。Grossman 和 Hart（1980）的模型表明，一定的股权集中度是必要的，股权结构分散的情况下，单个股东缺乏监督公司经营管理和驱动价值增长的激励。Shleifer 和 Vishny（1986）的模型则表明，大股东具有限制管理层牺牲股东利益、谋取自身利益行为的经济激励及能力，可以更有效地监督经理层的行为，有助于增强接管市场运行的有效性，降低经理代理层成本。因此，我们预期，在经营透明度较低的公司，第一大股东将通过提高持股水平来加强对公司的监控能力，以缓解较低的经营透明度所导致的管理层道德风险对公司的危害。与此同时，大股东在加强监控的同时，也会通过其控制权来获取控制权私人收益，进而会侵犯其他股东的利益（Fan，2002）。从而造成大股东和中小股东的利益冲突，因此大股东提高股权比例以强化其监控能力的监控运行机制无论对大股东还是对整个公司来讲，成本都是很高的。但是在经营透明度较低的公司，采用这种监控机制所带来的收益也较高，当这种公司监控收益高于监控机制成本时，通过大股东提高持股比例的监控模式就得以存在。于是，本节提出假设 1：

H1：经营透明度越低的公司，第一大股东持股比例越高。

假设1可以进一步细化为，H1（a）和H1（b）。

H1（a）：在其他条件一定的情况下，盈余及时性水平越低的公司，第一大股东持股比例越高；

H1（b）：在其他条件一定的情况下，组织复杂度越高的公司，第一大股东持股比例越高。

2. 董事会监控假设

在公司监控体系中，董事会居于核心地位，董事会是公司所有者和公司管理者的连接纽带。董事会由股东选举产生，作为股东的代表行使对经理人员的监督与控制，在股东大会授权范围内进行公司经营。在极端的情况下，董事会可以撤换公司的主要执行官和公司管理层的其他成员。公司经营成败往往与董事会的监控功能是否有效直接相关，Jensen（1993）曾指出，在过去20年美国大公司的内部监控机制是“彻底失败了”，而其中的问题就出在董事会。我国上市公司各种重大问题的出现往往与董事会有关[①]。因此，董事会逐渐成为完善公司监控结构、提高公司治理效率的主要途径和机制。严格按照法定程序定期召开董事会是实现董事会监控的前提条件，通过董事会会议，董事会及其成员可以对管理层提出的有关方案进行决策，并借以收集有关公司经营或业绩的信息，包括区分公司可控事件与不可控事件的信息，对经理层实行有效监控。公司董事会每年召开会议的次数可以看作是董事会活跃程度的一个变量（沈艺峰，2002），也是董事会监控方式的可观测变量。尽管董事会会议次数与公司业绩的关系目前尚无一致性结论，关于董事会的作用也有“灭火装置”与“预防装置”之争[②]，但是所有相关文

① 如葛家澍、黄世忠（2002）、刘峰（2001）、沈艺峰（2002）、崔学刚（2004）等都有论文论证。

② 见Jensen（1993）、于东智（2003）等。

献都明确或暗含地认同：董事会会议次数越多代表监控力度越大，信息交流越充分，而相应监控成本越高昂。Nikos Vafeas（1999）发现董事会会议频率和公司治理以及所有权的特征相关，由于董事会增加会议一般是在公司股价下降之后，董事会年度会议次数和公司价值负相关，在董事会会议次数异常增加后，公司的运营绩效得到改善。根据本节的理论框架可以预期公司经营透明度越低，公司相关监管主体可能会采取成本相对较高的信息收集机制或行为。因此，在公司经营透明度较低的情况下，公司就可能采取增加董事会次数的高成本监控方式，以缓解由于经营不透明所导致的更为严重的管理层道德风险问题。于是得到假设 2。

H2：经营透明度越低的公司，董事会会议次数越多。

H2 可以进一步细化为，H2（a）和 H2（b）。

H2（a）：在其他条件一定的情况下，盈余及时性水平越低的公司，其董事会会议次数越多；

H2（b）：在其他条件一定的情况下，组织复杂度越高的公司，其董事会会议次数越多。

3. 高管薪酬假设

高管薪酬是股东与公司高层管理者签订的关于高层管理者权利和义务的契约，高管薪酬是公司监控机制的重要组成部分。高管薪酬的经济功能及其效率一直是国内外文献关注的焦点问题。较高的经营透明度能够对公司资产权属的分配进行约束，以限制自利的机会主义行为空间（Ahmed et al.，2002；Raghavan et al.，2010），因此，在经营透明度高的情况下，对于相同规模的资产，股东可以支付更低的薪酬来聘请管理者管理。与此同时，较高的经营透明度可以限制经理人员过度给自己发高工资的管理层机会主义行为倾向，从而股东也会降低单位金额的资产对应的管理层薪酬水平。Chen et al.（2007）通过模型揭示了高会计信息质量能够降低业绩衡量噪音，提高了会计业绩衡量的信息含量，从而降低了股东对高管的额外激励的支付。而在经营透明度较低的公司可能会出现监督弱化和激励失灵，从而使投资者不得不采取成本更高的薪酬制度，以强化公司激励约束，提高公司监控能力。包括相同规模的资产需要聘用更多的管理者进行管理，对管理层业绩评价中的噪音部分业绩进行支付，提供更高的长期激励等。如目前我国许多房地产、大型制造业等经营透明度较低的企业实施了所谓的“联合基数法”作为逼迫高管说实话的机制①，以提高经营透明度，缓解管理层道德风险问题，但这种机制的前提是要给管理层提供工资之外的有吸引力的奖金支持。Bushman et al.，（2004）研究发现，盈余及时性越低，公司组织复杂度越高，高管薪酬中会涉及更多的股权激励和长期激励计划，Duru 和 Reeb（2002）也提供了行业多元化与地区多元化公司的高管激励越高的证据。Rose 和 Shepard（1997）发现多元化公司 CEO 可能会获得更高薪酬。于是，本节提出假设 3。

H3：经营透明度越低的公司，为单位价值资产支付的高管薪酬越高。

H3 可以进一步细化为，H3（a）和 H3（b）。

H3（a）：在其他条件一定的情况下，盈余及时性水平越低的公司，其为单位价值资产支付的高管薪酬越高；

---

① 所谓联合基数法是一种公司在预算和决算中，实现公司高管薪酬与业绩、业绩真实性挂钩的一种策略性做法。比如，给出奖励规则如下，如果决算业绩在预算业绩 5% 以内的范围内，高管可以按照决算业绩的 10% 的比例提取奖励；而当决算业绩高出预算业绩 5%，那么高出部分按 5% 提取奖励，5% 以内的部分仍旧按照 10% 提取奖励；如果决算业绩低于预算业绩 5%，那么在没有明显过错的情况下，按照决算业绩 1% 的比率奖励。在这样的利益矩阵下，假如一个高管人员真实可以完成的利润为 100 万元，那么他只有把预算目标定位 100 万元，或上下不超过 5% 的幅度是获得最高奖励的基本途径。因此，企业实施的类似方法都在客观上提高了经营透明度与高管薪酬业绩的正相关关系。

H3（b）：在其他条件一定的情况下，组织复杂度越高的公司，其为单位价值资产支付的高管薪酬越高。

三、经营透明度的界定与计量

本节借鉴 Bushman et al.（2004）的定义，同时运用公司盈余及时性与组织复杂度衡量公司经营透明度。

（一）盈余及时性

Bushman et al.（2004）认为当期会计信息在多大程度上反映公司价值变化是公司监控机制发挥价值效应的基础性决定因素，并把会计信息反映公司价值变化的程度定义为盈余及时性。本节遵循了这一概念界定。投资者需要会计信息所反映的其权益价值变动情况及其价值动因，来协同管理层制定公司发展战略，批准涉及重大决策的管理层提案，制定管理层激励约束机制，评价公司业绩、监控公司行为。比如年报披露的信息或预算审批过程都能够帮助投资者在评价公司业绩时区分出公司的可控与不可控事项，并对公司业绩指标作出适当调整。公司的股价提供了投资者权益价值变化的实时信息，会计系统则通过收集、概括公司投资、融资、日常经营活动的财务效果，反映解释股价变动的信息。盈余及时性体现了会计信息反映当前公司股价变动的程度。当然，如果股价能够有效地反映各种信息，包括会计信息，那么就没有会计存在的必要，甚至也没有监控机制存在的必要，投资者仅凭股价信息就可以作出一切决策。但这在现实中是不可能的。Grossman 和 Stiglitz（1980）揭示了股价信息揭示的充分性与投资者收集信息的高成本行为的不相融性，在均衡条件下，私人信息收集和加工活动成本高昂，股价不能够充分揭示这些有价值的信息。这说明投资者并不能通过股价获取全部的公司价值信息。另外，股票价格是一个复杂的形成过程，受多种因素影响，股价信息的监管有用性存在较大局限（e.g.，Paul，1992）。如果用股票价格信息作为低质量会计信息的替代，则意味着更为严重的信息误差，同时要能解释股价信息，需要掌握深奥的金融定价技术、信息分析技术以及更多的时间成本（Bushman et al.，2004）。这样，与本节理论框架相一致，在会计信息质量较低的情况下，高成本的监控机制可能就成为必要。

关于会计信息价值相关性的模型，通常把盈余作为自变量，股票回报作为应变量，来说明盈余信息对股价变动的解释力。Basu（1997）在通过调换盈余与股票回报的位置，分别用来计量事前稳健性与事后稳健性。由于股价综合了来自各种渠道的信息，对经济损失和收益的反应都非常及时，但是会计在稳健性内在机制的制约下，会计盈余对经济收益的反应总会比较滞后。通过建立盈余对股票回报的回归（1），可以有效量化盈余的及时性。回归的系数b1、R^2 越大，说明同一期间内盈余对股票回报（经济损益）的反应比例越大，即盈余的及时性越强。

$$EARN_t = a_0 + a_1 \cdot NEG_t + b_1 RET_t + b_2 \cdot NEG_t \cdot RET_t + \varepsilon \quad (1)$$

$EARN_t$ 是给定公司在 t 年的核心收益，定义为在非经常发生、非持续经营及特殊项目之前的收益，本节中使用营业利润加财务费用除以年初的股权市场价值来计算。RET_t 为公司 t 年股票的年回报率，本节以 t 年初至次年的 3 月 31 日 15 个月报酬率按月复利计算得出。NEG_t 为哑变量，若如果 RET_t 小于 0，NEGt 取值为 1，否则为 0。这种设计使得 b_1 所代表的是股票收益的好消息反映在盈余中的速度，而 $b_1 + b_2$ 代表的是坏消息反映在盈余中的速度。

本节关注第一个盈余及时性指标首先是 b_1，它衡量的是公司的盈余反映好消息的相对速度。本节预期对价值增值活动和结果进行推迟确认的公司会有较低的 b_1；本节的第二个盈余及时性指标是从方程（1）回归中得到的 R^2，就像 Ball et al.（2000）所观察到的那样，本节预期其随着收益反映权益收益情况信息的滞后而下降。

本节关注的第三个盈余及时性指标是方程（2）回归中得到的 R^2：

$$RET_t = a_0 + b_1 \cdot EARN_t + b_2 \cdot \Delta EARN_t + \varepsilon \quad (2)$$

RET_t 和 $EARN_t$ 定义如前，$\triangle EARN_t$ 是从第 t－1 年至 t 年的核心收益的变化，要除以 t 年初的股权市场价值。关于方程（1），是由自 1999 年至 2006 年 8 年的数据产生。方程（2）考虑了股票价格同时随着收益以及收益变动值的变动情况。方程（2）中的 R^2 衡量了每年收益及其变动值反映所有价值相关信息的比率，该比值预计随着收益反映股东价值变化的滞后而下降。使用上述两个模型对 1999 年至 2006 年共 8 年会计收益与当期股票回报进行回归①，从模型（1）中得到的斜率（b_1），我们记作 REV－SLOPE，从模型（1）中得到的拟合程度系数 R^2，记作 REV－R^2；从模型（2）中得到的 R^2 记作 ERC－R^2。借鉴（Bushman et al.，2004），我们用这三个计量指标构造出一个综合性的指数作为盈余及时性的计量。具体构造方法是，分别按照 REV－SLOPE、REV－R^2、ERC－R^2 的三个指标对每家公司进行百分比排序，然后对每家公司三个指标的百分比排序值计算平均数②，得到衡量每家公司盈余及时性的综合指标 EARN _ TIMELY。

---

① 模型（1）和（2）都为单个公司的时间序列回归模型，按照计量经济学要求，最好有 15 个以上的观察期（丁方飞，2007），Bushman（2004）认为至少需要 8 期数字。考虑到我国会计制度变迁的影响，我们取了相对稳定的 1998～2006 年的共 9 期的数字（因为有差值项，需要增加 1 期），以能够满足研究需要，并避免会计制度变动的影响。

② 按照 Greene（2000）和 Bushman et al.（2004），应用盈余及时性的排序值构建综合指数可以避免潜在的计量误差。

（二）组织复杂度

组织复杂度是公司经营透明度程度的另外一个重要衡量维度。本节主要运用行业多元化与地区多元化来衡量组织复杂度。尽管行业多元化与地区多元化具有许多不同特征，但是它们都会导致公司经营环境与信息环境变得复杂。行业多元化的公司面临公司资源配置效率不高问题（e.g.，Stein，1997），降低了 CEO 集中精力于其擅长的决策的可能。不相关多元化还会导致经营风格冲突和公司文化冲突，各分部的高管会具有更严重的机会主义行为（Cusatis et al.，1993）和更少的股权激励（Schipper 和 Smith，1983，1986）。多元化经营还会由于合并信息以及公司层级增多所导致的更为严重的信息不对称（Habib et al.，1997）。尽管分部报告具有缓解这种信息不对称的可能，但是，分部报告本身面临分部报告主体确认、费用分担、转移定价等棘手问题（Givoly et al.，1999），这些问题反而有可能被管理层滥用。与行业多元化类似，地区多元化也存在同样问题，地区多元化存在地方保护主义文化、市场发达程度、税收优惠政策、资源情况等差异导致的决策环境与信息环境的复杂化，与此同时，地区多元化的公司很可能通过关联交易和内部转移定价实现税收减免、弥补亏损等政策收益。因此，行业多元化与地区多元化的公司，其经营活动和信息环境将变得复杂，代理问题非常突出，因此多元化公司往往会伴随高成本监控机制的出现。文献指出行业多元化和地区多元化公司往往比专业化经营公司具有低的价值（Berger 和 Ofek，1995；Lamont 和 Polk，2002；Lang 和 Stulz，1994；Servaes，1996；Denis et al.，2002），还有相关文献指出，多元化公司经过分差或剥离后，其经营业绩往往会提高。（Schipper 和 Smith，1983，1986；Comment 和 Jarrell，1995；John 和 Ofek，1995；Daley et al.，1997）。

本节运用赫芬达尔—赫希曼指数（Hirfindahl - Hirschman）来测度公司内部的行业集中度和地区集中度，进而反向测度行业多元化和地区多元化。运用公司每一个行业部门或地区的销售额占公司总的销售额的平方和来计算的赫芬达尔—赫希曼指数，分别称为行业集中度（IND_CONCEN）和地区集中度（GEO_CONCEN），此数据越大则表示行业集中度或地区集中度越高，则说明该公司的行业多元化或地区多元化程度越低。赫芬达尔—赫希曼指数在部门（或地区）规模变动一定的情况下与部门（或地区）数量负相关（非线性），在部门（或地区）数量一定的情况下，与部门（或地区）规模的变动正相关。因此，一个拥有两个相同销售额部门（或地区）的公司不如拥有两个不等销售额部门（或地区）的公司的集中度高。这些度量指标上限为1（仅有一个部门或地区）、下限为0.1（拥有十个相等销售额部门的公司或地区）。计算公式如下：

$$Hirfindahl - Hirschman \text{ 指数 } = \sum_{i=1}^{n} (p_i)^2$$

其中，n为行业或地区总数，p_i为各个行业或地区的销售额占企业总销售收入的比重。

四、研究设计

（一）变量定义与计量

根据研究假设，本节的被解释变量分别是股权集中度、董事会会议和高管薪酬。解释变量分别是盈余及时性、行业集中度与地区集中度。同时控制影响公司监控机制与公司经营透明度之间的关系其他因素，本节在多元回归时控制了公司规模、无形资产比例、财务杠杆、盈利水平、股东回报的稳定性、公司上市时间长度、公司的法律环境、公司的市场环境8个控制变量。有关变量定义及计算标准见表4-23。

表4-23　　变量定义及其计算标准

变量类型	变量名称	变量符号	含义及计算标准
公司监控机制变量（被解释变量）	股权集中度	OWNERSHIP	2006年末第一大股东持股比例
	董事会会议	FREQU	2006年董事会会议次数的自然对数
	高管薪酬	COMP/A	2006年公司年报中披露的董事、监事、高级管理人员从公司领取的报酬总额（元）除以2006年末公司总资产（万元）
解释变量	盈余及时性	EARN_TIMELY	见上文
	行业集中度	IND_CONCEN	2006年各业务分部收入占总收入的平方和（行业赫芬达尔—赫希曼指数）
	地区集中度	GEO_CONCEN	2006年各地区分部收入占总收入的平方和（地区赫芬达尔—赫希曼指数）
控制变量	公司规模	LNA	用2006年末资产总额的自然对数表示
	无形资产比例	INTANGIBLE	2006年无形资产占总资产比例
	财务杠杆	DEBT_RATIO	2006年末资产负债率
	盈利水平	ROA	2006年末的总资产收益率
	股东回报稳定性	RETSD	1999~2006年样本公司八年股票回报的标准差
	上市年限	AGE	公司自上市年度至2006年之间的年限
	法律环境	LAW	哑变量，公司发行H股或B股，取1，不发行取0
	市场环境	MARKET	2006年末上市公司所在省份市场发达指数

为检验公司经营透明度对公司监控机制的影响，本节建立如下回归分析模型：

$$Y_i = \alpha_0 + \beta_1 \cdot EARN\_TIMELY + \beta_2 \cdot IND\_CONCEN(+ \beta_3 \cdot GEO\_CONCEN) + \beta_4 \cdot LNA + \beta_5 \cdot INTANGILBE + \beta_6 \cdot DEBT\_RATIO + \beta_7 \cdot ROA + \beta_8 \cdot RETSD + \beta_9 \cdot AGE + \beta_{10} \cdot LAW + \beta_{11} \cdot MAEKET + \varepsilon (i = 1,2,3)$$

因变量 Y_1 = 股权集中（OWNERSHIP）、Y_2 = 董事会会议次数（FREQU）、Y_3 = 高管薪酬（COMP/A）。

（二）样本与数据来源

会计盈余及时性指标的构建需要对样本公司 1999 年至 2006 年八年的会计盈余数据和 8 年股票回报数据逐家进行回归分析才能取得，同时由于计算 1999 至 2006 年核心收益的变化△EARN t 要用到 1998 年数据，所以本节选取 1998 年在上海证券交易所 A 股上市的制造业公司 477 家，并按照如下程序筛选：（1）删除上市日期在 1997 年 12 月 31 日之后的上市公司；（2）删除会计盈余及股票报酬历史数据不足八年的公司；（3）删除 ST 或 PT 的公司，因为这些公司财务状况异常，而我们考察的是正常情况下的财务信息质量；（4）删除公司监控机制变量和控制变量不全的公司，最后得到有效样本 105 家。并用这 105 家公司样本的 2006 年的截面数据进行回归分析。之所以采用 2006 年沪市制造业的截面数据，主要是通过样本选择来控制行业和年度固定效应。因为本节盈余及时性指标计算非常复杂，加入过多的控制变量可能会导致误差叠加。年度财务数据、股价数据资料、监控机制资料主要来自深圳国泰安信息技术有限公司开发的中国股票市场研究数据库（CSMAR）以及万德（Wind）公司提供的数据库，并抽样与上市公司公布的年度报告进行核对和更正。公司法律环境数据取自证监会网站，公司市场环境数据取自樊纲和王小鲁（2007）编制的地区市化指数。

五、实证结果及其分析

（一）描述性统计

表4－24是关于变量盈余及时性和组织复杂度指标的描述性统计情况。从表4－24可以看出，公司监控运行机制变量中，股权集中度均值和中位数分别为0.342和0.306，差别不大，但股权集中度最大值为0.799，最小值为0.100，差别还是比较大的，可见我国上市公司第一股东持股比例具有明显差异。董事会会议次数的中位数和均值也比较接近，分别为8次和8.314次，最大值为24次，最小值为3次，可以看出沪市制造业上市公司董事会会议次数还是很频繁的，说明董事会在这些公司中具备发挥功能的条件。高管薪酬［薪酬总额（元）/公司总资产（万元）］最大值为17.440，最小值为0.030，仅占最大值的1.7%，可见沪市制造也上市公司单位价值资产支付的高管薪酬差距很大。

表4－24　　　　描述性统计

变量名称	样本数 N	均值 Mean	中位数 Median	最大值 Maximum	最小值 Minimum	标准差 Std. Dev.
治理变量						
股权集中 OWNERSHIP	105	0.342	0.306	0.799	0.100	0.139
董事会会议次数①	105	8.314	8.000	24.000	3.000	3.691
高管薪酬 COMP/A	105	1.035	0.637	17.440	0.030	1.825

① 这里统计的是没有取自然对数的董事会会议次数。

续表

变量名称	样本数 N	均值 Mean	中位数 Median	最大值 Maximum	最小值 Minimum	标准差 Std. Dev.
盈余及时性变量						
REV _ SLOPE	105	30. 893	16. 287	996. 475	-333. 754	144. 725
REV _ R^2	105	0. 496	0. 540	0. 995	0. 034	0. 260
ERC _ R^2	105	0. 397	0. 344	0. 908	0. 015	0. 252
EARN _ TIMELY	105	0. 505	0. 492	0. 908	0. 108	0. 172
组织复杂度变量						
行业集中度 IND _ CONCEN	105	0. 617	0. 648	1. 000	0. 100	0. 253
地区集中度 GEO _ CONCEN	105	0. 857	1. 000	1. 000	0. 187	0. 232
控制变量						
公司规模 LNA _	105	21. 276	21. 374	25. 183	17. 082	1. 113
无形资产比例 INTANGIBLE	105	0. 045	0. 032	0. 259	0. 000	0. 049
财务杠杆 DEBT _ RATIO	105	0. 666	0. 577	9. 737	0. 108	0. 925
盈利水平 ROA	105	0. 000	0. 005	0. 055	-0. 319	0. 036
上市年限 AGE	105	10. 676	10. 000	14. 000	9. 000	1. 547
股东回报稳定性 RETSD	105	0. 548	0. 486	1. 212	0. 244	0. 220
法律环境 LAW	105	0. 143	0. 000	1. 000	0. 000	0. 352
市场环境 MARKET	105	6. 792	6. 370	9. 740	3. 730	1. 641

盈余及时性变量中，REV _ R^2 的中位数和均值分别为 0. 540 和 0. 496，ERC _ R^2 的中位数和均值分别为 0. 344 和 0. 397。美国上市公司 1994 年末的盈余及时性指标中的 REV _ R^2 的中位数和平均值分别为 0. 29 和 0. 33，ERC _ R^2 的平均值分别为 0. 39 和 0. 33，

说明我国2006年沪市制造业上市公司的盈余及时性远高于美国1994年上市公司水平。

在组织复杂度的变量中，行业集中度IND－CONCEN和地区集中度GEOG－CONCEN的平均值分别为0.617和0.857，而中位数分别为0.648和1，表明2006年沪市制造业上市公司地区多元化程度较低，而行业多元化程度相对较高，但是整体上看，无论行业多元化，还是地区多元化，其绝对程度不是很高。

（二）变量的相关性分析

本节首先分析盈余及时性综合指标EARN _ TIMELY与单个计量指标的相关性，以核查综合性指标的代表性；然后分析盈余及时性指标与行业（地区）集中度指标、控制变量之间相关关系，以核查盈余及时性是否的确由公司内生决定，而非由控制变量所决定的，借以判断盈余及时性是否与公司监控机制之间具有内生性。结果见表4－25。

盈余及时性综合指标（EARN _ TIMELY）由REV－SLOPE、REV－R^2、ERC－R^2三个独立计量指标构建而成，与这三个指标的相关偏相关系数分别为0.579、0.624和0.577，且在1%水平上显著，说明盈余及时性综合指标EARN _ TIMELY较好地反映了单个指标的本质，可以作为盈余及时性的综合替代变量指标。

盈余及时性指标中REV _ SLOPE与LAW、ERC _ R^2与IND _ CONCEN、EARN _ TIMELY与GEO _ CONCEN相关系数较高，但也仅仅分别为0.165、－0.171和－0.198，变量之间的回归分析，发现REV _ SLOPE与LAW的相关系数在10%水平显著，ERC _ R^2与IND _ CONCEN、LAW、RETSD的相关系数分别在5%、5%、10%的水平显著，其余变量之间的相关系数均不显著。因此，作为控制变量加以控制的指标与盈余及时性指标没有显著的相关关系，因此，盈余及时性可以作为独立变量来解释公司监控机制的变化，即公司监控机制与盈余及时性之间不存在显著的内生性。

另外，通过 TOLERANCE 和 VIF 值检验，各个多元回归方程的变量之间不具有显著的多重共线性①。

表 4-25　　盈余及时性变量与其他变量相关系数矩阵

	REV_SLOPE	REV_R^2	ERC_R^2	EARN_TIMELY
REV_SLOPE	1.000			
REV_R^2	0.056	1.000		
ERC_R^2	-0.027	0.0546***	1.000	
EARN_TIMELY	0.578***	0.624***	0.577***	1.000
IND_CONCEN	-0.051	0.036	-0.1712**	-0.105
GEO_CONCEN	-0.134	-0.066	-0.152	-0.198
LNA	0.049	-0.028	0.062	0.046
INTANGIBLE	0.042	-0.243	-0.035	-0.133
DEBT_RATIO	-0.114	-0.005	0.047	-0.041
ROA	0.138	0.031	0.013	0.102
RETSD	-0.004	-0.059	0.1194*	0.032
AGE	0.024	0.040	0.086	0.084
LAW	0.165*	0.098	-0.148**	0.065
MARKET	0.019	0.050	0.103	0.096

（三）多元回归结果及其分析

表 4-26 列示了股权集中度、董事会会议和高管薪酬与公司盈余及时性、行业集中度、地区集中度的回归结果。

① 限于篇幅，有关数据略。

表 4-26 公司监控运行机制与经营透明度关系回归结果

变量	Model 1		Model 2		Model 3	
	Y_1 = OWNERSHIP		Y_2 = FRENQU		Y_3 = COMP/A	
EARN_TIMELY	-0.027 (-2.083)**	-0.07 (-2.722)***	-0.005 (-1.991)**	-0.001 (-2.033)**	-0.013 (-2.152)**	-0.020 (-2.229)**
IND_CONCEN	0.200 (0.286)		-0.061 (-2.597)***		-0.01 (-2.112)**	
GEO_CONCEN		-0.087 (-0.855)		-0.029 (-2.275)**		-0.05 (-2.544)***
LNA	0.264 (2.59)**	0.234 (2.28)**	0.238 (2.179)**	0.25 (2.314)**	-0.61 (-3.48)***	-0.605 (-3.523)***
INTANGIBLE	-0.053 (-0.556)	-0.066 (-0.676)	0.018 (0.177)	0.018 (0.174)	-0.132 (-2.428)**	-0.135 (-2.235)**
DEBT_RATIO	-0.034 (-0.332)	-0.006 (-0.06)	-0.217 (-0.046)	-0.222 (-0.007)	0.046 (0.494)	0.049 (0.523)
ROA	0.19 (1.988)**	0.166 (1.713)*	-0.091 (-2.89)***	-0.078 (-2.764)***	-0.043 (-0.488)	-0.036 (-0.413)
RETSD	0.052 (0.541)	0.064 (0.646)	0.062 (0.602)	0.046 (0.439)	-0.085 (-0.963)	-0.098 (-1.091)
AGE	-0.231 (-2.336)**	-0.23 (-2.276)**	0.106 (1.000)	0.100 (0.941)	0.024 (0.266)	0.019 (0.208)
LAW	-0.045 (-0.46)	-0.055 (-0.554)	-0.119 (-1.139)	-0.115 (-1.098)	-0.029 (-0.326)	-0.028 (-0.309)
MARKET	0.252 (2.338)**	0.263 (2.372)**	-0.003 (-2.025)**	-0.016 (-2.134)**	0.119 (2.188)**	0.109 (2.084)**
R^2	0.221	0.192	0.104	0.101	0.335	0.337
Adjusted R^2	0.139	0.106	0.008	0.005	0.264	0.267
F-statistic	2.674***	2.231**	2.488***	2.564***	4.737***	4.780***
Durbin-Watson statistic	2.120	2.124	1.819	1.826	1.7340	1.753

注：括号内为 t 检验值，***、**、*分别表示 1%、5%、10% 水平上显著。

从表 4－26 可以看出，三个模型 DW 统计量都在 2 附近，说明不存在严重的序列自相关性。

从模型 1 回归结果来看，在股权集中度与盈余及时性、行业集中度的回归中，股权集中度与盈余及时性负相关，与预期一致，且在 5% 水平上显著，股权集中度与行业集中度正相关，与预期相反，但不显著；在股权集中度与盈余及时性、地区集中度的回归中，股权集中度与盈余及时性负相关，与预期一致，且在 5% 水平上显著，股权集中度与地区集中度负相关，尽管与预期符号一致，但不显著。行业集中度正相关，与预期相反，但不显著在。因此 H1（a）得到验证，H1（b）没有通过检验，表明会计盈余及时性越低，即经营透明度越低，公司越会倾向于第一大股东增加持股来强化其控制权，以此来实现对公司的强力监控。而通过增加持股实现监控的做法是一种高成本的机制，第一大股东之所以这么做，是因为通过高成本监控运行机制，可以获取特定监管信息，有效监控管理层行为与经营业绩，缓解管理层道德风险对其利益的损害。因此公司的监管运行机制对经营透明度作出了一定反应，并得到了优化。至于股权集中度与行业集中度和地区集中度均没有显著相关性的问题，存在以下可能：一是样本数量限制及样本整体上多元化特征不明显；二是由于制造业属于传统行业，其成本结构中固定成本占的比重较大，信息不对称程度不是很高，由于组织复杂度所造成的经营不透明问题可以通过董事会或高管薪酬等内部监控机制的完善来缓解，而必采用提高持股的方式提供的监控机制成本太高，因而没有因此由于组织复杂度所导致的大股东对监控机制的需求不是很明显，从而组织复杂度没有影响第一大股东持股比例的增加。但这需要进一步验证。

从模型 2 回归结果来看，在董事会会议与盈余及时性、行业集中度的回归中，董事会会议（次数）与盈余及时性负相关，且在

5%水平上显著，与行业集中度负相关，在1%水平上显著；在董事会会议与盈余及时性、地区集中度的回归中，董事会会议（次数）与盈余及时性负相关，且在5%水平上显著，与地区集中度负相关，5%水平上显著，均与预期一直，从而H2（a）和H2（b）通过检验。说明随着盈余及时性的降低、公司组织复杂度的提高，公司的经营不透明问题严重，进而会引发严重的道德风险。为此，股东会对董事会的监控提出严格要求，并通过组建勤勉、有监管能力的董事会强化公司监管，强有力的董事会会通过增加会议次数这种高成本的监管运行机制以对经营不透明作出反应，实现监管目标。

从模型3回归结果来看，在高管薪酬与盈余及时性、行业集中度的回归中，高管薪酬与盈余及时性负相关，且在5%水平上显著，与行业集中度负相关，在5%水平上显著；高管薪酬与盈余及时性、地区集中度的回归中，高管薪酬与盈余及时性负相关，且在5%水平上显著，与地区集中度负相关，1%水平上显著，均与预期一直。从而H3（a）和H3（b）通过检验。股东面对较低的盈余及时性、较高的组织复杂度，即较高的经营不透明性，公司会采用较高的单位金额资产的高管薪酬支付来提供高成本的监管运行机制。从而体现出高管薪酬等运行机制对公司经营不透明度的反应。

综上所述，本节董事会监控假设、高管薪酬假设，大股东监控假设中的盈余及时性假设分别得到验证，尽管大股东监控假设中的组织复杂度假设没有通过检验，但是不影响对本节的理论预期的印证。因此，公司监控运行机制是对公司经营透明度的有效反应，如果公司经营透明度过低，会导致严重的信息不对称，并引发管理层道德风险泛滥，为了缓解信息不对称和道德风险，公司的监控运行机制会对此作出反应，通常是采用成本更高昂的监管运行机制以实现上述目的。因此，公司监管运行机制在某种程度上是由公司内外部信息环境决定的，并随着信息状况的变化不断得到动态优化。公司的经营信息透明状况应该是公司监管、公司治理与内部控制制度设计应考虑的根本性因素。

六、研究结论与局限性

公司经营的不透明会加重管理层的道德风险，投资者会因此提高对公司监控机制的需求。监控管运行机制作为公司契约的延续，公司利益相关方会在成本效益原则下选择或调整某些公司监控运行机制以应对信息不完备、经营环境波动等造成的信息不对称及其治理问题，减少公司管理层的道德风险，实现监督与激励相容。因此公司监控运行机制可能会对公司经营透明度产生积极反应，并在这个过程中不断实现自身优化，并进一步实现契约均衡。这一问题是公司监管、公司治理与内部控制制度设计应考虑的基础性问题。然而，到目前为止，关于我国公司监控运行机制对公司经营透明度的反应情况及其规律缺乏研究，从而在公司监管机制、公司治理与内部控制制度设计上过多强调制度结构，而忽视制度对公司经营透明度状况的激励相融问题。为此，本节使用我国沪市制造业上市公司1999～2006年的数据，以会计盈余及时性与组织复杂度作为经营透明度的衡量指标，分别验证了大股东监控假设、董事会监控假设与高管薪酬假设。

研究发现，股权集中度与盈余及时性显著负相关，董事会会议（次数）与盈余及时性显著负相关，与行业集中度及地区集中度显著负相关，高管薪酬与盈余及时性显著负相关，与行业集中度和地区集中度显著负相关；本节提出的董事会监控假设、高管薪酬假设，大股东监控假设中的盈余及时性假设分别得到验证；公司监控运行机制会对公司经营透明度作出有效反应，如果公司经营透明度过低，会导致严重的信息不对称，并引发管理层道德风险泛滥，从而提高了投资者对公司监控运行机制的需求。因此，低经营透明度下，公司可能会采用成本更高昂的监管运行机制以缓解信息不对称和道德风险，最终体现出公司监管运行机制会随着信息状况的变化不断得到调整与动态优化，从而为公司契约的履行提供了一定程度的自我实现保障。其政策含义是，公司在进行监管机制设计、公司治理与内部控制制度设计时，应当充分考虑各种制度及其运行机制随经营透明度的反应规律，实现制度设计的激励相融。

本章研究局限，一是样本数量及类型限制使研究结论受到重要影响；二是仅选择大股东监控、董事会监控和高管薪酬，还不足以发现公司监管运行机制对公司经营透明度的具体反应规律。这些问题需要进一步研究。

主要参考文献：

[1] Adams, R. The dual role of corporate boards as advisors and monitors of management: theory and evidence. SSRN, 2000

[2] Aggarwal, R., Samwick, A. A.. The other side of the tradeoff: the impact of risk on executive compensation. Journal of Political Economy 107, 65 - 105

[3] Aggarwal, R. K. and A. A. Samwick. Performance incentives within firm: The effect of managerial responsibility, Journal of Finace, 2003, 58 (4): 1613 - 1649

[4] Anderson, R., Bates, T., Bizjak, J., Lemmon, M. Corporate governance and firm diversification. SSRNARTICLE IN PRESS,1998

[5] Baker, G. P., Jensen, M. C., Murphy, K. J. Compensation and incentives: practice vs. theory. Journal of Finance, 1988 (43): 593 - 616

[6] Ball, R.., Kothari, S. P., Robin, A.. The effect of international institutional factors on properties of accounting earnings. Journal of Accounting and Economics, 2000 (29): 1-51

[7] Banker, R. D., Datar, S. M. Sensitivity, precision, and linear aggregation of signals for performance evaluation. Journal of Accounting Research, 1989 (27): 21-39

[8] Basu, S. The conservatism principle and the asymmetric timeliness of earnings. Journal of Accounting and Economics, 1997 (24): 3-37

[9] Beasley Mark S. An empirical analysis of the relation between board of director composition and financial statement fraud. The Accounting Review, 1996 (10): 443-465

[10] Berger, P. Ofek, E. Diversification's effect on firm value. Journal of Financial Economics, 1995 (37): 39-65

[11] Bodnar, G., Tang, C., Weintrop, J. Both sides of corporate diversification: the value impacts of geographic and industrial diversification. SSRN, 1998

[12] Botosan, C. A: Disclosure Level and the Cost of Equity Capital, the Accounting Review July 1997 (72): 323-349

[13] Brickley, J., Smith, C., Zimmerman, J. Managerial Economics and Organizational Architecture. McGraw-Hill/Irwin, Boston, 2004

[14] Bushman, R., Indjejikian, R., Smith, A. Aggregate performance measures in business unit manager compensation: the role of intra firm interdependencies. Journal of Accounting Research, 1995 (33): 101-128

[15] Bushman, R.., Chen, Q., Engel, E., Smith, A. Financial ac-

counting information, organizational complexity and corporate governance systems. Journal of Accounting and Economics, 2004 (37): 167 -201

[16] Bushman, R. M. , Indjejikian, R. J. , Smith, A. CEO compensation: the role of individual performance evaluation. Journal of accounting and Economics, 1996 (21): 161 -193

[17] Buzby, S. L. "Selected items of information and their disclosure in annual reports", The Accounting Review, April 1974 (49): 423 -35

[18] C. Richard Baker, Philip Wallage. The Future of Financial Reporting in Europe: Its Role in Corporate Governance, The International Journal of Accounting, 2000, 135 (2): 173 -187

[19] Cheung, S. N. S "The Contractual Nature of the Firm", Journal of Law & Economics, 1983, 26 (1): 1 -21

[20] Chow, C. W. and Wong - Boren, A. "Voluntary financial disclosure by Mexican corporations" The Accounting Review, July 1987 (62): 533 -41

[21] Cooke, T. E. Regression analysis in accounting disclosure studies. Accounting and Business Research 1998, 28 (3): 209 -224

[22] Cooke, T. E. "Disclosure in the corporate annual reports of Swedish companies" Accounting and Business Research, Spring. 1989 (19): 113 -24

[23] Core, J. , Holthausen, R. , Larcker, D. Corporate governance, chief executive officer compensation, and firm performance. Journal of Financial Economics, 1999, 51 (3): 371 -406

[24] Coughlan, A. T. , Schmidt, R. M. Executive compensation, management turnover and firm performance. Journal of Accounting and

Economics, 1985 (7): 43 -66

[25] Craighaad, J. A., M. L. Magan and L. Thorne. The impact of mandated disclosure on performanee - based CEO compensation, contemporary accounting research, 2004, 21 (2): 369 -396

[26] Cusatis, P., Miles, J., Woolridge, R. Restructuring through spin - offs: the stock market evidence, Journal of Financial Economics 1993 (33): 293 -311

[27] Daley, L., Mehrotra, V., Sivakumar, R. Corporate focus and value creation - evidence from spinoffs. Journal of Financial Economics, 1997 (45): 257 -281

[28] Debreceny, R., Gray, G. L., Mock, T. J. Financial reporting Web sites: What users want in terms of form and content. The International Journal of Digital Accounting Research, 2001, 1 (1): 1 -23

[29] Dechow, P., Sloan, R., Sweeney, A. Causes and consequences of earnings manipulations: an analysis of firms subject to enforcement actions by the SEC. Contemporary Accounting Research, 1996 (13): 1 -36

[30] Defond, M. L., Park, C. W. The effect of competition on CEO turnover. Journal of Accounting and Economics, 1999 (27): 35 -56

[31] Demsetz, H., Lehn, K. The structure of corporate ownership: causes and consequences. Journal of Political Economy, 1985 (93): 1155 -1177

[32] Denis, D. J, Denis, D. K, Sarin, A. Agency problems, equity ownership, and corporate diversification. Journal of Finance, 1997 (52): 135 -160

[33] Duru, A., Reeb, D. Geographic and industrial corporate di-

versification: the level and structure of executive compensation. Journal of Accounting Auditing and Finance, 2002 (17): 1 – 24

[34] Easton, P., Harris, T. Earnings as an Explanatory Variable for Returns. Journal of Accounting Research, 1991 (29): 19 – 36

[35] Engel. E., R. M. Hayes and X. Wang. CEO turn over and properties of accounting information, Journal of Accounting and Economics, 2003 (36): 197 – 226

[36] Fama, E., French, K. Industry costs of equity. Journal of Financial Economics, 1997 (43): 153 – 193

[37] Fama, E., Jensen, M. Separation of ownership and control. Journal of Law and Economics, 1983 (26): 301 – 325

[38] Fan J. P. H, T. J. Wong. Corporate Ownership Structure And The Informativeness of Accounting Earnings in East Asia. Journal of Accounting & Economics, 2002 (33): 401 – 425

[39] Farrell. K., Whidbee. D. A.. The impact of firm performance expectations on CEO turnover and replacement decisions. Journal of Accounting and Economics, 2003 (36): 165 – 196

[40] Francis, J., LaFond, R., Olsson, P., Schipper, K. Costs of capital and earnings attributes, The Accounting Review, 2004 (79): 967 – 1010

[41] Francis, J., Khurana, Inder K. and Pereira, Raynolde. The role of accounting and auditing in corporate governance and the development of financial markets around the world. Asian – Pacific Journal of Accounting and Economics, 2003 (10): 1 – 30

[42] George A. Akerlof, the market for 'Lemons': Quality Uncertainty and the market mechanism, Quarterly Journal of Economics, 1970: 488 – 500

[43] Givoly, D., Hayn, C., D'Souza, J. Measurement errors and information content of segment reporting. Review of Accounting Studies, 1999, 4 (1): 15-43

[44] Graham, J., Lemmon, M., Wolf, J. Does corporate diversification destroy value? Journal of Finance, 2002 (57): 695-720

[45] Grossman, S. J., Stiglitz, J. E. The impossibility of informationally efficient markets. American Economic Review, 1980 (70): 393-408

[46] H. Q. Yuan. Earnings Management And Capital Resource Allocation: Evidence from China's Accounting-Based Regulation of Rights Issues. The Accounting Review, Vol. 2004 (79): 645-665

[47] Hall, B. J., Liebman, J. B. Are CEOs really paid like bureaucrats? Quarterly Journal of Economics, 1998 (113): 653-691

[48] Hayes, R., Schaefer, S. Implicit contracts and the explanatory power of top executive compensation for future performance. Journal of Economics, 2000 (31): 273-293

[49] Healy, P. M., Palepu, K. G. Information asymmetry, corporate disclosure, and the capital market: a review of the empirical disclosure literature. Journal of Accounting and Economics, 2001 (31): 405-440

[50] Healy, P. The effect of bonus schemes on accounting decisions. Journal of Accounting and Economics, 1985 (7): 85-113

[51] Hermalin, B., Weisbach, M. Endogenously chosen boards of directors and their monitoring of the CEO. American Economic Review, 1998 (88): 96-118

[52] Hermalin, B., Weisbach, M. Boards of directors as an endogenously determined institution: a survey of the economic literature.

Economic Policy Review, 2003 (9): 7 -26

[53] Hermalin, B. E., Weisbach, M. S.. Endogenously chosen boards of directors and their monitoring of the CEO. American Economic Review, 1998 (88): 96 - 118

[54] Himmelberg, C., Hubbard, R., Palia, D. Understanding the determinants of managerial ownership and the link between ownership and performance. Journal of Financial Economics, 1999 (53): 353 -384

[55] Holmstrom, B., Milgrom, P. R.. Multi - task principal - agent analyses: incentive contracts, asset ownership and job design. Journal of Law, Economics and Organization, 1991 (7): 24 -52

[56] Hossain, M., Tan, L. M., Adams, M. Voluntary disclosure in an emerging capital market: Some empirical evidence from companies listed on the Kuala Lumpur stock exchange. International Journal of Accounting, 1994 (29): 334 -351

[57] Inchausti《The influence of company characteristics and accounting regulation on information disclosed by Spanish firms》, the European Accounting Review, 1997 (6): 45 -68

[58] Ittner, C. D., Larcker, D. F., Rajan, M. V.. The choice of performance measures in annual bonus contracts. Accounting Review, 1997 (72): 231 -255

[59] J. P. H. Fan, T. J. Wong. Corporate Ownership Structure And The Informativeness of Accounting Earnings in East Asia. Journal of Accounting & Economics, Vol. 2002 (33): 401 -425

[60] Jensen, M. C., Meckling, W. H. Theory of the firm, managerial behavior, agency cost and ownership structure. Journal of Financial Economics, 1976 (3): 305 -361

[61] Jensen, M. C. The Modern Industial Revolution, Exit and The Failaure of Internal Control Systems, Jounrnal of Finance, 1993

[62] John, K., Ofek, E. Asset sales and increase in focus. Journal of Financial Economics, 1995 (37): 105 - 126

[63] John, K., Senbet, L. W. Corporate governance and board effectiveness. Journal of Banking and Finance, 1998 (22): 371 - 401

[64] Kole, S., Lehn, K. Deregulation and the adaptation of governance structure: the case of the U. S. air line industry. Journal of Financial Economics, 1999 (52): 79 - 117

[65] Kothari, S. P., Sloan, R. G.. Information in prices about future earnings: implications for earnings response coefficients. Journal of Accounting and Economics, 1992 (15): 143 - 171

[66] La Porta, R., Lopez - de - Silanes, F., Shleifer, A. and Vishny, R. Law and Finance, Journal of Political Economy, 1998 (106): 1113 - 1155

[67] La Porta, R., Lopez - de - Silanes, F., Shleifer, A. and Vishny, R. Investor protection and corporate governance, Journal of Financial Economics, 2000 (158): 3 - 27

[68] Lambert R. A. Contracting theory and accounting. Journal of Accounting and Economics, 2001, 32 (1): 3 - 87

[69] Lambert, R. A., Larcker, D. F.. An analysis of the use of accounting and market measures of performance in executive compensation contracts. Journal of Accounting Research, 1987 (25): 85 - 129

[70] Lamont, O., Polk, C. Does diversification destroy value? Evidence from the industry shocks. Journal of Financial Economics, 2002 (63): 51 - 77

[71] Lang, L., Stulz, R. Tobin ' s Q. Corporate diversification

and firm performance. Journal of Political Economy, 1994 (102): 1248 -1280

[72] Leftwich, R. W., Watts, R. L., Zimmerman, J. L. Voluntary corporate disclosure: The case of interim reporting. Journal of Accounting Research, 1981 (19) (supplement): 50 -77

[73] Nikos and Vafeas. Board Meeting Frequency and Firm Performance. Journal of Financial Economics, 1999 (53): 113 -142

[74] Puffer, S. M., Weintrop, J. B.. Corporate performance and CEO turnover: the role of performance expectation. Administrative Science Quarterly, 1991 (36): 1 -19

[75] R. Ball, A. Robinh, J. S. Wu. Accounting standards, the institutional environment and issuer incentives: Effect on timely loss recognition in China, Asia - Pacific Journal of Accounting and G Econoimcs, 2000 (7): 71 -96

[76] R. Ball, L. Shivakumar. Earnings quality in U. K. private firms: Comparative loss recognition timeliness, Journal of Accounting Research, 2005 (44): 206 -242

[77] R. Ball, S. P. Kothari, A. Robin. The effect of international institutional factors on properties of accounting earnings, Journal of Accounting and Economics, 2000 (29): 1 -51

[78] Rose, N., Shepard, A. Firm diversification and CEO compensation: managerial ability or executive entrenchment. Rand Journal of Economics, 1997 (28): 489 -514

[79] Ross L. Watts, Jerold L. Zimmerman. POSITIVE ACCOUNTING THEORY, Prentice - Hall Inc, 1986

[80] S. Claessens, S. Djankov, L. H. P. Lang. The Seperation of Ownership And Control in East Asian Corporations. Journal of Financial

Economics, 2000 (58): 81 -112

[81] Schipper, K. , Smith, A. Effects of recontracting on shareholder wealth: the case for voluntary spinoffs. Journal of Financial Economics, 1983 (12): 437 -467

[82] Simon S. M. Ho and Kar Shun Wong. "A Study of Relationship between Corporate Governance Structure and the Extent of Voluntary Disclosure", 2001

[83] Sloan, R. G. . Accounting earnings and top executive compensation. Journal of Accounting and Economics, 1993 (16): 55 -100

[84] Smith, C. , Watts, R. The investment opportunity set and corporate financing, dividend, and compensation policies. Journal of Financial Economics, 1992 (32): 263 -292

[85] Stulz R. M. Managerial discretion and optimal financing policies. Journal of Financial Economics, 1990 (26): 3 -27

[86] Thomas D. Fields, Thomas Z. Lys and Linda Vincent. Empirical research on accounting choice, Journal of Accounting and Economics, 2001 (31): 255 -307

[87] Verrecchia, R. The use of mathematical models in financial accounting. Journal of Accounting Research, 1982 (20): 1 -55

[88] Verrecchia, R. E. "Eassays on disclosure" Journal of Accounting and Economics, 2001 (32): 97 -180

[89] Warfield, T. , Wild, J. , Wild, K. Managerial ownership, accounting choices, and informativeness of earnings. Journal of Accounting and Economics, 1995 (20): 55 -100

[90] Warner, J. B. , Watts, R. L. , Wruck, K. H. . Stock prices and top management changes. Journal of Financial Economics, 1988 (20):

461 - 492

[91] Weisbach, M. S.. Outside directors and CEO turnover. Journal of Financial Economics, 1988 (20): 431 - 460

[92] Zimmerman, J. Accounting for Decision Making and Control. Irwin/McGraw Hill Publishing Company, New York, NY, 2002

[93] 财政部“会计信息质量特征研究课题组”：对建立我国会计信息质量特征体系的认识.《会计研究》, 2006 (1)

[94] 陈汉文，邓顺永. 盈余报告及时性：来自中国股票市场的经验证据.《当代财经》, 2004, (4)

[95] 陈胜蓝，魏明海. 投资者保护与财务会计信息质量.《会计研究》, 2006 (10)

[96] 程书强. 机构投资者持股与上市公司会计盈余信息关系实证研究.《管理世界》, 2006, 第9期

[97] 崔学刚. “董事会治理效率：成因与特征分析”.《财贸研究》, 2004 (2)

[98] 崔学刚. 公司治理机制对公司透明度的影响.《会计研究》, 2004 (8)

[99] 崔学刚. 公司治理机制对公司透明度的影响——来自中国上市公司的经验数据.《会计研究》, 2004 (8)

[100] 戴德明，何广涛 (2002). “信息披露程度与权益资本成本关系研究：以信息产业上市公司为例”,《中国教授会年会论文集》, 中国财政经济出版社, 2003

[101] 樊纲，王小鲁，朱恒鹏. 中国市场化指数——各地区市场化相对进程2006年报告. 经济科学出版社, 2007

[102] 龚玉池. 公司绩效与高层更换.《经济研究》, 2001 (10)

[103] 谷祺，邓德强，路倩. 现金流权与控制权分离下的公司

价值——基于我国家族上市公司的实证研究.《会计研究》，2006(4)

[104] 蒋荣，陈丽容.产品市场竞争治理效应的实证研究：基于 CEO 变更视角.《经济科学》，2007（2）

[105] 蒋荣，刘星.上市公司 CEO 变更机制有效性的实证研究.《山西财经大学学报》，2007（3）

[106] 雷光勇，刘慧龙.大股东控制、融资规模与盈余操纵程度.《管理世界》，2006（1）

[107] 林钟高，吴利娟.公司治理与会计信息质量的相关性研究.《会计研究》，2004（8）

[108] 刘冰，高闯.高技术企业的权变治理、管理者更替与企业永续发展.《中国工业经济》，2004（12）

[109] 刘峰.制度安排与会计信息质量.《会计研究》，2001(7)

[110] 卢静，胡运权.会计信息与管理者报酬激励契约研究综述.《会计研究》，2007（1）

[111] 陆正飞，叶康涛.产权保护导向的会计研究：新近研究回顾.《中国会计评论》，2007（1）

[112] 潘琰，辛清泉.所有权、公司治理结构与会计信息质量——基于契约理论的现实思考.《会计研究》，2004（4）

[113] 皮莉莉，Julian Lowe，刘刚.西方 CEO 变更理论研究综述.《岭南学刊》，2007（6）

[114] 青木昌彦.比较制度分析，上海远东出版社 2001 年版，译者：周黎安、葛家澍、黄世忠，2002. 安然事件的反思.《会计研究》，2001（3）

[115] 沈艺峰.ST 公司董事会治理失败的成因分析.《证券市场导报》，2003（3）

[116] 沈艺峰，陈舒予，黄娟娟．投资者法律保护、所有者结构与困境公司高层管理人员变更．《中国工业经济》，2007 (1)

[117] 魏刚．“高级管理层激励与上市公司经营绩效”，《经济研究》，2000 (3)

[118] 魏明海，刘峰，施鲲翔．论会计透明度．《会计研究》，2001 (9)

[119] 魏明海，陈胜蓝，黎文靖．投资者保护研究综述：财务会计信息的作用，《中国会计评论》，2007 (1)

[120] 魏明海．会计信息质量经验研究的完善与运用．《会计研究》，2005 (3)

[121] 吴东辉．中国上市公司应计项目选择的实证研究．《中国会计与财务研究》，2001 (3)

[122] 夏冬林．“我国上市公司股东大会功能分析”，《会计研究》，2000 (3)

[123] 肖泽忠，杨鹤．“The influence of company characteristics and accounting regulation on information disclosed by Spanish firms”，Working Paper，2003

[124] 许小年，王燕．“中国上市公司的所有制结构与公司治理”，选自《公司治理结构：中国的实践与美国的检验》，中国人民大学出版社，2000

[125] 杨克泉，吕立伟，刘新君．会计盈余及时性对公司治理机制影响的实证研究．《财会通讯（学术版)》．会计盈余及时性特征与公司治理机制内生实证研究．《财会通讯（学术版)》，2007 (2)

[126] 游家兴，李斌．信息透明度与公司治理效率——来自中国上市公司总经理变更的经验证据．《南开管理评论》，2007 (10)

[127] 于东智．董事会、公司治理与绩效——对中国上市公司

的经验分析.《中国社会科学》,2003(3)

[128] 章永奎,刘峰.盈余管理与审计意见相关性实证研究.《中国会计与财务研究》,2002(4)

[129] 赵宇龙.会计盈余披露的信息含量——来自上海股市的经验证据,《经济研究》,1998(7)

[130] 朱红军.大股东变更与高级管理人员更换:经营业绩的作用.《会计研究》,2002(9)

[131] 朱红军.高级管理人员更换与经营业绩.《经济科学》,2004(4)

[132] 朱红军.我国上市公司高管人员更换的现状分析.《管理世界》,2002(5)

第五章
管理会计与投资者保护

第一节 预算功能彰显及其组织绩效研究

摘 要：本节在提炼与描述了预算的四项功能（业务规划、业绩评价、目标沟通、战略形成）的基础上，研究了各项预算功能彰显程度的环境决定因素、预算功能与预算特征的关系以及各项预算功能是如何影响组织绩效的。研究发现：预算功能具有多重性；预算环境是各种预算功能彰显的重要驱动因素；各项预算功能都伴随着相应的预算特征并对组织绩效产生不同影响。

关键词：预算功能彰显、预算环境驱动因素、预算特征、组织绩效

一、引言

几乎在所有的组织中，预算都是一种重要的控制系统（Armstrong et al.，1996；Robert N. Anthony 和 Vijay Govindarajian 1998；Ekholm 和 Wallin，2000；Merchant 和 Van der Stede，2003；阎达伍等，2001；汤谷良等，2000）。预算在组织中具有多种功能，这些功能随着组织环境与管理导向的不同而体现出不同的重要性，或者

说在不同的组织中，由于组织特征和管理目标的不同，预算可能体现出截然不同的功能，我们把这种现象称为“预算功能彰显”。关于预算功能彰显方面的研究，早期的文献主要集中于预算的业绩评价功能，很少关注预算的其他功能及其彰显机制，甚至连预算的业务规划（Operational planning）和战略制定（Strategy formation）等功能都很少纳入研究视野。随着社会经济发展，组织复杂度的提高，预算在组织管理中扮演着越来越重要的角色，预算的潜在功能不断得到开发和应用，人们对预算功能的关注视角也发生了根本性变化。深入研究预算功能彰显机制及其组织绩效问题已成为管理会计研究的重要话题。虽然预算具有多重功能的观念由来已久，标准的教科书中早就有讨论（见 Robert N. Anthony 和 Vijay Govindarajian，1998，Garrison 和 Noreen，2003；Horngren et al.，2003；William R. Lalli，2003；汤谷良，2006;），但是，以前的研究更倾向于孤立地分析预算功能，且主要是预算的业绩评价功能，而对于一个组织为规划业务或为落实战略而编制预算时，是否会与评价管理者及其部门业绩而编制预算采用相同的方法路径？是否会采用相同的预算环境处理策略（如处理预算环境中的不可控因素的策略）？是否具有相同的组织绩效？这些问题还很不明确，而国内的相关研究更为匮乏。

本节以企业预算为研究对象，试图通过检验一组扩展的预算功能及其组织绩效问题，探讨各项预算功能在不同环境下的彰显程度，进而研究特定环境下预算功能的组织绩效，为深入理解预算功能彰显机制提供理论解释与经验数据，拓宽前人的研究成果。

二、研究框架与研究假设

本节研究目标是探讨各项预算功能在不同环境下的彰显程度以

及特定环境下彰显的预算功能的组织绩效，因此本节要研究相互关联的几组关系：预算环境驱动因素与预算功能彰显程度的关系；特定预算环境下的预算功能彰显与预算特征的关系；特定预算环境下的预算功能与组织绩效的关系。

（一）预算功能的多重性与独特性

已有的文献普遍缺乏对预算功能存在性的检验。一些学者暗示或声称一个特定的预算系统难以同时满足多重目的，如同时满足计划功能与业绩评价功能要求（Barrett 和 Fraser，1977；Churchill，1984；Epstein 和 Manzoni，2002；Merchant 和 Manzoni，1989），这意味着在特定环境下，预算系统的不同功能如果相冲突，预算的各项功能效果之间就可能相互制约，降低预算效率；同时，Fisher et al.（2002）的实证分析则发现，当同时为不同目的而实施预算时，各种预算功能之间又有相互协同的一面，不同的预算功能将会产生正的外部效应，即预算功能的综合发挥将会比追求单一功能产生更多的价值。本节将采用实证的方法研究各项预算功能之间存在“冲突（Conflicts）”与“协同（Synergies）”的可能性。这就需要首先建立相对独立的预算功能定义系统。

预算在组织中的功能具有多样性（或称多重性），通过回顾文献，发现有关预算功能研究的文献中，缺乏稳定而无歧义的明确的预算功能的定义。不同的研究者采用的表达方法也稍有不同，有些还创造了自己的术语（如教科书，见 Anthony 和 Govindarajan，1998[①]；Horngren et al.，2003；Merchant 和 Van der Stede，2003；

① Robert N. Anthony 和 Vijay Govindarajian 对预算的功能集中描述为：为战略计划作进一步安排、协调，指定责任和业绩评价。（许锐等译，1999，《管理控制系统》第九版，机械工业出版社，P269－270）

Simons，1995；William R. Lalli，2003；学术研究，见 Collins et al.，1997；Ekholm 和 Wallin，2000；Epstein 和 Manzoni，2002；Fisher et al.，2002；Luft 和 Shields，2003；Shields 和 Shields，1998；实务界的总结与提炼，见 Barrett 和 Fraser，1977；Hope 和 Fraser，1997，2000，2003），因此，从整体上看，公认的、统一的预算功能描述体系并不存在。[①]

提炼预算功能较为有说服力的途径有两个：一个是通过理论范畴的逻辑演绎；另外一个就是通过实务界熟悉预算工作的或有经验的人士参与提炼。通过理论范畴的逻辑演绎的最大好处就是可能会全面地考虑到预算在组织中的任何潜在功能，定义明确、稳定而无歧义（Luft 和 Shields，2003），但与预算实践的偏离会较为严重；通过实践提炼的预算功能体系则有一个共同缺点，就是可能缺乏有明确的定义，不稳定且存在歧义。本节对这一问题的处理倾向于实践范畴，即采用了实务界人士的提炼来获得预算功能描述。我们采取了三轮与大型企业预算负责人讨论交流、调查问卷（主要是调查对象是全国会计领军（后备）人才、国有大中型企业的财务经理、总会计师及其他相关业务人员）以及参考了多名专家教授的建议，最终提炼出四项相对独立的预算功能，即业务规划、业绩评价、目标沟通、战略制定。

通过上述方法提炼出的预算功能描述基本涵盖了预算在组织中的主要应用：涵盖了计划职能，既有短期（业务规划），又有长期（战略制定），同时也包括沟通和交流的作用（目标沟通），而且它最终还包括了业绩评价，业绩评价功能也是实务界和学术研究中公

① Horngren et al.，2003；Simons，1995，Merchant and Van der Stede，2003；Ekholm and Wallin，2000，p. 530；Epstein and Manzoni，2002；Hope and Fraser，1997，p. 22；Barrett and Fraser，1977.

认的预算的重要作用（Hartmann，2000；Luft 和 Shields，2003）。预算功能系统的定义强调预算功能的相对独立性，即强调上述四项预算功能中每项功能相对于其他功能所体现出来的“独特性”（Uniqueness）。而有文献指出，某项预算功能的发挥并不是隔绝了其他功能而孤立存在的（Moores 和 Yuen，2001），各项预算功能之间是相互关联甚至是有重叠部分的（Shields 和 Shields，1998），因此我们需要剔除各项预算功能的共同特征因素，只关注其具有“独特性”的成分，而不是关注共同因素。运用科学方法恰当地提取每项预算功能的独特性成分是十分重要的，因为我们的研究目的是要了解企业（或组织）因不同目的而实施预算时，是如何考虑不同的预算特征（Budgeting Characteristics）（如预算的复杂度及预算准确度）以及不同的权变因素（如环境中的不可控因素的处理策略）的，最终导致不同预算功能的体现。我们预期各种预算功能既不可能是全部无关的，也不可能完全相同。于是我们得到假设 H1：

H1：预算的多重功能（如本节定义的业务规划、业绩评价、目标沟通、战略制定）不是完全独立或完全互斥。

（二）预算环境驱动因素

预算环境对预算功能发挥会产生什么影响？对预算的组织绩效又有什么影响呢？这就需要研究每项预算功能隐含的预算环境驱动因素[①]。这些驱动因素一般都是客观环境因素，他们会导致预算在不同功能上的彰显程度不同。这里就需要归纳预算环境中存在的预

① 我们使用前提条件（或驱动因素）这个术语时采用了比较广义含义，是指前提条件与预算作用之间存在的所有关系，而不是仅仅指因果关系或是决定关系（Luft and Shields，2003，p. 173）。

算驱动因素，进而探讨预算与组织的设置特点及组织目标之间的关系。

在文献回顾的基础上，我们归纳了环境驱动因素变量，这些变量包括外部环境变量，如竞争程度（Khandwalla，1972）、经营环境变量（Bouwens 和 Abernethy，2000；Eisenhardt，1985；Gordon 和 Narayanan，1984；Govindarajan 和 Fisher，1990；Krumweide，1998；MacintoshandDaft，1987；Ouchi，1979；Pitts，1980；Thompson，1967）、组织战略变量（Collins et al.，1997；Govindarajan 和 Gupta，1985；Govindarajan，1988）、组织结构变量（Bruns 和 Waterhouse，1975；Goold，1991；Gordon 和 Narayanan，1984；Ouchi，1977；Vancil，1980）以及规模变量（Bruns 和 Waterhouse，1975；Merchant，1981）。

虽然已有文献对预算驱动因素的研究具有重要的指导价值，尤其是业绩评价①方面的研究，但是对于预算环境如何影响到各项预算功能的发挥则很难找到研究文献。此外，我们将预算功能由单纯的业绩评价扩展到上述四项功能，会产生了大量潜在的相互关系。因此，我们需要探索性地研究每一项预算环境驱动因素对不同预算功能彰显程度的作用。我们预期，在不同的环境下，预算功能彰显程度不同。于是有假设 H2：

H2：不同的预算环境下，预算的各项功能的彰显程度不同。

（三）预算特征

在检验了每项预算功能的环境驱动因素及作用机制之后，就需要检验各项预算功能所导致的预算特征表现情况。

不同的预算环境驱动因素将导致各种预算潜在功能的彰显程度

① 见 Luft 和 Shields（2003）所作的最新的和最全面的回顾。

不同，而这些不同预算功能彰显必然会导致预算具有特定环境下的特征，这些特征会影响我们对预算功能的认识。我们再次利用了前人的研究，生成了如下预算特征变量：预算重点程度（Hopwood，1972；Otley，1978；Van der Stede，2000，2001）、预算参与（Brownell，1982；Shields 和 Shields，1998）以及预算难度（Dunk，1993；Epstein 和 Manzoni，2002；Hirst 和 Lowy，1990；Kenis，1979；Merchant 和 Manzoni，1989；Simons，1988）等，这些变量可能影响预算功能彰显及其预算的组织绩效。例如，管理者实现预算目标的压力会影响到他们真实地报告预算编制过程中真实信息的意愿（Argyris，1952；Hofstede，1967），以及影响预算能否达成其设定的目标功能。除此之外，我们还采用了完成预算过程中重复工作的数量等变量（Ekholm 和 Wallin，2000）。当然，这些变量可能会影响所观察到的预算功能，例如，周期过长的预算编制过程对业绩评价来说，不是好的特征，但对其他预算功能来说则不一定，如对战略制定而言，预算编制时间长可能是好的预算特征，因为其信息的收集和掌握比预算完成本身更重要（Simons，1987b，1990，1995）。我们预期，预算功能彰显程度会导致预算特征发生一定变化，于是得到 H3。

H3：彰显程度不同的各项预算功能伴随着特定的预算特征。

（四）组织绩效

每项预算功能的彰显是如何影响组织绩效的？为了更好地衡量组织绩效，我们选择预算整体满意程度与组织单元业绩两项指标来衡量组织绩效。我们检验了企业组织的各项预算功能彰显程度对组织绩效的影响或贡献，即考察每项预算功能彰显后的效果如何，我们采用二阶最小平方法（Two - Stage Least Squares，简称 2SLS）估计预算特征对各项预算功能彰显程度的作用效果及其组织绩效①。这种2SLS的选择暗含着承认预算功能彰显程度的组织绩效以及预算环境驱动因素对预算功能彰显程度的作用来说都具有内生性。例如，它能反映出不同的战略（一种预算环境驱动因素）未必会使得企业为了战略制定（预算功能）而实施预算，这是独立于目标业务复杂度和预算参与者特征（预算特征）的。我们预期，不同彰显程度的预算功能对组织绩效会产生不同的影响。于是得到假设H4。

H4：不同彰显程度的各项预算功能，其对组织绩效的影响程度不同。

三、研究设计

（一）变量定义

为检验本节的假设，首先对研究变量进行定义。

1. 预算功能的定义

本节通过特定方法，提炼出四项相对独立的预算功能，即业务规划、业绩评价、目标沟通、战略制定。附表第一部分中体现对这个问题准确的描述。这个问题包含两个部分：（1）每项预算功能的彰显程度，即重要性；（2）这项预算功能对组织的作用。

2. 预算环境驱动因素

根据文献回顾以及对现实问题的考察，本节重点关注了如下预

① 在观念上，我们想探索一个路径模型，以检验导致组织实施预算的不同目的的前提条件以及导致预算作用的功效作用，并最终包括对各种目的如何共同影响组织业绩的检验。但是，数据的限制使得不适用选择路径分析。

算环境驱动因素：组织结构特征、行业特征、组织战略、竞争环境以及控制变量（如规模）等。

（1）组织结构。不同的组织结构会导致预算实施的重点不同（Bruns 和 Waterhouse，1975；Goold，1991；Gordon 和 Narayanan，1984；Ouchi，1977；Vancil，1980）。我们采用 3 个方面的变量来衡量组织结构的特征：第一个变量是衡量组织单元的性质［Y_{xz}］，描述控股股东是国有资本还是非国有资本；第二个变量考察组织单元的类型［Y_{lx}］，将企业划分为上市公司和非上市公司两类；第三个变量是明确组织单元在公司整体中的地位［Y_{cj}］，处于母公司、事业部和子公司中的哪一层级，可惜的是本次样本数据中没能出现事业部的样本。

（2）行业特征［Y_{hy}］。行业特征是预算实施的重要环境变量（Bouwens 和 Abernethy，2000；Eisenhardt，1985；Gordon 和 Narayanan，1984；Govindarajan 和 Fisher，1990；Krumweide，1998；Macintoshand Daft，1987；Ouchi，1979；Pitts，1980；Thompson，1967）。本节把行业简单分成了制造业与非制造业，因为这种划分能够反映企业所面临的经营环境差异。

（3）组织战略［Y_{zl}］。组织战略对于组织预算的实施十分重要（Collins et al.，1997；Govindarajan 和 Gupta，1985；Govindarajan，1988）。本节根据 Porter（1997）的战略分类，成本战略分为成本领先、强调产品差异化或是专一化。

（4）竞争环境［Y_{jz}］。以前文献主要以整体经济环境和竞争环境中不确定性（可预测性、稳定性）的方法来衡量竞争环境（如 Gordon 和 Narayanan，1984）。我们则采用一种更加关注竞争的方法，包含三项内容：就是评价单元主要产品/服务、员工和投入的竞争程度。

（5）控制变量。企业的规模［Y_{gm}］会制约和影响预算的实施

(Bruns 和 Waterhouse, 1975; Merchant, 1981)。我们把组织单元的员工数量作为模型的控制变量，将员工数量取对数，用以控制规模。

3. 预算特征

附表第三部分中显示了对以下预算特征的度量：

(1) 组织单元是否采用滚动预算 [X_{gd}]；

(2) 预算编制部门 [X_{bm}]，编制预算的部门是否是财务部门，财务部门编制预算会影响预算功能的发挥 (Anthony 和 Govindarajan, 1998; 汤谷良, 2003, 2004)；

(3) 单元管理者的参与、影响预算中业绩目标设定的程度 [X_{cy}] (Anthony 和 Govindarajan, 1998; Brownell, 1982)；

(4) 单元的预算与战略的对接程度 [X_{dj}]；

(5) 预算目标实现的难度 [X_{nd}] (Anthony 和 Govindarajan, 1998; Dunk, 1993; Hirst 和 Lowy, 1990; Kenis, 1979)；

(6) 预算编制方式 [X_{fs}] (G. H. Hofstede, 1968)；

(7) 组织单元对预算的强调 (重视) 程度 [X_{zs}] (Hopwood, 1972; Otley, 1978; Van der Stede, 2000, 2001)。

最后我们采用多个方面来描述单元管理者评价是否达成预算的程度 (Van der Stede, 2000, 2001)。

4. 预算组织绩效的度量

预算组织绩效用两个指标来度量：整体预算满意程度和组织单元业绩。附表四部分显示的就是相关问题的详细内容。

(1) 整体预算满意程度 [Z_{my}]。在整体预算满意程度的度量中，我们修正了 Swenson (1995) 的方法，他的方法是用作业成本法 (Activity - based Costing) 衡量满意程度。我们采用三个问题来衡量整体预算满意程度：用预算作为业务管理的辅助工具的满意程度；用预算作为短期、经营性决策的辅助工具的满意程度；用预算作为长期、战略性决策的辅助工具的满意程度。这三个问题有着高度的相关性，并以预算作为管理本单元以及决策支持的工具来刻画满意程度。

（2）组织单元业绩［Z_{yj}］。答卷者自己制定了其组织单元的业绩表现。这个变量包含三个部分：第一，我们询问了以下哪一项最能描述上一预算期间单元的业绩：小于、等于还是大于直接竞争者的利润（Van der Stede，2000）；第二，我们要求答卷者将他们单元理想的整体业绩设想为100%，然后在0～100%的范围内，给出与理想业绩相对应的预算期间内的实际业绩的比率；最后，我们要求答卷者在两个方面给出其与竞争对手相关的单元业绩：与市场相关的业绩（如销售增长率、市场占有率等）和与内部经营相关的业绩（如成本效率、质量等）。

（二）数据收集

研究数据来源于调查问卷，为保证样本的同一数据源以及样本代表性，答卷者均来财政部组织选拔的全国高级会计领军（后备）人才项目中企业班同学，他们中的大部分人都在企业中负责编制或执行预算工作。该班到会学员 90 人，我们发放问卷 90 份，回收 46 份，问卷回复率为 51%，其中 9 份数据不全，剩余的 37 份问卷均为有效问卷。

（三）问卷设计与调查结果

附表列示了调查问卷的内容与调查结果的初步统计。调查问卷包括四个不同的部分：第一部分包含是关于四项预算功能及其能彰显程度的变量；第二部分是预算环境驱动因素变量；第三部分是预算功能彰显中的预算特征变量（补充的自变量）；第四部分是有关预算组织绩效的变量，即整体预算满意程度和组织单元业绩两个变量。

如附表所示，有几个技术细节对理解我们的方法和途径是很重要的。当多个项目合成一个变量时，其每个项目都会在下面列示出来。我们也会说明这些项目间的相关关系。这些项目之间的。这些项目相互之间的相关性是复合变量的相关性与可靠性证据的一部分。

除多重项目的变量外，我们还采用了几种单项的衡量方法，特别是对我们认为回复者最容易理解的变量。例如，我们相信回复者对下列问题很了解，就是当被问到他们是否采用滚动预算或当被要求报告完成预算所需的预算重复工作数量的时候意味着什么。

四、数据分析与实证结果

（一）预算功能分析

为检验上述四项预算功能之间的独立性，我们将采用把上述四项功能进行因素分析的方法来实现。要验证预算的各项功能，第一步是测定他们之间的共同性，或者反过来说，测定每项功能的独特性。表 5－1 的第一部分显示除了业务规划与目标沟通、战略制定之间，四项预算功能之间大部分是显著相关的（大部分 $p < 0.10$），这表明这四项预算功能不是完全独立或互斥的，这与我们的预期相同。我们发现上述四项预算功能尽管是相互关联的，但是每项功能之间的相关系数还是很低的。

由表 5－1 第二部分所示，表中数据代表每个重要内容的单因素结构。尽管四项预算功能基于同一个事项，但统计数据在一定程度上同时揭示了每一个预算功能唯一性或多样性，而这些唯一性或多样性很难用一般事项来解释。换句话说，因素分析没有证明四项预算目的是相同的，它们仅仅是相关性很高。

因此假设 H1 得到验证。

表 5－1　　预算功能分析

第一部分：多种预算功能重要性之间的 Pearson 相关性*

	1	2	3	4
1. 业务规划	1.00			
2. 业绩评价	0.33（0.05）	1.00		
3. 目标沟通	0.12（0.48）	0.33（0.05）	1.00	
4. 战略制定	0.19（0.25）	0.31（0.05）	0.64（0.00）	1.00

第二部分：四项预算功能彰显程度的因素分析

	特征值	变化值（%）	累计值（%）
（1）主要内容			
1. 业务规划	2.00	49.95	49.95
2. 业绩评价	1.01	25.35	75.30
3. 目标沟通	0.64	15.93	91.24
4. 战略制定	0.35	8.76	100.00

（2）预算功能的单因素结构

预算功能	1	2
1. 业务规划	0.48	0.76
2. 业绩评价	0.68	0.39
3. 目标沟通	0.81	0.42
4. 战略制定	0.82	0.35

* N＝37。括号中为双尾检验的 p 值。

为了探索每项预算功能的独特型，如后所述，我们完成了对于每项预算功能对其他三项回归所得残差的分析。

（二）预算环境驱动因素、预算特征与预算功能彰显

由于预算环境驱动因素、预算特征与预算功能彰显具有内生性特征呢，我们用二阶最小平方（2SLS）模型分来析，可以建立如下联立方程来解决。

$$IMPORTANCE = \gamma_0 + \gamma_1 Y_{xz} + \gamma_2 Y_{1x} + \gamma_3 Y_{cj} + \gamma_4 Y_{hy} + \gamma_5 Y_{zl} + \gamma_6 Y_{jz} + \gamma_7 Y_{gm} + \varepsilon \quad (1)$$

$$PERFORMANCE = \alpha_0 + \alpha_1 X_{gd} + \alpha_2 X_{bm} + \alpha_3 X_{cy} + \alpha_4 X_{dj} + \alpha_5 X_{nd} + \alpha_6 X_{fs} + \alpha_7 X_{zs} + \alpha_8 IMPORTANCE + v \quad (2)$$

如果 ν 是独立的，那么等式（1）和（2）就可以用最小二乘法（OLS）单独的估计出来。但是，Hausman 检验显示出二阶最小平方法估计比最小二乘法更适合上述模型（$p<0.10$）。因此，我们之前两个等式是相关的理论论据被数据所证实。图 5－1 描述了我们概念上的方法并在后面的表 5－2 中进行了分析。

我们的分析中，每项预算功能的彰显程度分别对其他三个预算功能的彰显程度进行回归所得的残差是因变量，因此总共进行 8 个回归便得到 8 个自变量（4 个回归得到预算功能重要性的残差，4 个回归得到预算功能的残差）。按照我们的研究目标，用残差来分析得出各项预算功能的“独特性”，表 5－2 所表明的四项预算功能呈现出的交叠便是如此。

表 5－2 列出预算环境驱动因素和控制变量（规模）对预算功能彰显程度的回归结果（第一部分）和预算特征对预算功能的回归结果（第二部分）。表 5－2 中全部的模型表现出很好的拟合度，接受的 R^2 统计量体现了这一点。

透过第一部分中四项预算功能的回归结果可以看出，从整体上看，业务规划和业绩评价的回归方程并不是很显著（0.557，0.542）。并且在两项回归中，除企业所采用的竞争战略对于业绩

评价方面是显著的以外，其他每一项预算环境驱动因素都是不显著的。而对目标协调和战略制订的两个回归方程，尽管 R^2 不是非常高（3.99，3.87），但整体上是显著的（0.025，0.032）。不过其中只有部分预算环境驱动因素是显著的。

在第二部分中所有预算特征在至少一项预算功能的回归中是显著的。但在两个板块中，没有一项解释变量在 3 个以上的回归中是显著的。这与"不同的（distinct）"预算功能（正如对残差的检验）都与不同的驱动因素相联系的观念是一致的。

下面分别讨论表 5－2 各个板块中的每一个回归的结果。

1. 预算功能的彰显程度与预算环境驱动因素关系分析

（1）业务规划。在该项预算功能的回归过程中，没有一项预算环境驱动因素是显著的，原因可能有两种情况：一是组织单元在业务规划方面，对文中所列示的预算环境驱动因素并不敏感，这些预算环境驱动因素的变化没能影响组织单元预算业务规划的作用；二是可能还有一些重要的影响业务规划作用的预算环境驱动因素没能在问卷中体现出来。

（2）业绩评价。在该项预算功能的回归过程中，战略因素成为业绩评价功能彰显程度的影响因素，因为专一化战略的实施，有利于公司固定成本数据的积累，从而预算的业绩评价功能彰显突出。

（3）目标沟通。根据表 5－2 的回归结果发现，在预算用作沟通的时候有两个重要的变量：竞争战略和整体竞争程度。这说明了倾向于专一化竞争战略的组织单元越不注重预算的目标沟通的作用，而越倾向于专一化的企业对竞争战略越注重；而整体竞争程度越高，为沟通而实施预算就越重要（Simons，1987b）。Simons 发现实施扩张型战略（Prospector strategy）（类似于一种差异化战略）比防御型企业会实施更大范围的预算控制（类似于一种成本领先战略）。尽管 Simons 的发现与广为接受的差异化战略会导致企业在组织管理里中会降低控制程度的观点相悖，但与我们的发现相符合。

（4）战略制定。第四个回归显示，当组织从事非生产制造行业时，或是面临激烈的竞争中，会为了战略制定而实施预算。这种情况表明，从事非生产制造行业的企业以及面临激烈竞争的企业面临的环境更为不确定，管理层在实施预算的过程中更加注意彰显其在战略制定方面的功能。

表 5-2　预算功能及其彰显程度及其组织绩效实证结果

自变量	[1] 业务规划			[2] 业绩评价			[3] 目标沟通			[4] 战略制定		
	β	S. E.	Sig.	β	S. E.	Sig.	β	S. E.	Sig.	β	S. E.	Sig.
第一部分：D. V. =预算功能彰显程度												
常数项	2.884	1.563	0.075	1.318	10.760	0.460	2.131	1.381	0.134	0.146	1.677	0.931
Y_{xz}	-0.927	0.860	0.290	0.272	0.969	0.781	-0.312	0.760	0.684	1.278	0.923	0.177
Y_{lx}	-0.191	0.427	0.658	0.136	0.481	0.779	-0.305	0.377	0.425	-0.289	0.458	0.533
Y_{cj}	-0.064	0.214	0.769	0.250	0.241	0.309	-0.264	0.189	0.174	-0.233	0.230	0.320
Y_{hy}	0.460	0.473	0.339	-0.029	0.533	0.957	0.474	0.418	0.267	0.942	0.508	0.074*
Y_{zl}	0.130	0.229	0.573	0.504	0.258	0.060*	0.420	0.202	0.047**	0.294	0.245	0.240
Y_{jz}	0.035	0.117	0.768	0.197	0.131	0.145	0.322	0.103	0.004***	0.386	0.125	0.004***
Y_{gm}	0.460	0.101	0.323	0.058	0.113	0.111	-0.019	0.089	0.133	0.146	0.108	0.688
	F	Sig.	R^2	F	Sig.	R^2	F	Sig.	R^2	F	Sig.	R^2
	0.849	0.557	0.170	0.870	0.542	0.174	2.752	0.025	0.399	2.613	0.032	0.387
第二部分：D. V. =预算组织绩效												
	β	S. E.	Sig. T	β	S. E.	Sig. T	β	S. E.	Sig. T	β	S. E.	Sig. T
常数项	1.363	1.076	0.200	1.200	1.931	0.539	-0.071	0.909	0.939	-0.739	1.197	0.542
X_{gd}	-0.095	0.269	0.727	0.295	0.613	0.634	0.011	0.284	0.969	0.192	0.378	0.615
X_{bm}	0.197	0.147	0.192	0.316	0.329	0.345	-0.033	0.143	0.817	0.266	0.184	0.154

续表

自变量	[1] 业务规划			[2] 业绩评价			[3] 目标沟通			[4] 战略制定		
	β	S. E.	Sig.	β	S. E.	Sig.	β	S. E.	Sig.	β	S. E.	Sig.
第二部分：D. V. = 预算组织绩效												
X_{cy}	0.043	0.137	0.758	0.213	0.295	0.476	0.005	0.117	0.969	0.084	0.156	0.596
X_{dj}	-0.063	0.135	0.641	-0.394	0.333	0.247	-0.046	0.147	0.755	-0.069	0.170	0.679
X_{nd}	-0.057	0.133	0.669	0.166	0.236	0.489	0.267	0.173	0.135	0.305	0.215	0.167
X_{fs}	0.937	0.167	0.579	-0.252	0.303	0.413	0.092	0.166	0.585	0.077	0.211	0.719
X_{zs}	0.152	0.127	0.244	0.556	0.198	0.009***	-0.471	0.109	0.014**	-0.067	0.147	0.651
IMPORTANCE	0.499	0.235	0.042**	0.201	0.516	0.023**	0.690	0.130	0.000***	0.760	0.201	0.000***
	F	Sig. F	R^2	F	Sig. F	R^2	F	Sig. F	R^2	F	Sig. F	R^2
	5.680	0.000	0.619	1.998	0.084	0.363	9.142	0.000	0.723	7.552	0.000	0.090

样本 N = 37。下划线标出的重要变量经过 $p < 0.10$ 的双尾检验。因变量是分别对各项预算功能的彰显程度（重要性）和组织绩效，进行总共 8 个回归就得到了 8 个因变量（4 个预算功能的彰显程度回归，4 个组织绩效回归）。变量的定义、度量及自变量的统计性描述在表 5-1 的第二部分和 C 中列出了。

最后，尽管在显著的边缘（$0.10 < p < 0.20$），但组织规模仍可以看作业绩评价和目标沟通而实施预算的驱动因素。大型组织倾向于依赖预算来实现业绩评价，这个结论是文献中沿用已久的（如 Merchant，1981）。大型组织的沟通模式与小型组织不同，这个观点在有关组织的文献中也是有据可查的（Mintzberg，1979）。

总之，从对预算功能、预算环境驱动因素的分析可以看出，预算功能彰显所依赖的环境是不相同的，甚至可能差异极大。特别

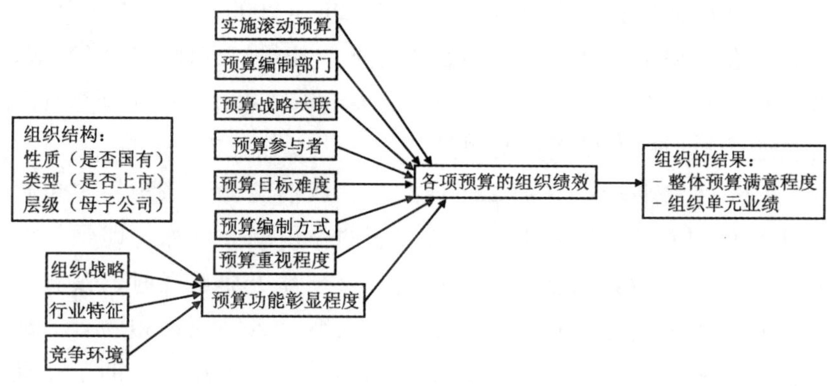

图 5－1　回归变量之间的层次与关系

地，企业为了目标沟通和战略制定而实施预算的竞争环境似乎会抑制其实现业绩评价的目的。在这种明显“不相容”的环境中，理解企业如何选择其预算功能的组合则需要更深入的研究。

2. 预算组织绩效的分析

表 5－2 的第二部分，各项预算功能彰显程度在四项预算功能回归中都是一个重要的解释变量。这种从属关系为我们的 2SLS 法提供了支持，也意味着管理者对其认为重要的预算功能给予更多关注并投入更多精力。

四项预算功能在与其组织绩效的回归方程均整体显著；每一项预算功能的组织绩效都与其彰显程度显著相关，且系数均为正。这说明预算某一功能的彰显程度越高，其组织绩效就越大。为了不重复相似的解释，我们通过分析第二阶段的回归得出一般结论，并将对其进行讨论。

（1）业务规划。在第二个回归中，虽然从结果上看，除了其彰显程度外，业务规划的其他变量都没有与其组织绩效显著相关。但是是否实施滚动预算与预算编制部门都处于显著性边缘（$0.10 < p <= 0.20$）。结果显示，业务规划的组织绩效并没有随着滚动

预算的实施而增长，这与 Ekholm 和 Wallin（2000）的观点相背离。此外，预算完全由财务部门编制会降低业务规划方面的组织绩效，而由专业委员会负责预算编制会提高该组织绩效，这说明预算管理需要更为权威的专门负责机构。

（2）业绩评价。在第二个回归中，我们验证了当预算中包含了目标设定时，预算在业绩评价方面的作用就会增加，即预算的目标设定与绩效评价密切相关；同时对预算更加重视时，预算在业绩评价方面的作用也会增加。这种联系与激励理论相吻合。回归结果还显示，更多的预算重复工作和采用滚动预算无助于业绩评价功能的实现，这主要是由于预算成本增加和滚动预算所导致的预算目标的不确定性给业绩评价系统的设计带来了困难（Gurton，1999）。

（3）目标沟通。结果显示，对预算的强调程度越高，即越重视，人们的目标就越集中在预算的完成上，并通过预算相互协调，从而能更好地实现目标沟通的作用。对预算的重视会使得沟通更加高效、及时、频繁、有说服力。重视预算还会帮助员工更好地理解和接受组织目标，这与 Merchant（1985b）的观点一致。作为处于重要显著性边缘（0.135）的预算难度越高，预算在目标沟通方面的作用也就显得越突出，这与 Laverty（1996）和 Merchant（1990）的观点相反，他们认为目标难度的增加会怂恿管理者谎报和/或进行短视的决策，会抑制学习、减弱对成功和失败的坦率的沟通、阻碍战略的适应性、并削弱竞争力。

（4）战略制定。从数据上来看，没有一项与战略制定的作用显著相关。但负责编制预算的部门与预算的难度都处于显著性边缘（$0.10 < p < 0.20$）。不难理解，更高层级的预算委员会编制预算会使得预算在战略制定方面的作用更为明显。而预算难度越高，其在战略制定方面的组织绩效越强，我们似乎还找不出有说服力的

解释。

综上所述，每项预算功能的彰显程度与特定的预算环境相联系，各项预算功能彰显程度源自不同的预算环境。某些预算环境变量在与不同的预算功能彰显程度的回归中，有的回归系数为正，有的则为负。例如，当竞争程度高时，为了目标沟通和战略制定而实施预算就更为普遍，因此竞争看起来似乎抑制了预算的业绩评价功能。因此，预算功能彰显程度不仅取决于特定的预算环境，而且要求企业在既定环境下，需要对不同的预算功能及实施特征进行权衡。因此，假设 H2 和 H3 分别得到验证。

（三）预算组织绩效

我们最后检验了预算功能在解释预算组织绩效中是否重要。我们选用了两个互补的绩效指标：整体预算满意程度和组织单元业绩，并检验了未加权的（如问卷调查中的度量数据）和按预算功能彰显程度（重要性）加权的每项预算功能的业绩对这两个结果的影响。

表 5－3　每项预算功能与整体预算满意程度以及组织单元业绩之间的相关性

	整体预算满意程度	组织单元业绩
1. 预算功能的回归结果[①]		
（1）业务规划	0.60（0.00）	0.34（0.04）
（2）业绩评价	0.31（0.05）	－0.19（0.27）
（3）目标沟通	0.18（0.29）	0.12（0.49）
（4）战略制定	0.08（0.61）	－0.21（0.22）

续表

	整体预算满意程度	组织单元业绩
2. 根据预算功能彰显程度加权的预算功能的回归结果②		
（1）业务规划	0.66（0.00）	0.37（0.03）
（2）业绩评价	0.37（0.02）	-0.12（0.49）
（3）目标沟通	0.23（0.18）	0.04（0.80）
（4）战略制定	0.08（0.64）	-0.15（0.38）

总体 N=57。见表5-3板块D，对于整体预算满意程度和组织单元业绩的定义与测量方法。括号内为双尾检验的p值。

① 预算功能的回归结果数据直接取自于表一的第一部分（以5分为评价标准的打分结果）；

② 根据预算功能彰显程度加权的预算功能的回归结果是用每项预算动因的绩效得分结果乘以预算功能彰显程度的得分（都源自调查问卷，见表一第一部分）再乘以0.2（20%）。

根据表中数据可以看出，在业务规划、业绩评价方面的预算功能与组织单元业绩正相关。这表明预算的业务规划、业绩评价功能可以更好的解释预算满意程度，也就是对预算整体功能的影响更显著，这暗示着以业务规划与业绩评价为主要目标的预算系统，可能将带来更好的预算整体满意程度。

对于组织单元业绩来说，仅有业务规划一项功能与其显著相关（p=0.03），这意味预算作为管理系统，只有以业务规划为主要功能目标的预算系统能够更好地提高组织单元业绩；基于目标沟通功能的预算尽管对组织单元业绩具有正面作用，但不显著；而着重为了业绩评价和战略制定的预算体系可能对组织单元业绩具有抑制作用。因此H4得到验证。

五、研究结论与研究局限

预算具有哪些功能以及这些功能发挥的前提和效果如何等，是预算管理研究与实践的基本问题，但是对这些基本问题目前尚未形成一致的认识。本节以企业预算为研究对象，试图通过检验一组扩展的预算功能及其组织绩效问题，探讨各项预算功能在不同环境下的彰显程度，进而研究特定环境下预算功能的组织绩效，为深入理解预算功能发挥机制提供理论参考与经验数据，拓宽前人的研究成果。

我们从调查四项预算功能开始，这四项预算功能是业务规划、业绩评价、目标沟通和战略制定。研究发现，预算功能具有多重性，预算环境是各种预算功能彰显的重要驱动因素，环境因素是某项预算功能凸显的重要前提，但是这些前提在各项预算功能之间有交叠，也可能出现相反的驱动效果。这意味着各项预算功能的驱动因素并不是相互兼容的；不同的预算特征影响了不同预算功能，例如，滚动预算的实施提高了预算在业务规划方面的作用同时降低了在业绩评价方面的作用。预算目标难度降低了预算在目标沟通和战略制定方面的作用。从这些结论中可以看出，没有一套预算特征会全面地、正向地影响每项预算功能。综上所述，要想使预算的实施更有效率，不同预算需要不同程度的预算参与、不同的目标难度等等。

研究还发现，各项预算功能的组织绩效往往伴随着不同的预算特征（例如目标难度的选择，预算编制过程中的参与程度以及实现预算目标重点的数量等）。此外，存在预算功能彰显程度与组织绩效的回归中系数为负的情况，例如，虽然滚动预算的实施似乎是提高因业务规划而实施的预算表现，但它似乎成为制约预算的业绩评价功能。这些结果还进一步显示了预算环境驱动因素并不总是与预算功能的作用方向相一致。

研究结果显示，业务规划、业绩评价、目标沟通、战略制定四项预算功能的彰显程度都与整体预算满意程度正相关；但是，有两项预算功能（业务规划、目标沟通）彰显程度与组织单元业绩正相关，但只有业务规划显著相关。这说明预算的某些功能彰显会影响组织单元的业绩，但是并非所有的预算功能及其彰显都会对组织绩效正的显著作用。

总之，本研究提供了预算在组织中扮演不同的角色，不同的预算功能彰显程度受预算环境驱动因素的影响，预算环境驱动因素对预算功能彰显的组织绩效产生不同影响的证据。

本节研究存在如下局限：第一，尽管我们的模型中每个参数的观测值达到了所需的最小数量，但样本量还是不够大；第二，由于调查对象的问题可能会产生自选择偏差；第三，随着企业从初创到成熟，预算功能可能在不断演变（Davila，2002），如何考察这些演变，本节做得不够；第四，由于文献中对于预算功能的描述没有固定而无歧义的明确定义，因此，我们提炼出的四项预算功能也可能是不明确的，不能保证调查对象都能以正好同样的方式和含义来理解我们所设定的预算功能描述，但是以下假定会减轻这个问题，即假定我们的这组预算功能描述是通过在此专业领域知识渊博的并与调查对象来自同一群体的实务界人士。

附表：调查问卷内容（变量设计）与调查结果的描述性统计

第一部分：预算功能及其彰显程度的描述性统计[a]

实施预算是为了：		数量	最小值	最大值	均值	标准差
1. 业务规划…………	（1）彰显程度	37	1.00	5.00	4.05	1.03
	（2）组织绩效	37	2.00	5.00	4.16	0.89
2. 业绩评价…………	（1）彰显程度	37	2.00	5.00	4.08	0.95
	（2）组织绩效	37	2.00	5.00	4.02	1.01
3. 目标沟通…………	（1）彰显程度	37	1.00	5.00	3.62	1.03
	（2）组织绩效	37	1.00	5.00	3.73	0.93
4. 战略制定…………	（1）彰显程度	37	1.00	5.00	3.62	1.16
	（2）组织绩效	37	1.00	5.00	3.51	1.12

第二部分：预算环境驱动因素变量的描述性统计（样本总量 N = 37）

1.	所在单位的性质［Y_{xz}］	0 -［国有企业］;1 -［非国有企业］			
	1.1. 国有企业…………………	35	家	占样本量的	94.59%
	1.2. 非国有企业………………	2	家	占样本量的	5.41%
2.	所在单位的类型［Y_{lx}］	0 -［上市公司］;1 -［非上市公司］			
	2.1. 上市公司…………………	8	家	占样本量的	21.62%
	2.2. 非上市公司………………	29	家	占样本量的	78.38%
3.	在单位的层级是［Y_{cj}］	1 -［母公司］;2 -［事业部］;3 -［子公司］			
	3.1. 母公司……………………	29	家	占样本量的	78.38%
	3.2. 事业部……………………	0	家	占样本量的	0
	3.3. 子公司……………………	8	家	占样本量的	21.26%
4.	所在单位的行业性质是［Y_{hy}］	0 -［生产制造业］;1 -［非生产制造业］			
	4.1. 生产制造业………………	9	家	占样本量的	24.32%
	4.2. 非生产制造业……………	28	家	占样本量的	75.68%
5.	所在企业所采取的竞争战略是［Y_{zl}］	1 -［低成本］;2 -［差异化］;3 -［专一化］			
	5.1. 低成本……………………	7	家	占样本量的	18.92%
	5.2. 差异化……………………	16	家	占样本量的	43.24%
	5.3. 专一化……………………	14	家	占样本量的	37.84%

续表

第二部分:预算环境驱动因素变量的描述性统计(样本总量 N=37)						
6.	所处的行业环境的整体竞争程度[Y_{jz}]*[b]	总体	最小值	最大值	均值	标准差
	评分题:1 分[几乎没有]——5 分[非常激烈]	37	1	5	3.43	1.41
			6.1.	6.2.		6.3.
	6.1. 主要产品竞争程度………		•			
	6.2. 员工竞争程度…………		0.544***	•		
	6.3. 投入的竞争程度…………		0.369**	0.547***		•
		总体	最小值	最大值	均值	标准差
7.	所在单位的员工数量(规模控制变量)	37	12	110 000	19 201	31 763
	员工数量的自然对数 [X_{gm}]	37	2.48	11.61	8.06	2.41

第三部分:预算特征变量的描述性统计						
1.	是否采用滚动预算 [X_{gd}]	0 -[国有企业];1 -[非国有企业]				
	1.1. 是………………………	6	家	占样本量的		16.22%
	1.2. 否………………………	31	家	占样本量的		83.78%
2.	负责编制预算的部门 [X_{bm}]	1 -[财务部];2 -[计划部];3 -[专业委员会]				
	2.1. 财务部…………………	30	家	占样本量的		81.08%
	2.2. 计划部…………………	2	家	占样本量的		5.41%
	2.3. 专业委员会……………	5	家	占样本量的		13.51%
3.	预算目标设定过程中管理者的参与程度[X_{cy}]	总体	最小值	最大值	均值	标准差
	评分题:1 分[很少参与]——5 分[充分参与]	37	1	5	3.49	1.15
4.	所实施的预算与战略的对接程度 [X_{dj}]	总体	最小值	最大值	均值	标准差
	评分题:1 分[几乎没有]——5 分[程度很高]	37	1	5	3.22	1.11

续表

第三部分:预算特征变量的描述性统计						
5.	所在单位实现预算目标的难度[X_{nd}]	总体	最小值	最大值	均值	标准差
	评分题:1分[特别容易]——5分[特别困难]	37	1	5	3.11	0.74
6.	所在单位预算编制的方式[X_{fs}]	1-[自上而下];2-[自下而上];3-[上下结合]				
	6.1. 自上而下…………………	2	家	占样本量的		5.41%
	6.2. 自下而上…………………	3	家	占样本量的		8.11%
	6.3. 上下结合…………………	32	家	占样本量的		86.48%
7.	单位对预算的重视(强调)程度[X_{zs}]*	总体	最小值	最大值	均值	标准差
	评分题:1分[不强调]——5分[特别困难]	37	1	5	3.70	1.05
	对以下问题的态度1分[支持]——5分[反对]		7.1.	7.2.	7.3.	7.4.
	7.1. 高管不断提醒部门主管要达成预算目标	•				
	7.2. 高管主要通过监控完成的预算业绩情况进行控制		0.447***	•		
	7.3. 管理者的晋升预期强烈依靠其达成预算目标的能力		0.462***	0.414**	•	
	7.4. 在高管的眼中,达成预算目标精确反映了管理成功		0.326**	0.384**	0.621***	•

续表

第四部分:预算组织绩效变量的描述性统计						
1.	高管对所在单位预算的整体满意程度[Z_{my}]*	总体	最小值	最大值	均值	标准差
	评分题:1分[不满意]——5分[很满意]	37	1	5	3.54	1.07
	高管对所在单位预算在以下方面的满意程度		1.1.	1.2.	1.3.	
	1.1. 作为企业管理的辅助	•				
	1.2. 作为制定短期、经营性决策的辅助		0.739***	•		
	1.3. 作为制定长期、战略性决策的辅助		0.614***	0.687***	•	
2.	上一个预算期间单位的经营业绩怎样[Z_{yj}]*	总体	最小值	最大值	均值	标准差
	评分题:1分[很差]——5分[远高于对手]	37	2	5	3.51	0.80
			2.1.	2.2.	2.3.	
	2.1. 假设理想业绩为100%。您单位上一预算期间实现的业绩评价为多少 1分[0~20%]——5分[80%~100%]		•			
	2.2. 评价您的单位在市场表现方面的业绩情况(例如销售增长率,市场份额等) 1分[很差]——5分[远高于对手]		0.739***	•		

续表

第四部分：预算组织绩效变量的描述性统计					
2.3. 评价您单位在内部经营方面的业绩情况（例如成本效率、质量等） 1分［很差］——5分［远高于对手］	总体	最小值	最大值	均值	标准差
		0.614***	0.687***	•	

a：基于以下调查问题：在组织内部，预算可以用于许多不同目的（功能）。请打分（1）在拟定贵单位预算时，以下目的的重要性；（2）每一项预算功能怎样。重要性（即彰显程度）的取值范围从1［不重要］到5［非常重要］，作用的取值范围从1［远低于平均水平］到5［远高于平均水平］。

b：整体 N=37。每项度量的描述性统计包括有效样本规模（N）、范围（最大值和最小值）、均值和标准差（S. D.）。对于多重项目变量（用星号标出），该变量项目和内部项目的相关性也如此（用双尾显著性检验，*** $p<0.01$，** $p<0.05$，* $p<0.10$）。

第二节　信任与激励：价值链成本治理机制的实验研究

摘　要：本节采用试验研究方法，模拟价值链节点企业交易过程，研究了信任与激励两种价值链成本治理机制的治理效果以及它们之间的作用关系。试验结果显示高度信任与基于价值链利益的激励机制均可以有效缓解或防范合作问题、协调问题和侵占问题，对价值链成本治理具有明显的治理效果。当价值链节点企业之间缺乏信任的时候，激励机制会失去效用；信任机制与激励机制之间具有显著的互补关系。

关键词：信任、激励、价值链成本治理、实验研究

一、引言

作为竞争优势的重要来源，价值链成本治理日益成为国内外学者的关注，价值链作为“从零部件供应商采购原材料到生产商生产最终产品，并把最终产品交付到顾客手中的所有价值创造活动的链条”，节点企业之间的成本治理具有相互依赖，相互影响的特点，但是作为具有独立利益的主体，节点企业在价值链成本治理过程中具有机会主义倾向、目标协调以及专用性资产投资等方面的问题，由此导致了价值链成本治理的三大问题——合作问题（Cooperation problem）、协作问题（Coordination problem）与侵占问题（Appropriation problem），从而制约着价值链成本治理效率。这些问题的克服或解决程度，是提升价值链成本治理效率的关键，是价值链竞争优势的重要来源。因此，价值链成本治理机制对保证价值链成本效率，提升价值链竞争优势具有至关重要的作用。但是，价值链成本治理往往超越了企业的法律边界，非单个节点企业所能完全控制。采取什么样的治理机制有助于解决价值链治理面临的合作问题、协调问题与侵占问题，成为理论界与实务界共同面临的问题。

随着我国经济结构调整战略的提出与实施，企业依靠科技创新与产业升级，在全球价值链重构中不断确立有利的竞争地位，开始不断探索保持成本优势的价值链成本治理模式。例如海尔集团、深南电路等从仅仅关注企业内部的成本管理，逐渐开始注重所处价值链上与其密切相关的外部企业集群的成本共同治理机制，即企业与供应商和客户关系中的成本治理问题。

与此同时，一些研究者针对价值链节点企业之间的关系特征，探讨了契约等正式控制与信任等社会控制机制在价值链（企业间关系）治理中的应用。但是，到目前为止，信任机制与激励机制在解决价值链成本治理问题中的作用、治理效果，以及信任与激励的联合作用效果等问题尚缺乏清晰的理论阐述与实证证据。

为此，本节在综合考察国内外现有文献的基础上，提出了价值链成本治理理论框架，论证了信任与激励作为两种相互联系、相互影响的治理机制，在价值链成本治理机制中的作用与治理效果，并采用实验研究方法对上述理论进行验证，提供了相关的行为证据。

二、文献回顾

关于价值链成本治理机制的研究主要存在两种截然不同的观点：一是交易费用经济学观点，二是组织理论观点。

价值链成本治理问题曾被交易费用经济学所刻画，价值链节点企业需要对合作方的机会主义行为做出防范，以保全自身利益。这种对合作方利益侵占的担心与发生交易的特征（如用于资产专用性，环境不确定性和交易频率）和人类行为特征（如机会主义行为和有限理性等）相联系。对利益侵占的担心程度越高，越需要更安全的合作伙伴以其避免其机会主义行为的侵占。因此，价值链成本治理问题与可能的机会主义行为侵占相联系，价值链节点企业应当通过合同等正式控制机制激励并约束节点企业的行为，以实现价值链成本治理目标。可见交易费用经济学观点强调合作与侵占问题在价值链成本治理中的作用，但忽视协调问题与信任作为治理机制的重要性。Hopwood 指出，只有清醒地认识到节点企业之间行为具有相互依赖的特性以及节点企业之间协调行动的重要性，价值链成本治理与控制才有可能成功。

组织理论观点则认为，由于价值链成本治理超越了（节点）企业边界，涉及单个企业的内部价值链如何与顾客、供应商之间价值链的对接关系，体现了企业与供应商、顾客价值创造活动之间的相互依赖关系。这种相互依赖的链接关系需要通过协调机制予以治理以实现效率和产出效果。企业间的作业活动相互依赖程度越高，越需要协调治理机制，同时也意味着需要更大范围的、更复杂的控制机制。因此，价值链治理的一个重要任务是协调价值链节点企业之间的共同行动，以实现相互依赖的价值创造目标。高度信任能够有效促进价值链节点企业协作行动的可能性，降低业务控制成本，并影响所要求的正式控制水平。可见组织理论观点重视协调问题，但是其对节点企业可能存在的机会主义行为的忽视，导致对价值链成本治理中的风险认识不足，尤其对合作问题、侵占问题的忽视，使得其所强调的信任等社会控制机制缺乏目标一致性保障。

Gulati、Singh 和 Dekker 在综合交易费用经济学观点与组织理论观点的基础上，提出组织间控制（治理）的目的是管理企业间利益侵占的担忧（Appropriation concerns）和满足企业间协调行动的要求（Coordination requirement），并讨论了激励基础的行为控制和信任基础的社会控制以及两者的关系，并运用一个生产铁路安全设备的战略联盟案例验证了其理论框架。

Williamson 曾指出存在三种类型的治理机制：市场的、科层组织的以及市场与科层组织混合的治理机制。van der Meer - Kooistra 和 Vosselman 在吸收了交易费用经济学提出的市场模式（Market - based pattern）和科层组织模式（Bureaucracy - based pattern）治理机制的基础上，又增加了信任模式（Trust - based pattern）治理机制。Donada 和 Nogatchewsky 基于 van der Meer - Kooistra 和 Vosselman 的分类，讨论了价值链节点企业之间存在不对称依赖关系情况下，三种治理模式的应用情况。

由于价值链具有“长鞭效应”，若消除“长鞭效应”，形成信任机制促进知识共享，能使产品收益率提高，大量的实证研究表明都比较一致的显示良好的信任机制会取得较好的效果。根据 Goodman 和 Dion 的观点，价值链节点企业对组织成员间信任关系未来的持续预期在很大程度上也可以反映出合作的绩效水平，信任自身是可以创造互惠价值，并且有助于组织间交易的实现。

有关激励机制的文献一致认为特定目标或者具有挑战性的目标比容易实现的目标或者过高目标导致较好的业绩水平，集中关注激励机制是否能产生预期的激励效果，检验激励机制的有效性。此外还有一些激励机制的试验研究比如：Harrell 和 Harrison 的实验发现预计不赢利项目估值影响因素是不对称信息和激励的函数。Waller 和 Bishop 对企业资源消耗水平和激励计划之间的关系进行了试验研究，Chow、Hirst 和 Shields 进一步实验研究了激励计划对资产虚报形式的影响。

近年来国内学者也分别对价值链中的信任机制与激励机制作出了研究，但是研究主要是信任在组织间的作用机理、对企业绩效的影响，尚未有作者专门讨论价值链成本治理问题。比如王玲分析了供应链节点企业信任的产生机理与影响因素，提出了基于制度、善意与威慑共同治理的供应链节点企业信任机制；任旭、刘延平的研究发现合作企业间感性信任的发展会降低对正式契约治理的依赖性，转而使用柔性更高、交易成本更低的关系契约治理联盟；简兆权、刘荣、招丽珠发现企业间的信任程度越高，则知识共享的程度越高，技术创新绩效越好。吴家喜、吴贵生发现组织间相互依赖程度对外部组织整合有直接正向影响，信任通过承诺间接影响外部组织整合，相互依赖与承诺都通过外部组织整合间接影响新产品开发绩效。

上述文献为我们理解价值链成本治理机制提供了基础，但是，这些文献都不是专门针对价值链成本治理问题的讨论，对信任、激励等治理机制在价值链成本治理中的作用与效果缺乏必要的理论构建与证据支持，对信任与激励机制的作用关系缺乏探讨与验证，并且大多数文献是基于英美国家的制度和文化环境进行的。

三、理论模型与研究假设

本节在综合分析价值链成本治理问题的基础上，提出了信任与激励作为价值链成本治理的两种相互作用的重要机制的理论模型，并运用实验研究方法提供了对理论模型进行验证，提供了有关信任与激励机制分别单独与综合作用下的价值链治理效果的证据。

1. 价值链成本治理模型

尽管价值链的形成与运作对节点企业有许多潜在的好处，但是，却存在以下三个方面的治理问题与风险：（1）合作问题（Co-operation problem），价值链节点企业需要对合作方的机会主义行为作出防范，以保全自身利益。节点企业随着资产专用性、不确定性和交易的频繁程度的提高，其遭受合作企业的利益侵占的可能性越高。存在不确定性情况下，由于逆向选择和道德风险问题，价值链节点企业不能保证合作方总是按照价值链价值最大化的目标来履行自己的成本管理责任。因此，在价值链成本治理中，节点企业基于自身独立利益的考虑，总有激励采取欺骗或“搭便车”等方式，以合作利益为代价实现自身特定目标，这就是价值链成本治理中的合作问题。（2）协调问题（Coordination problem），价值链之所以形成在于所有参与价值链的节点企业认识到通过协作进行价值创造并参与价值分享优于“单打独斗”，为了实现价值链价值，价值链节点企业要整合资源，协调作业，从而导致了节点企业之间成本的相互依赖，这些相互依赖的成本治理活动需要跨越企业边界进行协调与管理，以不断强化价值链成本的竞争优势与价值创造效率，然而协调节点企业间的成本活动并非易事，从而产生了协调问题。

(3) 侵占问题 (Appropriation problem),价值链节点企业不可能总是拥有获取持续获取价值链“租金”的全部资源和能力,也不可能总是足够及时地以合理的成本开发出这些资源或能力,因此节点企业要跟价值链上拥有更多优质资源或更强能力的企业分享资源和能力,从而为了共同利益不得不作出更多的投资。这样,价值链成本治理中产生了一种需求,即节点企业需要保证价值链共同产出的价值要按照资源和能力贡献在各节点企业之间清晰地、公平地分配,而不能在资源交易过程中受到利益侵占。

(1) 信任机制与价值链成本治理。信任作为一种“非正式的自我实施保障机制”,已经成为价值链成本治理的一种重要机制。信任在文献中有多种定义,但最常用的定义“信任是基于经验与反复交往的基础上预期合伙人不会以机会主义行为方式行事的一种预期与判断”。价值链节点企业之间的信任机制存在于市场与科层组织之间的协议关系,同时往往伴随着两个或两个以上的企业间发生的资源加以行为,是一种合作双方再互惠承诺下的互动关系。在价值链成本治理中,高度信任预期能够降低成本、提高专用资产投资水平、扩展合作范围、进而提高组织绩效。因此,信任机制可以有效缓解或防范合作问题、协调问题和侵占问题,通过信任机制,既可以保留市场交易有效的市场激励,同时也能够享受科层组织所带来的知识分享和权威管理的作用。因此,信任机制将会提高价值链成本治理效率。

(2) 激励机制与价值链成本治理。激励是价值链成本治理中保证节点企业目标一致的又一重要机制。企业必须实施正式合同以获取这种激励,例如关于利润和成本分配的合同协议,定单质量和关系时间长度,私人信息的保密协议,设备的联合投资,相互抵押等。激励有助于提高价值链节点企业自觉选择与价值链整体利益目标一致的行为,有利于价值链持久稳定。“在现代社会条件下,……，组织成员业绩评价的标准和公司管理者可稽核责任的手段越来越多地与组织成员以及外部利益相关者得利益联系在一起”，激励方案就是按照组织目标去影响当事人的行为，价值链上的各节点企业是利益共同体，虽然会不可避免有矛盾，采用科学合理的激励制度能够缓解冲突，保证价值链的和谐高效运行。

价值链激励机制是通过合约来调整价值链节点企业间的收益比例关系，使各节点企业的个体优化与价值链整体优化相一致的一种契约协调机制。通过激励可以改进价值链系统的整体性能，通过维持价值链节点企业的长期伙伴关系，共担风险，收益共享，实现长期共赢。价值链激励最主要的内容是价格契约（Price - only Contact）和利润共享契约（Revenue - sharing Contract），利用价格的激励来协调价值链上下游之间的关系，通过利润再分享的机制实现联盟整体利益的最大化。Shapley 提出了合作博弈合理分配的 Shapley - Value 公理，在满足对称性、有效性和可加性的前提条件下，按照价值链各节点企业的贡献进行分配能够体现公平性和合理性，并且分配具有联盟稳定性，每一个组织参加价值链联盟所获得的好处都大于单干。因此，体现价值链整体的利益的激励机制是缓解与防范合作问题、协调问题和侵占问题的又一重要机制，能够有效提高价值链成本治理效率。

（3）信任与激励机制之间作用关系。信任与激励作为两种重要的价值链成本治理机制，它们之间的关系存在互补（Complement）与替代（Substitute）两种可能性。Das 和 Teng 认为激励契约的依赖会损害（节点）企业之间的信任关系，而较高的信任度减少了节点企业之间的目标冲突，用于约束机会主义行为的激励契约的需求降低，信任与激励机制之间存在替代关系。但是 Dekker 却认为信任与激励两者中的任何一种机制加强会促使另一种机制的治理效果提高，信任与激励之前存在替代关系。我们认为，由于价值链成本治理面临着较为严重的合作问题、协作问题与侵占问题，到目前为止，尚没有证据表明价值链成本治理机制的冗余，信任与激励机制之间难以存在挤出效应，相反，大量的证据显示价值链成本治理机制的应用不足。基于价值链利益的激励机制的采用，有效降低了合作风险、协调风险与侵占风险的范围和程度，以客观的业绩确定成本与及其收益的分配，从而更加公平，由此会提高价值链节点企业之间的信任关系。与此同时，信任关系的提高，使得节点企业之间对激励契约实施信心的提高，对其投资于价值链并公平分配成本和收益信心的提高，从而坚定其执行激励契约的信念，最终提高激励机制的成本治理效果，我们预期信任机制和激励机制之间存在着互补关系。

基于上述理论分析，我们提出以下理论模型，见图 5－2，并以此推演出本节的研究假设。价值链成本的目标需要建立在价值链组织间相互信任的基础之上，通过以价值链整体绩效为基础的激励方案的保障措施得以实现。

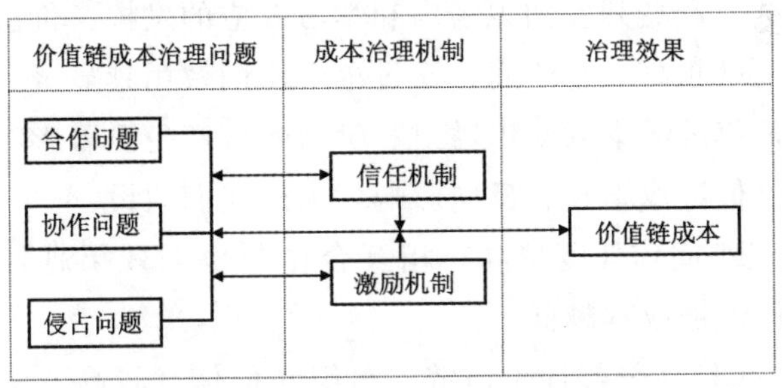

图 5－2　价值链成本治理机制

价值链成本治理中存在合作问题、协调问题、侵占问题，这些问题加大了价值链成本治理风险，限制了成本治理效率，为此需要有效的治理机制，以缓解或防范这些问题。信任与激励作为价值链成本治理的重要机制，能够有效缓解和防范价值链成本治理中的合作问题、协调问题和侵占问题，从而能够有效提高价值链成本治理效率，降低价值链整体成本。信任与激励机制之间具有一定的相融性，信任与激励机制相互作用的结果，导致了更高的价值链成本治理效率。本节将该理论，模型推演成以下假设，并进行实验验证。

2. 研究假设

信任作为价值链成本治理的一种重要机制，可以有效缓解或防范合作问题、协调问题和侵占问题。通过信任机制，既可以保留市场交易有效的市场激励，同时也能够享受科层组织所带来的知识分享和权威管理的作用。因此，信任机制将会提高价值链成本治理效率。Dye 发现良好的信任度有利于价值链节点企业相互分享信息，增加交易量，有利于组织间交易成本最小，价值链收益最大化。交易活动双方关系是影响信任倾向的最重要的因素，信任是建立在以前的频繁交易之中。因此在高依赖性价值链节点企业间具有较好的信任基础，反之，在低依赖性价值链节点企业间相互信任程度较低。充分利用信任机制可以使价值链交易成本与监督成本下降，有利于价值链上产品开发知识溢出和学习效应的发挥，价值链节点企业间信任程度越高，企业间合作过程中协同效用越显著，侵占行为越少，对价值链成本的知识溢出和学习效应产生显著影响，从而信任机制对价值链成本具有反向影响。由此我们假设：

H1：组织间信任度越高，相互合作与协调效果越好，侵占概率越低，价值链成本越低。

H1a：在较高依赖性价值链，组织间信任度较高，价值链成本较低。

H1b：在较低依赖性价值链，组织间信任度较低，价值链成本较高。

价值链管理使得企业成本管理跨越来组织边界，价值链成本的高低直接受商品在价值链上流转价格的影响，供应商、企业、销售商之间的协议价格构成了最终产品的价格，价值链构建的目的就是要实现 1 + 1 > 2 的目的，实现超额收益[①]。价值链是介于市场与企业之间的组织，若要实现价值链成本的最优，价值链组织的激励计划需要激励价值链节点企业自我强化，实现长期整体利益最大化。因此价值链节点企业的业绩评价基础不应仅仅以企业利润为基础还需要考虑价值链联盟利润。同时由于信任机制和激励机制的互补效应，当他们共同作用时价值链成本治理效率将显著得到提升，由此我们得到以下假设：

H2：当价值链联盟组织的激励计划不仅仅考虑单一企业利润而且还考虑价值链整体利益时，整个价值链成本较低。

H2a：在较高依赖性价值链，当价值链节点企业考虑将价值链整体利益作为激励评价依据之一时，价值链成本将显著低于价值链节点企业仅仅以企业收益为基础制定激励计划时的价值链成本（即，价值链成本治理的效果较优）。

H2b：在较低依赖性价值链，当价值链节点企业考虑将价值链整体利益作为激励评价依据之一时，价值链成本依然显著低于价值链节点企业仅仅以企业收益为基础制定激励计划时的价值链成本

① 价值链成本治理的有效激励机制应遵循的原则是："风险分担、收益共享、多劳多得"，以价值链为基础激励内涵不再是仅仅考虑单一企业的成本绩效，但也不能是价值链成员组织收益指标的简单相加，我们认为应该是价值链成本治理的价值增值部分。假设以 s、p、f 分别代表价值链上典型的三类企业：供应商、生产企业和销售商，那么：典型的价值链成本治理所创造的总价值（V）为供应商创造的价值（Vs）、生产企业创造的价值（Vp）和销售商创造的价值（Vf）的总和，即 V = Vs + Vp + Vf。理论上讲它包括价值链总成本（C）、行业平均利润（P）和价值链成本治理所带来的超额利润（EV），之所以产生超额利润按照价值链管理理论是因为价值链成本的竞争优势、成本优势和价值链反映速度，企业之所以进行成本治理就是为了取得价值链成本治理的超额利润，那么价值链成本治理的超额利润为：EV = V - C - P = （Vs - Cs - Ps） + （Vp - Cp - Pp） + （Vf - Cf - Pf），对价值链成员组织的激励主要专注于价值链成本治理超额利润的分配。

（即，依然价值链成本治理的效果较优）。

四、实验研究设计与检验

1. 研究方法的选择

我们研究的问题是信任与激励的价值链成本治理效果及其相互作用关系，为此，我们采用实验研究方法。实验研究相对于调查问卷、实地研究而言，研究者可以有效控制条件变量的变化，排除非主要因素的干扰，以更好地集中于所要研究的问题，提升研究的内部有效性、结构有效性和统计结论的有效性，而且试验研究在西方管理研究中是一种比较成熟，采用较多的研究方法。本试验通过预先设定的环节将接受试验的人随机分成两类，每类分为四小组，分别接受自变量信任度不同水平的刺激，以及不同激励方案的刺激，得到因变量价值链成本的目标值，比较因变量和自变量，观察其是否存在显著的相关性。

2. 变量定义与检验模型

Greenberg Penelope Sue，Greenberg Ralph H，Mahenthiran Sakthi基于交易成本经济学和组织行为学关于激励理论的研究表明企业集团内部价值链的整体利益是激励制度和相互信任度的函数，该函数为：价值链成本 = f（信任 × 激励），在这个模型中清晰地显示出价值链成本治理模型是由信任、激励、价值链成本三维度组成。借鉴该模型，可以把我们上述的理论模型描述为实验检验模型，如下：

$$Y_1 = CONTROL + \beta_1 X_1 + \varepsilon$$

$$Y_2 = CONTROL + \beta_2 X_2 + \varepsilon$$

$$Y_3 = CONTROL + \beta_3 X_1 X_2 + \varepsilon$$

其中 CONTROL 是控制变量，是价值链节点企业之间交易对价值链依赖程度，反映了企业竞争模式，Y_i（i = 1，2，3）是第 i 种实验背景下价值链成本，X_1 是价值链节点企业之间的信任度，X_2 是实验设定的价值链企业激励方式，X_1X_2 是研究信任度和激励方案组合对价值链成本的整体影响。

3. 实验设计

一共有 54 名 MBA 学生参加试验，其中男生 42 人，女生 12 人，年龄在 30～45 之间，他们都具有战略管理、管理会计、价值链成本管理等相关的专业知识，都具有企业中层管理工作背景，实践工作经验丰富。

在实验中为了避免参与者偏误，试验主持者没有告诉被试验人员试验目的，而是采用不记名的方式将其作为职业能力自我测试，试验人员在比较放松的状态下进行。为了避免试验人员的个体差异，同一试验者会经历控制变量两个水平（对价值链依赖性较高水平和对价值链依赖性较低水平）的刺激，这样试验同时也大大节约了试验成本。

我们将实验分为两组进行，一组为价值链组织之间相互依赖性比较强，是比较紧密地合作关系（本节称为高依赖性价值链，下同）；另一组价值链组织之间依赖性较低，是比较松散的合作关系（本节称为低依赖性价值链，下同），每一组影响实验的关键变量为激励基础（即价值链收益为基础/企业收益为基础）和信任感（即高信任感/低信任感）。每一组按照控制变量（2×2×2）分成八个不同环境，第一组分为 A（高依赖性×高信任感）、B（高依赖性×低信任感）、C（高依赖性×企业收益为激励基础）、D（高依赖性×价值链收益为激励基础）、E（高依赖性×高信任感×企业收益为激励基础）、F（高依赖性×高信任感×价值链收益为激励基础）、G（高依赖性×低信任感×企业收益为激励基础）、H（高依赖性×低信任感×价值链收益为激励基础）八种控制环境；第二组分为 I（低依赖性×高信任感）、J（低依赖性×低信任感）、

K（低依赖性×企业收益为激励基础）、L（低依赖性×价值链收益为激励基础）、M（低依赖性×高信任感×企业收益为激励基础）、N（低依赖性×高信任感×价值链收益为激励基础）、O（低依赖性×低信任感×企业收益为激励基础）、P（低依赖性×低信任感×价值链收益为激励基础）八种控制环境。

（1）实验背景及任务。本实验设计的实验背景是模拟某一汽车专业护目镜价值链联盟组织间的交易过程，由一个材料供应商、一个生产商和一个批发商组成，试验任务在不同自变量水平的刺激下，模拟生产企业管理者分别与零售企业的采购经理和供应商企业的销售经理协商达成交易价格的过程，这一过程模拟构成价值链成本，其与客户愿意支付的价值差额就是价值链所创造的价值。批发商的采购经理拥有的资料包括客户能接受的价格区间、企业的目标利润、产品预期的销售量，但不掌握产品生产成本；生产企业的管理者掌握了产品生产成本，但不掌握上游材料的成本和最终客户的可接受价格区间，供应商的销售经理掌握原材料的生产成本和市场行情，但不掌握护目镜生产企业的利润空间、预期销售量等资料，他们之间掌握的信息是不对称的。

（2）变量设计。为了区分不同业务对价值链联盟依赖程度，在设计实验小组时我们将高依赖组设计为三分之二的业务依赖于联盟组织，换言之，其主要业务都是在价值链联盟组织之间完成的，其对外竞争主要是依靠价值链整体的竞争实现；低依赖组三分之一的业务来自于联盟组织，但同时市场有充分的产品或服务提供者，这样设计是考虑对实验者来讲一方面其不完全依赖价值链联盟组织，组织是松散的，另一方面进行价值链成本治理是有积极意义的，而不是可有可无的。除了依赖性不同，这两组企业价值链成本治理的经济背景、生产工艺、产品价格、制造成本等都是相同的。

本实验分别采用两种激励计划，激励计划一：以单一企业收益为激励基础，考核指标设置为交易利润的一定百分比，即销售商按照买卖双方协商价格扣除生产成本的一定百分比，或者采购商按照客户接受的销售价格减去协商价格的一定百分比。激励计划二：考虑价值链整体收益为激励基础，考核指标分为两个部分，一是单一企业收益，计算与方案一相同，所占权数为50%，此外，价值链成本的节约按照一定比例分配，即价值链联盟企业共享由于交易成本节约所带来的好处。

对信任感的设计，本实验考虑将其分为信用等级 AAA 级客户和普通客户，AAA 级客户信誉好，市场评价好于普通客户，但实验时我们将最终没有达成交易的 AAA 级别客户确认为普通客户。

4. 假设检验结果及分析

本研究根据研究假设，利用 EXCEL 软件进行数据筛选，运用 SPSS11.5 统计软件进行分析，通过实证得出结论。

（1）信任度对价值链成本的影响分析

表 5－4　　信任程度与价值链成本相关性的回归结果

变量	N	Min	Max	Mean	Std. Deviation	t	sig
Y	108	43	47.5	45.19	1.745	166.09	0
X_1	108	0	1	0.5	0.502	4.102	0.000***
CON	108	0	1	0.5	0.501	－0.858	0.393
X_1（67%）	54	0	1	0.5	0.505	2.665	0.010***
X_1（33%）	54	0	1	0.5	0.505	3.131	0.003***

注：①* 表示 10% 的水平上显著，** 表示 5% 的水平上显著，*** 表示 1% 的水平上显著；

②X_1（67%）是指在高价值链依赖程度下的信任度；

③X_1（33%）是指在低价值链依赖程度下的信任度。

从针对假设 1 的检验结果来看，价值链联盟组织间信任度越高，组织间合作越顺利，交易成本越低，从而价值链整体成本越低，X_1 在1%的水平上显著通过了检验（见表5－4），组织间信任度和价值链成本之间存在较强的相关性。为了进一步研究我们又分组进行了检验，将试验人员根据交易对价值链依赖程度的不同分为低依赖组和高依赖组，X_1（67%）和 X_2（33%）均通过了检验，均在1%水平上显著相关，但值得注意的是模型中的控制变量并没有通过检验，控制变量反映的是企业较高依赖价值链，采用价值链竞争模式，还是对价值链的依存程度低，更大程度上单一企业参与市场竞争，这表明无论是否采用价值链成本治理，企业业绩均受到交易双方信任度的影响，竞争模式的影响不显著，信任度越高交易成本越低；反之，信任度越低，交易双方为了避免交易失败所带来的损失，交易成本上升/价值链成本必然较高。

（2）激励对价值链成本的影响分析

表5－5　　激励与价值链成本关性的回归结果

	N	Min	Max	Mean	Std. Deviation	t	sig
Y	108	43	47.5	45.361	1.332	213.875	0
X_2	108	0	1	0.5	0.502	3.422	0.001***
CON	108	0	1	0.5	0.503	－1.369	0.174
X_2（67%）	54	0	1	0.5	0.507	2.507	0.014**
X_2（33%）	54	0	1	0.5	0.507	2.318	0.244

注：①* 表示10%的水平上显著，** 表示5%的水平上显著，*** 表示1%的水平上显著；

②X_2（67%）是指在高价值链依赖程度下的激励；

③X_2（33%）是指在低价值链依赖程度下的激励。

表5－5是激励计划与价值链成本相关关系试验的实证检验的结果，激励计划与价值链成本的回归后的t值是3.422，在1%的

水平上显著相关，也就是说激励计划的财务导向作用显著。分组讨论的结果是，价值链高依赖组与低依赖组采用价值链整体利益作为激励基础都对于价值链成本是有显著差异的，H2a 通过了检验，在价值链高依赖组激励计划在 5% 的水平上与价值链成本显著相关，价值链管理发挥作用，只要采取有力的激励措施价值链成本就会得到有效的控制，价值链管理收益较高。但是 H2b 没有得到检验结果的支持，与我们的预期是一致的，研究发现在价值链依赖度较低的小组，被试验的企业人员更多的考虑自身企业的价值最大化，由于其对联盟的依赖性较小，即使在激励计划中考虑价值链因素，但对于管理人员而言市场管理效率的作用更能够决定其报酬，市场发挥其应有的作用，价值链成本治理的效率较低。

（3）信任、激励对价值链成本的综合影响。我们在分别讨论了信任度和激励对价值链成本的影响之后，考虑到信任和激励都纳入价值链成本治理系统中会相互发生作用，因而又对信任度、激励计划对价值链成本的综合影响进行了试验检验（检验结果见表 5－6、表 5－7、表 5－8 和表 5－9）。

表 5－6　高信任度激励与价值链成本关性的回归结果

	N	Min	Max	Mean	Std. Deviation	t	sig
Y	108	43	47.5	45.458	1.221	230.410	0.000
CON	108	0	1	0.5	0.502	－0.858	0.393
$X_{1g}X_2$	108	0	1	0.5	0.502	3.065	0.003***
$X_{1g}X_2$（67%）	54	0	1	0.5	0.505	2.369	0.022**
$X_{1g}X_2$（33%）	54	0	1	0.5	0.504	1.940	0.058*

注：①* 表示 10% 的水平上显著，** 表示 5% 的水平上显著，*** 表示 1% 的水平上显著；

②$X_{1g}X_2$（67%）是指在高价值链依赖程度背景下高信任度与激励共同作用；

③$X_{1g}X_2$（33%）是指在低价值链依赖程度背景下高信任度与激励的共同作用。

在价值链节点企业间存在较高信任度时，激励计划在1%水平上显著与价值链成本相关，这与我们的假设是吻合的，价值链成员间信任度越好，激励的效果越明显，价值链成本治理绩效越显著，分组试验进一步证明了这一点，虽然价值链高依赖组和价值链低依赖组都通过了检验，但高依赖组高信任激励的影响更为显著，在5%的水平上相关，低依赖组高信任激励与价值链成本在10%的水平上显著（见表5－6），影响相对弱一些，这可能是联盟之间依赖较弱，企业更容易在市场上找到替代的结果，是市场效率的反映。

表5－7　　低信任度激励与价值链成本关性的回归结果

	N	Min	Max	Mean	Std. Deviation	T	sig
Y	108	43	47.5	44.833	1.381		
CON	108	0	1	0.5	0.502	－0.638	0.525
$X_{1d}X_2$	108	0	1	0.5	0.502	2.341	0.215
$X_{1d}X_2$（67%）	54	0	1	0.5	0.505	1.374	0.175
$X_{1d}X_2$（33%）	54	0	1	0.5	0.504	1.915	0.610

注：①* 表示10%的水平上显著，** 表示5%的水平上显著，*** 表示1%的水平上显著；

②$X_{1d}X_2$（67%）是指在高价值链依赖程度背景下低信任度与激励共同作用；

③$X_{1d}X_2$（33%）是指在低价值链依赖程度背景下低信任度与激励共同作用。

在价值链联盟成员间缺乏信任的时候，无论是试验对象整体还是分组讨论，两者之间的t值均未能通过检验（见表5－7），表明两者之间不存在相关关系，激励机制失去了作用，当信任缺失的时候试验人员首先规避风险，尽量避免由于信任缺失所导致的失败的风险，从某种意义上讲此时的价值链联盟形同虚设。

表 5-8　企业利益激励、信任与价值链成本关性的回归结果

	N	Min	Max	Mean	Std. Deviation	T	sig
Y	108	43	47.5	44.819	1.346		
CON	108	0	1	0.5	0.502	-0.764	0.446
$X1X2_q$	108	0	1	0.5	0.502	-2.293	0.024**
$X1X2_q$（67%）	54	0	1	0.5	0.505	-1.374	0.175
$X1X2_q$（33%）	54	0	1	0.5	0.504	-1.858	0.069*

注：①* 表示10%的水平上显著，** 表示5%的水平上显著，*** 表示1%的水平上显著；

②$X1X2_q$（67%）是指在高价值链依赖程度下单一企业利益激励与信任共同作用；

③$X1X2_q$（33%）是指在低价值链依赖程度下单一企业利益激励与信任共同作用。

在检验企业的激励计划仅仅采用企业收益为业绩评价基础时，信任度与价值链成本在5%水平上呈现着显著负相关关系（见表5-8），企业间信任度越高价值链成本越低，而不考虑激励计划的情况下信任度与价值链成本是在1%的水平上相关（见表5-8），表明激励计划的导向会直接影响管理者的决策结果。分组讨论出现了一个有趣的现象，采用单一企业利益激励计划时低价值链依赖组信任在10%的水平上与价值链成本显著相关，这显示市场作用发挥显著，即当信任度较高时，信息披露相对真实而充分，价值链上每个组织的管理人员均从各自企业利益最大化的角度进行决策，最终价值链整体获得超额收益，市场的管理效率得到充分的发挥；当信任度较低时，企业成员之间无法分享信息或分享不充分，致使最终价值链成本较高。有趣的是高价值链依赖组却没有通过检验，表明高依赖组的试验人员由于其交易行为对其他联盟成员的依赖，其在决策时会主动考虑其他联盟成员的利益，考虑企业长期的合作基

础，而不仅仅是单一企业的短期收益，其决策不会随信任度的变化有显著的影响。

表 5－9　　价值链整体利益激励信任与价值链成本关性的回归结果

	N	Min	Max	Mean	Std. Deviation	T	sig
Y	108	43	47.5	45.47	1.252		
CON	108	0	1	0.5	0.502	－0.712	0.478
$X1X2_L$	108	0	1	0.5	0.502	－2.85	0.005***
$X1X2_L$（67%）	54	0	1	0.5	0.505	－2.369	0.022**
$X1X2_L$（33%）	54	0	1	0.5	0.504	－1.654	0.104

注：①* 表示 10% 的水平上显著，** 表示 5% 的水平上显著，*** 表示 1% 的水平上显著；

②$X1X2_L$（67%）是指在高价值链依赖程度下价值链整体利益激励与信任的共同作用；

③$X1X2_L$（33%）是指在低价值链依赖程度下价值链整体利益激励与信任的共同作用。

在试验企业的激励计划考虑将价值链整体收益为业绩评价基础时，信任度和价值链成本在 1% 水平上显著负相关，信任度越高价值链成本控制的水平越低。分组讨论的结果是价值链高依赖组在 5% 水平上通过了检验，表明采用整体利益的激励计划在信任度越高时越有利于价值链双方/多方合作，合作的成效越显著。而价值链低依赖组没有通过检验，表明由于企业间业务依赖性较差，更多的交易来自价值链联盟之外，即使企业间信任度较高，激励作业是很有限的。

综上所述，我们根据表 5－4 到表 5－9 检验结果绘制各变量间的路径作用关系图（见图 5－2）。从各变量之间的关系表明信任机制和激励机制能够有效的促进价值链成本治理，信任度的提高不仅可以直接作用于价值链成本，同时还可以通过价值链节点企业对于价值链的再认识间接改善成本控制水平，激励是价值链成本治理绩效的直接影响因素，能够促进绩效的改善。通过对价值链依赖程度不同的组别对比的试验，我们发现当企业交易对价值链依赖程度较高时，以价值链整体利益为基础的激励计划对价值链成本是有显著影响的，以自身企业利益为基础的激励计划则不显著；而当企业交易对价值链依赖程度较低时，以自身企业利益为基础的激励计划对价值链成本才有显著影响，以价值链整体利益为基础的激励计划则不显著。这说明价值链成本治理必须能够创造超额收益才有较高的存续价值，因此价值链节点企业可以根据预期价值链信任程度与信任机制状况，制定相应的激励计划方案，有效提高价值链成本治理效果。因此，与我们的预期一致，信任机制和激励机制之间存在着较强的互补关系，信任与激励机制之间难以存在挤出效应，其替代效应没有通过检验。

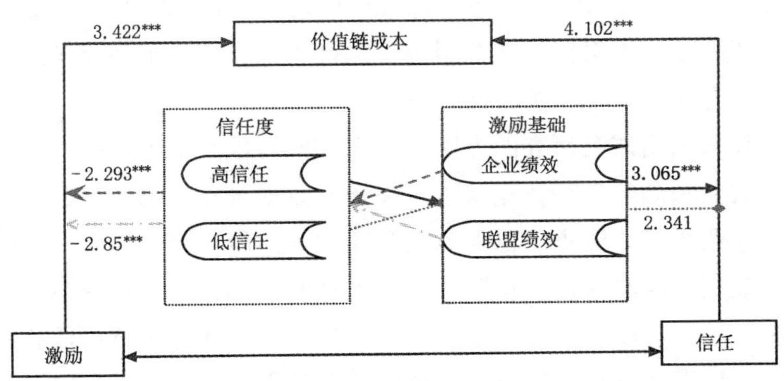

图 5-3　各变量间路经关系

注：* 表示 10% 的水平上显著，** 表示 5% 的水平上显著，*** 表示 1% 的水平上显著。

五、研究发现与建议

本节通过实验研究，考察了信任与机理作为两种重要的价值链成本治理机制的治理效果，以及它们之间的作用关系。研究发现，信任与激励机制均可以有效缓解或防范合作问题、协调问题和侵占问题，对价值链成本治理具有明显的治理效果。以价值链整体利益为基础的激励对价值链成本有显著的影响，而以单一企业自身利益为基础的激励没有显著的影响。因此企业在实施价值链成本治理时选择有效的激励方案能够有效地提高成本效率，提高价值链成本治理效果。信任机制与激励机制之间具有互补作用，信任度对激励方案的治理效果具有重要影响，当价值链节点企业之间缺乏信任的时候，无论对价值链高依赖组还是低依赖组，激励都不能有效降低价值链成本，信任度太低，接受试验的管理者更愿意放弃价值链管理所带来的不确定的收入；但当价值链节点企业之间的信任度较高时，两种激励方案都能显著影响价值链成本，信任机制与激励机制之间具有显著的互补关系。

我们采用试验研究的方法来研究价值链成本治理问题，从而实现了数据来源的创新，克服了相关研究数据匮乏的困境，也克服了用问卷调查等方法查难以保障数据效度等问题。与此同时，我们能够有效控制实验条件，排除非主要因素的干扰，清楚地观察到治理机制的单独与联合治理效果。比如我们试验中通过调节信任和激励机制，以考察其价值链成本治理的单独效果与联合效果，取得了良好效果。

本章的研究局限在于：第一，我们在实验中对节点企业的相互依赖性、资产专用性、环境不确定性和交易频率只做了综合考察与控制，并没有分别检验各自对信任与激励机制价值链成本治理效果的影响，尤其是对汽车专业护镜，我们只是根据主观判断认定其资产专用性对研究结论的影响程度有限，尚需进一步的确认，其他因素的影响也需要进一步深化研究；第二，实验研究中实验人员和被实验人员的专业背景、实践经验、认知水平等都可能会对实验结果造成一定影响，因此在接受本节结论时应要充分考虑这一影响。

主要参考文献：

[1] Ariela Caglio, Angelo Ditillo. A review and discussion of management control in inter – firm relationships: Achievements and future directions. Accounting, Organizations and Society, 2008 (33): 865 – 898

[2] Barrett, M. E., Fraser, L. B. Conflicting roles in budgeting for operations. Harvard Bus. Rev, 1977: 137 – 146

[3] Bebchuk L. A., Jesse M. Fried & David I. Walker, Managerial Power and Rent Extraction in the Design of Executive Compensation, Working Paper, University of Chicago Law Review, 2002 (69): 751 – 846

[4] Brownell, P. Participation in the budgeting process when it works and when it doesn't. J. Acc. Lit, 1982 (1): 125 – 153

[5] Carole Donada Gwena elle Nogatchewskym, Vassal or lord buyers: How to exert management control in asymmetric interfirm transactional relationships? Management Accounting Research, 2006 (17): 259 – 287

[6] Chow C. W., Hirst M. K. & Shields M. D., Motivating Truthful Subordinate Reporting: An Experimental, Investigation in a Two – Subordinate Context, Contemporary Accounting Research, 1994: 699 – 720

[7] Coad, A., Cullen, J., Inter – organizational cost management: towards an evolutionary perspective. Management Accounting Research, 2006 (17): 342 – 369

[8] Collins, F., Holzmann, O., Mendoza, R. Strategy, budgeting, and crisis in Latin America. Acc. Organ. Soc, 1997. (22) 669 – 689

[9] Cooper, R., Slagmulder, R. Inter – organizational cost management and relational context. Accounting, Organizations and Society, 2004 (29): 1 – 16

[10] Dekker, H. Value chain analysis in interfirm relationships: a field study. Management Accounting Research, 2003 (14): 1 – 23

[11] Dekker, H. C. Control of inter – organizational relationships: evidence on appropriation concerns and coordination requirements. Accounting, Organizations and Society, 2004 (29): 27 – 49

[12] Dunk, A. S. The effect of budget emphasis and information asymmetry on the relation between budgetary participation and slack. Acc. Rev, 1993 (68): 400 – 410

[13] Dye J. H. Effective Inter – Firm Collaboration: How Firms Minimize Transaction Value, Strategic Management Journal, 1997, (18): 553 – 556

[14] Dyer, J. H. Specialized supplier networks as a source of competitive advantage: evidence from the auto industry. Strategic Management Journal, 1996 (17): 271 – 291

[15] Dyer, J. H., & Singh, H. The relational view: cooperative strategy and sources of inter – organizational competitive advantage. Academy of Management Review, 1998 (23): 660 – 679

[16] Fisher, J. G., Maines, L. A., Peffer, S. A., Sprinkle,

G. B. Using budgets for performance evaluation effects of resource allocation and horizontal information asymmetry on budget proposals, budget slack, and performance. Acc. Rev, 2002 (77): 847 - 865

[17] Fukuyama, Francis. Trust: The social virtues and the creation of prosperity. New York: Free Press. 1995

[18] Goodman Lester E. & Paul A. Dion. The Determinants of Commitment in the Distributor Manufacturer Relationship, Industrial Marketing Management, 2001 (30): 287 - 300

[19] Gordon, L., Narayanan, V. Management accounting systems, perceived environmental uncertainty and organization structure an empirical investigation. Acc. Organ. Soc., 1984 (9): 33 - 48

[20] Govindarajan, V., Gupta, A. Linking control systems to business unit strategy impact on performance. Acc. Organ. Soc., 1985 (10): 51 - 66

[21] Greenberg Penelope Sue, Greenberg Ralph H, Mahenthiran Sakthi., The impact of control policies on the process and outcomes of negotiated transfer pricing, Journal of Management Accounting Research. Sarasota: Fall 1994 (6): 93

[22] Gul, F., Chia, Y. The effects of management accounting systems, perceived environmental uncertainty, and decentralization on managerial performance a test of three - way interaction. Acc. Organ. Soc. 1994 (19): 413 - 426

[23] Gulati, R., & Singh, H. The architecture of cooperation: managing coordination costs and appropriation concerns in strategic alliances. Administrative Science Quarterly, 1998 (43): 781 - 814

[24] Gulati, R. Does familiarity breed trust? The implications of repeated ties for contractual choice in alliances. Acad. Manage. J.,

1995 (38): 85 - 112

[25] Harrell Adrian & Harrison Paul, An Incentive to Shirk, Privately Held Information, and Managers' Project Evaluation Decisions, Accounting, Organizations and Society, 1994, 7, (19): 569 - 577

[26] Henrik Agndal, Ulf Nilsson. Inter - organizational cost management in the exchange process, Management Accounting Research, 2009 (20): 85 - 101

[27] Hirst, M. K., Lowy, S. M. The linear additive and interactive effects of budgetary goal difficulty and feedback on performance. Acc. Organ. Soc., 1990 (15): 425 - 436

[28] Holmstrom, B., Milgrom, P. Multitask principal - agent analyses incentive contracts, asset ownership, and job design. J. Law Econ. Organ, 1991 (7): 24 - 52

[29] Hope, J., Fraser, R.. Beyond Budgeting How Managers Can Break Free from the Annual Performance Trap. Harvard Business School Press, Boston, 2003

[30] Hopwood, A. Looking across rather than up and down: on the need to explore the lateral processing of information. Accounting, Organizations and Society, 1996 (21): 589 - 590

[31] Hopwood, A. G. An empirical study of the role of accounting data in performance evaluation. J. Acc. Res., 1972 (10): 156 - 182

[32] Ireland, R. D., Hitt, M. A., & Vaidyanath, D., Alliance management as a source of competitive advantage. Journal of Management, 2002, 28 (3): 413 - 446

[33] Ittner, C. D., Larcker, D. F., Nagar, V., & Rajan, M. V. Supplier selection, monitoring practices, and firm performance.

Journal of Accounting and Public Policy，1999（18）：253－281

[34] Jarillo，J. C. On strategic networks. Strategic Management Journal，1988（9）：31－41

[35] Kajüter，P.，Kulmala，H. Open－book accounting in networks potential achievements and reasons for failure. Management Accounting Research，2005（16）：179－204

[36] Kaplan，Top Executive Reward and Firm Performance：A Comparison of Japan and United States，Journal of Political Economy，1994（102）：510－546

[37] Knack，Stephen，and Philip Keefer. Does social capital have an economic payoff? A Cross－Country Investigation，Quarterly Journal of Economics 1997，112（4），12：51－88

[38] La Porta，Rafael，Florencio Lopez－de－Silanes，Andrei Shleifer，and Robert Vishny. Trust in large organizations. American Economic Review Papers and Proceedings 1997，87（2），3：33－38

[39] Langfield－Smith，K.，& Smith，D. Management control systems and trust in outsourcing relationships. Management Accounting Research，2003，（14）：281－307

[40] Lariviere M. A. & Porteus E. L Selling to the newsvendor：An Analysis of Price－only Contact，Msom，2001（3）：293－305

[41] Madhok，A. The nature of multinational firm boundaries：Transaction costs，firm capabilities，and foreign market entry mode. International Business Review，1998（7）：259－290

[42] Merchant，K. A.，Manzoni，J. F. The achievability of budget targets in profit centers a field study. Acc. Rev，1989（64）：539－558

[43] Osborn，R. N.，& Baughn，C. C. Forms of inter－organi-

zational governance for multinational alliances. Academy of Management Journal, 1990 (33): 503 - 519

[44] Otley, D. Management control in contemporary organizations: towards a wider framework. Management Accounting Research, 1994 (5): 289 - 299

[45] Ouchi, W. G. The relationship between organizational structure and organizational control. Admin. Sci. Q, 1977 (22): 95 - 113

[46] Putnam Robert, Bowling alone: The collapse and revival of American community. New York: Touchstone, 2000

[47] Robert N. Anthony, Vijay Govindarajian 著，许锐，牛国锋，彭玉辉译，《管理控制系统》，（第九版），机械工业出版社，1999: 268 - 277

[48] Seal, W., Cullen, J., Dunlop, A., Berry, T., Ahmed, M., Enacting a European supply chain: a case study on the role of management accounting. Manage. Acc. Res. 1999 (10): 303 - 322

[49] Shank, J. K., . Strategic cost management: new wine, or just new bottles? Manage. Acc. Res. 1989 (1): 47 - 65

[50] Shapley L. S. A value for n - person games, Princeton: Princeton University Press, 1953

[51] Simons, R. The role of management control systems in creating competitive advantage new perspectives. Acc. Organ, 1990

[52] Sridhar Tayur, etc., Quantitative Models for Supply Chain Management, Kluwer Academic Publisher, 1999

[53] Stephen C. Hansen, Wim A. Van Der Stede, Multiple facets of budgeting: an exploratory analysis, Management Accounting Research 2004 (15): 415 - 439

[54] Teece, D. J., Pisano, G., & Shuen, A. Dynamic capa-

bilities and strategic management. Strategic Management Journal, 1997 (18): 509 - 533

[55] Thompson, J. D. Organizations in action. New York: McGraw - Hill, 1967

[56] Tomkins, C. Interdependencies, trust and information in relationships, alliances and networks. Accounting, Organizations and Society, 2001 (26): 161 - 191

[57] Van der Meer - Kooistra, J., & Vosselman, E. G. J. Management control of interfirm transactional relationships: The case of industrial renovation and maintenance. Accounting, Organizations and Society, 2000 (25): 51 - 77

[58] Waller W. S., & Bishop R. A., An Experimental Study of Incentive Pay Schemes, Communication, and Intrafirm Resource Allocation, The Accounting Review, 1990, (10): 812 - 836

[59] William R. Lalli 主编，王斌等译，《预算管理手册（第五版）》，人民邮电出版社，2007，20 - 60：189 - 204

[60] Williamson, O. E. Comparative economic organization: the analysis of discrete structural alternatives. Administrative Science Quarterly, 1991, (36): 269 - 296

[61] Williamson, O. E. The economic institutions of capitalism. Free Press, New York, 1985

[62] Zenger, T. R., & Hesterly, W. S. The disaggregation of corporations: Selective intervention, high - powered incentives, and molecular units. Organization Science, 1997 (8): 209 - 222

[63] 胡玉明．《管理会计研究》．北京：机械工业出版社，2008

[64] 简兆权，刘荣，招丽珠．网络关系、信任与知识共享对

技术创新绩效的影响研究.《研究与发展管理》，2010（2）

[65] 潘飞，王悦.中国管理会计研究如何走向世界.《管理会计与改革开放30年研讨会论文集》，2008

[66] 任旭，刘延平.基于信任观点的企业联盟治理机制演变机理研究.《中国流通经济》，2010（3）

[67] 汤谷良.《高级财务管理》，中信出版社，2006

[68] 汤谷良，董甦.CFO应如何规划公司内部财务管理报告，《财务与会计》，2004（8）

[69] 王玲.基于博弈论的供应链信任产生机理与治理机制.《软科学》，2010（2）

[70] 吴家喜，吴贵生.组织间关系、外部组织整合与新产品开发绩效关系研究.《软科学》，2009（11）

[71] 于增彪，袁光华，刘桂英，邢如其.关于集团公司预算管理系统的框架研究.《会计研究》，2004（8）

[72] 于增彪.《管理会计研究》，中国金融出版社，2007

第六章
财务运行质量与投资者保护

第一节　企业增长、财务风险与价值创造

摘　要：本节运用可持续增长财务理论，分析了企业增长与财务危机的作用规律。研究发现，企业超速增长显著地增大了企业财务危机概率，并且超速增长率与财务危机发生概率显著正相关；而非超速增长的实际增长率与财务危机概率无显著相关性；上述关系还体现出一定的年度效应。从而验证了本节的理论假说，即企业的增长不一定带来企业价值的同步增长；企业的资源及其使用效率内在地决定了企业增长速度；组织管理的动态调整速度及有效供给程度对企业财务危机具有重要影响。

关键词：超速增长、财务危机、风险预警模型

一、导　　论

财务学中的一个中心问题是企业增长快慢与财务风险的关系。一种观点认为，具有好项目的企业无论资产负债表如何都会增长，因为它一直都能融资（Miller，1991），故这类企业不会因为增长而影响到财务风险；然而，更多的学者认为，融资约束下的企业增长

必然导致高财务杠杆，而杠杆作用会通过流动性效应来降低企业融资增长的能力，从而增大财务风险（Myers，1997）。Larry Lang（1996）发现企业增长速度与公司风险之间有正向关系。本节考察了6年间企业增长速度与财务危机之间的作用机制，并发现超过一定速度后的企业增长与财务危机概率具有很强的正相关关系，而在一定的速度范围内，这种关系就不那么显著。这个速度，是根据Robert C. Higgins（1977）给出的可持续增长率设定的，我们把超过这一速度的增长称之为超速增长。

Hyun – Han Shin 和 René M. Stulz（2000）将公司的价值分解为资产的价值和增长价值，并通过实证研究发现，合理的增长率是可以为企业带来资产现金流的增长率，即使企业增长波动性很大，合理增长率也会给企业带来更多的增长价值，从而会让企业保持持久的增长性；而超过合理增长率的增长（即超速增长）不但不会增加企业价值，还会导致企业陷入财务危机，从而毁损企业价值。CyrusA. Ramezani、LucSoenen 和 Alan Jung（2002）实证发现，尽管企业盈利能力指标通常会随着盈余或销售增长而增长，但如果增长超出了最佳增长点的限度而继续增长，股东价值就会降低，也会对企业盈利能力造成负面影响。相反的，拥有稳健的销售或盈余增长率的企业却能获得高回报率，为股东创造价值。这个结果也得到了 Ruller 和 Jensen（2002）的验证。因此，增长并不必然意味着增加企业价值，超速增长可能会毁损企业价值，使企业价值的波动变大，从而使企业发生财务危机的概率变大。

企业可持续增长意味着企业的实际增长应当与自身资源相协调，过快增长会引发企业资源的紧张，进而招致企业的财务危机或破产；增长过慢，又可能抑制而使企业资源不能有效利用，进而丧失增长能力直至被他人兼并，同样也会引发企业的生存危机。因此企业内部资源制约着企业的增长速度，企业不可能仅通过快速招募的方式实现企业无限快速的增长，最优的增长速度是能够使资源效率最大化的速度（R. L. Marris，1960）。同时，由于实物资产的互斥性，使企业在资产结构与资本结构、盈利性与流动性的相互矛盾中陷入难于自拔的财务困境。快速增长企业因财务压力而衰败的例子比比皆是，如国外的安然公司、世通公司、国内的巨人集团、三株口服液等。因此，由于上述机制的存在，超速增长会直接导致财务危机概率变大。

另外，一定时期内企业的组织管理资源也是有限的，企业超速增长往往使组织调整与相应的内部控制制度的改进变得滞后，组织管理资源的匮乏与内部控制制度的匮乏或执行不力，不但会直接导致风险水平的上升，而且会破坏企业文化与企业内部的各种秩序，进而会使得企业风险得到快速累积，大大增加了财务危机爆发的概率。

因此，企业增长速度过快带来的企业资源紧张会增大企业财务危机，然而，企业融资能力及危机管理能力会使企业突破增长瓶颈，达到新的发展阶段，化解财务危机，现实中这样的例子比比皆是，如京东方、蒙牛集团等。所以，如果企业没有发生破产或重组，可以预期随着时间的推移，企业发展速度对未来一定年度的财务危机概率的影响程度会降低。

二、企业增长与财务风险关系研究

（一）研究假设

综合以上分析，由于超速增长可能带来公司价值贬损、财务资源紧张和管理能力缺乏，从而使得公司发生财务危机的概率增大，这种关系会随着时间的推延而得到改变。于是得到以下三个假设：

H1：超速增长公司的财务危机概率显著大于非超速增长公司，这种关系会随着时间的推移而弱化；

H2：对于超速增长公司，实际增长率越高，其财务危机概率越大，这种关系会随着时间的推移而弱化；

H3：对于非超速增长公司，实际增长率高低与其财务危机概率无显著相关性。

（二）变量定义与样本选择

1. 可持续增长率

目前，国内评价上市公司自身可持续增长的方法主要有以下四类：一是直接使用单项财务指标判断能否持续发展，如运用净资产收益率（ROE）、每股收益（EPS）、股权结构等单项指标；二是使用业绩综合评价指标对上市公司的质量进行排名；三是建立复杂的计量模型，如苏东蔚、吴仰儒（2005）利用屏面数据和 Mahalanobis 广义距离、计算机集约法、刀切法等数理统计工具，建立了动态累积效益模型；四是通过已经建立的财务可持续增长模型，如黄永红（2002）对 Higgins 和 Horne 提出的企业可持续增长模型进行了检验，发现电子电器行业对该模型的适用性较强。由于前三类方法都具有明显缺陷，本节选用第四类方法，并用 Higgins 模型计算的可持续增长率作为企业可持续增长率的替代变量。

具体计算公式为：

可持续增长率（SGR）＝销售净利率×总资产周转率×留存收益率×资产权益率

2. 实际增长率

本节以企业主营业务增长率来表示实际增长率，具体计算公式为：

实际增长率（g）＝（本年的主营业务收入－上年的主营业务

收入）/上年的主营业务收入

3. 超速增长与非超速增长

企业超速增长是指实际增长速度超过可持续增长率的增长。根据上文所述，企业的可持续增长率是由企业的资源内生地决定，而企业的实际增长率可能与可持续增长率之间有偏差，可能大于可持续增长率，也可能小于可持续增长率，实际增长率大于可持续增长率的企业增长为超速增长。因为可持续增长率是企业资源理论上所能支持的最大增长率，当企业的实际增长率（g）超过了可持续增长率（SGR），则为超速增长；当企业实际增长率小于或等于可持续增长率（SGR）时，即为非超速增长。

4. 财务危机的定义及衡量

财务危机的界定国内外区别较大。国外大多数研究将企业根据破产法提出破产申请的行为作为确定企业进入财务危机的标志（Altman，1968；Ohlson，1971；Zmijewski，1984；Casey 和 Bartczak，1984；Aziz et al. 1988；Aziz 和 Lawson，1989；Platt，1990；Gilbert et al. 1990）。也有从财务危机的程度来界定的，如 Laitinen（1991），认为财务危机上市公司失败分为三个过程：慢性失败公司、收益失败公司和严重失败公司；又如 Lau（1987）用财务稳定、不发或减少股息支付、技术性失败或违约偿还贷款、受破产法保护、破产或清算等五种财务状态来评估公司的财务危机状况。国内学者则将 ST 的上市公司作为财务危机公司（如陈静，1999；陈晓、陈治鸿，2000；吴世农、卢贤义，2001 等），也有将出现亏损的公司界定为财务危机公司（长城证券课题组，2002），这样，出现财务危机的公司不仅包括 ST 和 PT 公司，而且还包括亏损一年的上市公司。本节则将首次亏损作为财务危机的界定标准。

5. 控制变量

为更准确地考察公司增长速度与财务危机概率之间的关系，我们建立了多元回归方程。为此需要控制如下变量。

（1）财务杠杆变量，在融资约束条件下，公司增长财务上表现为负债规模的扩大；同时财务杠杆对企业增长也有特殊的含义（Larry Lang，1996），有必要控制财务杠杆变量。本节以股东权益总资产比率（ER）作为财务杠杆变量加以控制。

（2）公司收益，公司收益是公司内源融资的基本来源，也是其可持续增长与公司良好的“造血”机制形成的必要条件，因此，收益不同的公司在相同增长速度下所导致的风险应当不同，为此，需要控制公司收益变量。本节选用总资产收益率（ROA）作为控制公司收益的变量。

（3）公司规模，根据资本结构理论，规模越大的企业，其经营多元化，抗风险的能力自然也比较强，因此常常具有更高的负债能力。而规模越小的企业，其经营不确定性也比较大，抗风险的能力较弱，更倾向于股权融资。所以公司规模不同所导致的抗风险能力不同，从而在一定的增长速度下，不同规模的公司发生财务危机的概率不同。为此需要控制公司规模，本节以公司总资产的自然对数（LNA）作为公司规模控制变量。

（4）赊销状况，赊销会促进销售，从而促使主营业务收入增长，同时，赊销也带来了应收账款规模的扩大，增大了坏账风险，使得财务危机概率增大，为此，需要控制赊销规模，本节以应收账款占总资产的比率（RAR）作为控制变量。

（5）公司治理变量，公司治理好坏对于防范财务危机具有重要作用，本节以独董比例（IDRR）作为公司治理替代变量加以控制。

（6）管理能力变量，根据前文的论述，公司管理能力是影响增长与财务危机概率之间关系的重要因素，为此需要控制公司管理能力因素。文献指出，公司管理能力可以通过公司多元化程度来观察（Rumelt，1982；Williamson，1974；Leontiades，1986），因此本节以多元化管理因子（MM）作为控制公司管理能力的控制变量。

表 6－1　　　　变量定义表

变量类别	财务指标名称	符号
被解释变量	财务危机判别概率 p	P_{it}（t＝1，2…6）
解释变量	实际增长率	g
	超速成长因子	HG
控制变量	股东权益总资产比率	ER
	总资产收益率	ROA
	资产规模	LNA
	应收账款/总资产比率	RAR
	独董比例	IDRR
	多元化经营管理因子	MM

注：实际增长率　g
超速成长因子　HG，当公司超速增长，HG 取 1；否则取 0
股东权益总资产比率　ER
总资产收益率　ROA
资产规模　LNA，总资产的自然对数
应收账款/总资产比率　RAR
独董比例　IDRR，独立董事占董事会规模的比例
多元化经营管理因子　MM

（三）样本选择

本节选择我国沪、深两市电信与计算机行业 1999～2005 年共 669 家上市公司作为研究样本，之所以选择电信与计算机行业，理由如下：第一，我国电信与计算机行业处于一个快速增长和积累阶段，该行业大多数企业都具有高科技、高增长的特性，从而更为适

合本节研究目的；其次，在今后相当长的时间里，较高增长率仍是我国电信与计算机行业最显著的特点，该行业可以看成是我国上市公司高增长的缩略图；第三，Higgins 的可持续增长模型对该行业具有较为理想的适用性（黄永红，2002）。然后对这 669 家上市公司进行筛选，剔除数据不全的上市公司 46 家，得到有效样本 623 家，其中超速增长样本 405 家，低速增长样本 218 家。各类样本年度分布见表 6－2。

表 6－2　　样本类型及年度分布

年度	公司家数	剔除样本	最终样本	超速增长样本	非超速增长样本
1999	78	8	70	45	25
2000	88	10	78	57	21
2001	91	3	88	57	31
2002	96	5	91	55	36
2003	103	8	95	66	29
2004	104	3	101	68	33
2005	109	9	100	57	43
Total	669	46	623	405	218

（四）数据来源

本节样本数据选取了我国沪深两市电信与计算机行业 1999 年至 2005 年上市公司公开发表的年报数据以及 40 个综合财务指标数据。数据来源于深圳国泰安技术有限公司 CSMAR 数据库以及上海证券之星网站（http：//www. stockstar. com）

（五）风险预警模型的建立与财务危机概率的求取

1. 风险预测模型的建立

财务危机概率作为本节研究的重要变量，通过建立财务风险预警模型进行预测。尽管进行风险预警的方法很多，但性能最好，也最受研究者欢迎的方法主要是 Logit 回归模型，由于 Logit 回归不要求数据的正态分布，因而其参数估计比判别分析更加稳健（Lo，1986）。本节就是采用 Logit 回归分析作为主要的建模方法。

经过充分借鉴已有研究成果，并考虑研究问题的特点，运用已有的指标选取经验，结合定性和定量的分析理论，最终选用了八大类 28 个财务指标，它们分别是短期偿债能力：流动比率（x11）、营运资金比率（x12）；营运能力：应收账款周转率（x21）、存货周转率（x22）、总资产周转率（x23）、股东权益周转率（x24）；长期偿债能力：资产负债率（x31）、长期负债比率（x32）、利息保障倍数（x33）；盈利能力：营业收入净利润率（x41）、资产报酬率（x42）、总资产净利润率（x43）、流动资产净利润率（x44）、固定资产净利润率（x45）、边际利润率（x46）、股东权益净利润率（x47）；现金获取能力：现金流量对流动负债比率（x51）、主营业务收入现金比率（x52）、每股经营活动现金净流量（x53）；股东获利能力：每股营业收入（x61）、每股收益（y1）、每股净资产（y2）、市盈率（x62）；发展能力：资本积累率（x71）、营业利润增长率（x72）、净利润增长率（x73）、净资产增长率（x74）；风险能力：综合杠杆（x81）。

以下一年度是否首次出现亏损为因变量（首次出现亏损取 1；否则取 0），以本年度财务指标 X_t 为解释变量，进行相关性检验，剔除相关性较差的变量指标。同时，通过相关系数矩阵检验了各个解释变量之间的多重共线性，并予以剔除。根据上一步骤入选的财务样本指标建立回归模型，在确定的三种显著性水平下分别进行 T 检验、F 检验和 D. W 检验，剔除那些无法通过检验的变量指标，最终得到如下的财务危机预测模型 M1，见表 6 - 3。

表 6－3　　财务危机风险预警模型及相关评价指标

样本	财务指标	系数	标准差	Wald 值	相伴概率
sample：1999～2004 n＝523	总资产净利润率（x43）	0.891	0.063	14.164	0.000***
	每股经营活动现金净流量(x53)	0.104	0.026	4.007	0.000***
	每股营业收入（x61）	0.018	0.003	5.285	0.000***
	资本积累率（x71）	0.239	0.029	8.274	0.000***
	净利润增长率（x73）	0.014	0.003	5.245	0.000***
	C	0.002	0.023	0.104	0.917
	Chi－square	268.699			
	Sig.	0.000***			
	－2Longlikehood	146.169			
	Nagelkerke R^2	0.734			
M1：	Y1＝0.891×X43＋0.104×X53＋0.018×X61＋0.239×X71＋0.014×X73＋0.002				

*** 表示在 1% 水平上显著；** 表示在 5% 水平上显著；* 表示在 10% 水平上显著。

2. 风险预警模型的预测准确度检验

评价 Logit 预测模型预测效果常用的工具就是有偏分类表，在有偏分类表中可以计算出总正确率、敏感度和指定度等指标来估测 Logistic 回归模型的预测准确性。

表 6－4 显示，该预警模型无论总正确率（70%）、敏感度（70.6%），还是指定度（69.7%）都比较理想，说明预测模型对财务危机预测准确度较为理想，可以用于对所有样本公司进行财务危机概率预测。

表 6-4　　　　财务危机预测模型的准确性

观察	预测　（阈值概率 =0.34）		
	危机公司	非危机公司	总数
危机公司	24	10	34
非危机公司	20	46	66
总数	44	56	100
总正确率	70%		
敏感度	70.6%		
指定度	69.7%		

3. 样本公司年度财务危机概率的求取

运用上述风险预测模型，可以求出公司 2000 至 2005 年各年度公司样本对应的财务风险概率，这些概率将作为多元回归因变量对应取值。

（六）多元回归分析与假设检验

1. 样本分组

为验证本节提出的三个假设，需要对样本进行分组，具体分组如下。

样本组 1：将 1999～2005 年的所有样本公司组成截面数据，记作 G-M；

样本组 2：将 1999～2005 年的所有超速增长的样本公司组成截面数据，记作 HG-M；

样本组 3：将 1999～2005 年的所有非超速增长的样本公司组成截面数据，记作 NHG-M。

2. 多元回归模型的构建

为分别检验上述三个假设，需要对应各自的样本组，建立相应的多元回归方程。

为检验 H1，需要构建模型组 1，并用样本 G－M 进行回归：

模型组 1：

$$P_{t+j} = \beta_0 + \beta_1 \times HG_t + \beta_2 \times ER_{t+j} + \beta_3 \times ROA_{t+j} + \beta_4 \times LNA_{t+j} + \beta_5 \times RAR_{t+j} + \beta_6 \times IDRR_{t+j} + \beta_7 \times MM_{t+j} + \varepsilon$$

其中，t 依次为 1999～2004 年，j = 1，2，…，6。

根据 j 的取值，上述方程分解为 6 个具体的检验模型，分别检验超速增长因子对其后 1～6 年财务危机概率的影响。

为检验 H2 和 H3，需要建立多元回归模型组 2，并分别用样本 HG－M 和 NHG－M 数据做回归分析：

模型组 2：

$$P_{t+j} = \beta_0 + \beta_1 \times g_t + \beta_2 \times ER_{t+j} + \beta_3 \times ROA_{t+j} + \beta_4 \times LNA_{t+j} + \beta_5 \times RAR_{t+j} + \beta_6 \times IDRR_{t+j} + \beta_7 \times MM_{t+j} + \varepsilon$$

根据 j 的取值，上述方程分解为 6 个具体的检验模型，分别检验公司实际增长率对其后 1～6 年财务危机概率的影响。

（七）实证结果分析

运用样本 G－M 数据，模型组 1 的回归结果见表 6－5。

表 6－5 显示，所有模型整体拟合度都是显著的，超速增长因子与公司财务危机概率在不同年度间表现出不同程度的相关性：超速增长因子 HG 在模型（1）与模型（2）中系数均在 1% 水平上显著为正，在模型（3）中 HG 系数在 10% 水平上显著为正。模型（4）—模型（6）HG 系数均不显著。这说明，超速增长因子与公司超速增长之后的几年内财务危机概率显著正相关，而这种相关性随着时间的推移会逐渐减弱，企业增长与财务危机关系的这种年度效应可能与企业增长的内在规律相关，即可能是因为超速增长对企业的财务资源与管理资源消耗过大，使企业紧接着会加大财务危机

概率，但是如果通过融资或其他的方式（如危机管理）使企业克服了发展瓶颈，企业就可能达到一种新的发展阶段，从而化解了财务危机。于是 H1 得到验证：超速增长财务危机概率明显大于非超速增长公司，且随着时间推移，这种差异在逐渐减弱。

表 6－5　　　　模型组 1 的回归结果

模型	(1)	(2)	(3)	(4)	(5)	(6)
j	1	2	3	4	5	6
样本数	515	411	315	226	138	62
HG	0.010 (4.654)***	0.008 (3.171)***	0.005 (1.710)*	0.000 (−0.120)	0.002 (0.540)	0.001 (0.049)
ER	0.096 (9.124)***	0.098 (8.509)***	0.109 (8.554)***	0.112 (7.768)***	0.138 (8.074)***	0.142 (5.173)***
ROA	−0.054 (−4.748)***	−0.054 (−4.423)***	−0.063 (−4.907)***	−0.066 (−4.744)***	−0.112 (−4.488)***	−0.062 (−0.878)
LNA	0.023 (7.963)***	0.022 (6.444)***	0.022 (5.145)***	0.016 (3.093)***	0.015 (2.253)**	0.008 (0.679)
RAR	0.073 (2.676)***	0.097 (3.145)***	0.114 (3.246)***	0.153 (3.636)***	0.160 (2.873)***	0.157 (1.789)*
IDRR	−0.033 (−1.691)***	−0.034 (−1.261)	0.029 (0.526)	0.159 (1.724)*	0.090 (0.651)	0.175 (0.666)
MM	0.009 (1.630)***	0.008 (1.293)	0.009 (1.159)	0.011 (1.143)	0.023 (1.796)*	0.025 (1.099)
const	−0.009 (−0.142)	0.012 (0.161)	−0.005 (−0.052)	0.069 (0.638)	0.085 (0.588)	0.206 (0.779)
F 值	30.246***	25.133***	22.253***	17.301***	15.666***	9.087***
Adjusted R^2	0.287	0.293	0.323	0.338	0.430	0.481
D.W	2.048	2.058	2.027	2.084	2.011	2.017

为验证假设 H2，我们运用超速增长样本 HG - M 和模型组 2 进行回归分析，回归结果见表 6 - 6。表 6 - 6 显示，在超速增长情况下，公司实际增长率 g 与随后年度的财务危机概率呈现不同程度的正相关关系。模型（1）中实际增长率 g 的系数在 1% 水平上显著为正，在模型（2）和模型（3）中，实际增长率系数在 5% 水平上显著为正，模型（4）—（6）实际增长率系数不显著。说明在超速增长情况下，实际增长率越高，其后 1 ~ 3 年发生财务危机的概率越大，这种影响从其后第 4 年开始逐渐减弱。这说明在超速增长情况下，实际增长率越高，公司发生财务危机的概率越高，但是这种影响有一定的年限限度，其解释同上。从而 H2 得到验证。

表 6 - 6　　超速增长情况下模型组 2 的回归结果

模型	(1)	(2)	(3)	(4)	(5)	(6)
j	1	2	3	4	5	6
样本数	330	271	193	152	92	40
g	0.008	0.006	0.020	0.000	0.004	-0.006
	(3.271)***	(2.221)**	(2.210)**	(0.051)	(0.990)	(-0.444)
ER	0.077	0.076	0.090	0.133	0.134	0.136
	(4.440)***	(3.722)***	5.724***	(8.320)***	(4.269)***	(5.031)***
ROA	-0.039	-0.034	0.020	-0.072	-0.125	0.006
	(-2.672)***	(-1.20)	(0.531)	(-4.945)***	(-3.362)***	(0.086)
LNA	0.028	0.023	0.026	0.014	0.023	0.020
	(7.938)***	(5.442)***	(5.1470)***	(2.222)**	(2.634)***	(1.616)
RAR	0.053	0.057	0.063	0.114	0.185	-0.007
	(1.635)*	(1.516)	(1.474)	(2.221)**	(2.816)***	(-0.055)
IDRR	-0.029	-0.009	-0.002	0.147	-0.027	0.072
	(-1.220)	(-0.265)	(-0.029)	(1.377)	(-0.148)	(0.239)

续表

模型	(1)	(2)	(3)	(4)	(5)	(6)
j	1	2	3	4	5	6
MM	0.007 (1.055)	0.006 (0.789)	0.009 (0.975)	0.001 (0.107)	0.023 (1.479)	0.015 (0.6090)
const	-0.089 (-1.212)	0.017 (0.193)	-0.067 (0.637)	0.120 (0.929)	-0.044 (-0.254)	0.027 (0.104)
F 值	15.174***	9.026***	16.012***	17.417***	6.418***	10.013***
Adjusted R^2	0.232	0.172	0.354	0.432	0.294	0.618
D.W	1.832	1.982	1.727	2.329	2.015	1.837

为验证假设 H3，我们运用非超速增长样本和模型组 2 进行回归分析，回归结果见表 6-7。从表 6-7 可以看出，在非超速增长的情况下，除模型（1）的实际增长率 g 与财务危机概率显著正相关外，其他模型中实际增长率的系数均不显著，且实际增长率从其后第三年开始与财务危机概率呈负相关关系，但不显著，这可能意味着在非超速增长情况下，实际增长率越小，财务资源与管理资源有所浪费，而高的实际增长率也意味着越接近可持续增长率，从而由于资源得到充分利用，在一定程度上抵消了经营风险，从而使财务危机概率变小。另外，也说明即便在非超速增长的情况下，发展速度加快，也会加大下一年度的财务危机概率，不过这种财务危机很快就会被化解，从第 2 年企业增长速度就和财务危机概率的关系不显著了，从而 H3 有一定程度的证据支持。

表 6-7　　非超速增长情况下模型组 2 的回归结果

模型	(1)	(2)	(3)	(4)	(5)	(6)
j	1	2	3	4	5	6
样本数	180	138	106	70	44	22
g	0.012	0.007	-0.004	-0.007	-0.010	-0.111
	(2.864)***	(0.451)	(-0.196)	(-0.240)	-0.606	(-1.096)
ER	0.120	0.117	0.162	0.031	0.158	0.219
	(8.735)***	(7.690)***	(7.183***)	(0.696)	6.110***	(2.484)**
ROA	-0.085	-0.064	-0.093	-0.009	-0.049	-0.214
	(-3.903)***	(-3.356)***	(-5.062***)	(-0.196)	-0.840	(-1.180)
LNA	0.008	0.012	0.005	0.013	-0.006	-0.024
	(1.452)	(1.845)*	(0.637)	(1.176)	-0.387	(-0.875)
RAR	0.143	0.178	0.058	0.162	0.142	0.271
	(2.874)***	(3.272)***	(0.781)	(2.076)**	1.208	(1.688)
IDRR	-0.049	-0.092	-0.016	0.018	-0.067	-0.192
	(-1.497)	(-1.989)**	(-0.155)	(0.0890)	-0.235	(-0.319)
MM	0.010	0.007	0.012	0.018	0.028	0.054
	(1.106)	(0.658)	(0.8900)	(0.908)	1.135	(0.680)
const	0.288	0.207	0.325	0.197	0.577	0.921
	(2.534)	(1.503)	(1.892)	(0.769)	1.614	(1.316)
F 值	17.167***	15.742***	8.72***	1.419	8.610***	2.086
Adjusted R^2	0.387	0.430	0.340	0.041	0.553	0.266
D.W	2.207	1.959	2.026	2.012	2.521	2.266

三、企业增长、盈利与价值创造

（一）变量定义与样本选择

1. 增长率

依据上文，本节以企业主营业务增长率来表示实际增长率，具体计算公式如下：

实际增长率（G）=（本年主营业务收入 - 上年主营业务收入）/上年主营业务收入

2. 企业价值

本节将企业价值界定在市场价值的基础上，着重从企业的整体价值出发，不将其与股东价值作出严格区分（也即是假定企业价值与股东利益是相一致的）。关于企业价值的衡量，采用托宾 Q 值来刻画企业价值。具体计算公式为：

Tobin'Q ≈ Proxy Q = 市场价值/重置成本 =（流通股股数 × 每股股价 + 非流通股股数 × 每股净资产 + 负债账面价值）/总资产

其中，公式中所有数据均为当年年末数，公式中每股价格和流通股股数为 A 股价格和 A 股股数（样本公司中没有含 B 股或 H 股的公司），流通股价格取值时间为每年最后一个交易日的收盘价，这种公司价值计算方法与苏启林、朱文（2003），汪辉（2003），夏立军、方铁强（2005）的计算方法一致。此外，本节认为以每股净资产价值作为上市公司的非流通股价值衡量标准是比较客观的。

3. 价值创造

（1）企业价值的界定

在现代公司财务里，企业价值是一个具体的概念，而且是一个市场价值的概念。企业的价值（Firm Value）是它的投资者所持有的所有证券价值的总和。如果一个企业只有股东权益和负债，它的价值就是权益的总市值加上负债的总市值。虽然在一些研究中，我们会看到企业价值与股东价值两个概念，但也有一些学者将股东价值简称为企业价值。因为债权的价值一般变化不太大，股东价值极大化和企业价值极大化在很大情况下是一致的。但是，以业绩衡量指标为基础的企业价值是否真的与股东的利益相一致还有待于研究。

（2）价值创造的衡量

考察国内外有关研究文献发现，人们往往将企业创造的价值与利润增长率、主营业务收入增长率或者其他的计量企业盈利能力的指标联系在一起，通常所采用的衡量指标既有以会计盈利为基础的指标，如 ROE、ROI、EPS、市净率、会计利润率等，也有以经济价值为基础的指标，如 EVA、MVA、Tobin'Q、投资回报现金流等。

经济附加值 EVA = 税后净经营利润 - 公司加权平均资本成本 × 资本。其中资本是指企业的现金投资额或摊销净额（带息负债加权益），这是按照 Yook（1999）所描述的方法来计算的 EVA。这种指标值是基于股东财富来计量的，它要求管理者的行为、目标与股东利益相一致。有学者认为，EVA 就像一座桥梁将股东的绩效要求与管理当局的经营成果连接起来，并较为客观地反映了报告期内管理当局为企业所创造的价值。因此，在投资领域和上市公司行情室里，EVA 已经得到了广泛的认可。但也有学者认为 EVA 指标强调超过资本成本而获得的增量盈余部分最大化的重要作用，并不能解释公司投资决策时内在的增长机会。为了克服 EVA 的一些缺点，管理者们引进了市场增加值 MVA，MVA = （发行在外的股票股数 × 股价） + 优先股股票的市场价值 + 债务的市场价值 - 资本总额。事实上，MVA是计量投资者买入了什么与投资者卖出了什么之间的差别。但MVA的一个缺点在于可能会因高估或低估公司的增长概率而影响股价，从而造成误解（Cyrus A. Ramezani，2002）。

除此之外，西方学者大多采用托宾Q值衡量企业价值（Domsetz et al. 1985；Morck et al. 1988；Mc Conaughy et al. 1998）。根据国外的研究，托宾Q值可用来测算企业业绩、公司成长性、公司并购绩效和管理效率（Lang等，1989）、公司的投资价值（Howe和Vogt，1996）和产业效应（McGahan，1999；Wernerfelt和Montgomery，1988；Lindenberg和Ross，1981）等。在研究中国上市公司价值时，托宾Q值也被认为是企业价值的重要评估指标，如Yeh等人（2001）用托宾Q指标衡量我国台湾地区上市公司的企业价值；Bai等人（2002）认为，托宾Q值是衡量中国大陆上市公司价值的主要指标之一；苏启林、朱文（2003），汪辉（2003）以及夏立军、方铁强（2005）等也都采用托宾Q值来计算企业价值。托宾Q值指的是一家企业资产的市场价值（通过其已经公开发行并售出的股票和债务来衡量）与这家企业资产重置成本的比率（Tobin，1969），也即是等于企业股权市场价值与债权账面价值之和除以资本存量。然而，由于我国“股权分置”现象的存在使得非流通股市场价值的计算难以把握。孙永祥（2001）在计算托宾Q值时没有考虑非流通股的价值，但是我国上市公司非流通股占有很大的比重，忽略不计可能导致企业价值的偏颇。如果计算托宾Q时非流通股采用市值，那会导致非流通股多的公司托宾Q被高估。金晓斌、陈代云、路颖、联蒙珂（2002）根据Berger和Ofek（1995）计算公司超额价值的方法计算超额价值时，其中的MV指标中是使用非流通股总数与每股净资产的乘积来计算非流通股部分的价值；童盼、陆正飞（2005），徐晓东、陈小悦（2003），苏启林、朱文（2003），汪辉（2003），谷祺、邓德强、路倩（2006）等在计算托宾Q值中的非流通股市值时，也都用每股净资产作为近似替代。参考已有研究文献，本节在研究中也采用了托宾Q值来刻画企业价值。

4. 企业盈利

本节以净资产利润率（ROE）作为企业盈利的变量。

5. 控制变量

本文采用的控制变量有公司规模（SIZE），本节采用年末总资产的对数来度量公司规模（SIZE）（吴世农、许年行，2004；东辉、薛祖云，2005）。此外，为了探求企业增长所带来企业价值的变化质量和风险程度，本节还选用了每股净现金流量（NCF）和资产负债率（均为年末数）作为控制变量进行辅助研究。变量定义请参见表6－8。

表6－8　　变量定义表

变量类别	变量名称	符号
被解释变量	托宾Q值	Tobin'Q（t＝1，2…6）
	净资产收益率	ROE
解释变量	增长率	G
控制变量	托宾Q值	Tobin'Q
	净资产收益率	ROE
	每股净现金流量	NCF
	公司资产规模	LNA
	资产负债比率	A/L

6. 样本选取

本节选择我国沪、深两市电信与计算机行业1999～2005年共669家上市公司作为研究样本，之所以选择电信与计算机行业，理由如下：第一，我国电信与计算机行业处于一个快速增长和积累阶段，该行业大多数企业都具有高科技、高增长的特性，从而更为适合本节研究目的；其次，在今后相当长的时间里，较高增长率仍是我国电信与计算机行业最显著的特点，该行业可以看成是我国上市公司高增长的缩略图；第三，Higgins 的可持续增长模型对该行业具有较为理想的适用性（黄永红，2002）。

样本筛选过程如下，首先对 669 家上市公司进行筛选，剔除数据不全的上市公司 46 家；为了避免因异常数据所导致的实证结果偏颇现象，剔除了样本公司中距其平均值（Mean）3 倍标准差（Std. Dev.）以外的异常值样本 42 个，最终得到的有效样本数为 581 个。

为更好地分析企业增长与盈利以及价值创造之间的关系，我们以增长率为基础对样本分组。具体是根据样本实际增长率由小到大排序，然后以六分之一分位数划分为六个子样本区间（Panel：1，2，…6），并分别以各个样本组为基础进行回归。各类样本分布见表 6－9。

表 6－9　　样本年度分布及子样本组的划分

年度	公司家数	剔除样本		有效样本	子样本组（Panel）		
		样本数据缺失	样本数据异常		Panel	样本数	G 分布
1999	78	8	—	—	1	97	（－95% ～ －18%）
2000	88	10	—	—	2	97	（－18% ～0%）
2001	91	3	—	—	3	97	（0% ～15%）
2002	96	5	—	—	4	97	（15% ～30%）
2003	103	8	—	—	5	97	（30% ～60%）
2004	104	3	—	—	6	96	（60% ～380%）
2005	109	9	—	—	—	—	—
Total	669	46	42	581	Total	581	（－95% ～380%）

7. 数据来源

本节样本数据选取了我国沪深两市电信与计算机行业1999年至2005年上市公司公开发表的年报数据。数据来源于深圳国泰安技术有限公司CSMAR数据库以及上海证券之星网站（http：//www.stockstar.com）。本节研究的样本数据依然来源于深圳国泰安技术有限公司CSMAR数据库、上交所（http：//www.sse.com.cn）、深交所（http：//www.szse.cn）以及上海证券之星网站（http：//www.stockstar.com）。

（二）实证结果及分析

1. 描述性统计

主要变量均值见表6－10。从表6－10可以看出，随着企业增长率的提高，Tobin'Q和ROE都不断提高，但是当企业增长速度超过40%（平均值）时，随着企业增长速度的提高，Tobin'Q和ROE都开始下降，这也初步说明企业增长速度与企业盈利以及价值创造之间存在倒U型关系。然而，随着企业增长速度的变化，每股净现金流量的变化没有表现出规律性特征，这也可能是由于来自现金流量表的信息尚不能反映企业价值或盈利等问题所致。

根据各变量之间的相关系数矩阵，发现在Panel1－4中Tobin'Q与ROE最低相关系数大于0.7，而Tobin'Q、ROE与NCF之间相关系数则均小于0.4。这说明在一定的增长速度范围内企业盈利与企业价值之间的相关性很高，但是根据现有现金流量表数据所得到的每股净现金流量与反映企业价值的Tobin'Q以及反映盈利的ROE的相关性不高，因此，用会计口径统计出来的现金流量能否作为企业价值的替代变量值得商榷。

表 6－10　　主要变量均值

Panel	1	2	3	4	5	6	TOTAL
N	97	97	97	97	97	96	581
G（%）	－70	－10	8	22	40	160	25
Tobin'Q	2.231	2.462	3.212	3.463	3.462	2.566	2.929
ROE（%）	－2.211	－1.327	5.324	6.562	6.499	5.425	3.444
NCF	0.001	0.002	－0.001	－0.002	－0.002	－0.004	－0.001

2. 多元回归检验

为研究企业增长与企业盈利以及价值创造之间的关系，我们建立如下回归方程。

M1：

$$Tobin'Q_i = \beta_0 + \beta_1 \times G_i + \beta_2 \times ROE_i + \beta_3 \times NCF_i + \beta_4 \times LNA_i + \beta_5 \times AL_i + \varepsilon_i$$

M2：

$$ROE_i = \beta_0 + \beta_1 \times G_i + \beta_2 \times Tobin'Q_i + \beta_3 \times NCF_i + \beta_4 \times LNA_i + \beta_5 \times AL_i + \varepsilon_i$$

模型 M1 与 M2 中各变量的下标 i 是指子样本组 Panel1－6 以及总样本，i＝1，2，3…7。

表 6－11　　模型 M1 的回归结果

Tobin'Q							
Panel	1	2	3	4	5	6	total
N	97	97	97	97	97	96	581
(Constant)	6.568	1.019	3.364	3.199	1.792	1.893	4.328
	(－5.497)	(－1.061)	(－3.035)	(－2.668)	(－1.842)	(－1.543)	(－8.627)
G	0.07	0.207	2.482	3.75	－0.818	－0.55	0.105
	(－0.26)	(0.245)**	(1.913)*	(2.395)**	(－1.815)	(－0.916)**	－0.905

续表

	Tobin'Q						
Panel	1	2	3	4	5	6	total
N	97	97	97	97	97	96	581
ROE	0.06	0.503	0.862	0.43	0.444	-0.263	0.133
	(2.132)	(1.579)**	(4.322)**	(1.215)**	(2.252)	(-0.47)	(4.661)***
NCF	0.052	-0.006	0.12	0.165	-0.008	0.005	0.046
	(0.686)	(-0.126)	(1.289)	(2.338)**	(-0.2)	(0.119)	(1.764)*
lnA	-0.235	0.014	-0.084	-0.088	-0.014	0.009	-0.121
	(-4.143)***	-0.302	(-1.56)	(-1.601)	(-0.297)	-0.16	(-5.025)***
A/L	-0.515	-0.971	-1.019	-1.183	-1.377	-2.314	-1.162
	(-2.248)**	(-4.343)***	(-2.713)***	(-3.559)***	(-6.083)***	(-7.138)***	(-9.141)***

*** 表示在 1% 水平上显著；** 表示在 5% 水平上显著；* 表示在 10% 水平上显著，下同。

从表 6-11 可以看出，在控制了其他因素的情况下，Tobin'Q 与企业增长速度先正向显著相关，逐渐变成负向相关，最后呈现出负向显著相关，这说明在一定的增长速度范围内，企业增长速度能够带来企业价值的增长，但是当企业增长速度超过一定界限后，随着企业增长速度的继续增大，企业价值会受到贬损。企业价值与增长速度之间呈现出明显的倒 U 型关系。另外，可以看出，在 40% 以下的增长速度范围内，Tobin'Q 与 ROE 的相关性较高，然而在高于 40% 的增长速度范围内，Tobin'Q 与 ROE 并不具有显著的正相关关系。正如 Robert C. Higgins（1977）指出的"快速的增长可能导致企业的资源变得相当紧张，除非管理层意识到这一结果并且能够采取积极的措施加以控制，否则快速增长可能导致企业破产"。这一实证结果与 CyrusA. Ramezani，LucSoenen，和 Alan Jung（2002）、Ruller 和 Jensen（2002）的研究结果一致。

表 6 - 12　　　　模型 M2 的回归结果

ROE Panel	1	2	3	4	5	6	total
N	97	97	97	97	97	97	581
(Constant)	-2.922	0.126	-0.655	-0.211	-0.518	-0.471	-0.65
	(-0.571)	(-0.398)	(-1.173)	(-0.572)	(-1.005)	(-2.039)	(-0.85)
G	3.637	1.478	1.691	2.609	0.895	0.901	1.958
	(3.926)***	(6.443)***	(2.754)***	(6.661)***	(4.063)**	(14.389)**	(13.452)***
Tobin'Q	0.817	0.054	0.201	0.038	0.121	-0.01	0.274
	(2.132)	(1.579)**	(4.322)***	(1.215)**	(2.252)	(-0.47)	(4.661)***
NCF	-0.193	-0.014	-0.004	-0.022	0.011	0.011	-0.024
	(-0.69)	(-0.89)	(-0.082)	(-1.005)	-0.52	-1.351	-0.646
lnA	0.13	-0.007	0.027	0.013	0.023	0.025	0.024
	(-0.57)	(-0.482)	(-1.035)	(-0.761)	(-0.95)	(2.354)**	(-0.679)
A/L	-0.145	-0.053	-0.297	-0.205	0.021	-0.123	-0.109
	(-0.166)	(-0.662)	(-1.595)	(-1.983)**	(-0.149)	(-1.608)	(-0.561)

从表 6 - 12 可以看出，在控制其他因素的情况下，ROE 与企业增长速度整体上表现出显著的正向相关关系，因此企业增长往往会带来盈利的提高具有实证证据基础。

因此，从以 Tobin'Q 所代表的企业价值来看，如果企业增长速度在 40% 以内，增长会为企业带来正价值，也即是“正效应”，且在 40% 左右的增长率可以极大化企业价值；但是，如果企业增长速度超过了 40%，不但不能极大化企业价值，相反可能会损毁企业价值，带来增长的“负效应”。但是从 ROE 角度看，企业增长似乎总是增加企业的盈利，也许正是这一现象，使得企业增长最大化成为替代企业盈利甚至价值创造最大化的替代。然而，基于企业价值的实证证据显示，企业增长并不总是带来企业价值的提高，即企业增长并不总是意味着价值创造，如果增长速度超过了一定限度，增长反而会毁损企业价值，带来“负效应”。

四、结论与政策建议

本节在界定企业超速成长、财务危机的基础上，运用可持续增长财务理论，分析了企业增长对财务危机的影响机制：由于超速增长可能会带来公司价值贬损、财务资源紧张与管理能力紧张，会造成财务危机概率增大。我们选择了我国沪、深两市电信与计算机行业 1999～2005 年上市公司样本，运用多元逻辑（Logistic）回归方法与 1999～2004 年的相关数据建立了危机预警模型，并通过对 2005 年样本财务危机发生情况的预测来检验预测模型准确性。模型预测准确性的各项指标令人满意。为此我们运用预测模型预测了所有样本公司 2000～2005 年的财务危机概率，并以此为被解释变量，通过控制财务杠杆、公司收益、公司规模、赊销状况、公司治理与管理能力状况，建立了多元回归模型组，然后运用全样本、超速增长公司样本、非超速增长公司样本对 H1、H2 和 H3 进行检验。结果显示公司超速增长在其后 1～3 年内能够显著增长财务危机概率，而非超速增长公司的实际增长率与财务危机概率无显著相关性，且呈负相关关系。从而验证了我们的理论假设，即企业的增长不一定带来企业价值的增长，企业的资源及其使用效率内在地决定了企业增长速度，即持续增长率由企业资源及其使用效率内在地决定，组织管理的动态调整速度及有效供给程度对企业超速增长的财务危机效应具有重要影响，这些影响会随着时间的推移而被弱化。

企业的业绩评价及激励措施对企业增长的过度强调，是基于企业增长与价值创造同步增长的假设上。但是企业增长与企业盈利、价值创造是否总是具有同步增长的关系，这一基础性财务问题尚缺乏实证证据的支持。本节以我国沪深两市电信与计算机行业 1999 年至 2005 年上市公司为样本，研究了企业增长、盈利与价值创造之间的关系，研究发现，企业增长并不总是带来企业价值的提升，尽管企业增长与企业盈利保持了显著的正相关关系。就以 Tobin'Q 衡量的企业价值而言，在一定的增长速度范围内（40%），随着企业增长速度的提高，企业价值与增长速度具有显著的正相关关系，但是超过一定的范围（40%），企业增长速度与企业价值则呈现出负相关关系，随着增长速度的进一步增大，这种负相关关系开始变得显著起来，因此，企业保持一定速度的增长是企业价值创造的基本保障，但是超过一定的速度，可能会造成企业财务资源供给和组织管理能力的紧张，由此毁损企业价值甚至引发企业的财务危机，最终导致企业的衰退乃至破产。

由于在一定速度范围内，企业增长是企业价值提升的关键因素，同时企业增长并不总是带来企业的价值提升，因此，管理增长应当成为企业利益相关者共同关注的问题。首先应当完善绩效考评体系，科学界定企业增长与企业绩效的关系，从制度上消除“增长饥渴症”根源；其次，企业决策层要科学进行增长规划，并据以进行战略决策；第三，企业管理层要不断评估企业价值驱动因素及其风险累计效果，并充分运用财务技术，进行财务资源的平衡管理；第四，建立健全企业的全面风险管理体系，尤其防范由于增长而带来的企业风险，落实风险责任制。

第二节　我国中小企业融资需求与资本结构选择研究

摘　要：本节通过对影响中小企业融资需求与资本结构选择的特征因素进行逻辑分类，通过样本选择来控制一定层面的特征因素，进而对中小企业融资需求与资本结构选择进行一般性研究。研究发现我国中小企业的融资需求偏好股权融资，中小企业规模、成长性、市场竞争能力、盈利性、非债务税盾与资产担保价值对中小企业融资需求与资本结构选择具有重要影响。揭示了尽管资本市场拓宽了中小企业的融资渠道，股权融资需求得到较大程度的满足，但是并不能满足中小企业成长性融资的内在需求，高成长企业被迫选择以银行信贷为主的债权性融资，从而带来财务杠杆的提高，增大企业财务风险，因此对于本身就具有高风险的中小企业来说，提高风险价值管理水平，科学进行融资决策具有至关重要的意义。

关键词：中小企业、融资需求、资本结构、融资约束

一、引言

中小企业是市场经济中活跃的、发展前景良好的企业类型，中小企业对我国经济发展贡献巨大。融资是中小企业发展过程中极为重要的环节，融资难问题已经成为世界各国中小企业发展普遍面临的问题，也是困扰我国中小企业发展的重大问题。绝大多数国家政府以及一些国际组织都成立有专门服务中小企业的部门，积极创造条件为中小企业融资提供切实有效的帮助。近年来我国不断出台有关政策法规，尤其是中小企业板市场的创立为中小企业融资创造了

良好的条件。然而，理论研究和现实情况表明，中小企业融资问题不仅仅是制度与融资环境方面的问题，而且与中小企业融资决策与风险价值管理水平密切相关。强调融资环境改善仅仅是一个方面，更重要的是中小企业不断提高自身管理水平，提高融资决策的科学性。然而中小企业有着不同于大型企业的诸多特性与特殊的发展规律，其融资需求与资本结构选择也表现出与这些规律特性相适应的特征，传统的财务理论在指导中小企业融资方面表现出重大偏差，研究发现这些偏差并不意味着传统财务理论的失效，相反，这些财务理论成为研究中小企业融资问题的坚实基础，只是传统财务理论并没有特别考察中小企业的特性。传统财务理论与中小企业财务规律是共性与个性的关系。因此，运用经典财务理论，深入考察中小企业的特性与财务运行财务规律，对于深化中小企业财务运行规律，提升中小企业财务管理水平与财务决策科学性具有重要意义。

融资需求与资本结构选择是中小企业财务问题的核心之一，然而，由于中小企业的多样性与复杂性，加上研究思路以及研究数据等方面的限制，同时由于我国中小企业发展具有特殊的历史背景，导致我国对中小企业的融资需求与资本结构选择研究很不完善，还有相当多的问题和争论有待于进一步解释，而我国中小企业融资实务的发展与国家有关政策的制定迫切需要了解中小企业融资需求与资本结构选择的基本规律。

本节运用金融经济学理论框架，通过上市中小企业作为研究样本，控制中小企业的私人性质等因素，在融资环境等条件相似的情况下，研究影响中小企业融资需求与资本结构选择的基本因素及作用规律，试图获得中小企业融资决策的一般性规律。研究结论对于指导中小企业确立科学的融资策略、加强融资风险管理，以提高中小企业的投融资效率，充分发挥其在经济发展中的作用具有重要意义；本节也能为资本市场设计者与监管者提供有力的实践性证据；

同时，对于扩展金融经济学关于公司融资问题的认识也有一定帮助。

二、文献回顾

从融资需求的角度出发，研究企业资本结构的决定因素及最优选择问题是公司金融理论的中心议题之一。中小企业融资理论是将传统资本结构理论与中小企业特殊性结合在一起发展起来的（田晓霞，2004）。

现代企业资本结构理论是以 Franco Modigliani 和 Merton Miller（1958）提出的 MM 理论以及修正的 MM 定理为起点的，修正的 MM 定理提出税盾效应。Myers（1984）提出了权衡理论（STO），该理论强调了破产成本对资本结构的影响。然而就税盾效应对中小企业的影响而言，当盈利的增加主要通过负债的避税效应时，盈利较多的企业应当比盈利较少的企业更多地使用债务融资（DeAngelo 和 Masulis，1980）。由于中小企业的盈利性往往逊于大企业，因而中小企业较少会利用债务融资的税盾效应（McConnell 和 Pettit，1984；Pettit 和 Singer，1985）。另外，一些中小企业比大企业面临更低的边际税率，意味着中小企业从债务税盾中获得比大企业更少的利益（McConnell 和 Pettit，1984）。Ang（1991，1992）还特别指出，对于采取独资和合伙形式的小企业而言，由于公司税和所有者个人所得税紧密结合，因而小企业的最优资本结构还将在很大程度上决定于个人层面。就破产成本而言，高昂的破产成本使中小企业更加难以承受，同时使得风险承受能力原本较低的中小企业将面临更大的风险。当面临破产风险时，尽管高成本的破产清算使企业更愿意选择重组来解决财务困境（stigliz，1974），但是由于中小企业在与债权人的谈判中往往处于较弱的地位，而且债权人比较分散，彼此之间信息不对称导致的协商成本很大，所以中小企业更可能被清算。另外，破产成本还会随资产种类而变化，因为不同类型的资产在破产处理中评估和清算的成本也是不一样，特别是对于那些生产特殊产品的企业（如科技型中小企业），其清算成本很高（bradley 和 mayer，1991）。综上所述，更低的税盾效应和更高的破产成本影响了中小企业的资本结构选择。一些实证研究结果表明，没有最大化利用债务融资在中小企业中表现最为明显（如 Ray 和 Hutchinson，1993）。

代理成本理论的提出（Jensen 和 Meckling，1976；Myers，1977）丰富了资本结构理论的探讨。然而，中小企业的所有者通常也是企业经营者，所以，由于所有者和经营者的分离而引起的代理成本几乎不存在，对中小企业代理问题的分析就仅局限于债务融资产生的代理成本。Myers（1977）认为，代理问题对于那些具有高增长机会的企业特别严重。由于债权人并不分享企业的高增长收益，所以债权人往往在合约中严格约束企业投资高风险的项目，从而与股东产生利益冲突。

在融资次序方面，中小企业由于其外部权益融资成本可能远远高于大企业，因此融资次序假说对中小企业更相关（Pettit 和 Singer，1985）。然而，对中小企业的进一步观察发现，融资次序并非被所有的中小企业所遵循，其主要可以归结为中小企业特殊的治理结构和所有者特征。如前所述，大多数中小企业的所有者同时又是经营者，这就使得中小企业的公司治理结构与大企业相比很不规范，在这种特殊的治理结构下，所有者的目标函数、行为偏好、风险回避度和知识水平等都会对最优资本结构决策产生重大影响。

在中小企业融资需求与资本选择方面的研究，还涉及中小企业的成长性（Barclay、Morllec 和 Smith，2001；Goyal，2001）、小规模特性（Adler，1993；Rajan 和 Winton，1995；Berger 和 Udell，

1990）、成长和控制权稀释之间权衡（Davidsson，1989；Howorth，2001）、上市融资（Berger 和 Udell，1990）。

国内关于中小企业融资问题的文献非常多，但是主要集中于中小企业融资难的成因及对策建议方面的问题探讨，针对中小企业的融资特点的系统研究屈指可数。林毅夫和李永军（2001）研究了企业融资策略，认为在信息不对称的情况下，企业的融资选择与能否解决信息不对称息息相关。张杰（2000）也指出，内源融资只适用于初创阶段的民营企业，当企业进入技术进步和资本密集阶段后就需要外源机制的接应。徐良平（2004）认为无论是从融资制度的功能比较优势来看，还是从中小企业资本结构和资产专有性来看，中小企业偏好于股权融资。张玉明（2004）分析了中小企业具有风险等级不一致、信息不对称的特殊性质，这些特性决定了资本结构理论运用到中小企业融资时具有不适应性。胡竹枝、李明月（2005）运用模糊数学模糊集中意见决策方法，估算了综合各单因子影响的不同融资方式的融资效率，其研究的结果也表明中国中小企业存在股票融资偏好。陈斌（2004）研究结果肯定了股票市场在解决中小企业融资问题上发挥的作用，揭示了上市对中小企业股权融资的满足程度。

国内关于中小企业资本结构影响因素的实证研究相对更少，究其原因，可能是因为中小企业信息不透明、相关数据难以取得导致的。有关研究主要是根据调查数据进行的，如张捷、王霄（2002）等。

综上所述，影响中小企业的融资需求与资本结构的因素极其复杂，而我国相关研究与国外相比差距很大；同时由于特殊的体制背景、市场环境以及特殊的历史环境，我国中小企业融资需求与资本结构选择也具有独特的规律，国外的研究结论能否适用，还需要进一步的验证，而结合我国体制背景与市场环境的相关研究需求更为迫切。

三、理论分析框架与研究思路

中小企业的特性决定了其在融资需求与资本结构选择方面与大企业相比存在重大差异。而中小企业的特性具有诸多方面，这些方面又分为不同的层面，通过控制一定层面的特征因素，抓住主要的因素，由表及里，由简单到复杂地进行一般性研究，不失为有效的研究策略。为此，本节首先在综合现有文献与考察现实的基础上，对影响中小企业融资需求与资本结构选择的特征因素进行逻辑分类，通过样本选择来控制一定层面的特征因素，进而对中小企业融资需求与资本结构选择进行一般性研究。

与大企业相比，中小企业的特性分为以下几个层面。

第一层面，中小企业业务结构与资源特征。主要包括中小企业的行业、规模、成长性、竞争能力、盈利能力、信息不对称程度等。一般而言，中小企业在不同行业间分布是不均衡的（张俊喜等，2005），规模相对较小，成长性好，盈利能力与竞争力偏低，信息不对称程度高，而这些特征可能会对中小企业融资需求与资本结构选择产生重要影响。通过对业务结构与资源特征等因素的影响分析，可以发现中小企业融资需求与资本结构选择的业务内在决定规律，这些规律对于提高中小企业管理决策水平与资源配置能力具有重要意义。

第二层面，中小企业面临的融资环境与财务环境因素。主要包括中小企业的融资渠道、税收法规以及金融服务水平。中小企业融资渠道相对单一，股权融资对满足其融资需求具有重要意义，金融机构对中小企业的金融服务水平不高等。通过研究或控制该层面的特征因素，可以发现环境因素对中小企业融资需求与资本结构选择的影响规律，从而为政策制定者及金融环境改善提供经验证据。

第三层面，中小企业治理结构与所有者特性。中小企业公司治理结构的最大特点是企业与所有者个人紧密结合，使得所有者个人在企业中的地位与作用不同于大型企业。个人因素（如所有者的目标函数、风险回避度、失败容忍度、避税考虑、控制权考虑以及知识水平等）在中小企业的融资决策中起着非常重要的作用。一般而言，中小企业所有者不仅希望企业能得到快速的发展，同时也十分看重对企业的实际控制权；另一方面，企业与个人的紧密结合，导致即使在外部环境完全相同的情况下，中小企业所有者对经营风险的评价和承受力也会明显不同于一般企业。而这些因素会在很大程度上影响中小企业的融资选择，使其有别于一般企业的选择。该层面的因素更为复杂，但是随着市场环境的完善与企业管理标准化水平的提高（如中小企业会计制度的颁布实施、统计系统的完善、中小企业内部控制标准与公司治理标准的发布、管理人员聘任与契约的法律约束的增强），该层面的特征影响将逐步被弱化。另外该层面的因素往往具有非理性因素，对于一般规律的探讨挑战较大，且难以量化，通过控制该层面因素研究其他两个层面的特征因素影响更具现实价值和理论价值。事实上，中小企业治理结构与所有者结构未必就是中小企业最为核心的特征，在我国股权集中的情况下，有些非上市的大型企业其治理结构与所有者特性也表现独特性，但这并没有影响以上市公司为样本的研究，而且研究成果也促进了人们对资本结构的认识，并对实务产生了积极影响。为此，本节选择上市中小企业作为研究样本，这样的样本正好满足控制中小企业治理结构与所有者特性以及融资环境的需要。

四、研究假设

在控制中小企业的治理结构与所有者特性以及融资环境的情况下，影响中小企业融资需求与资本结构选择的因素考察如下。融资需求以资本结构表示，资本结构表现为财务杠杆比率，具体用资产负债率来计量。

（一）企业规模（SIZE）

与大企业相比，中小企业的显著特征在于规模小。调查显示，由于中小企业设立门槛的降低，企业规模逐步递减。报告指出，我国自 1980 年以后，企业平均注册资本、平均总资本和平均职工人数逐步递减，同时新增企业户数却在大幅度增加，新增企业规模逐步缩小，大批中小企业纷纷成立（中国人民银行研究局与日本国际协力机构，2005）。

根据资本结构理论，规模越大的企业，其经营多元化，抗风险的能力自然也比较强，因此常常具有更高的负债能力，财务杠杆水平也非常高。而规模越小的企业，其经营不确定性也比较大，抗风险的能力较弱，更倾向于股权融资。另一方面，规模较大的公司容易受到公众和管制的关注（Watts 和 Zimmerman，1986），公司的规模越大，对外部资金的依赖和需求就越大，因此大公司有动力更多地披露信息，以减少由于信息不对称而产生的代理成本，从而获得公众支持，提高资本规模，并减少政治成本（Chow 和 Wong - Boren，1987；Craswell 和 Taylor，1992；Inchausti，1997）。而小公司从增加对外披露所获得的净收益较少，所以小公司信息自愿披露水平也会低（崔学刚，2004）。因此，规模越小的企业信息不对称程度越高，其债务融资成本越高，从而其债务杠杆越低。

规模对融资结构的影响已经得到了许多实证研究的证实。Rajan 和 Zingales（1995）对西方主要工业化国家的融资结构进行研究，发现企业规模越小，企业的财务杠杆比率越低，股权性融资在资本结构中的比重越大。Huang 和 Song（2003）也证明了企业的财务杠杆与企业规模的正相关关系。我国学者肖作平、吴世农（2002），陈超、饶育蕾（2003）、肖作平（2004）等关于资本结构影响因素的实证研究也揭示出企业的规模与企业的负债比率存在正相关关系。

中小企业由于规模小，受自身资源的限制，其多元化与化解风险能力较低，导致其破产成本较高（破产概率大），这会增加其获得债务资金的难度，从而更加倾向于权益性融资。同时由于其规模小，其信息不对称程度更高，而且由于中小企业一般经营期限较短、盈利记录较少、可供抵押和担保的资产也较少、信用基础差，因而很难获得债权人的支持。尽管债务融资之于股权融资成本较低，但面对融资难的问题，中小企业必须在融资成本和融资的可得性之间作出权衡。因此，中小企业获得外部债务融资发生的各种相关的成本高于大企业，所以小规模企业更加需要权益性融资。Fama 和 Jensen（1983）及 Rajan 和 Zingales（1995）等对中小企业的研究都支持这一判断。为此，我们提出假设 1：

H1：中小企业规模越小，越倾向于权益融资，因而其财务杠杆比率越低。

（二）成长性（GROW）

中小企业与大企业相比，另一个显著差异在于中小企业通常具有较高的成长性，而大多数的中小企业往往也是因为其成长性特征而备受关注的。表 6 – 13 在一定程度上也揭示了我国中小企业良好的成长态势。

表 6－13　2001～2004 年我国中小工业企业的发展状况

类别＼年度	2004 年	2003 年	2002 年	2001 年	2001～2004 年增长率（%）
户数	273263	194238	179874	169676	61.05
工业总产值：亿元	132192.00	—	—	—	—
工业增加值：亿元	36853.70	26852.40	21908.00	18826.00	95.76
资产合计：亿元	135823.50	102530.40	92529.10	86604.10	56.83
产品销售收入：亿元	127685.70	90619.20	72864.40	63246.50	101.89
利润总额：亿元	6426.50	4501.30	3371.40	2644.30	143.03
利税总额：亿元	11784.70	8795.80	7097.70	5923.80	98.94
从业人数：万人	5232.10	4441.90	4322.90	4273.10	22.44

金融经济学理论认为，企业应当根据自身的成长特性进行融资，通过债务融资方式支持收益风险较低的业务，通过股权融资方式支持风险较高的增长机会（Myers，1977）。Myers（1977）认为高成长性企业比低成长性企业对于未来有更多的选择机会和投资机会，一个有成长机会的公司不会发行长期债务，以避免债权人分享投资利润，而一个没有成长性的公司将倾向于发行长期债务。Wald（1999）认为高负债的快速成长企业可能选择不实施有正的净现值的投资机会，即 Myers（1977）所说的投资不足问题。在实证研究方面，Bradley 等人（1984），Smith 和 Watts（1992），Barclay 和 Smith（1995），Goyal 等人（2001）都证实了增长机会与企业财务杠杆具有显著的负相关关系。

因此，理论上，中小企业的高成长特性要求以股权融资方式支持企业的增长机会，以解决投资不足问题，高成长性决定了中小企业进行融资决策时对股权性融资的偏好。对于成长性较高的中小企业而言，我们假设其成长性与财务杠杆具有负相关关系，即企业增长机会越多，财务杠杆越低。同时，中小企业在其成长过程中对资金投入的持续性提出了要求，融资期限及其搭配亦是中小企业规避财务风险而必须考虑的问题。从各种融资来源看，虽然中小企业用短期债务资本代替长期债务资本，但短期融资难以满足中小企业成长的资金需求，且每次谈判增大了融资成本，因此，中小企业必须调整资本结构，采取以股权融资为主的资本构成方式。为此，我们提出假设2：

H2：中小企业成长性越高，越倾向于权益融资，因而其财务杠杆比率越低。

（三）竞争能力（MC）

在市场经济中，大企业天生具有影响价格的市场垄断力量（张捷 2003），中小企业的竞争力处于弱势地位。中小企业自身的局限性决定了其个体经济行为对市场影响力比较小，通常会受大企业的排挤和制约。由于没有占据市场支配地位，作为价格的接受者，中小企业不得不面临激烈的市场竞争环境。

市场竞争与企业融资结构关系的产生机制，主要是市场竞争影响了企业的财务资源竞争态势以及企业的财务危机状况，从而对企业的融资结构产生影响。理论认为，资本市场的不完美导致企业财务结构的稳健程度不同，拥有充足资金的企业可能采取掠夺行动，消耗财务脆弱企业的资金资源，从而迫使其退出产品市场竞争。因此，竞争环境下，“财务力量”是一项竞争优势，或者是基本的生存条件，企业为了维持该优势，财务政策将趋于保守（Telser, 1966）。Maksimovc 和 Titman（1991）的实证研究表明，产品市场竞争过程必然出现价格战或营销战，利润和经营现金流随之下降，财务杠杆高的企业容易最先陷入财务危机，引起客户、具有谈判地位的供应商、债权人等利益相关者出于自身风险控制的角度采取对企业经营雪上加霜的行动，导致销售下降和市场份额萎缩。Opler和Timan（1994）的实证研究发现在行业不景气时，高负债公司将损失大量市场份额，流向财务杠杆较低的竞争对手，对外融资能力进一步减弱，最终退出市场。Phillips（1995）、Kovernock和Phillips（1997）等的研究发现，在集中度高的行业，当业内主要企业因融资约束或杠杆并购形成高财务杠杆时，财务杠杆低、现金充裕的竞争对手往往主动发动价格战或营销战（降价、给经销商让利、增加广告投入等），降低产品利润和经营现金流入，逼迫财务杠杆高的企业陷入财务危机。

中小企业面临激烈的市场竞争，企业的当前资本结构将影响企业的后续市场产品竞争能力，高财务杠杆将对企业的后续投资和财务出售能力产生负面影响，因此，可以预期高竞争的企业将倾向于采用低负债的财务保守策略。Maksimovc和Titman（1991）、Opler和Timan（1994）、Phillips（1995）、Kovenock和Phillips（1995）等的实证研究为此提供了支持。通常研究者都采用主营业务利润率来衡量市场竞争状况（陈斌，2004），市场竞争激烈的企业，主营业务利润率将相对降低。为此，我们提出假设3：

H3：中小企业财务杠杆比率与企业的主营业务利润率呈正相关关系。

（四）盈利能力（ROE）

Myers和Majluf（1984）的优序融资（Pecking Order）理论指出，盈利性高的企业倾向于低的负债率。同时，盈利性高的上市公司倾向于采用配股的方式来获得外部融资。Titman和Wessels（1988）与Farrar和Tucker（1999）等的研究表明盈利性与企业资本结构呈负相关关系，这一结论也为被国内的许多学者予以证实，如陆正飞、辛宇（1998），胡援成（2002）和肖作平（2004）等。

为此，我们提出假设 4：

H4：中小企业财务杠杆比率与盈利能力负相关。

（五）非债务税盾（TAX）

由于债务本息不计入应税收入，债务融资具有节税效应。然而除债务外，企业还有一些其他的降低税负、增加税后收入的机会，如折旧、税务亏损递延和投资税贷项等。这类“非债务”避税是一种替代形式的杠杆，而且它们不会产生到期不能偿还债务的风险。因此，拥有大量非债务税盾的公司比没有这些税盾的公司更少利用债务。由于我国未实行投资税收抵减政策，非债务税盾的代表变量用折旧额与总资产比率来表示。西方学者的研究证明，非债务税盾与资本结构应呈显著的负相关关系（Barton，1989；Prowse，1990）。为此，我们提出假设 5：

H5：中小企业的财务杠杆比率与非债务税盾负相关。

（六）资产担保价值（TAR）

抵押担保是我国中小企业融资的主要手段，由于中小企业的信息不对称程度低，信用等级较低，金融机构一般不对中小企业发放信用贷款。因此，对于中小企业来说，资产担保价值是决定其负债能力的重要指标。企业中各类资产抵偿负债的能力是各不相同的。风险低、更通用的有形资产对负债能提供更可靠的抵押保证。同时企业举借有形资产担保的债务时还可以降低其筹资成本（Myers 和 Majluf，1984）。Mackie（1990）、Smith 和 Watts（1992）、Grier 和 Zychowicz（1994）等所进行的实证研究证明适用于担保的资产越多，则企业的信用越强，越有可能获得更多的负债。为确定企业的资产抵押价值在多大程度上影响负债水平，我们把固定资产和存货视为可抵押资产，用可抵押资产占总资产的比重来衡量资产的担保价值。为此，我们提出假设6：

H6：中小企业财务杠杆比率与可抵押资产正相关。

（七）控制变量

尽管我们通过选择中小上市公司为样本可以较好地控制公司治理结构水平与所有者特性以及融资环境，但是各上市公司之间具体的公司治理是有差异的，为了进一步控制公司治理的影响，我们在多元回归模型中控制如下变量：股权结构（肖作平、吴世农，2002，胡援成、钱建豪，2005）和董事会结构（肖作平，2005）。

五、研究设计与数据来源

（一）变量的定义与计量

关于变量的含义与计量见表6－14。

表6－14　　　　变量定义与计量表

变量类型	变量符号	变量计量
因变量	DAR	资本结构，等于资产负债率，即负债除以总资产
解释变量	SIZE	公司规模，以公司资产总额的自然对数表示
	GROW	成长性，以主营业务收入增长率表示
	MC	竞争能力，以主营业务利润率表示，即净利润除以主营业务收入
	ROE	盈利能力，以净资产收益率表示
	TAX	非债务税盾，用折旧额/总资产来衡量
	TAR	资产担保价值，用存货与固定资产合计除以总资产来衡量

续表

变量类型	变量符号	变量计量
控制变量	ES	非流通股比例，等于非流通股除以总股数
	CG	董事会结构，以独董比例表示，即独立董事数量除以公司董事规模

（二）数据来源及样本的选择

本节选择中小企业作为研究样本。根据国家经贸委、国家计委、财政部、国家统计局联合发布的《中小企业标准暂行规定（2003 年）》，本节中对中小企业上市公司的界定标准是沪深两市上市公司年报披露的资产总额小于 4 亿元或主营业务收入小于 3 亿元的企业则为中小企业，否则视为大型企业。之所以没有把职工人数考虑在内是因为各个上市公司公布的职工人数标准不一，有的是集团公司的职工人数，有的包括全部子公司的职工人数，可比性较差。

研究数据取自于深圳市国泰安信息技术有限公司提供的 CSMAR 数据库。在样本选取中，遵循以下原则：①选取沪深两市上市公司年报披露的资产总额小于 4 亿元或主营业务收入小于 3 亿元的企业；②剔除 ST、*ST 和 PT 类上市公司；③剔除所有者权益为负的上市公司；④剔除数据不全的公司。基于上述原则，本节选取了 2001 ~ 2004 年共 953 个公司的年数据（面板数据）作为研究样本。具体样本选取过程如表 6 - 15：

表 6 - 15　　研究样本选取过程

取样原则	2001 年	2002 年	2003 年	2004 年	合计
选取资产小于 4 亿元或主营业务收入小于 3 亿元的样本	376	345	324	303	1 348

续表

取样原则	2001 年	2002 年	2003 年	2004 年	合计
剔除 ST、* ST 或 PT 类样本	100	95	96	84	375
剔除所有者权益为负的样本	1	0	0	2	3
剔除数据不全的样本	9	2	5	1	17
剩余有效样本	266	248	223	216	953

六、实证结果及分析

（一）描述性统计

表 6－16　　横截面数据的描述性统计

变量	样本数	最小值	最大值	均值	标准差
资产负债率	953	0. 0081	0. 9702	0. 3901	0. 1798
流动负债率	953	0. 0411	1. 0009	0. 8698	0. 1692
长期负债率	953	－0. 0009	0. 9589	0. 1287	0. 1692
企业规模	953	8. 1000	9. 7768	8. 8161	0. 2317
成长性	953	－0. 9734	77. 8110	0. 4305	3. 7280
市场竞争	953	－28. 6635	46. 6302	0. 0185	1. 9197
盈利能力	953	－134. 7938	0. 3425	－0. 1495	4. 3896
非债务税盾	953	0. 0000	0. 8169	0. 0200	0. 0290
资产担保价值	953	0. 0569	0. 9162	0. 4465	0. 1688
股权结构	953	0. 2329	1. 0000	0. 6191	0. 0939
董事会结构	953	0. 0000	0. 5556	0. 2283	0. 1403

从表 6－16 可以看出，中小企业整个样本资产负债率较低，仅为 39.01%，因而整体财务杠杆比率较低。在负债中，流动负债高达 86.98%，长期负债仅为 12.87%，说明中小企业在获取长期负债方面是十分困难的，从而企业整体债务融资能力有限。从成长性来看，中小企业的成长性高达 43.05%。这在一定程度上证明了中小企业具有高成长性特征。盈利能力均值为负说明中小企业的盈利能力较差，标准差高达 438.96%，说明中小企业之间盈利能力分布极不平衡，这可能是由于中小企业竞争能力不稳定，风险较高导致。

（二）多元回归模型与假设检验

根据研究假设，本节建立多元回归模型如下：

$$DAR_i = \beta_0 + \beta_1 \times SIZE_i + \beta_2 \times GROW_i + \beta_3 \times MC_i + \beta_4 \times ROE_i + \beta_5 \times TAX_i + \beta_6 \times TAR_i + \beta_7 \times ES_i + \beta_8 \times CG_i + \varepsilon_i$$

其中，因变量 DAR_i 为企业的资本结构，即公司债务筹资占总资产的比率，或称财务杠杆比率，$SIZE_i$ 为规模因素变量，$GROW_i$ 为成长性因素变量，MC_i 为市场竞争能力因素变量，ROE_i 为盈利因素变量，TAX_i 为非债务税盾因素变量，TAR_i 为资产担保因素变量，ES_i 为股权结构因素变量，CG_i 为公司治理因素变量，β_0 为常数项，β_i 为回归系数，ε_i 为随机变量。

回归结果见表 6－17。表 6－17 中的 Tolerance 和 VIF 值证实了回归模型不受多重共线性的显著影响，F 值显示了方程拟合的整体效果较好。

Dependent Variable = 资产负债率　$R^2 = 0.084$

Adjusted $R^2 = 0.077$　F = 10.880　F sig. = 0.000

表 6－17 多元回归结果

Model	B	Std. Error	t	Collinearity Statistics	
				Tolerance	VIF
(Constant)	-.177	.227	-.780 (.435)		
企业规模	.067	.025	2.674*** (.008)	.938	1.067
成长性	.005	.002	3.229*** (.001)	.993	1.007
市场竞争	-.008	.003	-2.798*** (.005)	.982	1.018
盈利能力	-.005	.001	-4.019*** (.000)	.983	1.017
非债务税盾	-.723	.196	-3.687*** (.000)	.968	1.033
资产担保价值	.142	.034	4.201*** (.000)	.956	1.046
股权结构	-.144	.060	-2.386** (.017)	.979	1.022
董事会结构	.071	.040	1.774* (.076)	.996	1.004

T 值栏括号内的数是 T 值对应的概率；*** 表示系数在 1% 水平上显著；** 表示系数在 5% 水平上显著；* 表示系数在 10% 水平上显著。

市场竞争能力、盈利能力和非债务税盾与负债水平呈显著的负相关关系，且在 1% 水平上显著，企业规模、成长性、资产担保价值与资本结构呈显著的正相关关系，且在 1% 水平上显著。股权结构和董事会结构也对中小企业资本结构产生显著的影响（分别在5%与10%水平上显著），说明控制股权结构与董事会结构是合理的。

表6－18　　理论假设与实证结果比对

解释变量名称	理论预期	实证结果
企业规模	正相关	正相关
成长性	负相关	正相关
市场竞争状况	正相关	负相关
盈利能力	负相关	负相关
非债务税盾	负相关	负相关
资产担保价值	正相关	正相关

将各实证结果与理论预期进行对比见表6－18，研究发现：

1. 企业规模与资产负债水平显著正相关这一结论与我们的理论预期是一致的，表明企业规模越小，企业的股权融资比重就越大。这一结论表明上市能满足中小企业基于规模特征对股权融资的需求。

2. 成长性因素与中小企业上市公司融资结构存在着显著的正相关关系，与理论预期的负相关关系相反。对于这一问题可能的解释是，资本市场的股权融资难以满足中小企业成长性的融资需求，其很可能利用上市资格所代表的良好的信誉和信贷担保能力，来获得银行信贷等债务以满足成长性带来的融资需求，从而导致较高的财务杠杆比率。即便是对于已上市的中小企业，现有市场的股权融资并不能满足中小企业成长性融资的内在需求。

3. 资本结构选择与主营业务利润率呈现显著的负相关关系，

这与理论上预期的市场竞争能力高的企业倾向于采用低负债的财务保守策略的假设（即财务杠杆比率与主营业务利润率正相关）相反。这表明在我国的中小企业上市公司群体中，企业的融资结构特点与企业发展所面临的市场竞争状况存在着相当程度的背离。为适应激烈的市场竞争需求，并且受融资渠道的限制，企业在筹集资金时被迫倾向于债权性融资，债权性融资虽然暂时满足了企业应对市场竞争的需要，但同时增大了企业的财务风险，影响了企业的后续发展能力。当然，也不排除与企业的非理性决策有关。

4. 企业的盈利状况与企业的资产负债率存在着显著的负相关关系，与理论预期一致。表明我国资本市场为中小企业提供了良好的外部融资环境，盈利性强的企业，更容易以配股或者增发的方式获得股权性融资，其融资需求越容易得到满足。

5. 非债务税盾和资产担保价值两项指标的回归分析结果均与假设一致。非债务税盾与企业的负债水平存在着显著的负相关关系这一实证结果揭示出企业的资源结构也是影响中小上市公司融资决策的重要因素。资产担保价值与企业的债务融资显著正相关揭示出有形资产更易提供担保，减少了债务的代理成本。

6. 通过上述实证结果分析，发现传统财务理论与中小企业的融资规律并不能完全吻合，业务结构与资源特征以及融资约束特性对中小企业融资需求与资本结构选择产生重要影响，中小企业更偏好股权融资，在股权融资不能满足其资金需求的情况下选择债务融资。即便如此，传统财务理论的内在机制在中小企业融资中仍然发挥作用，只是由于受融资约束的影响，其作用规律可能会发生变异。

七、研究结论与政策建议

（一）研究结论

中小企业的特性决定了其在融资需求与资本结构选择方面与大企业相比存在重大差异。本节首先在综合现有文献与考察现实的基础上，对影响中小企业融资需求与资本结构选择的特征因素进行逻辑分类，通过样本选择来控制一定层面的特征因素，进而对中小企业融资需求与资本结构选择进行一般性研究。研究发现我国中小企业的融资需求偏好股权融资，中小企业规模、成长性、市场竞争能力、盈利性、非债务税盾与资产担保价值对中小企业融资需求与资本结构选择具有重要影响。中小企业上市并不能满足其成长性和市场竞争所导致的融资需求，从而不得不融入更多的债务，导致财务杠杆的提高。也正是这种融资约束的限制，导致经典财务理论在中小企业融资运用中出现偏差。即便如此，经典财务理论所阐述的各种财务机制在中小企业融资中仍然发挥作用，但是经典财务理论需要结合中小企业的特征予以修正才能够正确反映中小企业的财务规律。资本市场拓宽了中小企业的融资渠道，上市使得中小企业的资产负债率显著降低，股权融资需求得到较大程度的满足，但是现有的市场融资渠道并不能满足中小企业成长性融资的内在需求，上市中小企业可能由于再融资条件的约束而无法获得资金以支持成长性投资机会，被迫选择以银行信贷为主的债权性融资。融资约束所带来的财务杠杆的提高，会增大企业的财务风险，对于本身就具有高风险的中小企业来说，提高风险价值管理水平，科学进行融资决策具有至关重要的意义。

（二）政策建议

中小企业是市场经济中活跃的、发展前景良好的企业类型，中小企业对我国经济发展贡献巨大。为保障中小企业健康成长，企业需要确立科学的融资策略、加强融资风险管理，以提高中小企业的投融资效率，充分发挥其在经济发展中的作用；进一步完善资本市场，提高资本市场对中小企业的支持力度，在更大程度上满足其股权融资需求，资本市场监管者也需要加强中小企业的指导与监管，促进其管理水平的提高与透明度的提高；建立多元化的金融服务体系，同时完善中小企业信用担保体系；进一步加强中小企业融资规律与融资风险研究，完善中小企业融资理论。

第三节　公司业绩与股利政策变更

摘　要：本节运用多元回归模型及相关数据统计，对我国制造业上市公司股利政策变更与公司业绩之间的关系进行了系统的分析，得出了我国制造业上市公司上期股利变化与当期股利存在显著负相关以及净利润的损失与股利变化存在显著正相关的结论。

关键词：股利政策、股利变化、公司业绩

一、引言

股利政策是公司财务决策重要的组成部分，可以视为留存收益和投融资所需现金之间的一种平衡，因此与公司的融资决策、投资决策密切相关。股利政策的核心问题包括：第一，公司是否分配股利？第二，如果分配，选择的具体分配方式是什么？1961 年 Miller

和 Modigliani 提出了“股利无关论”，构成了股利政策的理论基石。在此之后 40 多年来，股利政策一直是西方财务学研究的热点，学者们进行了大量的理论探索和实证研究，产生了许多观点迥异的理论学说，如税收效应理论、代理理论、信号传递理论、迎合理论等，但至今仍未找到一个合理的解释。因此，理论界将其称为“股利之谜”。

Watts 是所有金融专家中第一个实证研究股利与未来公司利润关系的。1973 年他将股利作为自变量，下一年的公司利润作为因变量，对 1946 年到 1967 年 310 家公司进行回归分析，得出回归系数为正，但 t 检验并不显著。1978 年 Gonnedes 的实证分析结论也与 Watts 的结论类似，他们都得出一个结论：似乎股利政策本身并未传递多少信息。该研究的局限性在于小样本的统计分析结果的可信度值得怀疑。Shlomo Benartizi、Roni Michaely 和 Richard Thaler 在 1997 年发表的《股利变化是显示将来还是显示过去?》采用大样本统计分析，同时拓广统计分析的内容，把公司分为两类，比较这两类公司在后 1 年、后 2 年的利润增长率的差异，他们发现股利增长中确实包含着公司未来前景的一部分信息，即公司管理层预计公司过去的利润快速增长趋势能保持下去。Black 和 Scholes（1974）利用扩展的资本资产定价模型，将 1926 ~ 1966 年在 NYSE 上市的股票分成 25 个投资组合，然后再按其现金股利收益率和分配比例分为 5 组（每组 5 个投资组合），最后按每个组合的系统风险系数依次排序。结果发现现金股利收益率的差异并没有导致投资组合收益率的差异，即股利政策不影响股票价格，高的现金股利支付率同低的现金股利支付率对股价的影响没有显著差异。Aspuith 和 Mullins（1983）以 1954 ~ 1980 年期间其股票在 NYSE 和 AMEX 上市首次分配现金股利和停止分配现金股利 10 年以上而又恢复分配的公司为样本，研究公布日前后五天的股价和非正常收益（AR）的变动情况，结果发现在分配现金股利宣告当日和前一日，非正常收益显著高于其他时间。Dileman 和 Oppenheimen（1984）将在 NYSE 上市的公司的现金股利的发放分为"恢复分配"、"分配增长超过 25%"、"分配下降超过 25%"和"取消分配"四组。结果发现恢复分配和分配超过 25% 的样本公司在股利发放公告日及后一日有显著的非正常收益率；而分配下降 25% 和取消分配的样本公司其 AR 在公布日及后一日显著地低于其他时间的 AR。Benartzi、Michaaely 和 Thaler（1997）把 1979 ~ 1991 年期间在 NYSE 和 AMEX 上市的样本公司分为现金股利增加组和减少组，结果表明在现金股利宣布发放的后三天，对于增加组，其累计非正常收益率（CAR）为 0.81%，而减少组其 CAR 值却为 -2.53%。

中国上市公司的股利政策解释起来就更加复杂。魏刚（1999）的研究结果表明：股利变化能够较好地预测未来 3 年的盈利变化；从不同类型股利情况来看，现金股利和混合股利变化能够较好预测未来 3 年的盈利变化，但股票股利的预测能力较差。陈晓等（1998），陈浪南、姚正春（2000）在控制其他事件效应情况下，发现市场较为偏好股票股利和混合股利，但对现金股利反应冷淡。俞乔和程滢（2001）认为现金股利作为首次分红支付方式不受市场欢迎，其非正常收益显著为负值。孔小文和于笑坤（2003）从股利宣告的市场反应及股利信息内涵两个方面分析上市公司股利政策信号传递效应。结果发现，在我国股市中存在股利的信号传递效应，不同股利政策会引起不同的市场反应，分配股利的上市公司的未来盈利情况好于不分配股利的上市公司，但不同的股利类型对未来盈利的预期没有差别。随着我国资本市场管制政策的不断变化，中国上市公司的股利政策与公司业绩的关系也非常微妙。为此，本节在上述研究的基础上，选取 1998 ~ 2006 年制造业上市公司为样本，试图对上市公司股利政策与公司业绩之间的关系进行实证分析和探讨，以期对该问题的认识有所加深。

二、数据来源与研究设计

（一）研究样本选择与数据来源

本节以我国1998～2006年制造业的上市公司为初始样本，共计6 088家公司样本。以1998年公司为基础样本（457家），1999～2006年剔除每年新增加的公司样本以及资料不全的样本，合计2 889家。其中1999年剔除63家；2000年剔除147家；2001年剔除200家；2002年剔除243家；2003年剔除281家；2004年剔除347家；2005年剔除349家；2006年剔除345家。最终，本节选取了3 199家公司年度作为研究样本。

本节全部公司信息、财务数据及财务指标均来自国泰安CSMAR数据库或根据CSMAR数据库的原始数据运用EXCEL计算得到。

（二）模型与变量设置

1．模型选择

选取如下离散选择模型作为下面的研究设计模型。

$$y^* = \beta' X + \varepsilon$$

y^*是一个不能测量变量，X是解释变量的一类。ε是一个剩余额。减少的决定使价值为0，保持使价值为1，增加价值为2。尽管y^*是不可测量的，我们得到y：

$y=0$，如果$y^* \leqslant 0$

$y=1$，如果$0<y^* \leqslant \mu$

$y=2$，如果 $\mu \leqslant y^*$

μ 是一个未知参数，是和 β 一起被估计的。假定 β 是通过观察结果而标准分配出来的（作为二项式 probit 模型里），意义和 ε 变量分别被设成 0 和 1。有了如上标准分配，我们有下面的可能性。

$P(y=0)=\Phi(-\beta'X)$

$P(y=1)=\Phi(\mu-\beta'X)-\Phi(-\beta'X)$

$P(y=2)=1-\Phi(\mu-\beta'X)$

Φ 为累计标准。系数是用函数最大可能性估计的，我们用一个。因为我们没有足够的证据去反对无效的关于 homoskedasticity 的假设，所有模型估测，实质上给模型增加了另外的一个参数向量。

接下来将要探讨增加、保持或者减少股利是否取决于过去的利润和/或者现金流。

2. 变量选择及含义

变量类型	变量符号	含义描述及计量
附属变量	Y	如果股利减少，为 0；如果股利和去年相比保持不变，为 1；如果股利增加，为 2
	dD_{t-1}	表示在 t-2 到 t-1 时期是否有一个减少的股利、不变的股利或者一个增加的股利。同 Y 一样，如果有一个减少的股利，其值为 0；如果有一个保持不变的股利，其值为 1，如果有一个增加的股利，其值为 2
组 A 中的解释变量	NI_t	当前净利润
	NI_{t-1}	前一期的净利润
	ΔNI_t	与上一期净利润相比，本期净利润的变化量
	$NIloss_t$	如果 ΔNI_t 小于 0，用 1 表示；如果 ΔNI_t 大于 0，用 0 表示

续表

变量类型	变量符号	含义描述及计量
组 B 中的解释变量	CF_t	当期现金流
	CF_{t-1}	上一期的现金流
	ΔCF_t	与上一期现金流相比，本期现金流的变化量
	$CFloss_t$	如果 ΔCF_t 小于 0，用 1 表示；如果 ΔCF_t 大于 0，用 0 表示

注：由于各个公司样本的净利润与现金流的取得基础不同，因此有必要将净利润和现金流标准化，以此取得更公正的结果。

三、实证结果及其分析

（一）描述性统计结果及其分析

我们首先分析一下 2000 ~ 2006 年股利支出和变化的分类统计值，见表 6 - 19。

表 6 - 19　　股利支出和变化的分类统计值

组 A：股利，公开发表的利润，现金流和股利的变化性

	每股股利	每股公开发表的利润	每股现金流
均值	0.0949	0.0323	0.0654
中位数，标准差	（0，0.5385）	（0.1720，1.6008）	（0.0113，0.6820）

组 B：股利变化的分配

变化百分比区间	增加（排除开始的区间）	减少（排除冗长区间）
	增加百分比	减少百分比
[0%：10%]	81.03%	18.73%
[10%：25%]	5.85%	24.82%
[25%：50%]	5.13%	24.09%

续表

组 B：股利变化的分配		
变化百分比区间	增加（排除开始的区间）	减少（排除冗长区间）
	增加百分比	减少百分比
[50%：75%]	2.40%	8.03%
[75%：90%]	0.82%	5.11%
[90%：100%]	0.65%	2.92%
[100%：∞]	4.12%	16.30%

组 C：关于股利保持，增加和减少的百分比的公司年度观察结果				
年份	公司数量	减少股利的公司（%）	保持股利的公司（%）	增加股利的公司（%）
2000	457	20.13%	39.17%	40.70%
2001	457	28.67%	36.98%	34.35%
2002	457	36.76%	43.98%	19.26%
2003	457	29.32%	54.49%	16.19%
2004	457	20.79%	57.11%	22.10%
2005	457	21.66%	54.27%	24.07%
2006	457	23.41%	56.89%	19.69%

表 6-19 总结了统计值在 2000~2006 年期间股利支付和股利变化率。组 A 显示了每股股利，每股公开发表的利润和每股现金流总计分别为 0.0949，0.0323 和 0.0654。支出于公开发表的利润基础上明显高于在现金流基础上的平均比率，分别为 2.94（0.0949/0.0323）和 1.45（0.0949/0.0654）。Behm 和 Zimmrtmann（1993 年在 32 家大多数引用德国公司的例子中）发现相似的指标。他们报告平均每股净股利为 DM7.31，也就是在总的基础上 DM11.4，明显高于我的 0.0949 的指标。每股平均公开发表的利润也发现明显高于我所计算出的 0.0323 的指标。从每股股利的中位

数为 0 即可看到，我国股利发放水平很低。

组 B 显示股利变化的大小：81.03% 的股利增加的区间为 0% ~10%，其中不分配股利的公司起了很大的作用。据统计，在增加股利的公司样本中，股利发放为 0 的公司样本就有 2 118 个，占股利增加列的 75.97%。这反映了我国上市公司股利政策存在的主要问题之一：不分配股利。我国上市公司股利分配政策存在的主要问题有：（1）上市公司不分配现象带有普遍性。从我国上市公司股利政策来看，公司大多缺乏应有的责任感，不分配现象带有普遍性。不分配或中期不分配股利的公司逐年增多，暂不分配现象有逐年扩大的趋势。（2）派现金股利的公司数量少，派现水平低。（3）上市公司股利政策缺乏稳定性。上市公司股本扩张迅速。其中的第三点，从组 B 中也可看到一些迹象。在国外，上市公司为了均衡股利水平，以维持公司的良好形象，一般都倾向于保持稳定的股利政策。而我国上市公司的股利政策变化较大，无论是股利支付率还是增加或者减少的变化分布情况，缺乏稳定的连续性。从表中可以看到，除去不发放股利的公司样本所占的比例，股利增加的百分比分布区间无规律可言，都是比较分散分布的，相对大比例的百分比区间 10% ~50% 的区间占 1/10 强。从股利减少幅度大于 100% 的占 16.30% 也可以看到，股利增减具有无规律性、随意性。从基础数据中的 38 倍的股利增加幅度更可窥见一斑。在组 B 中我们还可以看到，在 0% ~10% 范围之间的股利减少占到了接近 1/5，接近 1/2 的股利的减少是在 10% ~50% 之间。

组 C 显示的是各个年份股利减少、保持和增加的百分比。从表中我们可以明显看到，保持股利的公司随年度呈逐年增加的趋势，从 2000 年的 39.17% 增加到 2006 年的 56.89%，从组 B 的分析来看，不分配股利对这个数字起到了至关重要的作用。从减少股利的公司来看，百分比随年份的增加有了一个小高峰后随之又降低了，到了2006年后又是逐步上升。增加股利的公司由2000年的40.70%缩减到2003年的16.19%，随后又开始回暖。总体来说，股利的保持、增加和减少的年度百分比变动没有太明显的规律可言。

（二）回归结果及其分析

表6-20　运用ordered probit分析股利减少、增加或者保持的决定

Panel A 关于净利润的股利选择模型					
	(a)	(b)	(c)	(d)	(e)
dD_{t-1}	-0.5012***	-0.5012***	-0.5115***	-0.5116***	-0.5112***
	(-9.45)	(-9.45)	(-9.65)	(-9.65)	(-9.45)
NI_t	0.0004	0.0004	0.0034	—	-0.0002
	(0.05)	(0.05)	(0.42)		(-0.00)
NI_{t-1}	—	-0.0004	—	—	—
		(-0.05)			
ΔNI_t	—	—	—	0.0034	0.0004
				(0.57)	(0.05)
$NIloss_t$	—	—	0.3307***	0.3325***	—
			(4.90)	(4.91)	
Log-likelihood	-3 302.6291	-3 302.628	-3 290.5819	-3 290.5047	-3 302.628
Pseudo R^2	0.0135	0.0135	0.0171	0.0171	0.0135
Panel B 关于现金流的股利选择模型					
	(a)	(b)	(c)	(d)	(e)
dD_{t-1}	-0.5012***	-0.5013***	-0.5012***	-0.5013***	-0.5013***
	(-9.45)	(-9.45)	(-9.45)	(-9.45)	(-9.45)
CF_t	-0.0121	-0.0143	-0.0112	—	0.0188
	(-0.24)	(-0.28)	(-0.22)		(0.27)

续表

Panel B 关于现金流的股利选择模型					
	(a)	(b)	(c)	(d)	(e)
CF_{t-1}	—	0.0331 (0.62)	—	—	—
ΔCF_t	—	—	—	-0.0245 (-0.61)	-0.0331 (-0.62)
$CFloss_t$	—	—	0.0051 (0.07)	-0.0066 (-0.09)	—
Log - likelihood	-3 302.6014	-3 302.4067	-3 302.5987	-3 302.4378	-3 302.4067
Pseudo R^2	0.0135	0.0136	0.0135	0.0136	0.0136

注：*** 代表在 1% 水平上显著；** 代表在 5% 水平上显著；* 代表在 10% 水平上显著。

组 A 显示的是关于净利润的股利选择模型。在规格（a）中我们可以看到，dD_{t-1}在 1% 的水平上显著，且与股利存在负相关关系。即上期股利变化越少，本期的股利越增加。当模型加入解释变量 NI_{t-1}时，同样可以看到上期股利变化与当期股利的显著负相关，而其他解释变量与股利的变化并不显著相关。当然，我们也可以看到解释变量 NI_{t-1}与股利存在着负相关的关系，即上一期的净利润越少，本期股利越增加。在规格（c）中，除了 dD_{t-1}与股利的显著负相关一成不变外，净利润的损失与股利存在显著正相关，并在 1% 的水平上显著。规格（d）也同样证明了净利润的损失在 1% 的水平上与股利的正相关关系。总的来说，在关于净利润的股利选择模型中，组 A 中的 dD_{t-1}在不同规格的模型中，总是在 1% 的水平上保持与股利的显著负相关。在规格（c）（d）中加入解释变量净利润的损失后，发现其在 1% 的水平上存在与股利的显著正相关关系。其余变量与股利的关系并不明显。

在组 B 关于现金流的股利选择模型中可以明显看到 dD_{t-1} 在不同规格的模型中，总是在 1% 的水平上保持与股利的显著负相关。这与组 A 得出的结论一致。在（a）~（c）规格中，我们也可以看到当期现金流的负相关关系，只是不显著。

四、研究结论及局限性

本节采用实证研究方法，以 1998 ~ 2006 年我国制造业上市公司的 3 199 家公司年度为样本，运用 STATA 软件，建立相关模型进行数据统计与回归，探讨了我国制造业上市公司股利政策变更与公司业绩之间的影响。实证结果表明，我国制造业上市公司的上一期净利润的变化对当期公司股利的增减存在显著负的影响；当期净利润的损失对当期公司股利的增减存在正的影响。另外，通过简单的图表统计，我们也可以看到我国公司不分配股利的现象依然很普遍。并且可以同时看到，我国公司的股利政策缺乏连续性与稳定性。

当然，本节的研究结论可能还有一定的局限性。首先，由于资料收集的原因，同时为简化分析，本节的研究对象局限于我国制造业的上市公司，并不能代表我国上市公司的整体状况。其次，本节在数据统计时，将不发放股利的公司（即每期股利均为 0、股利变化量也就为 0 的公司，其与两期股利相同且不为 0、股利变化量为 0 的公司不同）的股利增减变化状态设为保持。这样的假设会使最后统计出来的结果有一定的偏差。

第四节　盈余管理与税费负担

摘　要：本节基于中国的市场特征与制度特征，利用会计差错更正数据，考察了盈余管理与税费负担之间的关系。研究发现，我国上市公司盈余管理的基本目标是虚增盈余，但大部分虚增盈余的公司并没有对此承担额外的税费，相反却虚减了纳税申报，公司会计行为缺乏必要的税收约束；公司几乎不可能为了降低税收来进行虚减盈余的盈余管理，相反，虚假降低税负有可能沦为了虚增盈余的手段。这种现象揭示通过税会差异分析，可以有效探测公司盈余管理行为，评价会计信息质量，促进公司足额申报税费，从而为资本市场监管者、投资者、注册会计师以及税务部门决策提供基本考察工具。

关键词：盈余管理、税费负担、会计差错更正、税会差异

一、引言

盈余管理（Earnings Management）与税费负担之间的关系是资本市场监管与税会关系协调最为基础和重要的问题。随着我国资本市场的不断发展，上市公司盈余管理频率与幅度不断扩大，盈余管理已成为我国会计与资本市场监管不容忽视的重大问题，研究盈余管理及其约束机制对于完善会计准则与资本市场监管制度具有重要意义。对此，学者业已开展了大量研究，监管实务界也在监管实践中不断总结盈余管理规律及治理措施。综合国内外研究成果与实践经验，盈余管理的资本市场制度动因、上市公司经理人员奖金动因、债务契约动因、政治成本动因等已经被大量的证据所证实，相

关认识也已经在监管实践中得以应用。但是，作为与会计盈余确认密切相关的税收因素与盈余管理的关系是什么？税负管理是盈余管理的动机吗？对此，国外文献存在尚未统一的两种观点及相关证据。一种观点认为，避税是上市公司盈余管理的重要动因，上市公司可以通过盈余确认来实现公司最佳的税收利益；另一种观点认为，避税并非是上市公司盈余管理的主要动因，上市公司盈余管理潜在的收益不仅仅是避税收益，相反，上市公司为了获得潜在收益所进行的盈余管理将不惜承担相应的税负代价（Erickson et al.，2004）。在我国新兴加转轨特征明显的资本市场上，上市公司为追求配股资格等动机有夸大盈余的潜在倾向，而避税动机则使公司要低报盈余，在这种两难境地下，我国上市公司的价值倾向如何？是否会向避税的天平倾斜？税负是否可以作为探测盈余管理的工具呢？这一问题的研究对于深入认识我国上市公司盈余管理行为及其纳税行为规律具有基础性意义。然而迄今为止，大部分盈余管理研究文献忽略了税收这一因素，针对我国资本市场的相关研究更是薄弱，远不能满足监管实践和投资者决策的需求。本节将基于中国的市场特征与制度特征，利用会计差错更正数据，考察盈余管理与税费负担之间的关系，以加深对盈余管理机制及探测工具的认识，并为资本市场相关方面的决策提供经验与证据。

二、文献回顾

（一）盈余管理及其动因文献

国外已有的研究主要通过检验被指控违反了公认会计原则的公司，以试图发现盈余管理的各种动机。Dechow et al.（1996）检验了一些因涉嫌违反 GAAP 而被 SEC 采取强制措施的公司，发现降低外部财务成本是公司调整盈余的一个重要动机，被SEC采取强制措施的公司普遍具有公司治理不完善等特点。Palmrose et al.（2001）检验了财务报告重述的市场反应，发现管理层欺诈与公司报告重述等行为会引起更强烈的负面的市场反应。Bens et al.（2003）调研了管理层为了避免稀释每股收益（EPS）而采取的行为（例如回购股票），尽管用于回购股票的资金可以用于更有效的价值投资，但Bens et al.（2003）却发现公司的这些资金最终用于了回购股票以及避免每股会计收益被稀释。Graham和Harvey（2001）在一项对公司管理人员的调查中，发现经理人员非常关注公司财务决策对收入造成的影响。Lys和Vincent（1995）发现AT&T愿意采用权益联营法向NCR股东支付奖金，因为管理层相信如果规避了商誉折旧的话，分析师和投资者会对公司有更高的评价。这些证据都说明管理层为了其特殊的利益，往往会采用直接或间接的盈余管理行为，并且盈余管理的倾向是夸大公司盈余。

Watts和Zimmennan（1996）认为，在其他条件相同的情况下，有分红计划的公司的管理人员为扩大个人效用，更有可能选择将未来的盈余转移到现在的会计程序，从而提高其报酬的现值。Watts和Zimmennan（1986）还认为债权人要剔除盈余管理对财务报告的影响，所需要的成本是高昂的，因此债务契约会激发盈余管理，在其他条件不变的情况下，越接近违反债务契约条款的公司，为了避免违约成本，就越有可能选择将未来的盈余转移到现在的会计程序。

国内相关研究文献证实了中国上市公司盈余管理的扭亏为盈动机（陆建桥，1998）、配股资格动机（孙铮，王悦堂，1999；肖星，过晓燕，2000；李志文，宋衍衡，2001）和高价发行（洪剑峭，陈朝晖，2002）等。王霞，张为国（2004）发现高报盈余错误的公司不但在数量上远远多于非高报错误的公司，而且在差错幅度上也显著高于非高报错误的公司。

可见，有关盈余管理动机的研究文献较为丰富，但是很少涉及税收动机，研究避税是否是盈余管理动机是一个重要而基础性的问题。

（二）盈余管理与税费负担关系文献

公司在实现会计盈余报告与税收目标之间往往存在一定程度的两难处境。公司高报盈余就可能导致较高的税收，为了避免高税收就需要尽量降低报告盈余。那么公司是如何权衡并采取怎样的价值倾向呢？在过去10年中，学者已经付出很大的努力试图去解释公司到底是如何权衡盈余管理与税费负担的（见Shackelford和Shevlin，2001），但是在具体的研究中，由于困难重重，至今也没有对这种权衡提供强有力的证据。尽管没有证据，大部分的相关文献还是都假设不论公司在财务报表中披露了哪种收入增长，这些收入都会计入纳税申报单中。例如Scholes et al.（1992）、Guenther（1994）以及Maydew（1997）在各自的研究中都检验了递延应税收入和可能存在的不递延会计收入的动机。因为这些研究均不能观测到应税收入的递延情况，其研究结论都是建立在公司递延会计收入的行为自然会导致应税收入的递延这一假设基础之上。

研究采用后进先出法（LIFO）对税收的影响文献可能是最早的关于盈余管理与税费负担关系的文献（Biddle 1980；Hunt 1985；Davis et al. 1984；Abdel－khalik 1985；Morse 1980；Shackelford和Shevlin 2001）。这些文献提供了由于公司虚增会计收入导致额外的税费成本的证据。另外，Johnson和Dhaliwal（1988）研究了取消LIFO的情况，发现取消LIFO的公司具有更高的财务杠杆、更容易突破营运资本限制、存在更多的预提净经营损失，从而得到的结论是公司放弃使用LIFO的动机是管理层企图以此避免债务契约约束，但是这种动机带来了税收成本的提高。Erickson et al.（2004）以被起诉虚增盈余的公司为样本，以这些重述财务报告而导致的税收调整数据为基础进行估算，研究了虚增会计利润对税收的影响，考察了在何种情形下公司愿意增加税收成本以增加会计利润。Erickson et al.（2004）发现样本公司为虚增不存在的盈余需要承担额外的税费，样本公司共虚增的盈余为33.6亿美元，导致样本公司为这些不存在的利润多交纳了3.2亿元的额外税收，从而可见盈余管理的收益远大于这些额外的税收成本，因此这些公司不惜承担法律风险和额外税收成本来进行盈余管理，而避税并非是盈余管理动机。

在我国，叶康涛和陆正飞（2005）对盈余管理与所得税支付的关系进行了研究，研究发现上市公司盈余管理幅度越大，会计利润与应税所得之间的差异也越大。该文涉及公司会计——税收差异和纳税调整项目，但其研究仅限于2002年我国制造业上市公司，其中纳税调整项目替代变量的设计也值得进一步商榷。戴德明、张妍、何玉润（2005）对会计制度与税收法规的基本关系，会计——税收关系模式，会计制度与税收法规的目标差异以及具体的典型业务处理差异等方面进行了分析。

由此可见，尽管盈余管理与税费负担之间的关系是资本市场监管与税会关系协调最为基础和重要的问题，但是相关研究文献却十分匮乏，远远满足不了实践所需要的证据与知识。究其原因主要是研究方法与研究数据的局限，这种缺陷已被学者关注，如Shackelford和Shevlin（2001）就注意到现有文献所存在的方法论缺陷，指出盈余管理与税费负担之间权衡关系研究需要知道采取盈余管理行为与不采取盈余管理行为对税收的影响，但是研究者往往只能观察到公司已经采取了盈余管理行为后的结果，而不能观察到备选行为下的结果，因此很难区分出那些是公司应该承担的税费，而哪些则是公司为了特定的盈余管理而要承担的额外税费。因此，研究方法与数据的困难导致关于盈余管理与税负管理关系的文献的匮乏。

本节采用会计差错更正公司为样本，可以有效克服上述缺陷，因为会计差错更正公司分别披露了同一年度公司采取不合理的会计方法情况下的盈余及其对应的税收以及调整后的盈余及其税收情况。

三、样本选择与研究方法

为克服已有文献的缺陷，本节的样本设计需要实现关于虚增盈余以及为这些虚增盈余而要承担的额外税费的精确度量。我国上市公司会计差错更正公司恰好满足这一要求。第一，会计差错更正意味着公司采取了不适当的会计政策与方法，不论其原因如何，如果造成盈余变化就意味着盈余管理，从而不需要对盈余管理的主观判断，也就克服了研究中的武断或猜测；第二，样本公司必须披露原来的盈余及其税费，还需要披露会计差错更正后的盈余及其税费，这就提供了虚增盈余和为这些虚增盈余而承担的额外税费的精确而客观的度量。

本节以上海证券交易所上市公司中从 2004 ~ 2008 年所有涉及会计差错更正报告的公司作为研究样本。对每家公司，我们手工收集并整理了在上海证券交易所发布的《会计差错更正通告》（以下简称《通告》）。《通告》是对于证券交易所给予的上市公司会计记录调整行为的总结，并且描述了该公司具体的调整项目和调整结果。

样本筛选过程如下，从 2004 年 1 月至 2008 年 10 月，共有 125 家次发布会计差错更正通告的公司，当然这并不意味着所有 125 家次公司明显存在故意欺诈的意图，因此，我们删除了 9 家次因为能够明确说明造成会计差错调整的客观原因的公司，剩下119家次公司；删除4家次数据不全的公司得到有效样本115家次，并获得了这115家次公司的会计差错更正数据。表6－21总结了样本公司筛选过程。

表6－21　　　　样本公司筛选过程

2004年1月到2008年10月在上海证券交易所官方网站发布了会计差错更正报告的公司（家次）	125
减：有相关证据证明该更正是由非故意过失引起的会计记录错误且金额较小（家次）	6
减：数据不完整，无法进行计算的公司（家次）	4
样本公司（家次）	115

四、统计结果分析

（一）盈余管理情况分析

对每家样本公司，我们收集了年报披露的原始文件和会计差错更正报告的相关文件，并分析了影响公司年度会计盈余的会计差错更正涉及的会计手段，见表6－22。从表6－22可以看出，115家次的有效样本中，虚增盈余的样本85家次（73.9%），虚减盈余的样本24家次（20.9%），对盈余无影响的样本6家次（5.2%）。可见，我国上市公司盈余管理的主要目标是虚增盈余，这与国内外资本市场上盈余管理的规律一致。在虚增盈余的公司中，虚增手段包括“虚构收入”、“低计成本/费用”、“高计存货”、“购买合并会计操纵”、“不适当的费用资本化”、“偷漏税”、“不适当的收入确认”、“虚报存货以外的资产”、“非货币性资产交换”等，表

6－23反映了各种手段所占的比重。①

表 6－22　　第一层次样本构成分析

会计差错更正对公司盈余的影响	公司数量（家次）	比重（%）
虚增盈余公司	85	73.91
虚减盈余的公司	24	20.87
对公司盈余无影响的公司	6	5.22
有效样本公司数量	115	100

表 6－23　　上市公司高报盈余的手段分析

盈余管理手段	数量	比例（%）
虚构收入	4	3.57
低计成本/费用	47	41.96
高计存货	2	1.79
购买合并会计操纵	9	8.04
不适当的费用资本化	8	7.14
偷漏税	29	25.89
不适当的收入确认	9	8.04
虚报存货以外的资产	3	2.68
非货币性资产交换	1	0.89
高报盈余公司频数	112①	100

（二）盈余管理与税费负担关系分析

115 个有效样本总体虚增利润 1 001 987 122 元，平均每家次样本公司虚增利润 8 712 931.50 元，其中中位数公司虚增利润为 3 694 081.71元。虚增盈余公司共虚增利润 1 834 652 178 元，虚减

① 因为部分公司同时采用多种手段使利润被高估，我们按照使用不同手段的公司频数作为整体，这样 85 家高报公司盈余的公司频数为 112 公司次。

盈余公司共虚减利润 832 665 056 元。对于纳税情况，115 个样本中涉及纳税调整的公司有 43 家，占总样本的 37.39%，整体上共少纳税 34 552 642 元。在涉及纳税调整的公司中，少纳税的公司 33 家次（28.7%），共少纳税 112 155 092.3 元，多纳税的公司 10 家次（8.7%），共多纳税 77 602 450.46 元。而其他 72 家次的公司没有涉及纳税调整。由此可见，虚增盈余的公司 85 家次，而涉及多交税的公司仅 10 家次，说明我国上市公司大部分盈余管理并没有带来额外的税收，大部分公司还是按照公司的实际应税利润进行纳税，但是却在报表报告了虚增的利润。整体上来看，115 个样本虚增利润 1 001 987 122 元，但却少纳税 34 552 642 元。因此，从整体上看，我国上市公司并没有因为盈余管理而带来税费的增加，相反，通过相应的措施，能够实现虚增盈余与降低税负“双丰收”的局面，根本不存在盈余管理与税费负担权衡困境。其监管涵义非常丰富，下文将进一步分析。表 6－24 给出了盈余管理方向与纳税调整情况之间的关系。

表 6－24　　盈余管理与纳税调整情况

盈余管理情况		纳税调整情况					
	样本公司（家次）	少纳税公司数量（家次）	少纳税公司比例（%）	无纳税调整公司数量（家次）	无税费调整公司比例（%）	多纳税公司数量（家次）	多纳税公司比例（%）
虚增盈余	85	27	31.8	55	64.7	3	3.5
虚减盈余	24	6	25.0	11	45.8	7	29.2
盈余无调整	6	0	0	6	100	0	0
合计	115	33	28.7	72	62.6	10	8.7

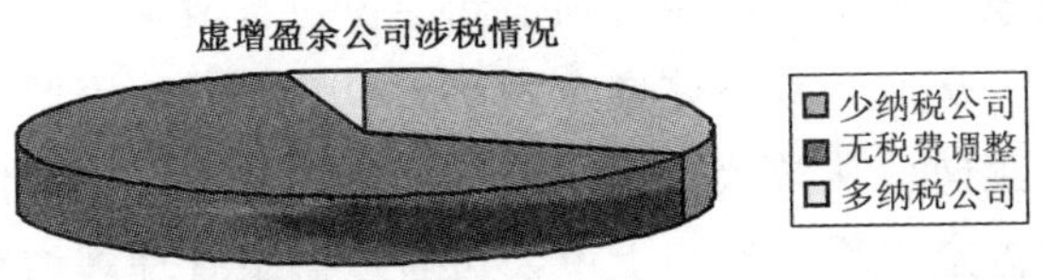

图 6－1　虚增盈余公司涉税情况

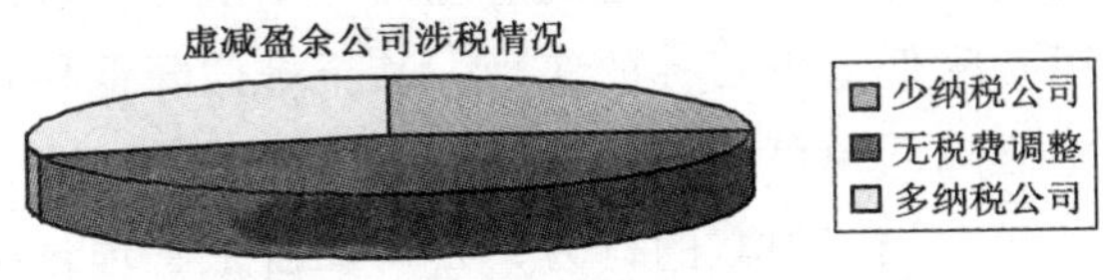

图 6－2　虚减盈余公司涉税情况

从表 6－24、图 6－1 和图 6－2 可以清楚地看出，我国大部分进行盈余管理的公司并没有承担额外的税费负担，相反部分虚增盈余的公司却虚减了纳税申报，其占虚增盈余公司的 31.8%。这些公司一方面虚增盈余，一方面减少纳税申报，从而实现了盈余管理与税负管理的双重收益。当然，这也许是因为公司在盈余管理过程中根本不考虑税收因素所导致。而盈余虚减公司中少纳税的比例并不高，仅占到盈余虚减公司的 25.0%，不涉及税费调整的公司占到 45.8%，低于其占虚增盈余公司 64.7% 的比例。在盈余虚减的公司中，也存在虚增纳税的情形，占盈余虚减公司的 29.2%。以上数据分析说明，要么虚增盈余公司存在虚减税费的倾向，要么盈余管理与税费管理行为是两项独立行为，公司很可能在盈余管理过程中根本不考虑税收因素。总之，公司几乎不可能为了降低税收来进行虚减盈余的盈余管理，即在我国当前的体制环境下，避税并非是公司盈余管理的动机。

表 6－25 给出了盈余管理与纳税调整的具体统计数据，图 6－3 则直观地显示了盈余管理与纳税调整的具体情况。从表 6－25 和图 6－4 可以看出，无论虚增盈余还是虚减盈余的公司，都存在虚

减税费的现象，无论虚减税费均值和中位数都清楚地表明了这种虚减税费现象，从而导致整体样本表现出税费虚减。因此，公司存在虚减税费的倾向。从盈余管理情况看，整体样本无论均值还是中位数都表现出盈余虚增，这与上市公司通过盈余管理虚增利润的常识相一致。在虚增盈余的公司中，税费虚减现象非常明显，这说明要么公司存在盈余管理过程中，还通过虚假等手段降低税负，以实现盈余管理与税费降低双重目标的实现，甚至虚假降低税负以提高盈余，从而把虚假降低税负作为盈余管理的重要手段；要么盈余管理与税负管理是两个相互独立的行为，公司在盈余管理过程中根本不考虑税费因素，同时在税负管理中也不会为不存在的利润承担额外税费。在盈余虚减的公司中，尽管整体上存在税费虚减情况，但是并没有实现税费与虚减利润的同比例变化。因此，综合上述情况，可以肯定地说，在中国的体制环境下，公司几乎不存在盈余管理与税负管理的两难决策情形，避税并非是公司盈余管埋的动机，盈余管理可以不考虑税收因素，纳税申报也可以随意剔除盈余管理因素，公司会计行为缺乏必要的税收约束。相反，虚假降低税负有可能沦为了虚增盈余的手段。

表 6-25　　盈余管理与纳税调整的统计数据　　单位：元

盈余管理及新增税负	虚增盈余平均数	虚增盈余中位数	虚增税费平均数	虚增税费中位数
样本公司整体	8 712 931.5	3 694 081.70	300 457.80	1 233 288.00
虚增盈余样本	21 584 143.00	12 060 010.00	1 223 921.2	2 171 020.5
虚减盈余样本	-34 694 377.30	-2 931 720.00	2 895 027.50	824 047.50

五、讨论与启示

本节发现的现象令人震惊：在我国很少上市公司愿意为虚增的

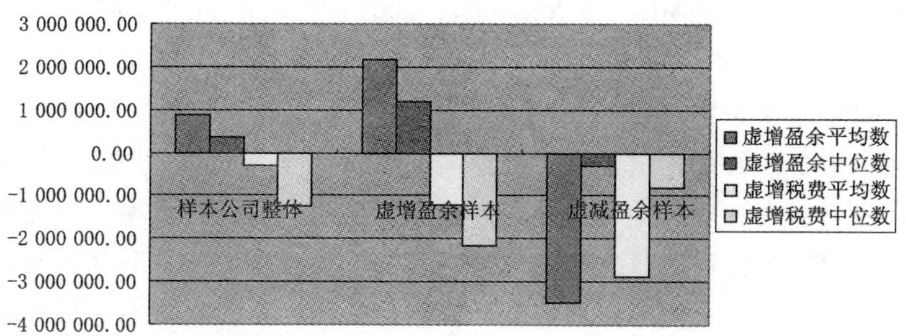

图 6-3　盈余管理与纳税调整统计图

盈余支付相应的税费，甚至把税负操纵作为盈余管理的一种手段；公司顺利地实现了虚增盈余的同时虚减纳税申报。这种现象在发达国家资本市场上是很少出现的，至少不会是普遍现象。因为，发达国家资本市场上，由于市场相对有效，如果不对虚增的盈余纳税，那么虚增盈余的盈余管理很容易被发现，从而产生严重的后果，许多公司"会计丑闻"的曝光就是因为其没有对虚增的盈余纳税，从而被发现和披露的。

一般说来，当公司作出虚增利润的盈余管理后，存在四种潜在的纳税处理方法。第一种处理方法是公司不在纳税申报中调整应税利润，而是将虚增的利润作为暂时性差异处理。例如，公司虚假地延长了固定资产折旧年限从而通过降低折旧虚增了公司利润。这种虚增利润的方法就不会对应税利润和应交税金产生影响，而作为一种暂时性差异进行处理，不会带来本期税金的增加。但是这种处理会导致递延所得税负债的增加，而大量的递延所得税负债往往会引起监管者和聪明的投资者的关注与怀疑，如果他们采取审查行为就很可能发现这种盈余管理，给公司带来巨大风险。即便监管者和投资者没有怀疑公司造假，那么文献早就指出巨大的税会暂时性差异本身就是公司会计信息质量低下和存在盈余管理的信号（Cheney

和 Jeter，1994；Mills 和 Newberry，2001；Joos et al.，2002；Phillips et al.，2003）。更何况，审计人员会把存在巨大税会暂时性差异的公司作为重点审查的对象，因此上市公司会避免采用这种处理。第二种处理方法是公司把虚增的利润从应税利润中剔除，把虚增的利润作为永久性税会差异。例如，公司可以通过虚增承担低税率的国外子公司的盈余来虚增公司利润，如果假定这些利润要在国外无限投资下去而不是最终交回国内母公司的话，在现有会计准则下就不需要确认递延所得税负债。这种会计处理能够在减少当期涉税现金流出的同时，避免当期和递延所得税负债的增加。然而巨大的永久性税会差异会大大降低公司的实际税率，由于实际税率也需要在报表附注中披露，因此也同样会产生引起监管者与投资者怀疑其会计信息质量以及存在盈余管理的可能性。因此，公司一般也不会选择这种处理方式。第三种处理方式是对虚增的利润纳税，在这种情况下，公司把虚增的利润纳入了纳税申报，从而增加了本期税费，导致本期现金流出的增加。但是没有由此产生巨大的税会差异或太低的实际税率，从而在税务处理过程中彻底消除了盈余管理的痕迹。尽管这种处理方法代价较大，大大减少了本期现金流，但是，可以有效避免监管者和投资者对期盈余管理的关注和追踪，甚至因为提高了会计信息质量而受到市场的好评。美国资本市场上发生盈余管理的公司往往要采取这种税务处理方法（Erickson et al.，2004）。第四种处理方法是公司在会计报表中报告虚增的利润，也在纳税申报中把这些虚增利润纳入应税利润，但是并没有实际交纳，而作为纳税准备金。这种情况下，公司往往需要税务部门或相关人员的帮助或配合，其难度和风险都会加大。尽管这种做法会减小税会差异，但是这种行为引起监管部门和投资者调查的可能性也较大。由于盈余管理后果的严重性，发达国家公司一般也不采取这种处理方法。因此，发达国家资本市场上，由于市场较为有效，市场监管者和投资者的成熟程度较高，公司很难既虚增盈余又不增加当期税费，更不用说在虚增盈余的同时虚减税费了。通常盈余管理公司采用第三种处理方式。当然也有上述四种方式综合使用的情形，在这种情况下，公司对部分虚增的利润进行纳税，而对其他部分的虚增利润作为税会差异或纳税准备金处理。但无论如何，完全对虚增利润不纳税的情形是不太可能发生的，即便有，也很快被发现并予以惩处。

然而，我国资本市场上却普遍存在对虚增盈余不承担纳税义务的现象，说明通过纳税申报约束和调查盈余管理的机制不存在，或没有发生作用；由于对虚增盈余不承担额外的税费，则必然导致税会差异较大，通过审查具有较大税会差异的公司，很容易发现其盈余管理行为，或者可以评价公司信息质量，但是我国资本市场上此类问题的大量存在，说明我国资本市场效率尚不高，监管者与投资者尚不成熟，大量的监管工具与公司信息质量评价工具并没有得到充分使用。因此，本节发现的现象对市场监管部门的监管工作、投资者对上市公司信息质量及其定价决策、注册会计师对盈余管理的审查以及税务部门的税务检查，都有一定的启示。通过公司纳税与盈余的对比关系分析、年度税会差异的波动情况以及税会差异的绝对水平，都可以有效分析公司盈余管理或会计信息质量，也可以探测公司是否足额纳税。

六、研究结论

盈余管理与税费负担之间的关系是资本市场监管与税会关系协调最为基础和重要的问题。作为与会计盈余确认密切相关的税收因素与盈余管理的关系是什么？税费负担是是盈余管理的动机吗？在我国新兴加转轨特征明显的资本市场上，上市公司为追求配股资格等动机有夸大盈余的潜在倾向，而避税动机则使公司要低报盈余，在这种两难境地下，我国上市公司的价值倾向如何？是否会向避税的天平倾斜？税会差异是否可以作为探测盈余管理的工具呢？然而迄今为止，大部分盈余管理研究文献忽略了税收这一因素，针对我国资本市场的相关研究更是薄弱，远不能满足监管实践和投资者决策的需求。本节将基于中国的市场特征与制度特征，利用会计差错更正数据，考察盈余管理与税负负担之间的关系，以加深对盈余管理机制及探测工具的认识，并为资本市场相关方面的决策提供经验与证据。

研究发现，我国盈余管理的基本目标是虚增盈余，占样本公司的73.9%，这与国内外资本市场上盈余管理的规律一致。无论虚增盈余还是虚减盈余的公司，都存在虚减税费的现象，从而导致整体样本表现出税费虚减。在虚增盈余的公司中，税费虚减现象非常明显，在盈余虚减的公司中，尽管整体上存在税费虚减情况，但是并没有实现税费与虚减利润的同比例变化。因此，我国大部分进行盈余管理的公司并没有承担额外的税费负担，相反部分虚增盈余的公司却虚减了纳税申报，公司几乎不可能为了降低税收来进行虚减盈余的盈余管理，即在中国现有的体制环境下，公司几乎不存在盈余管理与税负管理的两难决策情形，避税并非是公司盈余管理的动机，盈余管理可以不考虑税收因素，纳税申报也可以随意剔除盈余管理因素，公司会计行为缺乏必要的税收约束。相反，虚假降低税负有可能沦为了虚增盈余的手段。

我国资本市场普遍存在的对虚增盈余不承担纳税义务的现象，说明我国资本市场效率尚不高，监管者与投资者尚不成熟，大量的监管工具与公司信息质量评价工具并没有得到充分使用。因此，本节发现的现象对市场监管部门的监管工作、投资者关于上市公司信息质量及其定价决策、注册会计师对盈余管理的审查以及税务部门的税务检查，都有一定的启示。通过公司纳税与盈余的对比关系分析、年度税会差异的波动情况以及税会差异的绝对水平，都可以有效分析公司盈余管理或会计信息质量，也可以探测公司是否足额纳税。

主要参考文献：

[1] Bens, D. A. V. Nagar, D. J. Skinner, and M. H. F. Wong. Employee stock options, EPS dilution, and stock repurchases. Accounting and Economics, December, 2003 (36): 51 -90

[2] Biddle, G. Accounting methods and management decisions: The case of inventory costing and inventory policy. Accounting Research (Supplement) 1980: 235 -280

[3] Bonner, S. , Z - V. Palmrose, and M. Young. Fraud type and auditor litigation: An analysis of SEC accounting and auditing enforcement releases. The Accounting Review, 1998, 73 (4): 503 -532

[4] Chaney, P. , and D. Jeter. The effect of deferred taxes on security prices. Journal of Accounting and Finance 9 (Winter), 1994: 71 -116

[5] Christine V. Zavgren, The Prediction of Corporate Failure, Journal of Accounting Literature, Vol. 2, 1983

[6] Cyrus A. Ramezani, Luc Soenen, and Alan Jung, Growth, Corporate Profitability, and Value Creation, Financial Analysis Journal, 2002 (10)

[7] Davis, H. , Z. , N. Kahn, and E. Rosen. LIFO inventory liquidations: An empirical study. Journal of Accounting Research (Autumn), 1984: 480 -496

[8] Dechow, P. , R. Sloan, and A. Sweeney. Causes and conse-

quences of carnings manipulations: An analysis of firms subject to enforcement actions by SEC. Contemporary Accounting Research 1996, 13 (1): 1-36

[9] Defond, M., and J. Jiambalvo. Incidence and circumstances of accounting errors. The Accounting Review (July) 1991: 643-655

[10] Erickson, M., M. Hanlon, and E. Maydew. How much will firms pay for earnings that do not exist? Evidence of taxes paid on allegedly fraudulent earnings. The Accounting Review, 2004., 79 (2): 387-408

[11] Feroz, E. H., K. Park. and V. S. Pastrna. The financial and market effects of the SEC's accounting and auditing enforcement releases. Journal of Accounting Research 29 (Supplement) 1991: 107-142 Financial Management

[12] FrederickL. Jones, Current Techniques in Bankruptcy Prediction, Journal of Accounting Literature, Vol. 6, 1987

[13] Gleason, c. and L. mills. Materiality and contigent tax liability reporting. The Accounting Review, 2002 (77): 317-342

[14] Graham. J. Debt and the marginal tax rate. Journal of financial Economics, 1996 (41): 41-74

[15] Lang, Larry, H. P., Eli Ofek and Rene M. Stulz, Leverage. investment and firm growth, Journal of Financial Economics 40

[16] Lang, Larry, H. P., Rene M. Stulz, and Ralph A. Walking. Managerial performance, tobin's Q, and the gains from successful tender offers, Journal of Financial Economics 1989 (24)

[17] Marc Goergen, Luc Renneboog, Luis Correia da Silva. When do German firms change their dividends. Journal of corporate finance, 2003

[18] Mark E. Zmijewski, Methodological Issues Related to the Estimation of Financial Distress Prediction Models, Journal of Accounting Research, Vol. 22, 1984

[19] Mills. L. Book – tax differences and Internal Revenue Service adjustments. Journal of Accounting Research 1998, 36 (2) 343 – 356

[20] Milton Harris, Artur Raviv. "The Theory of Capital Structure" Journal of Finance, 1991 (46): 297 – 355

[21] Norton, E. "Capital Structure and Small Growth Firms", Journal of Small Business Finance, 1991

[22] Pettit, R. &Singer, R. "Small Business Finance: A Research Agenda", 1985

[23] Phillips. J., M. Pincus, and S. Rego. Earnings management: New evidence based on the deferred tax expense. The Accounting Review. April 2003 (78): 491 – 522

[24] Shackelford. D., and T. Shevlin. Empirical tax research in accounting, Journal of Accounting and Economics, 2001 (31): 321 – 387

[25] 陈斌．中小企业的外部股权融资：需求与效果．深交所研究报告，2004

[26] 陈静．"上市公司财务恶化预测的实证分析"．《会计研究》，1999 (4)

[27] 陈小悦，肖星，过晓艳．配股权与上市公司利润操纵．《经济研究》，2000 (1)

[28] 崔学刚．公司治理机制对公司透明度的影响．《会计研究》，2004 (8)

[29] 崔学刚等．"企业增长与财务危机关系研究"．《会计研究》，2007 (12)

[30] 戴德明，张妍，何玉润．我国会计制度与税收法规的协作研究——基于税会关系模式与二者差异的分析．《会计研究》，2005（1）

[31] 洪锡熙，沈艺峰．我国上市公司资本结构影响因素的实证分析．《厦门大学报》，2000（3）

[32] 黄永红．“我国上市公司可持续增长的实证研究”．《统计与决策》，2002（12）

[33] 黄志忠，陈龙．“中国上市公司盈利成长规律实证分析”．《经济研究》，2000（12）

[34] 林汉川．中国中小企业发展机制研究［M］．商务印书馆，2003

[35] 林毅夫，孙希芳．信息，非正规金融与中小企业融资．《经济研究》，2005（7）

[36] 刘杉．中小企业融资研究理论综述．《南开经济研究》，2005（1）

[37] 卢俊．资本结构理论研究译文集［M］．上海人民出版社，2003

[38] 陆建桥．中国亏损上市公司盈余管理实证研究．《会计研究》，1999（9）

[39] 吕长江，王克敏．上市公司股利政策的实证分析．《经济研究》，1999（12）

[40] 吕长江．百家争鸣难结论：股利之谜．上海立信会计学院学报，2008（1）

[41] 沈艺峰，黄娟娟．上市公司的股利政策究竟迎合了谁的需要——来自中国上市公司的经验数据．《会计研究》，2007（36，37）

[42] 沈艺峰．资本结构理论史［M］．经济科学出版社，1999

[43] 苏冬蔚，吴仰儒．“我国上市公司可持续发展的计量模型与实证分析”．《经济研究》，2005（1）

[44] 孙铮，王跃堂．资源配置与盈余管理之实证研究．《财政研究》，1999（4）

[45] 田晓霞．小企业融资理论及实证研究综述．《经济研究》，2004（5）

[46] 魏刚．股利的信息含量——来自中国的经验证据．《中国会计与财务研究》，1999（1）

[47] 魏明海．盈余的预期管理与盈余管理．《审计研究》，2005（3）

[48] 夏立军等．“政府控制、治理环境与公司价值”．《经济研究》，2005（5）

[49] 肖作平．资本结构影响因素和双向效应动态模型．《会计研究》，2004（2）

[50] 熊德华，刘力．股利支付决策与迎合理论——基于中国上市公司的实证研究．《经济科学》，2007（5）

[51] 杨汉明．西方企业股利政策文献综述．《中南财经政法大学学报》，2007（2）

[52] 杨奇原，李礼．我国上市公司股利政策的影响因素研究．《求索》，2006（8）

[53] 叶康涛，陆正飞．盈余管理与所得税支付：基于会计利润与应税所得之间差异的初步研究［R］．中国会计研究专题国际研讨会论文集，2005

[54] 原红旗．中国上市公司股利政策分析．《财经研究》，2001（3）

[55] 张捷．结构转换期的中小企业金融研究［M］．经济科学出版社，2003

[56] 张瑾．中国上市公司股利政策影响因素的实证研究[D].《中国期刊网：西南财经大学》，2005

[57] 张为国，王霞．中国上市公司会计差错的动因分析．《会计研究》，2004（4）

[58] 张玉明．资本结构理论的一项修正：股权融资是中小企业融资优序策略．《山东大学学报》，2004（3）

[59] 朱武祥，陈寒梅，吴讯．“产品市场竞争与财务保守行为”．《经济研究》，2002（8）

第七章 风险导向审计与投资者保护

摘　要：在审计发展的历史进程中，一直存在两种观念导向：效率导向与风险导向。在不同历史发展时期，由于审计的社会需求（投资者保护程度）、企业经济业务复杂程度以及法律风险水平等因素的不同，审计对两种观念导向的追求不同，并体现在审计方法与审计战略中。风险导向审计从根本上说是一种审计观念导向与审计战略定位，而不是一种审计方法。本章在模拟审计历史演变的基础上，探讨了风险导向审计的存在基础、机理以及应用问题，试图提供认识风险导向审计本质的新视角，加深对其机理与投资者保护功能的理解，促进风险导向审计在我国的正确运用。

关键词：风险导向、效率导向、机理、运用

一、引言

为规范注册会计师的执业行为，提高执业质量，维护社会公众利益，促进我国社会市场经济的健康发展，中国注册会计师协会拟订了22项准则，并对26项准则进行了必要的修订和完善，已于2006年2月15日由财政部发布，自2007年1月1日起在所有会计师事务所施行。新审计准则的最大特点之一是全面引入风险导向审计思想。与此同时，会计师事务所也纷纷加强了审计风险研究，并借鉴COSO发布的企业风险管理（Enterprise Risk Management，ERM）征求意见稿所提供的企业风险分析框架，在审计实务中强

化审计风险评估与控制。

然而，有很多业内人士对风险导向审计的实施表示怀疑和担忧，他们认为安然事件中，作为国际五大会计公司之一的安达信审计失败，很大程度上归结于风险导向审计理念和方法的失败；其余“四大”在华违规的问题前不久再度成为各界热议的焦点：普华永道被财政部责令限期整改，德勤陷入科龙审计旋涡而进退两难，再联系四年前毕马威会计师事务所的锦州港案件，“四大”在华面临全面诚信危机，有的公司甚至面临退出中国市场的尴尬局面，而这些会计师事务所都采用了风险导向审计。自20世纪90年代以来，审计模式由制度导向审计模式发展成为风险导向审计模式，这种模式的嬗变，可能使审计由一门高尚职业沦落为一种唯利是图的生意（黄世忠，陈建明，2002）。因此要求反思甚至停止采用风险导向审计。

上述理论与实践方面的意见分歧表明，我们对风险导向审计的机理及其运用的认识有待深化。本章将运用制度博弈分析思路，探讨风险导向审计产生的机理、存在的基础以及如何运用等问题，试图加深对风险导向审计在投资者保护方面的功能及其运用方面的理解，为全面、有效地执行新的审计准则做些有益的理论探索。

二、审计演变的历史模拟：效率导向与风险导向

理论和实务界常常把风险导向审计作为一种审计方法，认为风险导向审计是继账项基础审计、制度基础审计之后的一种现代审计方法。风险导向审计到底是一种审计方法，还是一种指导审计方法选择的思想基础，抑或称其为观念导向，这确实值得研究。至少我们可以认为，以风险作为审计切入的起点，并不意味着实际审查活动的开始，显然它不直接构成为一种审计方法，倒是在更大意义上

表现为在整个审计过程中必须关注审计风险，把审计风险控制在合理的范围，从这个意义上讲，风险导向是审计方法选择的思想基础，是一种观念导向与审计战略定位。

在整个审计发展的历史进程中，审计方法的选择与演变与其观念导向的发展变化密切相关。总体来看，统治审计方法演变的观念导向主要体现为效率导向与风险导向，审计方法从根本上是在提高审计效率与降低审计风险的交互运动中发展的。审计效率就是要在较短的时间内以较少的人、财、物的投入取得一定误差范围内的审计结论。而审计风险就是由于审计结论的误差超出一定范围而使得审计主体承担刑事责任、行政处罚和经济赔偿责任的可能性。由于审计是一种事后检查，它改变不了经济交易的实质，因此，审计自产生之日起，相应的审计风险就伴随而生。审计人员对审计效率的追求，使得审计方法从详细审计演变为抽样审计。自从抽样审计产生以后，审计风险愈发变得不能为审计人员所完全控制。也就是说，审计效率的提高和审计风险的降低往往两者不可兼得，成为矛盾着的两极。审计方法的选择实质上就是要实现审计效率与审计风险两者均衡。我们可以用下图来解析两者的关系。

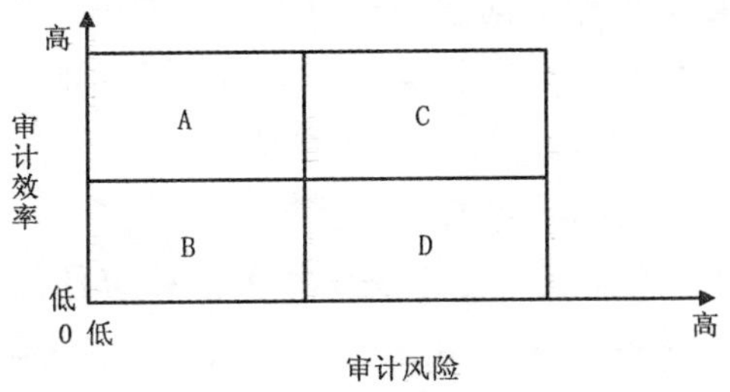

图 7－1　审计效率与审计风险可能性组合

从图 7－1 可以看出，当处于坐标的零点时，即意味着审计效率和审计风险都为零。这只会在两种极端的情况下发生：第一种情形就是不进行审计；第二种情形是进行审计，最终审计结论十分真实可靠，但是由于效率过低，以至于得到审计结果的时候，决策时效已过，从而审计结果对委托人毫无用处。事实上，在审计发展的早期（19 世纪以前），由于企业组织结构简单，业务性质单一，审计内容相对较少和不太复杂，审计师通过详细审计的方式进行审计。详细审计的审计效率虽然低，但在当时环境条件下可以接受；同时，详细审计方式本身在发现重大错报方面就比抽样审计具有优势，并且审计委托人对审计报告决策有用性的要求还比较原始、简单，这就决定了审计风险较低。这时，审计效率与审计风险的关系处在图中的 B 区内。

到 19 世纪末，企业规模不断扩大、组织结构日益复杂，股份公司纷纷建立，股权投资方式在企业中得到广泛运用，经济活动和交易事项日益创新并不断复杂，审计师花费的审计工作量迅速增大，会计师事务所为了能在审计市场中生存和发展，对审计效率的追求成为审计方法首先要解决的问题。于是会计界开始探索能够提高审计效率的方法，于是出现了抽样审计。抽样审计从本质上就是基于效率导向的要求而出现的审计方法创新，我们把这样的审计方法选择观念称之为效率导向。抽样审计意味着有一些审计内容不再被审查，审计不能保证完全排除报表差错，从而加大审计风险。这样审计效率与审计风险的关系就处在图中的 C 区内，这表明抽样审计确实带来了审计效率的提高，同时也加大了审计风险。

20 世纪 40 ~ 70 年代，由于美国相关法律责任的加大，审计师遭受起诉的案件迅速增多，审计风险急剧增大。为降低审计风险，审计师不得不再次进行审计方法创新，由此产生了审计方法选择观念从效率导向向风险导向的侧重，这也构成当时审计方法创新的观念基础。在这种观念的指导下，制度基础审计应运而生。制度基础审计的根本特点就是在确定审计的范围、内容和时间时，必须以内部控制制度的健全性、有效性和实际运用状况为依据确定，从而能够很好地协调审计效率与审计风险的关系。制度基础审计是从着眼于效率向着眼于风险的审计方法演变的转折点，正是由于制度基础审计方法的采用，使得审计效率与审计风险的关系又从 C 区域拉向 A 区域。A 区是审计师与委托人的最佳区域。

20 世纪 80 年代以后，人类开始迈入信息社会和知识经济时代，企业内外环境与管理思想发生重大变化，审计环境也迥然不同。一方面，社会对审计的需求不断扩大，社会公众对审计作用的期望越来越高，甚至期望审计人员毫无遗漏地发现受审企业中存在的所有舞弊行为；另一方面，在使用制度基础审计方法的情况下，即使最勤勉的审计人员也极易为管理人员的舞弊或包括第三方在内的欺诈所蒙蔽。美国的惩罚性损害赔偿制度使得审计师一旦不能证明自己清白，就面临败诉风险，从而要承担巨额的赔偿责任，而且赔偿金额越来越高。日益提高的法律诉讼风险与审计期望差距，使得审计师仅采用制度基础审计难以落到 A 区，从而产生了创新审计方法的需求，以降低审计风险，力争处于 A 区。这时学术界、职业界全力投入新的审计方法研究，开发出一系列的研究方法，如毕马威的 BMP（Business Measurement Process）方法、安永的“全球审计方法”、安达信的“经营审计”方法以及德勤的 AS/2 方法。这些方法尽管在具体的结构框架上存在细微差异，但基本原理相同，都是把会计师关注的风险范围由检查风险、控制风险全面扩大到固有风险的分析与评价上。通过审计方法的创新，使得在保证审计效率的基础上，把审计风险降到了合理的程度，这些体现风险导向的审计方法建立的基础均以降低风险作为观念导向，有时也统称为现代风险导向审计的方法。

从审计方法变迁的历史看，审计风险与审计效率的关系从早期的 B 区，到后来在 A 和 C 两个区域之间徘徊，那么是否会发生处在D区的情况呢？从理论和实践上来说，任何审计主体决不会去选择审计效率低而审计风险大的审计方法，我们通常把这个区域称之为不可行性区域。不可行性区域是在进行理性选择时审计效率与审计风险关系不会发生的区域。但是在实际的审计过程中，对于某一特定的审计事项，由于审计环境的复杂性和审计主体本身的理性程度不够高，也可能使审计关系处在D区域内，这时可能给审计主体带来灾难性的后果。

综上所述，选择审计方法的理念基础，经历了由效率导向到风险导向的转变，这种转变是社会经济环境、审计目标、审计期望等要素综合作用下的审计制度博弈过程。这种制度博弈综合体现了审计需求、审计期望对审计制度的影响，以及审计制度对审计师行为、审计观念与审计战略定位的影响。风险导向审计实质上是审计委托人审计需求、审计期望作用于审计制度，审计制度又反过来影响审计策略与审计方法选择的综合体现。因此，风险导向审计不是新的审计方法，而是审计方法选择的观念基础与审计人员的具体审计战略定位。审计的基本方法仍然是详细审计、抽样审计、制度基础审计以及风险评估等。在选择审计方法时，审计主体总是力求实现审计效率达到最大而审计风险达到最小的可能性边缘。

三、风险导向审计存在的基础

风险导向是审计存在与发展的内在要求，是反映审计发生发展规律的根本属性，在当代社会经济环境下，风险导向审计必然成为审计方法选择与战略定位的基本指导思想，因而被世界诸多国家的会计师行业所采用。具体说来，风险导向审计存在的基础为委托人的审计需求的性质，以及这种审计需求作用于经济和法律系统所导致的外在压力。

（一）审计目标与审计功能是风险导向审计的理论基础与内在前提

审计目标与审计功能是决定审计属性的关键因素。审计目标从早期的查错防弊，发展到解除受托责任的有用性，最终发展到对审计结论决策有用性的追求。审计目标与审计功能决定了审计是以允许审计结论存在一定错报误差为前提的，这一误差通常被称之为审计风险的重要性水平，重要性水平表示审计错报不足以导致委托人的错误决策。

第一，就审计结论的真实可靠性是否唯一而言，它取决于对会计信息的真实可靠性的评价标准是否是唯一的。由于会计首先要对不确定性的经济环境作出一定假设，同时会计确认与计量离不开会计人员的职业判断，这就会导致会计信息与客观经济事项的不完全一致，从而使得会计信息的所谓真实性不是表现为某一确定的数据，而是存在于一定的弹性区间内，只要会计数据存在于这一弹性区间，都可以认为会计信息是真实可靠的。把会计信息的真实性由某一确定数据的真实性转化为某一区间的真实性，这既符合会计信息对客观经济事项反映的基本状态，也为风险导向审计提供了理论基础。只要会计数据在这一真实性弹性区间内，会计数据就被认定为真实可靠，由此不会影响决策的性质。或者反推，只要据以作出的决策不发生重大错误，会计数据的误差就被认为是合理的，相应的会计信息也是真实的，从而不会导致审计风险。

第二，就会计信息的有用性而言，会计信息有两个基本作用，作用之一是基于评价受托责任而必须提供会计信息，它主要是以历史信息为基础而形成的会计报告，应该说现在的会计报告能够实现这一作用；作用之二是基于决策有用而必须提供会计信息，它必须以历史信息为基础且能够推演出未来的变动趋势。事实上，会计信息主要是基于评价受托责任的目的而形成的，具有历史性的特征；但就审计委托人的决策而言，主要是面向未来的。即使会计信息真实可靠也不一定能保证会计信息使用者决策正确，同样，审计结论正确也不一定能保证据此作出的决策就一定正确。会计信息的真实可靠只是针对过去，而非针对未来，对此，审计主体是难以承担审计风险责任的。因此，就会计信息的决策有用性而言，由于审计只是对以历史数据为基础的会计报表的真实和可靠性进行鉴证，并不能就会计信息的决策有用性进行判断；从审计目标与审计属性上看，审计没有能力对会计信息的决策有用性进行判断，所以从理论上讲，对信息决策有用性的追求并不会导致审计承担过多的责任与风险。

因此，审计风险的重要性水平主要是受会计信息评价受托责任的需要所限定，即满足委托代理中监管的需要，其内涵就是，如果以历史数据为基础的会计报表在经过审计鉴证后，仍然存在较大的误差，这种误差足以影响对企业和经营者的正确评价，审计主体就必然面临审计风险而必须承担审计责任；相反，即使存在一定的误差也不足以影响对企业和经营者的正确评价，这种误差就不会使审计主体面临审计风险。因此，满足评价受托责任的需求是审计结论误差的最大可能性边缘。

因此，在审计中实际上存在三种审计误差：一是基于会计确认与计量方法选择的弹性而导致的误差（A）；二是基于会计信息在不影响评价受托责任前提下而允许存在的误差（B）；三是基于会计信息决策有用性而存在的误差（C）。一般来说，这三种误差的大小具有包含关系，如图 7－2。

审计风险的重要性水平自然是由图 7－1 中 A 区域决定的，因为如果由较大 C 区作为风险重要性水平，意味着相对于 A 区较小的风险控制水平而言，审计风险的水平已经超出了这一控制水平，

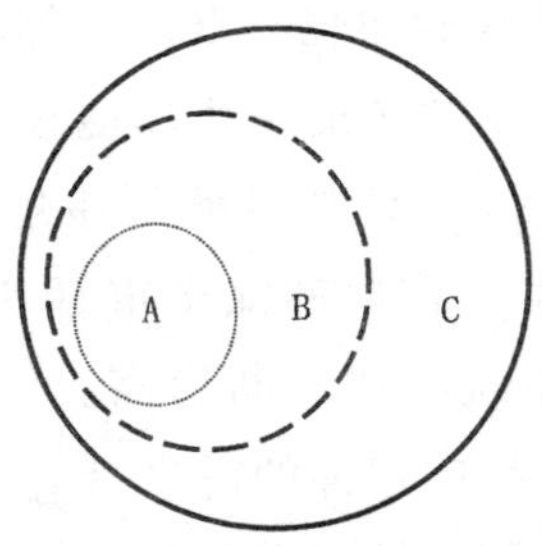

图 7－2　三种审计误差的包含关系

从而审计必须要承担风险责任。一般来说，C 的风险控制水平总是大于 A 或 B 的控制水平，但 A 和 B 的风险控制水平何者为小并不是固定不变的。比如说在通货膨胀时期，如果会计仍然采取历史成本原则，有可能导致对企业和经营者的受托责任的评价不真实。从会计确认和计量的一般要求来说，会计报表是符合要求的。但从实质重于形式的角度来看，会计报表的结论有可能导致对企业和经营者的受托责任的评价脱离实际。这表明按照历史成本原则进行确认计量所导致的误差已超出了对企业和经营者受托责任进行正确评价所允许的误差。当审计结论不能有效阐明这一点时，审计主体也可能要承担审计责任。这也是导致审计报告要增加说明段的原因之一，这大多属于有保留意见的报告类型。因此，审计委托人的审计需求及其满足程度是风险导向审计存在的理论基础与内在前提。

（二）法律环境与审计需求是风险导向审计存在的现实前提

如果一个国家的法律对审计风险责任的要求极低或执法效率很低，那么，审计结论即使极不可靠也未必导致实际的审计风险。在这种情况下，风险导向审计就没有存在的现实必要。例如，在较低甚至不存在法律风险的情况下，审计师只要经过测试认为其风险可以接受，即便被审计单位的财务报表存在一些不符合会计准则的现象，这一现象也为审计师所知晓，审计师都可能签发无保留意见的审计报告。前些年，由于我国的法律环境较为宽松，审计违规成本较低，使得我国成为国际会计师事务所违规的沃土。而自 2004 年以来，包括全球“四大”在内的众多审计违规问题浮出水面，正说明了我国审计的法律风险在不断提高，审计违规成本在不断提高，会计职业界对风险导向审计的需求日益强烈。所以较高的审计法律风险与违规成本是风险导向审计的现实前提。

委托人的审计需求是审计产生与发展的最基本动力，审计需求的满足程度取决于审计的本质及功能。在审计需求不足的情况下，风险导向审计将失去外在压力。例如，由于审计独立性差，或者委托人不是真正意义上的市场主体，委托人对审计并没有真正的需求，只是按照法规或程序做例行审计，那么风险导向审计的必要性也不大。如我国某些非上市的国有企业的年度审计，由企业聘请会计师事务所进行审计只是满足国资委的工作要求，即便出现重大错报，也没有人来发现或追究。在这种情况下，审计独立性不够，或投资者缺位，没有人真正需求审计师的审计报告，所以审计师只是按照审计的最低要求把工作底稿填完了事，自然不会产生对风险导向审计模式的实际需求。

因此，风险导向审计能否被采用，将由会计信息使用者对审计的需求程度与法律风险水平最终决定，会计信息使用者对审计报告的切实需求与较高的法律风险是风险导向审计存在的现实前提。会计信息使用者的审计需求以及相应的审计期望差距取决于市场化程度和经济业务的复杂程度，它与一个国家的经济发展水平有关；一国的法律风险水平也与该国的经济发展水平密切相关，同时与该国的投资者保护传统有关。

（三）审计需求不断作用于法律与经济制度是风险导向审计的制度基础

审计委托人从查错防弊到评价受托责任，以及对决策有用性的追求，体现了审计需求水平的不断提高。这种不断提高的审计需求会对政府监管、相关法律规范的制定以及行业规范产生影响，并最终体现于这些制度规范之中，成为审计人员的行为准则，从而影响审计风险的实际水平。审计风险要转化为审计师实际的责任与损失，取决于审计失败被发现的概率和发现后被惩治的力度。因此，在审计需求不断提高的情况下，有关法律在保障审计需求方面会不断提高，甚至超出必要的限度，造成实际审计风险超过理论所论定的限度。如前所述，在理论上，审计对会计信息决策有用性的判断是否正确、对盈利预期是否正确的判断不会导致审计风险；审计风险的重要性水平主要是受会计信息评价受托责任的需要所限定。但是审计对决策有用性的过度需求，最终导致了审计期望差距的存在，这种需求以及审计期望差距不断作用于法律制度，使得法律起诉主体群、诉讼门槛与惩治力度不断朝着有利于追求审计信息决策有用性的方向发展，最终导致审计要承担超过其责任与承担能力的审计风险。而这种高度审计风险产生了对风险导向审计战略的进一步需求，最终成为风险导向审计的制度基础。当代风险导向审计就是在这种背景下发展起来的。因此，审计需求不断作用于法律与经济制度，是审计风险导向审计存在的制度基础。

四、风险导向审计的机理与功能

经以上分析可以看出，随着经济与社会发展，审计对决策有用性的追求日益明显，这种追求将不断作用于法律与经济制度，并逐渐得到法律承认与保护。然而由于审计目标及审计功能的局限，必然导致审计期望差距的存在，从而使审计人员承担过度的审计风险。为此，审计人员必然要采用风险导向审计，以规避过高的审计风险。风险导向审计实质是审计主体所采用的理性的审计观念与审计战略，其目的在于保持一定效率的前提下，有效降低审计风险；或者在可容忍的审计风险下，达到尽可能高的审计效率，即风险导向审计在于提高审计效率、降低审计风险，保证审计的生存与发展。

（一）风险导向是一种观念导向与审计战略定位，而不是一种审计方法

风险导向与效率导向一样，是一种观念导向与审计战略定位，而不是一种审计方法，审计方法还是详细审计、抽样审计、制度基础审计等。审计自产生之日起，就存在效率与风险的平衡，只是由于经济环境、法律环境以及企业的组织方式与业务内容等不同，会计师对风险关注的程度、关注风险的类型以及管理风险的方式不同，体现出效率导向与风险导向。效率导向与风险导向是辩证对应的两极，但是从短期来看，它们又是相互替代的关系，即追求审计效率就会增大审计风险，降低审计风险，自然要增大审计成本，从而降低审计效率。但是，从长期来看，它们之间具有间接的互补关系。如提高审计效率会增大审计风险，这时新的审计方法出现，会把审计风险拉回到合理的水平，从而在提高效率的基础上，控制合理的审计风险，正如从详细审计、抽样审计，到制度基础审计，不仅审计效率得到了提高，审计风险也得到有效控制。也正是风险导向作为审计方法选择观念与审计具体策略，其确立与实施保证了审计的演变实现风险与效率的动态均衡，也使得审计通过有意识的方法创新，在日益提高的效率压力与风险压力的双重压迫下得以生

存，并发挥作用。

（二）风险导向审计在发现与动态促进报告重大错报方面作用强大

有效的审计制度必须不仅能够提高审计师发现会计报表重要错报问题的能力，而且还要创造动力或压力，使得审计师诚实报告会计报表重要错报问题。尽管发现重大错报是审计的关键，但是报告重大错报才是审计委托人的最终需求。从表面上看，风险导向审计本身似乎在提高审计师报告错报的概率上作为不大。但是从审计制度发展演化的历史过程来看，事实并非如此。审计委托人的审计需求的性质及其被相关法律承认与保护的程度，决定了审计师在发现重大错报以及报告重大错报的行为及追求。由于审计委托人的审计需求不断通过各种途径对法律法规产生各种影响，使得法律法规对委托人的审计需求不断得到强化，这种强化通过不断提高审计法律风险，最终使得风险导向审计在“发现与报告”重大错报方面彻底发挥作用。

（三）短期内风险导向审计并不直接意味着审计质量的提高

从审计的历史发展过程中看，自审计产生至今，审计主体总是被动地提高审计质量。尽管审计一直把满足社会的审计需求作为追求目标，但也始终无法达到完全满足社会需求的程度。提高审计质量直接意味着审计成本的提高，会计师事务所是理性主体，它们不会自动提高审计成本的；相反，在较低甚至不存在法律风险的情况下，审计师只要经过测试认为其风险可以接受，即便被审计单位的财务报表存在一些不符合会计准则的现象，且这一现象也为审计师所知晓，审计师也可以签发无保留意见的审计报告。即便是以“五大”为代表的国际知名会计师事务所也不例外（刘峰、许菲，

2002）。因此，从短期看，风险导向审计是会计师行业面对既定的审计风险而采取的防御性措施，不会自动提高审计质量；但是从长期来看，正是在审计社会需求的拉动、法律保护及诉讼效率的提高、审计市场均衡（即竞争机制）等因素的综合作用下，审计风险的外在压力通过风险导向审计机制作用于审计师的行为，使审计质量得到了大大提高。只有充分认识到这一点，才能够深刻认识到风险导向审计的功能。

五、风险重要性水平的确定

风险导向审计的关键就是要确定审计风险的重要性水平。重要性水平是指审计误差对审计委托人决策影响的大小。在风险重要性水平的确定上，不能仅仅考虑会计职业的规则，而且要充分理解相应法律的立法思想。风险重要性水平的确定至少要考虑以下要素：

（一）必须考虑审计的基本目标

如上所述，审计的目标可以分为三个层次：一是确保会计信息的真实可靠；二是评价受托责任；三是决策有用。这三个目标从委托人的要求程度看具有递增性，但从对审计主体的责任程度来看具有递减性。在审计实践中，审计主体的主要任务是对以历史数据为基础的会计报表真实可靠性进行鉴证，所以对于会计信息的真实可靠而言，在确定审计风险重要性水平时相对偏严；当上市公司必须披露盈利预测时，审计主体对盈利预测的审计风险重要性水平就相对偏松，这一重要性水平的确定通常与审计主体的信誉度和能力相关，而与审计责任的联系变小。

（二）必须进行企业全面风险评估

在以往的审计风险控制中，审计师通过评价内部控制制度以确定控制风险水平，并据以设计和实施实质性测试程序，以将审计风险控制在会计师事务所的承受范围之内。由于通常审计师难以对固有风险作出评估，因而风险评估只局限在控制风险与检查风险这些较低层次的风险上，从而难以对审计风险进行有效控制。近年来出现的一系列审计失败案，往往属于表外事项欺诈，尤其是管理舞弊与员工合谋，这时审计人员不把审计视角扩展到内部控制以外，很容易受到蒙蔽和欺骗。因此，实施风险导向审计必须全面评估企业风险，尤其是要对企业的持续经营能力与经营计划进行分析，深入分析企业固有风险。在全面识别企业经营风险的基础上，分别确定固有风险水平、控制风险水平，进而确定检查风险的重要性水平以及实质性测试的时间、性质和范围，然后按照风险评估基础分配审计资源，实施审计程序，依据获取的审计证据对会计报表形成审计意见。

（三）须考虑不同的会计事项

在确定审计结论的误差抑或审计风险的重要性水平时，不仅要考虑总误差水平，而且要针对不同的会计事项确定审计风险的重要性水平。审计确定会计信息是否真实可靠，既涉及总资产、总负债、总收入、总支出等总量指标，又涉及各会计报表项目。当确定审计风险重要性水平，也即审计结论误差时，最终必须将总误差分解到各报表项目中去，没有报表事项的误差就不可能发生审计结论的总误差。不同的报表项目确实对委托审计主体的有用性程度不同，通常称之为重要性程度的差异，所以我们必须根据各报表项目的重要性程度分配审计误差。一般的原则是，报表项目对委托审计主体的有用性程度越高，分配的审计误差就越低，反之，分配就越高。

主要参考文献：

[1] Becker, C., Defond, M. L., Jiambalvo, j., Subramanyam, K. R. The effect of audit quality on earnings manangement, Contemporary Accounting Research, 1988 (15)

[2] Copely, P., J. Gaver. Stimulataneous estimation of supply and demand for differentiated audits: Evidence from the municipal audit market. Journal of Accounting research, 1995 (33) (spring)

[3] 陈毓圭．“对风险导向审计方法的由来及其发展的认识”．《会计研究》，2004 (2)

[4] 黄世忠，陈建明．“美国财务舞弊症结探究”．《会计研究》，2002 (1)

[5] 刘峰，许菲．“风险导向型审计、法律风险、审计质量”．《会计研究》，2002 (2)

[6] 谢荣，吴建友．“现代风险导向审计理论研究与实务发展”．《会计研究》，2004 (4)

[7] 谢志华，崔学刚．“信息披露水平：市场推动与政府监管”．《审计研究》，2005 (4)

第八章
境外上市、信息披露与投资者保护

第一节 “中国概念股”、诉讼暴露与股东价值

摘　要：本节基于巨人网络集体诉讼案研究了“中国概念股”所遭遇的诉讼暴露对于股东价值产生的影响。近年来，因外资看好中国经济，而使“中国概念股”成为股市关注焦点。然而80%的中国概念股先后遭遇诉讼的事实为中国优秀企业在海外金融市场的生存发展提出了挑战。本节基于巨人网络的涉诉过程研究了“中国概念股”的诉讼事件对股东财富的影响。

关键词：“中国概念股”、诉讼暴露、股东价值

概念股，是相对于业绩股而言的，特指具有某种特别内涵的股票，通常情况下，这一内涵会被当作一种选股和炒作的题材而成为股市的热点。例如：地产股（如万科、中粮地产）、奥运股（如青岛啤酒、北新建材）等。“中国概念股”，则是外资因看好中国经济成长而对所有在海外上市的中国股票的称呼，如中国石油、百度、新东方等。海外接受“中国概念股”的主要原因在于利益取向，即追求更高的投资回报，与政治无关。近几年，随着经济全球化的发展趋势和中国政府大力推行的“引进来，走出去”战略，

越来越多的优秀中国企业在海外上市，“中国概念股”的出现就是在这种背景下产生的。“中国概念股”由于其组成群体的特殊性而成为国内外关注的焦点，不仅仅因为“中国概念股”涉及的企业基本都是中国的优秀企业，更是由于“中国概念股”模式所带来的投资文化与经营理念上的碰撞。中国企业在海外上市对其生存规则有一个认识过程，同时海外投资者对中国概念股降低挑剔程度也需要一个过程。其中“中国概念股”频繁遭遇集体诉讼就涉及是出于投资者挑剔，还是中国概念股企业本身的问题引起的市场行为？通过对这一问题的分析研究，有助于深入认识海外资本市场规律，熟悉海外资本市场生存法则，评判海外的投资者保护制度。

面对诉讼问题，“中国概念股”企业表现出了两种截然不同的态度。一种是不以为意，认为企业在海外遭遇诉讼是常有之事，不必大惊小怪；另外一种企业则表现得极为恐惧，在诉讼到来时不清楚即将为企业带来何种危机。在企业遭遇诉讼之后，从财务的观点来看，股东价值的最大化应该是评判企业价值的基准，股东价值是否产生波动应该成为判断诉讼后果的依据，当前国内尚无人就近几年涌现的“中国概念股”诉讼及其对股东价值的影响作出综合分析，本节将就此问题以巨人网络诉讼案为例展开行文，深入分析问题，探求内在价值变化规律，探索内在意义，将“中国概念股”诉讼暴露问题的起因、状况、对股东价值的影响进行从点到面的分析。

一、“中国概念股”与诉讼暴露

（一）诉讼暴露与股东价值

据统计，有三成的“中国概念股”在美遭遇诉讼，由此可得

“中国概念股”频繁地遭遇法律纠纷绝非偶然事件，面对美国严格的监管法规，“中国概念股”需要更多时间和经历去适应新环境。

“中国概念股”代表着国际化了的中国企业，中国企业在海外上市是为了融资的纯粹观念似乎需要扭转，上市是企业与投资者之间的合作，给予投资者的正当回报是理所应当。影响公司未来财务状况进而对投资者所造成的或有影响均在应披露的信息之列，这是上市公司的义务，不可因为高层利益而牺牲投资人利益。

规范的财务与信息披露行为是上市公司的生存之本，信息披露的质量直接影响到投资者对公司的信任程度与绩效。“中国概念股”在美国频繁遭遇集体诉讼，自然反映出中国企业对海外资本市场的监管标准重视不够，对美国法律与监管条例熟悉不够，内部控制与监督存在缺陷，但是，当这些缺陷如果在大多数“中国概念股”企业存在的话，这些问题将转化为投资者必要报酬率的提高，从而造成“中国概念股”整体价值的折损；相反，如果“中国概念股”并非普遍存在这些问题，而是由于投资者过度谨慎而导致对中国概念股过度挑剔的话，也会造成这些投资者价值损失。当然这种价值毁损的前提是资本市场效率存在问题，投资者保护机制存在障碍。由于这些诉讼基本是以和解而告终，这就可能是由于认识问题或过度挑剔问题导致的市场行为？如果资本市场有效的话，这种认识过程不应当毁损公司价值，否则就可能由于这些诉讼而导致股东价值降低。所以，通过对遭遇集体诉讼的是中国概念股的股东价值分析，可以找到判断海外资本市场效率、熟悉海外资本市场生存法则、评判海外的投资者保护制度的方法。

（二）“中国概念股”涉诉原因与结果类型分析

1. 涉诉原因分析

根据“中国概念股”遭遇诉讼的原因统计发现，在企业上市阶段遭遇诉讼的原因往往包括：招股书中包含不当陈述、遗漏、误导，IPO 定价不当，重要信息泄露等；而对于上市后的阶段遭遇诉讼的原因往往包括：股价下跌、未达到盈利预期、财务报表失真、重大事件披露不当等。然而虚假陈述最为普遍，也是最容易遭受诉讼的主要原因。

表 8－1　近年来“中国概念股”遭遇集体诉讼的原因分析

遭遇诉讼的“中国概念股”	诉　讼　原　因
中华网	向美国证券交易委员会（SEC）提交的内容说明书存在重大错误，误导投资者
网易	误报营业收入
中国人寿	信息披露不完全
UT 斯达康	公布虚假财报信息误导投资者，从而导致公司股价出现大幅度上扬
空中网	信息披露有误
前程无忧	没有如实披露自己的市场业绩与市场预期
新浪	发布虚假信息误导投资人，对诸多信息未披露或者披露不完全
中航油	虚假陈述
侨兴环球电话	虚假陈述
中石油	涉嫌内幕交易

“公司相关高管‘提供虚假信息’和‘隐瞒重大事实’进而违反了美国 1934 年制定的《联邦交易法》”——这条罪状是目前大部分的“中国概念股”在海外遭遇集体诉讼的主要原因。以新浪为例，在对新浪的指控集中在其没能披露为达到业绩目标而日益对“算命”、“星象”等短信服务收入产生依赖的事实及政府打击在线短信算命服务对新浪现金流的影响，由此造成了其股价发生异常波动，对投资者利益造成重大损失。律师事务所在进行集体诉讼的过

程中着重追究新浪等公司是不是履行了完全信息披露义务、是否存在误导投资者的问题。

"虚假陈述"的定义较为宽泛，在企业上市之后阶段遭遇诉讼的原因中的"财务报表失真"、"重大事件披露不当"皆属于"虚假陈述"和"隐瞒重大事实"，而律师事务所往往就根据由上述原因所造成的"股价下跌"、"未达到盈利预期"而对上市企业发起集体诉讼，因此对上市公司的监管要求就更加严格和细致。

"中国概念股"被集体诉讼的原因有着本质的相似，在纳斯达克上市的中国企业的主营收入来自中国，需要面对的依旧是中国的法律法规，和美国的规则有着相当程度的不同。不可否认虽然频繁成为被诉讼的对象，"中国概念股"的发展前景依旧广阔。但披露信息的真实性是最终保障投资者利益的核心问题，而在中国最欠缺的可能正是这一点。当然，也不排除中国企业与美国投资者欠缺沟通等问题。

"中国概念股"在美国当被告，一方面的确是中国公司在招股说明书中存在掩饰错误的情况或者有重大的疏忽；另一方面则说明，在纳斯达克上市的中国公司主营收入来自中国内地，需要面对的是中国法律、规则和美国法律、规则的不同。在美国投资者看来，即使"中国概念股"的发展前景依然诱人，但完善的公司法人治理结构是保障披露信息真实性，最终保障投资者利益的核心所在，而中国公司最欠缺的可能正是这点。同时，一连串的集体诉讼案也反映了中国公司与美国投资者的沟通欠缺。

2. 诉讼结果：和解成为大多数企业最终选择

在中华网、网易、中国人寿、中航油、空中网、UT 斯达康、新浪、前程无忧等"中国概念股"成为美国律师的被告之后，其股价下跌情况严重，有的甚至跌幅达到了 80% 之多，并且至今没有大幅度回升的迹象。鉴于遭遇集体诉讼所受到的巨大损失，大多数企业最终出于无奈选择和解了事。目前已经宣布将官司结束的空中网与网易和提交集体诉讼的股东达成了原则性和解，但需为此向对方支付了350万美元与450万美元。可见在纳斯达克中，面临正常的跌跌涨涨尚且属于可承受范围，而一旦惹上诉讼的麻烦，想翻身则难上加难。

当然，“中国概念股”在海外频繁遭遇诉讼的一个原因还包括有个别美国律师会对其特别关注，在显微镜下找漏洞并不是件特别困难的事情，而且巨额的和解费已经让律师们在和“中国概念股”的较量中尝到了太多甜头，趋之若鹜于对“中国概念股”的诉讼也是自然而然的事情了。

根据相关数据统计，81%的集体诉讼案在开庭前即达成和解，18%被法院驳回，仅有1%走完一审诉讼全过程。美国的集体诉讼案一旦开庭则需要耗费极长的时间，无论对公司的经济状况还是声誉都将造成严重打击，这也是为什么大多数公司迫于无奈最终选择庭外和解并且支付数额不菲的赔款的主要原因。这里就存在一个问题：到底是由于“中国概念股”信息披露本身存在问题，还是美国的投资者对“中国概念股”存在偏见，甚至是直接抓住“中国概念股”不愿意奉陪诉讼的畏惧心理而进行的诉讼。对于这一问题的解决，直接关系到“中国概念股”的应对策略。这就需要以股东价值作为基础标杆，运用时间研究法进行分析。

二、巨人网络背景介绍及其涉诉经历

（一）巨人进军网游市场并于美国成功上市

提到巨人网络就不得不提到史玉柱，曾经的“中国首负”，如今的保健品“首富”加上网游行业大鳄，这些看似不在同一航线的身份在史玉柱身上达到了和谐的统一。史玉柱的故事可以分为四个阶段，简单说来就是从其依靠 M－6401 桌面排版印刷系统掘得第一桶金，到巨人大厦导致其财富清零，再到以“脑白金”东山再起创造保健品营销神话，至今天的进军网游，再登巅峰。从创业起其传奇的经历、另类的营销理论成就了无法效仿的成功。

征途网络于 2004 年 11 月在史玉柱的组建下正式成立，巨人网络于 2005 年 11 月推出的《征途》网络游戏在接下来的两年里游戏人数一路飚升，目前已成为全球第三款同时在线人数超过 100 万人次的中文网络游戏。《征途》在 2006 年创造出的销售额达到了 6.26 亿元，2007 年中每个月的销售收入已经突破 1.6 亿元，每个月的利润接近亿元。

2006 年 7 月，史玉柱在开曼群岛注册了巨人网络科技有限公司，为其未来在纽交所上市做准备。2007 年 6 月巨人网络科技有限公司更名为巨人网络集团，巨人网络科技有限公司是上海征途网络的控股公司，史玉柱将征途旗下的网游产品整体打包，美国东部时间 11 月 1 日 9 点 45 分（北京时间 11 月 1 日 21 点 45 分），巨人网络在纽交所挂牌上市。上市开盘价 18.25 美元，比发行价 15.5 元高出 18%。巨人网络集团成为中国首个在纽交所上市的互联网公司。

表 8－2　　巨人网络集团大事年表

时间	事　件
2004 年 11 月 18 日	史玉柱在上海设立征途网络公司，并筹备自主研发国产网游《征途》，借此作为打入网游界第一炮
2006 年 10 月 26 日	征途网络推出原创民族网游《巨人》
2007 年 9 月 21 日	上海征途网络科技有限公司正式更名为上海巨人网络科技有限公司

续表

时间	事　件
2007 年 10 月 13 日	巨人网络招股说明书发布，登陆纽交所进入倒计时
2007 年 11 月 1 日	巨人网络于纽交所上市
2007 年 11 月 27 日	巨人网络在美遭遇集体诉讼
2007 年 12 月 27 日	市值不佳，巨人网络动用储备现金回购 2 亿美元股票
2008 年 1 月 21 日	巨人代理《体育帝国》，走出代理第一步
2008 年 3 月 5 日	巨人与华为在网络游戏领域开展技术合作
2008 年 4 月 17 日	巨人网络于成都设立西南研发中心
2008 年 4 月 28 日	巨人网络旗下《征途》同时在线人数突破 210 万，创下国内网游市场新纪录

巨人网络作为网络游戏运营商，其运营的主要游戏是大型多人网络游戏《征途 ONLINE》，该游戏采用免费游戏的模式，主要通过销售虚拟物品或增值服务获得收入。

根据 CSGRR 对巨人的起诉书，巨人网络在 2007 年 10 月 31 日左右向美国证券交易委员会提交的 F－1/A 上市申请书与 2007 年 11 月 1 日作为上市申请书一部分的巨人网络招股说明书开始生效。巨人网络随后面向公众发售了 5700 多万股美国存托凭证，发行价为 15.5 美元/股，在此过程中共融资 8.86 亿美元。

目前巨人网络 CEO 史玉柱对于诉讼案件明确表态要积极应诉，诉讼仍在进行中，无明确结果，但巨人网络的近期股价并未受到诉讼的过大影响，有回升趋势。

（二）巨人网络涉诉

1. 诉讼风波起因

2007 年 11 月 27 日，在巨人网络境外上市不足一个月的时间即成为一家美国律师事务所的指责对象。纽交所网站在当日登载了美国律师事务所 Coughlin Stoia Geler Rudman & Robbins（以下简称 CSGRR）对巨人网络以及特定高管与董事的集体诉讼，CRGSS 代表了于 2007 年 11 月 1 日到 11 月 19 日之间购买巨人网络美国存托凭证的所有投资者，指责巨人网络在境外上市前隐瞒了可以影响股价的关键信息——上市前的巨人网络旗下的《征途》第三季度平均同时在线玩家和最高同时在线玩家人数出现下滑。

2007 年 11 月 19 日在巨人网络集团披露的财务报表中，玩家下滑的数据方才有所显示，投资者认为他们早在巨人上市前就应该了解到这个负面消息，因为在巨人集团上市前玩家人次下滑的现象已经出现，但是巨人集团在上市申请书与招股说明书中未对投资者提到此问题。

CSGRR 律师事务所声称，巨人网络违反了美国 1933 年颁布的《美国证券法》第十一条和第十二条的规定。

2. 巨人涉诉问题的争议焦点

在线人数数字通常用来代表一款游戏受到追捧的程度，是一款游戏的商业价值大小的衡量标准，这个数字被隐瞒意味着巨人将面临一场艰难的游说。史玉柱的巨人网络似乎需要更多时间来适应华尔街规则。巨人网络在 CSGRR 提出诉讼当天即否认其所有指控，并表态会积极应诉。巨人集团在其网络声明中强调在巨人招股书中对相关数据有着清晰的披露。

无独有偶，2004 年在美国上市的空中网遭遇了由 CSGRR 提起的因隐瞒信息的类似诉讼并最终败诉，分析师认为这样的诉讼对企业发展不会造成阻碍性影响，但 CSGRR 一旦胜诉将导致巨人网络对其的巨额赔偿。被告与投资者的代理律师将依据一定时期买进与卖出的股票价差对赔偿金额进行商讨。

对于巨人网络的招股说明书中相关数据公告有无瑕疵的问题，

要等待美国法院的认定结果，根据《美国证券法》的规定，如果巨人网络三季度的平均游戏玩家人数与最高同时在线游戏玩家人数出现的下滑不是在正常经营允许范围之内的话，即构成虚假陈述。

3. CSGRR 的诉讼动机分析

CSGRR 还曾采用类似手段集体诉讼了分众，根据《中国证券网》的报道，分众传媒在 2010 年 11 月初向美国证券交易委员会提交注册申请书和关于二次售股的招股说明书中，没有披露由于在互联网广告领域开展多笔收购而导致毛利率受到负面影响的事实。因此，该美国律师事务所代表在分众传媒二次售股中购买其美国存托凭证的投资者对分众传媒提起诉讼。

公众对于 CSGRR 抱有两种截然相反的态度——制度规范下的“股市啄木鸟”或暗藏祸心恶意诉讼获益的机构。

CSGRR 在美国的众多律师事务所中排名约 200 位左右，专长于查上市公司违反证券法的记录而后从中以集体诉讼的方式获利，曾被称为“股市的秃鹫”。根据 CSGRR 公开的资料来看，其最大的业务即是来自证券类的集体诉讼，这已经成为他们最主要的生存方式。

在众多的“中国概念股”中，CSGRR 也曾对在纳斯达克上市的南京中电电器光伏有限公司提起过诉讼，至今此案仍处于未决状态，除 CSGRR 事务所外，南京中电电器光伏有限公司还因为“申请上市登记表和 IPO 招股书中的内容有实质性错误和令人误解的观点，存在欺骗和虚假陈述”，遭到 Law Office Soferic J. O’Bell 和 Kahn Gauthier Swick 两家美国当地律师事务所的集体诉讼。由此可见，类似 CSGRR 起诉巨人网络这样因为财务报表的问题而遭到美国律师事务所集体诉讼的事件屡见不鲜。

CSGRR 通常的做法是在公司上市时购买几十股，美国法律规定买 20 股就有起诉的资格，只要股市有暴涨或者暴跌，CSGRR 即可以找出毛病。正常来讲，集体诉讼是受损害的投资人委托律师事务所来做，在 CSGRR 的操作中，将正常的程序完全对调，即律师事务所先找到上市公司，再找投资人，而后发布通告召集受到损害的投资人，对其进行网络登记或者电话报名。登记的投资人在达成赔偿协议后，上诉于法庭，并根据个人受到损害的程度获得赔偿。基本上每个上市公司只要出现或大或小的纰漏就马上能够引起律师事务所的注意而发起诉讼。

4. 巨人网络遭遇诉讼后的股市表现

巨人网络在 2007 年 11 月 1 日上市当日的最高股价为 18.25 美元，而其遭遇诉讼的当天，即 2007 年 11 月 27 日的股价为 11.61 美元，跌幅达到了 36%。

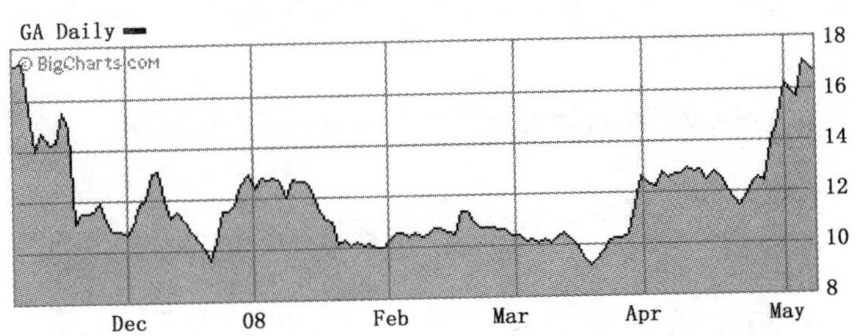

图 8－1　巨人网络 2007 年 11 月至 2008 年 5 月股价走势图

根据经验，类似的集体诉讼需要耗费三到四年的时间，每年需要花费 800 万～1 000 万美元的律师费。而在这个漫长的精力消耗与诉讼过程中，将造成上市企业的持续性股价下跌，而且长时间的上诉也将会给上市公司的声誉带来众多不利影响，为不造成过大损失，两害相权取其轻，一般的上市公司会以和解的方式收场，和解的代价并不低廉，通常在上亿美金左右。

据统计，在美国上市的“中国概念股”中，20% 的企业曾经接到过诉讼，而类似巨人网络这种刚刚上市的企业因为关注度较高，被起诉的可能性则更大。《美国证券交易法》第18条规定若信息提供者不能证明自己的行为没有过错，不存在欺诈性，则可推定其有过错，应向股民承担民事责任。

在遭遇诉讼后，巨人迎来股价的首次低谷，巨人认为其股票价值被严重低估，本着对股东利益负责的态度，巨人在2007年12月27日作出股份回购计划。股份回购是指上市公司出资，通过一定手段从股市购回本公司公开发行在外的股份，以达到减资或调整股本结构的目的，是一种公司理财行为。巨人宣称将在未来12个月里通过纽交所公开市场交易回购价值达到2亿美元的已发行和流通的“美国存托凭证”。2亿美金相当于巨人在纽交所融资总额的1/4，这种股票回购的计划实质是把现金折算成更多股东利益，让每股价值提升，是一种能够有效提升股价的方式。

三、巨人网络的诉讼暴露对股东价值的影响

本节将通过计算诉讼暴露事件前后的股价反应来研究诉讼暴露对于股东价值的影响，其中，在对于股价反应的考察方法上，选择计算股价的超常收益率的方法，即累计超常收益率（CAR）研究法。本节采用“事件分析法”来分析巨人网络诉讼案发生前后股票价格的反应，来检验其是否存在超常收益率。

（一）选择研究窗口

衡量巨人网络诉讼案对于股票价格影响的第一步是要确定一个中心日期，即2007年11月27日——遭遇诉讼当天。在这里指定2007年11月27日为0天。接下来，选择研究事件的窗口期定位在-6天到+30天，分别为2007年11月16日和2008年1月10日，窗口期共计36天，试图以缩短窗口尽可能排除其他事件对于研究

结论产生的干扰。并将清洁期（与事件没有关系的信息披露日期）定为 -17 天到 -7 天，与 +31 天到 +90 天共计 71 天。

（二）个股价格与市场指数的日收益率计算

通过收集巨人网络从上市之日到 2008 年 4 月 8 日的个股股价与市场指数（经调整），并根据其计算各自的日收益率 R_{jt}、R_{mt}。

具体的公式可表达为：

$$R_{jt} = \frac{P_t - P_{t-1}}{P_{t-1}}$$

$$R_{mt} = \frac{ID_t - ID_{t-1}}{ID_{t-1}}$$

（三）预期正常收益率（ER_J）的计算

计算预期正常收益率通常有几种方法：市场模型法、均值调整模型、市场调整模型和不变收益模型。在大多数情况下，这几种方法计算的结果相似。

1. 市场调整模型

该模型的计算是最简单的也是最粗糙的，即认为每家公司在事件期内的每天的预期收益恰恰是当天市场指数的收益，即 $R_{jt} = R_{mt}$，市场调整的收益计算法可以看作是对所有公司而言 $\alpha_j = 0$，$\beta_j = 1$ 时市场模型的近似值。

2. 均值调整模型

该模型选择一段不包括事件在内的清洁期，然后计算每家公司在这段时区的日收益率的平均值，作为该家公司在事件期内的预期收益率（ER_j），即：

$$ER_{jt} = \frac{\sum (R_{jt} - R_{mt})}{t_2 - t_1 + 1}$$

3. 不变收益模型

该模型各个股收益率与市场指数收益率之间的均值为 V_j，即：

$$V_j = \frac{\sum (R_{jt} - R_{mt})}{t_2 - t_1 + 1}$$

假定 V_j 在检验期保持不变，则预测正常收益率为：

$$AR_{jt} = R_{jt} - ER_{jt}$$

4. 市场模型

因为市场模型明确考虑了与市场相联系的风险因素，同时考虑了市场平均收益，故在本节的分析中将选取市场模型方法进行计算。该模型建立在资本资产定价模型（CAPM）基础之上，以既得数据为样本，以市场指数收益率为解释变量，以个股收益率为被解释变量，进行如下回归：

$$R_{jt} = \alpha_j + \beta_j R_{mt} + \varepsilon_j$$

其中，β_j 是股票的收益率对市场指数收益率的回归系数，也是股票的系统性风险。假设 α_j 在检验期保持稳定，则预期正常的收益率为：

$$ER_{jt} = \alpha_j + \beta_j R_{mt}$$

（四）每日超常收益率的计算

超常收益也被称为非正常收益，即没有预期到的收益部分，因而也就是由于事件引起的当日公司价值的变动的估计值。超常收益率是每家公司当天的收益减去预期收益后得到的差额，即：

$$AR_{jt} = R_{jt} - ER_{jt}$$

（五）计算累计超常收益率（Cumulative Average Return，CAR）

$$CAR = \sum AR_t$$

CAR 代表了巨人集团诉讼事件对股东价值的总体影响。

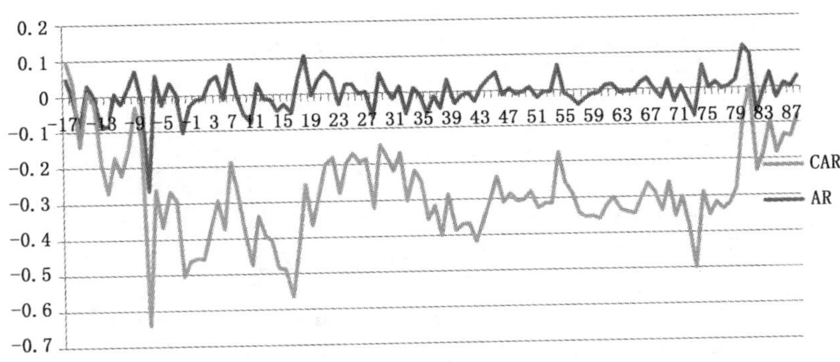

图 8－2　巨人网络每日超常收益率 AR 与累计超常收益率 CAR 走势图

从折线图中可以清晰地看出巨人网络的诉讼案对股东价值的负面影响是十分明显的。在诉讼案发生后，巨人的股票价值马上有了一个很明显的下滑，在接下来的一段时间之内，其每日超常收益率以及累计超常收益率都呈现出小于 0 的态势，AR 代表着每日的变化态势，CAR 表示的是累计的作用力，CAR 也在诉讼发生后的一段时期内持续小于 0，直到清洁期的末期才稍有所回升。

从另外一个角度来说，该折线图还说明了美国资本市场对于中小投资者的保护并不完善，在发生诉讼后，在被告未被查清事件真相的情况下，仍在此资本市场内正常运作，这对于中小投资者的继续动作甚至巨人网络的 CEO 史玉柱先生都是种不负责的行为。

（六）计算区间 CAR 值

为了对诉讼带来的影响进行更为细化的分析，特将整个事件的窗口期划分为 12 个小区间，分别为（－6，－4），（－3，－1），（1，3），（4，6），（7，9），（10，12），（13，15），（16，18），（19，20），（21，23），（24，26），（27，30），并对每个小区间的

CAR 进行计算，得到结果如下折线图：

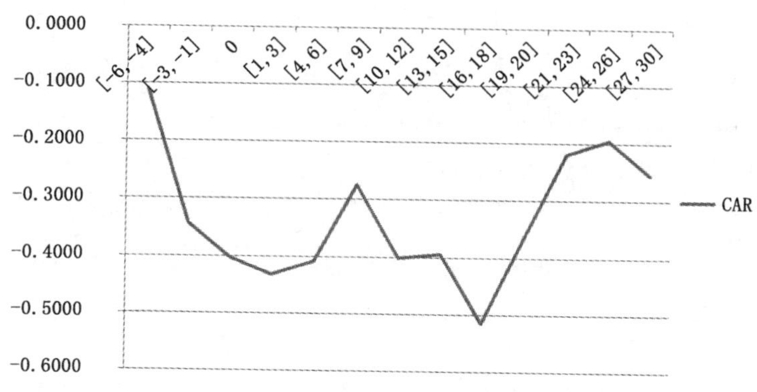

图 8-3　划分区间后的窗口期 CAR 走势图

（七）结果分析

依据巨人网络每日超常收益率以及累计超常收益率走势图示可知，未划分区间的 CAR 整体呈现小于 0 的明显趋势，这说明巨人网络的诉讼案对股价有负面影响。依据划分区间后的 CAR 走势图，通过检验 CAR 与 0 之间的差异性，可以看到在这划分的十三个区间中，CAR 主要呈现小于 0 的趋势，在第五、六、七、九、十一区间呈现出不明显的大于 0 趋势，在第十三区间 CAR 增幅明显。这说明巨人诉讼案对于股东价值确有负面影响，随时间推移，影响渐弱，股价呈回升趋势。

四、结论与政策建议

通过上述以巨人网络诉讼案为例的数据分析可以看出，一旦遭遇集体诉讼案，对在海外上市的“中国概念股”的股东价值确有负面影响，企业是否有能力合理解决诉讼危机将对其在公众中的信誉度以及接下来的融资能力甚至未来发展产生不可低估的影响。根据目前的分析，可以看出，国际股票市场对“中国概念股”普遍比较看好，因此诉讼造成的影响持续时间并不长，投资人仍对其抱有一定信心。

但从长期来看，频繁招致诉讼并非好事，持续出现此类状况无疑将影响到“中国概念股”在投资者心目中的价值，造成恶性循环。目前，中国的法制体系已经比较健全，对想要实现海外上市的中国企业而言，如何把信息披露做得更加全面是吸引投资者的关键。当中国的上市公司信息披露较为充分，其业绩表现的透明度越高，就会有更多的海外投资者投资中国企业。建议中国上市公司极力适应海外市场规则，在信息披露的透明度及严密性上下功夫。将思想从一味的融资发展企业转变到企业与股东双赢的认识上去。

此外，企业对待诉讼的心态也是非常重要的，过分小心与不以为意都不是利于企业进一步发展的态度，在诉讼发生时，也不要以畏惧心态应对之，诉讼带来的资本市场的波动属正常现象，从巨人网络的案例特点看来，在相当的一段时间之后，股价又恢复了正常值水平，说明其人为因素导致的波动占相当比例。中国企业在进入海外市场之后，以美国市场为例，应将其民主制度下的资本市场运作程序看透看深入，了解其市场是如何实现有效运作的，以健康心态对待就可以了。

与此同时，我们也可以看出，美国的资本市场也并非传说中的“有效”，因为对于误导的法律诉讼，投资者并没有“看穿”，而是随着和解或法院驳回，股价才回升，股东财富才恢复。因此，对美国资本市场有效性程度的认识将决定对问题的判断与应对策略。

第二节　A股和H股盈余报告实质性趋同研究

摘　要： 本节采用同时发行AH股的公司作为基础样本，并通过配对样本，分别对比基础样本A股、H股报告的盈余稳健性差异及其变化、基础样本与配对样本A股报告的盈余稳健性差异及其变化，发现我国2006年《企业会计准则》的实施较大幅度地提高了A股报告的盈余稳健性。本节为我国会计准则的国际趋同效果评价以及我国投资者保护环境变化提供了初步证据。

关键词： 盈余稳健性、盈余质量、AH股、准则趋同

一、引言

在世界经济一体化的推动下，制定一套高质量、可理解、可实施的全球性会计准则的时代已经到来。实现我国会计准则与国际会计准则的趋同与等效，不断提高会计信息质量，是我国会计改革的方向，也是我国会计改革的主要目标。2005年11月财政部与国际会计准则发表联合声明，确认了我国2006年颁布的企业会计准则（CAS）与国际财务报告准则的趋同。随后，我国会计准则的“等效”工作不断推进，2007年12月6日，中国会计准则委员会与香港会计师公会签署了内地企业会计准则与香港会计准则等效的联合声明，实现了两者的等效。我国会计准则国际趋同与“等效”工作取得重大突破，有力地推动了我国会计准则体系的建设，增强了我国在国际准则制定博弈中的实力，为中国企业参与国际竞争获取有利位置。我国在会计准则的国际趋同中恪守公平公正科学原则，

在维护和争取符合发展中国家利益的国际经济与商业交往合作规则与制度安排中扮演着特别重要的角色，作出了独特的贡献，产生了显著的示范效应。然而，根据国内外研究文献与证据，企业会计准则的执行将会产生经济后果，即对企业外部和内部的执行收益与执行成本产生影响，从而影响企业执行会计准则的自愿性与执行程度，高质量的会计准则未必导致高质量的财务报告。会计准则的趋同，并不自然意味准则执行的趋同，从而并不会必然带来会计盈余质量的趋同。Ball et al. 发现会计盈余质量并不是由会计准则本身决定，而是由影响管理者和审计人员动机的经济和政治因素最终决定。针对中国 1992 ~ 1998 年会计报告进行研究的结论是直接采用国际会计准则的公司会计盈余质量反而低下（相对于使用中国会计制度）。因此，不能简单地把会计准则的国际趋同等同于会计的国际趋同，会计盈余质量高低应成为判断国际间会计准则是否实现实质性趋同的主要标志，进而成为“准则等效”的基本前提。一套清晰、准确的会计准则和相应的信息披露制度只是为高质量会计报告的实现提供了技术上的可能。因此，我国会计准则国际“等效”工作进展能否顺利，尽管受多种因素影响，但归根结底取决于我国新的企业会计准则能否产生高质量的会计盈余报告，能否使盈余质量最终与国际会计准则下的盈余质量实现实质性趋同。然而这方面的研究十分匮乏，还不足以提供有效证据，用以评价我国新企业会计准则是否产生了高质量的会计盈余报告。也许正是这个原因，国际会计准则委员会对我国会计准则的“等效”问题始终持谨慎态度。

稳健性对于会计理论和会计实践具有深远和重要的影响，是企业组织和会计的一个核心概念。稳健性分别作为最有影响的会计计价原则、财务报告质量属性、甚至作为一项有效的公司治理机制，被广泛讨论。Ball et al. 指出，尽管由于管理性动机降低了盈余质量，没有单一指标可以独立进行测度，他就使用三个常用变量作为盈余质量的代理变量：非正常应计、盈余信息含量、盈余稳健性，但是，会计盈余质量从财务报表多样化的需求角度来看是一个抽象的概念，可以使用经济收益相对于会计收益确认的及时性（会计稳健性）使之可操作化。因而，一些学者在研究会计盈余质量时，直接使用盈余确认或报告稳健性和非对称及时性（本节统称为稳健性）水平作为代理变量。Ball et al. 认为盈余质量即为财务报表对投资者、债权人及公司相关契约方的有用性，与 Basu 一样，他们使用盈余稳健性单一指标作为盈余质量的衡量标准。戴德明、毛新述也认为盈余质量主要应以盈余的稳健性作为判断依据。因此，越来越多的文献把盈余稳健性作为盈余质量的主要评价标准在研究中加以应用，目前盈余稳健性已成为会计准则国际趋同及其效果评价的重要指标，用以检验不同制度环境下盈余稳健性之间的差异。

由于香港会计准则与国际会计准则趋同程度更高，香港证券市场作为国际资本市场更有效率，而且香港会计准则以及香港证券市场发展平稳，所以基于香港会计准则和香港证券市场回报测算的盈余稳健性水平可以作为盈余质量的标杆，A 股报告盈余稳健性与 H 股报告盈余稳健性的差异与趋同情况可以作为 A 股报告盈余质量变化的评价标准。因此，本节将采用同时发行 AH 股的公司作为基础样本，并通过配对样本，分别对比了 AH 股公司 A 股、H 股报告的盈余稳健性差异及其变化、基础样本与 A 股配对样本的盈余稳健性差异及其变化，以试图获得评价我国企业会计准则国际趋同效果的初步证据，从而为评价我国会计改革效果与推进会计准则的国际等效提供经验支持。

二、文献综述

会计制度变革、会计准则的国际趋同将会对公司盈余质量产生影响，对此国外学者进行了大量的实证检验，以评价会计制度改革与国际趋同所导致的会计信息质量的变化。其中采用盈余稳健性作为盈余质量的主要测度指标，进行会计准则国际趋同效果研究，已经积累了大量有价值的文献。

盈余稳健性的实证检验源自 Basu 的开创性研究。Basu 重新审视和定义了盈余的稳健性原则，提出了盈余稳健性的经验性的测度和检验方法，Basu 认为，稳健性指会计师确认好消息比确认坏消息要求有更高可确证程度的证据的倾向，在经验上表现为盈余对坏消息的反应比好消息更迅速。Pop 和 Walker 从公司资金成本、股票回报和会计盈余之间的关系出发，从理论上推导了 Basu 模型的计量公式，证明了其理论上的正确，同时 Pop 和 Walker 注意到虽然 Basu 模型中对会计盈余的好消息被递延确认，但坏消息同样可能会递延至多个会计期间确认，因而使用了带有三期滞后股票回报变量的模型，进一步拓展了 Basu 模型。

由于 Basu 模型的出现，使得从“会计盈余 - 股票回报”角度开展国际间、不同制度环境间以及不同时间的盈余稳健性水平及盈余质量的实证研究得以拓展和深化，这对于研究国际（地区间）会计准则的协调和趋同提供了定量化的工具。Pop 和 Walker 利用基本和改进的 Basu 模型对美国和英国两种会计制度下产生的会计信息状况进行了对比，发现美国会计的稳健性水平更高。Ball、Kothari 和 Robin 认为 IASC 所发布的准则大致反映了普通法国家会计透明度和稳健性的要求，因此他们比较了普通法国家和成文法国家会计盈余确认的及时性与稳健性，发现普通法国家会计盈余具有更高的稳健性水平。Ball、Kothari 和 Robin 的研究为国际会计准则的协调和趋同研究提供了借鉴。Bushman 和 Piotroski 加入法律和政治变量对 Basu 模型和 BS 模型进行了拓展，在国家层面检验了影响盈余稳健性的制度性因素，进一步 Bushman 和 Piotroski 又利用 Basu 模型和 BS 模型检验了不同国家盈余稳健性水平对其资本分配的影响。Brown et al. 分别利用 Basu 模型、BS 模型及 MTB 系数比较了 20 个国家盈余稳健性水平，并与其盈余的价值相关性进行了相关分析，发现了它们之间呈现正相关关系。近年来稳健性与会计信息质量文献对 Basu 模型和 BS 模型的大量使用，有力地巩固了 Basu 模型和 BS 模型作为刻度会计信息质量指标的基础地位。

我国的会计改革及其效果评价一直激发着会计学者的研究热情。徐经长等，姜国华、李远鹏和牛建军以 A、B 股为样本，分别比较两套体系下应计净利润、应计利润等的差异，用以评价会计改革效果。Ball、Robin 和 Wu 专门针对中国的情况利用 Basu 模型进行了实证研究，结果发现，至少在 1998 年以前，中国会计准则趋同的效果是不理想的。戴德明、毛新述运用 Basu 模型和 BS 模型，得出了与 Ball et al. 相似的结果，但 1998 ~ 2005 年期间，按中国会计准则（制度）报告的会计盈余逐渐趋于稳健。曲晓辉、邱月华考察了会计制度的强制性变迁是否显著提高我国上市公司会计盈余的稳健性，发现只有 2001 ~ 2004 年期间我国上市公司会计盈余的稳健性显著，但是会计盈余显示的稳健性特征主要是由于亏损公司“洗大澡”造成的，因此单纯转变会计准则并不能改善会计信息的质量，除非附以相配套的强有力的法律和执行机制。王立彦等运用 1998 ~ 1999 年 19 家 A、H 股同时上市公司样本，以价值相关性作为盈余质量指标，发现是 A 股和 H 股市场上市公司根据不同会计准则编制的两套报表具有显著的盈余质量差异。

2006 年我国新的企业会计准则是国际趋同的集中体现，该准则的实施及其对会计信息质量的影响为研究我国会计准则的国际趋同效果提供了研究机会。但是上述文献均不是针对我国新的会计准则实施效果展开的研究，从而无法回答我国会计准则的国际趋同是否产生了高质量盈余报告，是否真正实现了与国际会计准则下的盈余质量的实质性趋同等问题。为此，本节将直接针对我国国际趋同的会计准则展开研究，检验我国会计准则的国际趋同是否带来了公司会计报告盈余稳健性的提升，试图获得我国会计准则国际趋同效果的初步证据。

三、研究设计

（一）会计盈余稳健性模型选择

本节采用了 Basu 会计稳健性模型，并按照我国会计准则改革进程分段进行比较研究，其他模型也是在该模型基础上改进构造出来的。

Basu 会计稳健性模型如下：

$$\frac{X_{it}}{P_{t-1}} = \alpha_1 + \alpha_2 D_{it} + \beta_1 R_{it} + \beta_2 D_{it} R_{it} + \varepsilon_{it} \qquad \text{（模型 1）}$$

其中，X_{it} 为 i 公司第 t 年的每股收益，P_{t-1} 为年初股票价格，R_{it} 为 i 公司第 t 年 1 ~ 12 月的不考虑现金分红再投资的股票收益率，D_{it} 为哑变量，当 $R_{it} < 0$ 时，D_{it} 取 1，否则取 0。此模型主要是利用时间序列混合数据估计回归系数 β_1 和 β_2，然后计算稳健性综合测度系数：

$$\hat{T} = \frac{\beta_1 + \beta_2}{\beta_1}$$

$\hat{T}$ 越大，表明稳健性越高，盈余质量越高。

（二）样本选择与数据来源

由于1994~1996年的A股数据缺失严重，所以本节以1997~2007年度进行双重报告的A、H股公司为基础样本，删除数据不全的公司，共得到同时进行A、H双重报告的上市公司253家，共506个盈余报告（A股报告253，H股报告253个）。

为了控制A股证券市场与H股证券市场的系统差异，我们对同时发行AH股的上市公司进行了配对研究，配对条件为：（1）仅发行A股；（2）行业代码相同；（3）同一年上市；（4）规模相近。若不能同时满足上述三个条件，（1）放宽为前后一年上市，或（2）放宽为行业代码前一位相同。根据上述原则，为253家同时发行AH股的基础样本公司找到配对样本253家，作为AH股公司控制组样本。然后以A股市场回报和A股盈余为基础，进行同时发行AH股公司与A股配对样本公司盈余稳健性的比较。

A股数据取自国泰安CSMAR数据库，H股数据取自Wind资讯，部分缺乏数据根据香港联交所网站公布的资料进行了补充。

本节以《企业会计制度》（2001）和《企业会计准则》（2006）的实施为划分标准，将研究期间划分为1997~2000年 、2001~2006年、2007年三个期间，以观察样本公司随着会计准则的变迁其盈余稳健性的变化情况。

四、实证结果及分析

（一）描述性统计

样本公司按照研究期间划分的描述性统计结果见表8-3。为了观察A、H股报告盈余差异，表8-3中列示了A股报告盈余减去H股报告盈余的差值，并进行了均值为0的T检验和Wilcoxon符号秩和检验（简称W检验）。从整体样本来看，无论是会计盈余还是股票回报，其差值都与0无显著差异。分时期来看，各时期报告盈余没有显著差异，2007年相对2001～2006年的会计盈余报告来看，其绝对值减小。从股票回报来看，A、H股存在较大差异，尤其是2001～2007年，其差异是显著的。

表8－3　　A、H股描述性统计及其差异检验

年度	观察值	EPS（均值）		股票报酬率(均值)		EPS差异	股票报酬差异
		A	H	A	H		
1997～2007	253	0.2208	0.2199	0.3936	0.4685	0.0009*	－0.0748
1997～2000	62	－0.0305	－0.0288	0.1775	0.0534	－0.0017	0.1241***
2001～2006	155	0.2376	0.2349	0.1127	0.5377	0.0027	－0.4251***
2007	36	0.5812	0.5835	1.9755	0.8851	－0.0023	1.0905***

注：***表示双尾检验在1%水平显著，**表示在5%水平显著，*表示在10%水平显著，下同。

表8－4　　A—H股对称盈余—股票回报模型

	观察值	α_1	α_2	β_1	β_2	Adj_R^2(%)	F值
全部样本	506	0.0099		0.0414***		2.58	14.36***
A股报告	253	0.0205***		0.0206***		10.03	29.10***
H股报告	253	－0.0021***		0.0618***		2.85	8.39***

表8－5　　A—H股非对称盈余—股票回报模型

	观察值	α_1	α_2	β_1	β_2	Adj_R^2（%）	F值
全部样本	506	0.0271	－0.0097	0.0291*	0.0368*	2.44	5.21***
A股报告	253	0.0191***	0.0128	0.0136**	0.0159*	3.26	4.73***
H股报告	253	0.0352*	－0.0718	0.0370**	0.0495**	2.89	3.5**

（二）AH 股公司的 A 股报告与 H 股报告盈余稳健性分析

1. A 股和 H 股报告盈余稳健性

首先，运用模型 2 对 A、H 股的会计盈余—股票回报进行对称回归，结果见表 8－4。

$$\frac{X_{it}}{P_{t-1}} = \alpha_1 + \beta_1 \cdot R_{it} + \varepsilon_{it} \qquad \text{（模型 2）}$$

模型 2 没有考虑盈余的稳健性因素，其中，X_{it} 为 i 公司第 t 年的每股收益，P_{t-1} 为年初股票价格，R_{it} 为 i 公司第 t 年 1～12 月的不考虑现金分红再投资的股票收益率，β_1 则表示盈余对市场回报的反应系数（RRCs）。从表 8－4 可以看出，RRCs 全部为正值，且非常显著。从不同市场来看，H 股报告盈余对市场回报反应（β_1 达到 0.0618）比 A 股盈余市场反应（β_1 为 0.0206）更敏感。

为分析 A 股和 H 股报告总体上的非对称及时性及稳健性，采用模型 1 进行回归。回归结果见表 8－5。从表 8－5 可以看出，AH 股双重盈余报告公司的混合样本在 1997～2007 年间的盈余具有一定程度的稳健性水平，β_2 达到 0.0368，但只在 10% 水平上显著，方程的整体显著性水平较高。对 AH 股公司的 A 股报告盈余和 H 股报告盈余来说，均具有一定程度的稳健性，因为 β_1 和 β_2 均为正，且显著。对于盈余稳健性的度量标准 $\hat{T} = \frac{\beta_1 + \beta_2}{\beta_1}$ 来说，A 股和 H 股混合样本的 $\hat{T} = \frac{0.0291 + 0.0368}{0.0291} = 2.2646$，A 股报告 $\hat{T} = \frac{0.0136 + 0.0159}{0.0136} = 2.1691$，H 股报告的 $\hat{T} = \frac{0.037 + 0.0495}{0.037} = 2.3378$，可见，1997～2007 年 H 股报告的盈余稳健性高于 A 股报告的盈余稳健性，由于无论 A 股报告还是 H 股报告盈余均具有一定程度的稳健性，导致混合样本也体现了一定程度的盈余稳健性。

同时A股报告的盈余稳健性显著水平低于H股报告盈余稳健性显著水平。

2. A股与H股报告盈余稳健性变化趋势

通过分段回归，可以分析我国历次会计改革对会计稳健性的影响情况，回归结果见表8-6。从表8-6可以看出，A股报告1997~2000年间的稳健性模型的回归结果指标来看，显示不出稳健性特征，有关系数及方程均不显著；但是H股报告盈余体现出较好的稳健性水平，方程整体显著，β_1 和 β_2 均为正，且显著，说明H股报告盈余体现了一定程度的稳健性，而没有证据表明A股报告是否具有盈余稳健性，这可能成为由于H股报告采用了国际会计准则，具有较高的盈余质量的证据，但是由于A股的报告盈余稳健性方程不显著，所以我们难以得出肯定结论。2001~2006年间，A股与H股报告盈余对于正回报的反应系数（β_1）仍相差不大，但是A股报告的盈余稳健性水平显著增强，β_2 达到0.0911，在5%水平上显著，A股报告盈余的方程拟合程度（R^2）达到20.55%，H股略低，但也在17.83%。这期间A股与H股报告盈余均体现出一定程度的稳健性。2007年A股报告盈余 β_2 高达0.1194，在5%水平上显著，H股报告盈余仍旧体现过去的稳健性水平。可见，2001年的《企业会计准则》以及2006年与国际趋同的《企业会计准则》有效提高了A股报告的盈余稳健性水平。

从盈余稳健性判断指标 $\hat{T}$ 来看，2001~2006年A股报告的 $\hat{T}$ 为2.9719，H股的 $\hat{T}$ 为3.5225；2007年A股报告的 $\hat{T}$ 为3.9337，H股的 $\hat{T}$ 为3.9626。而1997~2000年的H股报告盈余的 $\hat{T}$ 为3.8346。可以看出，2001年《企业会计准则》实施后，AH股公司的A股报告盈余从无稳健性特征变化为具有一定程度的稳健性，而2006年与国际会计准则趋同的《企业会计准则》的实施，使

AH股公司的A股报告的盈余稳健性进一步提高，使A股报告的$\hat{T}$从2.9719提高到3.9337，与2007年度H股报告的$\hat{T}$（3.9337）相差很小。而从1997～2007年，AH股公司H股报告盈余始终体现着较为稳定的稳健性水平，$\hat{T}$变化不大，三个时期的$\hat{T}$分别为3.834586，3.5225和3.9337。因此，与国际会计准则趋同的企业会计准则的实施，大大提升了A股报告的盈余稳健性水平，使A股报告的盈余稳健性水平与H股报告的盈余稳健性水平差距变小，A股、H股会计报告的盈余稳健性趋同趋势明显。所以至少从会计稳健性角度来看，我国与国际趋同的会计准则大大提升了会计盈余信息质量，取得了预期的会计趋同效果。

3. A股与H股报告的相对盈余稳健性

为进一步比较AH股公司A股和H股报告盈余变化情况，本节采用了更为严谨的模型。该模型以H股报告为控制组，通过加入A股报告类型控制变量（A_ Share），并进行交互回归，可以观察A、H股报告盈余的相对稳健性。模型如下：

$$\frac{X_{it}}{P_{t-1}} = \alpha_1 + \alpha_2 \cdot D_{it} + \alpha_3 \cdot A\_\ share + \alpha_4 \cdot D_{it} \cdot A\_\ share + \beta_1 \cdot R_{it} + \beta_2 \cdot D_{it} \cdot R_{it} + \beta_3 \cdot A\_\ share \cdot R_{it} + \beta_4 \cdot D_{it} \cdot A\_\ share \cdot R_{it} + \varepsilon_{it} \quad （模型3）$$

其中，A_Share作为A股报告类型控制变量，属于A股报告时，其值取1，否则为0。其他变量含义同模型1。

模型3的回归结果见表8－7。从表8－7可以看出，1997～2000年模型3方程整体及相关系数均不显著，从而无法判断报告盈余的稳健性。2001～2006年，H股报告的盈余对正回报的反应敏感度（β_1）为0.0494，对负回报反应敏感度为（β_1 + β_2）为0.3219（0.0494＋0.2725），系数符号均显著；而A股报告盈余对正回报的反应敏感度（$\beta_1 + \beta_3$）为0.0462，与H股报告盈余的反应系数差别不大，A股报告盈余对负回报的反应敏感度（$\beta_1 + \beta_2 + \beta_3 + \beta_4$）为0.1879（0.0494 + 0.2725 − 0.0032 − 0.1308），因此2001～2006年A股报告盈余稳健性低于H股报告盈余，但是已经由1997～2000年的稳健性模型的不显著变为方程与系数均显著。

2007年，H股报告盈余对正回报的反应敏感度（β_1）为0.0242，对负回报反应敏感度为（$\beta_1 + \beta_2$）为0.3257（0.0242 + 0.3015）；而A股报告盈余对正回报的反应敏感度（$\beta_1 + \beta_3$）为0.0191，仍与H股报告盈余的反应系数差别不大，A股报告盈余对负回报的反应敏感度（$\beta_1 + \beta_2 + \beta_3 + \beta_4$）为0.2997（0.0242 +0.3015 −0.0047 −0.0213），因此，2007年尽管A股报告盈余稳健性仍低于H股报告盈余敏感性，其稳健性差异［$\beta_2 - (\beta_2 + \beta_4)$］已经由2001～2006年的0.1308，缩小到2007年的0.0213，即2007年与2001～2006年相比A股报告盈余稳健性与H股报告盈余稳健性差距大大缩小，因此，进一步的证据说明，我国2006年颁布的与国际趋同的《企业会计准则》大大提升了A股报告盈余的稳健性。这与上述A股、H股报告盈余稳健性变化趋势的分析结论完全吻合。

同时从表8－7还可以看出，尽管1997～2000年样本公司A股报告盈余稳健性模型及其系数均不显著，但是由于2001～2006年以及2007年样本公司A股报告体现出较强的稳健性，从而使得1997～2007年整体样本中A股报告也体现出一定程度的稳健性。

（三）AH股公司与A股配对样本的盈余稳健性对比

由于双重披露能够导致会计信息质量变化，所以为了控制A股市场与香港H股市场的制度差异及市场有效性差异，本节采用了配对样本控制方法，为同时发行 AH 股的样本公司进行配对，找到了只发行 A 股的配对样本组。从而得到同时发行 AH 股公司（AH_Share）的控制样本（Control_Share），利用模型 1 检验同时发行 AH 股公司的 A 股报告盈余稳健性与配对样本的盈余稳健性差异。

回归结果见表 8－8。从表 8－8 可以看出，1997～2007 年，同时发行 AH 股公司的 A 股报告盈余的 β_2 为 0.0159，在 10% 水平上显著，配对样本 β_2 为 0.0134，在 10% 水平上显著。进一步从综合系数比值来看，AH 股公司 A 股报告盈余稳健性系数比值 $\hat{T}=\frac{\beta_1+\beta_2}{\beta_1}=$ 2.1691，而配对样本的 $\hat{T}=2.0551$，从而表明 AH 股公司的 A 股报告盈余整体上比只发行 A 股的报告盈余更具稳健性，但差别不大。

从表 8－8 还可以看出，1997～2000 年，无论 AH 股公司还是 A 股配对公司的稳健性模型整体都不显著，无法判断这期间盈余稳健性水平。2001～2006 年无论 AH 股公司还是 A 股配对公司的 A 股报告盈余都体现出较好的稳健性特征，AH 股报告盈余的 β_2 为 0.0911，在 5% 水平上显著，A 股配对样本的报告盈余 β_2 为 0.0204，在 10% 水平上显著，AH 股公司 A 股报告盈余 $\hat{T}$ 为 2.9718，A 股配对样本报告盈余的 $\hat{T}$ 为 2.7288，所以这期间 AH 公司的 A 股报告盈余稳健性高于 A 股配对样本的盈余稳健性，但是相差不大。因此，A 股报告从 1997～2000 年间的方程不显著，到 2001 年以后体现出一定程度的盈余稳健性，应当归功于 2001 年《企业会计准则》的实施。至于 AH 股报告盈余稳健性高于 A 股盈余稳健性，可能是由于 AH 股公司受两地证券监管部门的监管，以及双重报告盈余差异本身具有信息含量等原因，从而导致了 AH 股的 A 股报告盈余质量更高。2007 年度 AH 股报告盈余的 β_2 为 0.1194，在 5% 水平上显著，A 股配对样本的报告盈余 β_2 为

0.1101，也在5%水平上显著，AH股公司A股报告盈余$\hat{T}$为3.9337，A股配对样本报告盈余的$\hat{T}$为3.3228，所以2007年度AH公司的A股报告盈余与A股配对样本的盈余都体现出较强的稳健性，盈余稳健性差异进一步减小。因此，2007年与国际趋同的《企业会计准则》的实施进一步提升了A股报告的盈余稳健性，且与AH股公司的盈余质量趋同趋势明显。

五、研究结论与研究局限

本章以基于香港会计准则和香港证券市场回报测算的盈余稳健性水平作为盈余质量的标杆，采用同时发行AH股的公司作为基础样本，并通过配对样本，分别对比了AH股公司A股、H股报告的盈余稳健性差异及其变化、基础样本与A股配对样本的盈余稳健性差异及其变化，以试图获得评价我国企业会计准则国际趋同效果的初步证据。在研究过程中，我们有效控制了公司规模、盈余能力、治理水平、市场差异等影响因素。研究发现，2001年《企业会计准则》与2006年《企业会计准则》均较大幅度地提高A股会计报告的盈余稳健性，而2006年《企业会计准则》的实施大大促使了A股报告盈余与H股报告盈余稳健性差异的缩小，从而A股、H股报告盈余稳健性体现出趋同趋势。因此，我国2006年《企业会计准则》的实施显著地提高了报告盈余的稳健性，提高了会计信息质量。从而为我国会计准则的国际趋同效果评价提供了初步证据。

需要指出的是，本章存在以下局限：一是以H股报告盈余作为高质量盈余标杆，有一定局限性；二是2006年《企业会计准则》实施后的数据只有一年，因此本节结论还有待进一步检验。

表 8－6　A—H 报告盈余—股票回报模型分段回归结果

	观察值	α_1	α_2	β_1	β_2	Adj_R^2	F 值
A 股报告_1997～2000	62	0. 0163	－0. 0224	－0. 041	0. 075	0. 0134	0. 73
H 股报告_1997～2000	62	0. 0816**	－0. 425*	0. 0133**	0. 0377**	0. 1032	8. 76***
A 股报告_2001～2006	155	0. 0824***	0. 0189	0. 0462***	0. 0911**	0. 2055	14. 28***
H 股报告_2001～2006	155	0. 0824***	－0. 0421	0. 0488***	0. 1231***	0. 1783	11. 56***
A 股报告_2007	36	－0. 006***	0. 0173	0. 0407***	0. 1194**	0. 1803	11. 92***
H 股报告_2007	36	－0. 0276**	0. 0497	0. 0428**	0. 1268**	0. 1685	10. 75***

表 8－7　A—H 报告盈余—股票交互回报模型分段回归结果

	观察值	α_1	α_2	α_3	α_4	β_1	β_2	β_3	β_4	Adj_R^2	F 值
交互回归_1997～2007	506	0. 0711***	－0. 1110	－0. 0488**	0. 1222*	0. 0409***	0. 0728*	－0. 0302	－0. 0292	0. 0987	8. 52***
交互回归_1997～2000	124	0. 0816	－0. 425***	－0. 0653	0. 4026*	0. 0133	－0. 4577	－0. 0544	0. 3327	0. 337	1. 61
交互回归_2001～2006	310	0. 0835***	－0. 0299	－0. 0521**	0. 0546	0. 0494***	0. 2725**	－0. 0032*	－0. 1308**	0. 2282	13. 04***
交互回归_2007	72	0. 0415*	0. 0538	－0. 0476*	－0. 0494	0. 0242**	0. 3015**	－0. 0048**	－0. 0219***	0. 1136	7. 25***

表 8-8　1997~2007 年 AH—A 非对称盈余—股票回报模型分段回归结果

	观察值	α_1	α_2	β_1	β_2	Adj_R^2 (%)	F 值
全部样本_1997~2007	506	0.0171***	0.0178**	0.0119*	0.0106*	2.14	9.48***
AH_Share	253	0.0191***	0.0128	0.0136**	0.0159*	3.26	4.73***
Control_ Share	253	0.0137**	0.0109	0.0127*	0.0134*	2.46	5.01***
AH_Share_1997~2000	62	0.0163	-0.0224	-0.041	0.075	0.0134	0.73
Control_Share_1997~2000	62	0.0219**	-0.0183	-0.0207	-0.0289	-0.31	0.85
AH_Share_2001~2006	155	0.0824***	0.0189	0.0462***	0.0911**	0.2055	14.28***
Control_Share_2001~2006	155	0.0387**	-0.0119	0.0118**	0.0204 *	9.45	8.13***
AH_Share_2007	36	-0.006***	0.0173	0.0407***	0.1194**	0.1803	11.92***
Control_Share_2007	36	-0.0394***	0.0568**	0.0474***	0.1101**	16.92	10.81***

主要参考文献：

[1] Ball R. and Brown P. An Empirical Evaluation of Accounting Income Numbers. Journal of Accounting Research, 1968

[2] Ball R., Kothari S. P., Robin A. The effect of international institutional factors on properties of accounting earnings. Journal of Accounting and Economics, 2000, 29 (1): 1-51

[3] Ball R., Robinh A., Wu J. S. Incentives versus standards:

properties of accounting income in four East Asian countries. Journal of Accounting and Economics, 2003, 36 (1－3): 235－270

[4] D. Wang. Founding family ownership and earnings quality. Journal of accounting Research, 2006, 44 (3): 619－656

[5] H. Q. Yuan. Earnings Management And Capital Resource Allocation: Evidence from China's Accounting－Based Regulation of Rights Issues. The Accounting Review, 2004 (79): 645－665

[6] J. P. H. Fan, T. J. Wong. Corporate Ownership Structure And The Informativeness of Accounting Earnings in East Asia. Journal of Accounting & Economics, 2002, Vol. 33: 401－425

[7] P. F. Pope, M. Walker. International differences in the timeliness, conservatism and classification of earnings. Journal of Accounting Research, 1999 (37): 53－87

[8] R. Ball, L. Shivakumar. Earnings quality in U. K. private firms: Comparative loss recognition timeliness. Journal of Accounting Research, 2005 (44): 206－242

[9] Robert M. Bushman, Joseph D. Piotroski. Financial reporting incentives for conservative accounting: The influence of legal and political institutions. Journal of Accounting and Economics, 2006, 42 (1－2): 107－148

[10] Ross L. Watts A Proposal for research on conservatism, Working Paper, University of Rochester. , 1993

[11] Ross L. Watts. Conservatism in Accounting Part II: Explanations and Implications. Accounting Horizons, 2003, 17 (4): 287－301

[12] S. Basu. The conservatism principle and the asymmetric timeliness of earnings. Journal of Accounting and Economics, 1997, 24 (1):

3 - 37

[13] S. H. Penman, X. Zhang. Accounting conservatism, the quality of earnings and stock returns. The Accounting Review, 2002, 77 (2): 237 - 264

[14] S. Claessens, S. Djankov, L. H. P. Lang. The Seperation of Ownership And Control in East Asian Corporations. Journal of Financial Economics, 2000, Vol. 58: 81 - 112

[15] S. Dahiya, D. Yermack, Litigation Exposure, Captital Structure and Shareholer Value: the Case of Brooke Group. Journal of Corporate Finance, 2003, Vol. 9: 271 - 294

[16] W. D. Brown, H. He, K. Teitel. Conditional conservatism and the value relevance of accounting earnings: an international study. European Accounting Review, 2006, 15 (4): 605 - 626

[17] 崔学刚．上市公司重组绩效:《理论与实证研究》[M]. 东北财经大学出版社．2007 (4)

[18] 崔学刚．公司治理机制对公司透明度的影响．《会计研究》, 2004 (8)

[19] 戴德明，毛新述．会计标准的国际协调可以提高公司财务报告的质量吗：比较 AB 股公司不同准则下盈余的及时性和稳健性 [C]. 2006 年两岸会计与管理学术研讨会论文集，2006

[20] 盖地，梁淑．非上市公司执行企业会计准则经济后果研究．《江西财经大学学报》, 2010 (1)

[21] 胡念梅，翁健英．会计制度改革与盈余稳健性——基于中国上市公司的经验证据．《江西财经大学学报》, 2010 (2)

[22] 姜国华，李远鹏和牛建军．我国会计准则与国际会计准则盈余报告差异及经济后果研究．《会计研究》, 2006 (9)

[23] 路晓燕，魏明海．会计准则的国际趋同与等效：中国的

角色和贡献.《当代财经》，2009（11）

[24] 缪代文.网络企业的商业模式[N].《中国市场经济报》，2000

[25] 曲晓辉，邱月华.强制性制度变迁与盈余稳健性——来自深沪证券市场的经验证据.《会计研究》，2007（7）

[26] 王济洲.巨人网络成功上市告诉我们什么？[N].《金融时报》，2007

[27] 王军.审时度势把握机遇，完善中国会计准则体系.《会计研究》，2005（10）

[28] 王开定.美国集体诉讼制度研究[D].保存地：对外经济贸易大学，2006

[29] 王立彦等.A股—H股上市公司双重财务报表价值相关性.《经济科学》，2002（6）

[30] 辛嬰，孙婧芳，谢治宇，廖玲.海外上市对国内资本市场的影响[N].《中国证券报》，2007

[31] 徐经长等.会计国际协调：一个新的分析视角.《会计研究》，2004（4）

[32] 徐晓巍.巨人网络成功登陆纽交所[N].《中国证券报》，2007

[33] 薛原.海外上市中国公司动态大扫描[N].《证券日报》，2007

[34] 周勘.2006海外上市新公司大盘点[N].《证券日报》，2006

[35] 周奇.国企盲目海外上市可能影响国家经济安全[N].《北京日报》，2006

[36] 朱星文.会计国际趋同研究的中国视角.《当代财经》，2009（2）

第九章
会计投资者保护功能评价

摘　要：本章介绍了由北京工商大学投资者保护研究中心开发的“中国上市公司会计投资者保护指数”评价体系，并对中国上市公司2010年指数进行了简要分析，通过指数分析，我们发现，从总体上来说，中国上市公司会计投资者保护程度有很大提升空间；制造业投资者保护平均分较高，但其行业内企业间差距较大；经济越发达地区投资者保护程度越高；民营企业投资者保护程度高于国有企业投资者保护程度。基于目前我国会计投资者保护的现状，会计在投资者保护中的作用还有待开发。

关键词：会计投资者保护、指数、评价

在国家社科基金“会计信息质量与投资者保护效果研究”（08CJY008）与北京市教委高层次人才资助计划“会计与投资者保护”（PHR20100512）的资助下，北京工商大学“会计与投资者保护”项目组、投资者保护研究中心于2011年1月21日发布了“2010中国上市公司会计投资者保护指数”。国务院国资委、国家发改委、中国注册会计师协会、中国审计学会、中国会计学会、北京社科规划办、北京市教委等部门领导，上市公司代表以及高校代表等百余人出席发布会，与会代表高度评价了该指数的创新意义与实践指导价值，并提出了进一步完善的建议。作为中国上市公司会计投资者保护的晴雨表，该体系在国内首次从会计信息质量、内部控制、外部审计与财务运行四个维度、15个具体指标、120多个项

目对 2009 年度 1347 家中国上市公司的会计投资者保护状况进行评价，并给出了各公司的指数得分。该评价体系对于探索会计的投资者保护机制具有重要的启发意义。为此，本章简要介绍该评价体系与指数得分情况。

一、会计投资者保护指数简介

资本市场在一国经济发展中扮演着越来越重要的作用，而投资者保护程度是影响与促进资本市场发展最为重要的因素。投资者保护机制已由最初单纯对法律保护的强调，发展为对多种机制的综合开发利用，其中信息不对称问题是投资者保护机制实施效果的最大障碍。我国资本市场投资者保护体系是在政府主导下发展起来的，当前投资者保护已经成为我国资本市场立法与监管的核心价值取向，国外行之有效的投资者保护机制不断引入，投资者保护受到空前重视。然而，我国上市公司侵犯股东权益的案例频频发生，尤其是侵犯中小股东权益的现象屡禁不止。分析现有的投资者保护机制，我们发现会计在投资者保护中的应有作用并没有引起足够的重视，会计投资者保护作用的评价及其相关信息对于投资者保护体系的完善具有不可替代的作用。会计的投资者保护的作用主要表现为通过定价功能，引导投资者正确投资，从而取得应有的投资报酬；通过治理功能保证这些应有的报酬不被管理层或者大股东所侵占。在我们看来，促进投资者保护的会计系统，既包括会计信息本身，也包括对会计信息起保证与鉴证作用的外部审计体系、对会计信息与企业经营活动起控制作用的内部控制体系及对企业成长与增值起支持作用的财务运行体系，离开这些会计及其衍生体系，单纯从法律角度研究投资者保护问题，是难以从机制上建立完善的投资者保护体系的。

为此，我们在充分的理论研究的基础上，深入分析了会计的各子系统在投资者保护中的功能与作用机制，构建了相关关系体系，相关关系见图9-1，并以此为基础，构建了上市公司会计投资者保护指数体系，用以评价上市公司会计在投资者保护中的功能发挥情况。

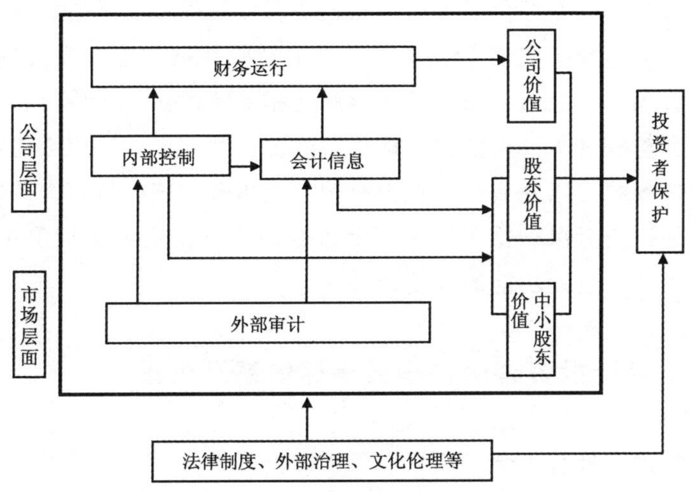

图9-1　会计与投资者保护要素体系框架

注：黑框架内部分为本项评价的范围边界。

中国上市公司会计投资者保护指数评价，具有以下重要意义。

第一，透过系统、科学的评价体系，首次对我国上市公司会计投资者保护状况作出具体评价，便于投资者保护理论验证与实践评价，对政府监管部门、上市公司以及金融中介评估公司价值，评价投资者保护程度提供基础数据。

第二，通过中国上市公司会计投资者保护指数，可以深入研究中国投资者保护的重大理论问题，有助于深入开发会计在投资者保护中的功能。

第三，通过每年公布上市公司会计投资者保护指数，有利于上市公司交流投资者保护经验，促进对投资者保护的重视，并最终建立市场化的声誉机制与惩戒机制，促进投资者保护的市场化机制的完善与运行。

中国上市公司会计投资者保护指数首次基于会计的投资者保护功能，从多个维度评价了上市公司投资者保护程度。该指数为会计投资者保护功能研究与实践发展提供了经验数据，为市场投资者、政府监管部门、上市公司以及其他利益相关者评估公司价值、保护投资者利益提供了评价依据。该指数的发布及其推广应用必将对我国资本市场的健康发展产生积极影响。该指数的核心特色为首次基于会计的投资者保护排名、中国上市公司会计投资者保护晴雨表、中国上市公司会计功能的深度透视。

二、会计投资者保护指数指标体系及权重

根据国内外有关学术成果以及中国投资者保护实践状况，本指数从会计信息质量（包括会计信息的可靠性、相关性与信息披露质量）、内部控制（包括公司人文环境、治理结构、内控信息披露、业务控制与外部监督）、外部审计（包括审计师独立性、审计质量与审计师保障性）与财务运行（包括投资质量、筹资质量、资金运营质量和股利分配状况）4 个维度、15 个具体指指标、120 多个具体项目对 2009 年度中国上市公司的会计投资者保护状况进行了评价。采用层次分析法（AHP）建立了指标体系的权重，见表 9 - 1。

表 9-1 会计投资者保护评价指标权重

一级指标(%)	二级指标	权重(%)	三级指标	权重(%)	四级以下(略)
投资者保护质量 100	会计信息质量	27.76	可靠性	38.07	
			相关性	26.97	
			信息披露状况	34.96	
	内部控制质量	28.58	人文环境	16.18	
			治理结构	25.37	
			信息披露	19.06	
			业务控制	19.77	
			外部监督	19.62	
	外部审计质量	19.14	独立性	39.36	
			审计质量	37.62	
			保障性	23.02	
	财务运行质量	24.52	投资质量	28.91	
			筹资质量	18.29	
			资金运营质量	31.97	
			股利分配	20.84	

注：AHP 方法需要采用专家调查问卷形式进行调查。本次调查对象为会计、审计、内部控制及财务方面的专家，既有理论研究学者，也有实务人员。我们选取了中国人民大学、北京大学、南开大学等学者及审计署、会计师事务所、金融机构及企业财务负责人等实务界人士。调查发放专家调查问卷 20 份，回收 20 份，有效问卷 18 份。

三、评价基本结果

(一) 会计投资者保护前 30 强 (见表 9-2)

表 9-2 会计投资者保护前 30 强

排名	代码	公司名称	行　业	所在省份	控股股东性质
1	600548	深高速	交通运输辅助业	广东	国有控股
2	002112	三变科技	电器机械及器材制造业	浙江	国有控股

续表

排名	代码	公司名称	行　业	所在省份	控股股东性质
3	002063	远光软件	计算机应用服务业	广东	民营控股
4	002003	伟星股份	其他制造业	浙江	民营控股
5	002199	东晶电子	电子元器件制造业	浙江	民营控股
6	002045	广州国光	电子元器件制造业	广东	民营控股
7	000777	中核科技	普通机械制造业	江苏	国有控股
8	600560	金自天正	专用设备制造业	北京	国有控股
9	000099	中信海直	航空运输业	广东	国有控股
10	002117	东港股份	印刷业	山东	民营控股
11	002090	金智科技	电器机械及器材制造业	江苏	民营控股
12	002019	鑫富药业	化学原料及化学制品制造业	浙江	民营控股
13	600511	国药股份	食品、饮料、烟草和家庭用品批发业	北京	国有控股
14	600428	中远航运	水上运输业	广东	国有控股
15	600795	国电电力	电力、蒸汽、热水的生产和供应业	辽宁	国有控股
16	000726	鲁泰 A	纺织业	山东	民营控股
17	002022	科华生物	生物制品业	上海	民营控股
18	000016	深康佳 A	日用电子器具制造业	广东	国有控股
19	002154	报喜鸟	服装及其他纤维制品制造业	浙江	国有控股
20	600456	宝钛股份	有色金属冶炼及压延加工业	陕西	国有控股
21	002030	达安基因	生物制品业	广东	国有控股
22	600460	士兰微	电子元器件制造业	浙江	社会团体控股
23	002056	横店东磁	电子元器件制造业	浙江	社会团体控股
24	600588	用友软件	计算机应用服务业	北京	民营控股
25	600704	中大股份	商业经纪与代理业	浙江	国有控股

续表

排名	代码	公司名称	行业	所在省份	控股股东性质
26	000026	飞亚达 A	仪器仪表及文化、办公用机械制造业	广东	国有控股
27	002069	獐子岛	渔业	辽宁	集体控股
28	002130	沃尔核材	电子元器件制造业	广东	民营控股
29	002038	双鹭药业	生物制品业	北京	国有控股
30	002120	新海股份	其他制造业	浙江	民营控股

（二）会计投资者保护后 30 名（见表 9－3）

表 9－3　　　　会计投资者保护后 30 名

（注：从倒数第 30 名开始）

排名	代码	公司名称	行业	所在省份	控股股东性质
30	000068	ST 三星	电子元器件制造业	广东	国有控股
29	600820	隧道股份	土木工程建筑业	上海	国有控股
28	600781	上海辅仁	纺织业	上海	民营控股
27	600671	天目药业	医药制造业	北京	民营控股
26	600338	ST 珠峰	交通运输设备制造业	西藏	民营控股
25	600892	ST 宝诚	专用设备制造业	河北	国有控股
24	600634	* ST 海鸟	房地产开发与经营业	上海	民营控股
23	600084	* ST 中葡	商业经纪与代理业	新疆	国有控股
22	600149	* ST 建通	普通机械制造业	河北	民营控股
21	600714	ST 金瑞	黑色金属冶炼及压延加工业	青海	国有控股
20	600295	鄂尔多斯	服装及其他纤维制品制造业	内蒙	民营控股
19	600885	* ST 力阳	化学原料及化学制品制造业	湖北	民营控股
18	600629	棱光实业	非金属矿物制品业	上海	国有控股
17	600599	熊猫烟花	化学原料及化学制品制造业	湖南	民营控股

续表

排名	代码	公司名称	行　　业	所在省份	控股股东性质
16	600988	＊ST 宝龙	交通运输设备制造业	广东	民营控股
15	600346	大橡塑	专用设备制造业	辽宁	国有控股
14	600771	ST 东盛	医药制造业	青海	民营控股
13	600725	云维股份	化学原料及化学制品制造业	云南	国有控股
12	600385	ST 金泰	医药制造业	山东	民营控股
11	600757	＊ST 源发	服装及其他纤维制品制造业	上海	国有控股
10	600145	＊ST 四维	装修装饰业	重庆	民营控股
9	600868	ST 梅雁	综合类	广东	民营控股
8	600699	＊ST 得亨	化学纤维制造业	吉林	国有控股
7	600311	荣华实业	食品加工业	甘肃	民营控股
6	600421	ST 国药	生物制品业	湖北	民营控股
5	600678	ST 金顶	非金属矿物制品业	四川	民营控股
4	600155	＊ST 宝硕	塑料制造业	河北	民营控股
3	600608	＊ST 沪科	金属制品业	上海	国有控股
2	600800	ST 磁卡	其他制造业	天津	国有控股
1	600691	＊ST 东碳	黑色金属冶炼及压延加工业	四川	民营控股

四、会计投资者保护指数总体状况分析

从总体上来看，中国上市公司的投资者保护均值为 57.15 分，最大值（69.79 分）与最小值（37.29 分）相差不大，其中外部审计的保护力度最强（60.73 分），会计信息与财务运行的保护力度较弱，分别为 55.53 分和 55.51 分（见表 9－4）。

表 9-4　样本公司投资者保护总体指标及各分指标的描述统计

各级指数	平均	中位数	标准差	最小值	最大值
投资者保护指数	57.15	57.32	4.84	37.29	69.79
会计信息指数	55.53	55.46	7.05	19.53	83.11
内部控制指数	58.12	60.43	11.54	25.16	90.23
外部审计指数	60.73	60.85	8.06	32.06	83.25
财务运行指数	55.51	55.55	5.81	32.25	75.16

五、会计投资者保护指数的行业分布状况

从均值来看，会计投资者保护程度最高的三个行业分别为制造业中的木材家具业（60.01 分）、制造业中的其他制造业（59.37 分）及交通运输与仓储业（59.32 分）。会计投资者保护程度最低的三个行业分别为制造业中的石油、化学、塑胶、塑料业（55.99 分）、制造业中的金属非金属业（56.01 分）及批发和零售贸易业（56.42 分），见表 9-5。

表 9-5　会计投资者保护指数的行业分布

行业构成	公司数	比例（%）	均值	最大值	最小值	标准差
农、林、牧、渔业	27	2.00%	57.77	66.04	48.73	4.19
采掘业	36	2.67%	57.08	63.36	48.16	4.43
制造业	769	57.09%	57.68	66.92	44.09	5.40
其中：食品、饮料业	56	7.28%	56.89	65.49	42.00	4.58
纺织、服装、皮毛	60	7.80%	57.09	66.69	44.60	5.26
木材、家具	3	0.39%	60.01	64.81	53.42	5.91
造纸、印刷	27	3.51%	57.20	66.99	49.19	5.18
石油、化学、塑胶、塑料	137	17.82%	55.99	66.90	40.81	4.68

续表

行业构成	公司数	比例（%）	均值	最大值	最小值	标准差
电子	61	7.93%	59.94	68.00	46.86	4.79
金属、非金属	115	14.95%	56.01	66.62	37.29	4.95
机械、设备、仪表	213	27.70%	57.36	68.81	44.87	4.83
医药、生物制品	86	11.18%	56.98	66.68	41.48	5.22
其他制造业	11	1.43%	59.37	68.25	40.37	7.84
电力、煤气及水的生产和供应业	59	4.38%	57.02	66.69	49.18	4.01
建筑业	33	2.45%	57.52	65.58	44.49	5.29
交通运输仓储业	60	4.45%	59.32	69.79	48.80	4.50
信息技术业	81	6.01%	57.75	68.30	40.49	5.31
批发和零售贸易	86	6.38%	56.42	66.85	45.98	5.02
房地产业	78	5.79%	56.50	65.50	46.11	4.28
社会服务业	42	3.12%	58.03	65.78	50.56	3.50
传播与文化产业	9	0.67%	58.16	63.93	54.01	3.61
房地产开发与经营业	67	4.97%	56.41	64.14	43.56	3.85
合计	1347	100.00%	57.15	69.79	37.29	4.84

六、会计投资者保护指数的控股股东类型分布状况

从控股股东类型来看，大部分为国有控股（占63.33%）和民营控股（占34.00%），其他类型所占比例较少（合计仅占2.67%）。在这些不同控制人类型中，集体控股的会计投资者保护程度最高，达到61.06分，其次是社会团体控股（59.22分），而国有控股与民营控股的会计投资者保护程度较弱（分别为57.04分和57.22分），见表9-6。

表 9-6　　会计投资者保护指数的控股股东类型分布

控股股东性质	公司数	比例（%）	均值	最大值	最小值	标准差
国有控股	853	63.33%	57.04	69.79	40.37	4.54
集体控股	11	0.82%	61.06	66.04	54.71	4.08
民营控股	458	34.00%	57.22	68.30	37.29	5.34
社会团体控股	9	0.67%	59.22	66.61	53.17	5.19
外资控股	5	0.37%	56.33	63.22	48.01	5.65
职工持股控股	11	0.82%	57.80	61.95	47.10	3.97
合计	1347	100.00%	57.15	69.79	37.29	4.84

七、会计投资者保护指数的地区分布状况

从地域来看，除浙江省外，所有省份的平均得分均在 50～60 分之间，前三名分别为浙江（60.4 分）、北京（59.41 分）和广东（59.10 分）。西部地区投资者保护指数得分较低，后三名分别为青海（52.41 分）、宁夏（53.45 分）和西藏（53.94 分）。天津、重庆与甘肃省投资者保护的波动性较大，其标准差分别为 5.70、5.61 和 5.58，见表 9-7。

表 9-7　　会计投资者保护指数的地区分布状况

省份	公司数	比例（%）	均值	最大值	最小值	标准差
安徽	48	3.56%	57.25	65.68	48.24	4.17
北京	89	6.61%	59.41	67.58	46.39	4.11
福建	45	3.34%	58.08	65.49	49.12	4.14
甘肃	16	1.19%	55.14	63.42	42.00	5.58
广东	160	11.88%	59.10	69.79	43.56	4.71
广西	20	1.48%	56.36	64.06	49.83	3.81
贵州	17	1.26%	56.76	64.50	48.46	4.34

续表

省份	公司数	比例（%）	均值	最大值	最小值	标准差
海南	19	1.41%	55.09	61.96	47.10	3.72
河北	33	2.45%	54.92	65.82	40.81	4.97
河南	32	2.38%	56.60	63.54	49.73	4.07
黑龙江	21	1.56%	55.45	64.92	49.67	3.83
湖北	57	4.23%	56.01	65.26	41.48	4.61
湖南	39	2.90%	57.02	65.10	45.00	4.68
吉林	30	2.23%	56.30	61.95	42.22	4.48
江苏	104	7.72%	58.10	67.72	47.57	4.74
江西	25	1.86%	57.17	63.71	49.54	4.14
辽宁	43	3.19%	56.15	66.69	44.87	4.97
内蒙	20	1.48%	55.52	62.89	45.73	4.56
宁夏	10	0.74%	53.45	58.78	47.49	3.58
青海	10	0.74%	52.41	62.49	44.73	5.55
山东	77	5.72%	56.92	66.99	44.65	4.34
山西	24	1.78%	55.55	62.75	47.20	3.93
陕西	22	1.63%	56.43	66.62	48.88	4.11
上海	124	9.21%	55.34	66.68	40.49	4.68
四川	54	4.01%	55.56	65.47	37.29	5.23
天津	26	1.93%	56.98	65.93	40.37	5.70
西藏	7	0.52%	53.94	60.48	46.15	4.91
新疆	26	1.93%	54.75	61.81	45.98	3.91
云南	25	1.86%	57.60	64.38	44.72	4.46
浙江	101	7.50%	60.40	68.81	49.28	4.43
重庆	23	1.71%	55.18	65.02	44.49	5.61
合计	1347	100.00%	57.15	69.79	37.29	4.84

八、结论

通过2010中国上市公司会计投资者保护指数分析，我们发现，总体来说，中国上市公司会计投资者保护程度有很大提升空间；制造业投资者保护平均分较高，但其行业内企业间差距较大；经济越发达地区投资者保护程度越高；民营企业投资者保护程度高于国有企业投资者保护程度。基于目前我国会计投资者保护的现状，会计在投资者保护中的作用还有待开发。

第十章 会计与投资者保护案例

第一节 “会计魔术”挑战会计规范的有效性

根据会计的客观性原则，不同主体对同一公司同一会计年度的会计数字的核算不应当具有巨大差异，然而，南方航空（600029）和厦门建发（600153）因各自披露的子公司厦门航空有限公司2002年财务数据差异悬殊而备受关注，投资者利益保护问题令人担忧。

一、案例简介

厦门航空有限公司（以下简称厦航）成立于1984年7月25日，是我国改革开放初期成立的第一家股份制航空公司（非上市公司），现股东为中国南方航空股份有限公司（以下简称南航），占60%股权；厦门建发股份有限公司（以下简称厦门建发），股权为40%。南航（600029）与厦门建发（600153）均为上市公司，其中厦门建发的大股东厦门建发集团（以下简称建发集团）拥有其72.97%的股份，相关股权关系见图10－1。根据南航2003年7月公布的招股说明书，厦航2002年实现净利润4.4亿元，截至

2002 年 12 月 31 日的净资产为 28.7 亿元。2003 年 5 月，厦门建发以 5.76 亿元将该部分股权转让给了其大股东厦门建发集团，股权转让后，相关股权关系变化，见图 10－2。根据厦门建发公布的财务数据，厦航 2002 年实现净利润 0.78 亿元，截至 2002 年 12 月 31 日的净资产为 12 亿元。

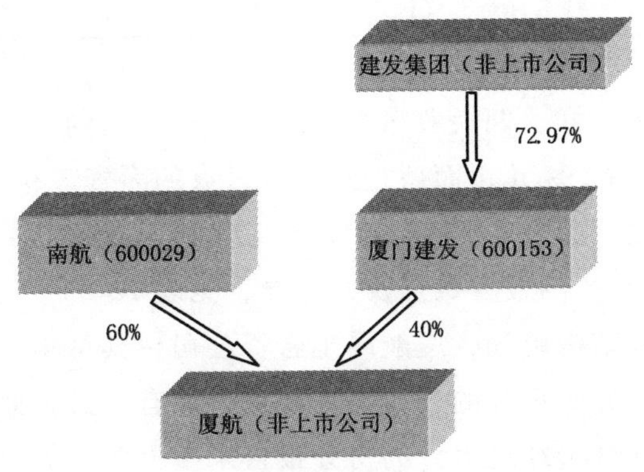

图 10－1　厦门建发股权转让前的相关股权结构

（根据中国南方航空股份有限公司 2003 年 7 月 7 日公布的招股说明书与厦门建发股份有限公司 2003 年 5 月 29 日公布的董事会关联交易公告绘制。）

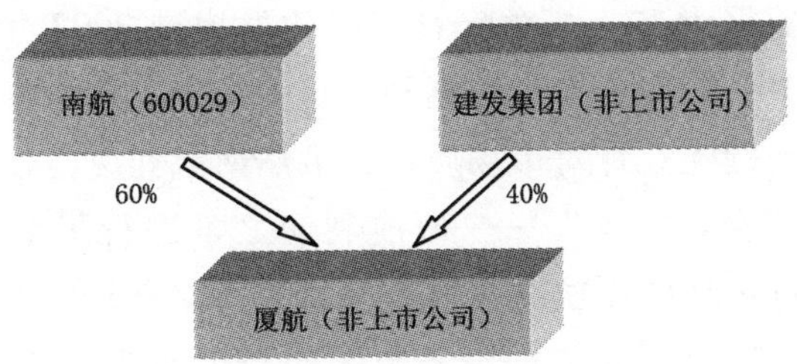

图 10－2　厦门建发股权转让后的相关股权结构

（绘制依据同图 10－1）

表 10－1　南航与厦门建发对厦航 2002 年度净利润及净资产的披露数据及其差异

披露对象 \ 披露主体	南航	厦门建发	披露数据差异
厦航 2002 年度净利润（亿元）	4.4	0.78	3.62
厦航 2002 年 12 月 31 日净资产（亿元）	28.7	12	16.7

如同魔术一样，两大股东披露的同一子公司同一会计年度的净利润竟相差 3.62 亿元，而截止到同一时点的净资产相差达 16.7 亿元。南航与厦门建发对厦航 2002 年度净利润及截止到 2002 年 12 月 31 日的净资产的披露数据及其差异，见表 10－1。

根据股权结构可知，厦航属于合资公司，其每年由厦航董事会聘请会计师事务所审计的公司财务报告只能有一份，而南航与厦门建发只能依据这份经过审计的财务报告来编报各自的合并报表。但是，0.78 亿元和 4.4 亿元，两个相距甚远的数据，成为厦门建发、南航两家公司对厦航 2002 年净利润的描述。如果以厦门建发披露的数据为准，则意味着南航虚增 2002 年净利润 2.2 亿元；如果以南航披露的数据为准，则意味着厦门建发虚减 2002 年净利润 1.4 亿元。那么厦航真实的会计数据到底是多少？究竟是哪一家上市公司的数据有问题呢？针对市场质疑，虽然南航和厦门建发分别对在厦航上演的“会计魔术”——厦航利润之争进行了解释，但是依据同一份经过审计的厦航财务报告编制的两份合并报表，所反映的同一子公司同一会计年度的财务数字却产生如此悬殊的“落差”，而两股东各执一词，这令人不得不深思其中缘由以及会计规范的有效性。

二、解密“会计魔术”

（一）会计魔术之动机：上市公司各有各的“如意算盘”

早在南航发行 H 股之时，就曾考虑在国内上市，希望借此在国内建立一个资本运作平台，筹集更多资金。根据南航的说法，争取在国内上市，一是为了扩充南航飞机的队伍，壮大南航的实力；二是整合南航集团的产权，通过股权置换的形式剥离一些不太优良的资产，使南航的优势更为明显，在竞争激烈的国内外航空市场上更有话语权。因此，2003 年，南航顶着各方压力，不顾低迷的市场行情，“挤”进了 A 股市场。南航 A 股发行的工作效率可谓前所未有，7 月 4 日拿到批文，7 月 7 日就发布了招股说明书。对南航来说，一刻千金，不快不行。因为 2003 年上半年受非典疫情影响，中国航空业遭受严重损失，上半年航空板块营业收入同比均有较大幅度的下降，虽然国家为扶持航空业出台了税收优惠、贷款优惠、财政补贴等各项政策，但 2003 年上半年亏损已是板上钉钉的事。国内主板市场明确要求企业必须保证上市前连续三年盈利方能上市，南航如果 2003 年上市不成，一旦出现全年亏损，就要等到 2006 年以后才有上市的可能了。对于南航如饥似渴的上市心理，监管层也体恤有加，为了使南航成功发行 A 股，特地给了一个月的延长期，即南航只要在 2003 年 7 月底以前能够上市就不用重新补交 2003 年半年报了。在政策的呵护下，南航国内主板上市成功。然而，上市后南航却面临着上市当年即陷于亏损的尴尬局面。为此，南航的“如意算盘”是，为了母公司能盈利，南航必须依赖子公司的“乳汁”来“哺养”母公司。根据其公告，厦航每年都向南航贡献大量利润，而在 2003 年全国航空业“全军覆没”的情况下，厦航作为一家小小的地方航空公司，却成了南航借题发挥的“救命稻草”，南航也借此高招实现了从亏损到盈利的“龙门一跃”。

与此相反，厦门建发则有另外的如意算盘。由于遭受2003年非典疫情的影响，航空业普遍亏损。厦门建发决定将股权转让给大股东厦门建发集团。因为一旦股权转让完成后，厦航40%股权就转到了建发集团的控制之下，不属于上市公司应披露的范围，从而把唯一属于航空业的子公司排除到合并报表的编制范围之外，从而可以避免当年航空业不景气对自身业绩的拖累。当然此举不排除如下可能：因为担心南航上市的信息披露，将厦航的真实资产与盈利情况公之于众，为避免与南航报表冲突的尴尬境地，厦门建发被迫仓促作出股权交易决策。2003年6月，厦门建发将其持有的厦航40%的股权卖回给厦门建发集团，转让价格为5.76亿元。厦航为有限责任公司，在股权转让过程中，南航作为厦航的老股东，有优先购买权。基于南航认定的厦航的价值及其超强的盈利能力，如果南航以5.76亿元买下这40%的厦航股权，其财务报表上净资产可以因此增加11.5亿元，股东可以从中获利5.7亿元。但是，南航竟然放弃了优先购买权。这么划算的交易不做，是不是意味着南航认为厦门建发转让厦航股权的价格是合理的？当然，厦门建发对厦航股权转让价是基于评估价值，由于采用的是重置成本法，这个评估值应该存在一定的合理性。如果评估值是公允的，则南航的会计政策就是不恰当的。如果南航认可厦航实际价值只有14.4[①]亿元，而南航账面净值高达28.7亿元，南航应考虑变更会计政策，计提充足的减值准备。根据八项计提要求，南航持有厦航60%的股权

① 这个数字是根据股权转让价格5.76亿元与厦门航空的股权比例（40%）推导出来的，即5.76/40% =14.4（亿元）。

需要计提 8.6 亿元的减值准备。相反，如果真像南航公告所称，其所披露的会计数字是真实公允的，那么厦门建发就有为向大股东低价转让股权而有意压低厦航资产的嫌疑。我们没有确切证据证明孰是孰非，但是上市公司自顾拨打自己的“如意算盘”导致这一出会计魔术的上演，似乎是不争之实。

（二）会计魔术之手法：滥用会计政策与会计估计

1. 滥用会计政策与会计估计变更是南航的惯用“财技”

如前文所述，南航面对航空市场的风雨飘摇、非典疫情带来的巨大影响，如何达到上市所要求的业绩水平呢？其惯用手法主要有二。第一，南航利用应收账款坏账准备的计提政策，仅应收账款与其他应收账款两项，使得南航 2003 年（提取比例为 0.5%）共计比按照 2002 年的计提比例（3.7%）少计提了 3323.86 万元。第二，南航更多地利用改变固定资产折旧政策来改善盈余。南航在固定资产会计政策和会计估计的变更上可谓百变金刚：首先，公司 1997 年发行 H 股时，按企业固定资产性质和实际使用情况，估计飞机的折旧年限为 8 至 15 年，估计残值率为 28.75%（飞机折旧的核算是以其原值减去 28.75% 预计残值后，按 8～15 年的预计可使用年限以直线法计提折旧）。而南航有关负责人透露，公司实际执行的折旧年限是 10 至 15 年，据此推断的年折旧率是 7.13% 至 4.75%，比以前降低约两个百分点，年折旧费用相应下降；其次，南航自 2001 年 6 月变更了其飞机和高价周转件的折旧会计政策和会计估计，导致年折旧率分别下降了 1.75 个点和 13.33 个点，2000～2003 年净利润分别增加 6.26 亿元、7.04 亿元和 7.9 亿元，远大于公司当年的净利润；最后，为配合境内公开发行 A 股股票，该公司从 2002 年 7 月 1 日起变更所执行的会计制度，由最先执行中国民航总局颁布的《运输（民用航空）企业会计制度》，变更为执行中华人民共和国财政部颁布的《企业会计准则》、《企业会计制度》及其补充规定和相关具体会计准则规定，并已就此会计政策的变更相应调整了以前年度会计报表，说明公司近三年的盈利主要来自折旧会计政策的调整。虽然南航的固定资产折旧计提方法均为直线法，但变更会计政策和会计估计后的残值比率和折旧率却大有不同。变动结果更倾向于选用较低的折旧率 4.75% 和较高的残值率 28.75% 来达到降低本期成本、增加报告期利润和高估资产价值的目的。

2. 借合并报表统一会计政策之机，大幅调增利润

南航编制会计报表所采用的会计政策，是依据目前执行的财政部颁布的《企业会计准则》、《企业会计制度》及其补充规定和相关具体会计准则规定，即飞机折旧的核算是以其原值减去 28.75% 预计残值后，按 10 ~ 15 年的预计可使用年限以直线法计提折旧，年折旧率为 4.75%。而厦航编制会计报表所采用的主要会计政策，是依据《企业会计准则》及原执行会计制度——中国民航总局颁布的《运输（民用航空）企业会计制度》，其规定的折旧政策为采取加速折旧法，飞机和飞机发动机的折旧年限为 8 ~ 10 年，残值率为 3%，年飞机折旧率为 9.7% ~ 12.1%，比南航现行的要高。显然，南航在编制合并会计报表时已按其编制会计报表的会计政策对厦航的财务报表进行了调整，使得厦航 2002 年净利润从 0.78 亿元变更为 4.4 亿元，年末净资产从 12 亿元变更为 28.7 亿元，2003 年的净利润及年末净资产依此同样进行了大幅度上调。因此，南航利用合并报表统一会计政策为借口，将固定资产折旧方法由加速折旧法改为直线法，固定资产折旧年限由厦航所采用的 10 年变更为 15 年。折旧方法变更后，导致年折旧率综合下降、净利润却大幅度上升的繁荣前景。南航正是通过会计“魔方”的旋转，才为公司带来了“扭亏为盈”的机会。

3. 厦门建发“顺水推舟”，取得“合意”会计数字

根据厦门建发的解释，厦航从稳健经营的角度出发，采取加速折旧法，选择飞机折旧年限为 10 年，符合民航总局和财政部的折旧政策。同时指出，厦门建发当时并非厦航控股股东，仅按权益法计算对厦航的投资收益；但厦门建发并不从事航空业，没有充分理由调整厦航的会计政策，也不可能对厦航数据进行再判断，因此基本尊重厦航管理当局对财务数据的判断。其“铿锵有力”的辩解也许正是厦门建发为实现各自的利益目标而共演“会计魔术”的手法。

（三）会计魔术之后果：资源“错配”与投资者信心的丧失

资源配置是证券市场的基本功能之一。在有效的证券市场上，股票价格能够充分反映所有的有关信息，并根据新的信息作出迅速调整。因此股票价格成为股票交易的准确信号，从而将资金分配到最能有效使用资金的企业。然而，在中国新兴证券市场上，股票价格尚不能作为资源有效配置的准确信号，在这种情况下，借助会计利润等指标作为监管手段的监管法规，则成为批准公司上市以及配股的依据。我国证券市场的资源配置功能就是依赖监管法规，通过证监会审批公司的上市与配股资格来实现的。上市公司通过会计魔方达到上市与配股之目的，必然导致某种程度上的资源“错配”，从而降低证券市场的资源配置效率。同时，在我国证券市场尚不完善的情况下，会计信息成为投资者可以获得的相对可靠的信息，然而，这种会计魔术的上演，谁还敢承认会计信息对决策是有用的，投资者的信心必然会受到打击。在我国当前证券市场极度低迷的情况下，无疑是雪上加霜。因此，公司滥用会计政策与会计估计选择，进行会计操纵，会降低会计信息质量，进而危及会计信息使用者的利益和证券市场的健康发展，影响社会资源配置的效率和

效果。

三、会计魔术之启示

（一）合并报表的会计政策统一问题

会计政策是编制会计报表的基础，只有在会计报表各项目反映的内容一致的情况下，才能对其进行加总，编制合并会计报表。为此，在编制合并会计报表前，应统一母子公司会计政策，要求子公司所采用的会计政策与母公司保持一致。但是，会计规范并没有规定在何时统一，如何统一会计政策的问题。这样就至少存在三个问题：一是何时统一的问题，是在母公司取得对子公司的股权时统一还是在编制合并报表时来统一；二是如何统一的问题，是通过集团内部会计制度的规范来统一，还是在编制合并报表时，按照集团的意志通过对子公司会计政策调整来统一；第三，当某一子公司同时存在两个大股东的时候，两个大股东以及该子公司在会计政策选择出现冲突时，怎么办？显然，当前的做法是在编制合并报表时，通过对子公司会计政策与会计估计调整，使之与集团母公司的会计政策一致。但是这种做法为集团母公司（尤其是上市的集团母公司）提供了操纵利润的广阔的制度空间。南航就是在编制合并报表时，按其编制会计报表的会计政策对厦航的财务报表进行了调整，使得厦航 2002 年净利润从 0.78 亿元变更为 4.4 亿元，年末净资产从 12 亿元变更为 28.7 亿元，2003 年的净利润及年末净资产依此同样进行了大幅度上调。同时，厦门建发则按照厦航审计后的财务报表进行合并。这样南航与厦门建发利用适用会计制度的不同共同上演了这场会计魔术。因此，仅仅要求集团公司在编制合并报表时调整子公司会计政策的办法，不仅使得我国会计制度与会计准则多年来在压缩会计政策选择空间方面的努力付之东流，而且使上市公司提供了更大的利润操纵的制度空间。所以，编制合并报表统一会计政策应当在集团取得子公司的股权时，通过内部会计制度的方式确定集团应当执行的会计政策，这种会计政策应当在集团及子公司平时的账务处理中体现，而不应当仅仅在合并报表时，通过调账来实现。当某一子公司同时存在两个大股东的时候，三者之间的会计政策也应当统一。首先应当统一于《企业会计制度》与《企业会计准则》，其次要考虑行业特性。当发生会计政策选择冲突的时候，应当事前进行研讨，或由监管部门裁定，不应当在编制合并报表时，随心所欲地选择会计政策，并随意调账。

（二）合并报表合并范围操纵问题

利用合并范围进行利润操纵的案例日益增多，如 2001 年 PT 凯地（000411）置换英特药业案与 2001 年天津磁卡（600800）减持环球高科案。合并会计报表的合并范围，通常是关于哪些子公司应纳入合并会计报表的编报。现行的合并制度使上市公司通过在年度之间收购或出售等手段，增加新的子公司或减少原有的子公司，改变合并会计报表编报的合并范围，操纵公司当年或以后年度的合并利润。合并会计报表的合并范围变动无非是增或减两种情况。一个是购买子公司，使合并范围扩大；另一个是出售子公司，使合并范围缩小。目的都是一致的，即通过盈余管理操控作为母公司的上市公司当年或以后年度的合并利润。这种利润转移使经济资源的配置流向了资源使用效率低下的部门，证券市场的资源配置功能也就难以发挥了。2000 年厦门建发配股，募集资金主要用于从母公司建发集团手中收购厦航股权，以扩大合并报表范围，有进行盈余管理之嫌，这次又把厦门航空股权转让给建发集团，以把厦门航空从其合并报表中剔除出去，这难道没有操控作为母公司的上市公司当年或以后年度的合并利润之嫌吗？

（三）关联交易价格的公允性问题

南航与厦门建发对厦航净资产间 14.4 多亿元的判断差异[①]在市场上曝光，使得人们格外关注厦门建发向母公司出售股权时关联交易的作价行为，其以接近净资产（甚至和三年前购入成本相同）作价的行为令人深思。虽然南航与厦门建发均依据了相应的会计准则，但是建发并非只把厦航的股权价值置于报表中，而是和母公司发生了关联交易。我国的政策要求关联交易的价格应该尽可能地公允，但是仅以厦航一方报表就确定价格而不参照关联方的有关披露进行修正，更不参考标的物本身的市场价值，这种关联交易价格的公允性值得商榷。若以南航报表为准，建发少卖了 5.7[②] 亿元，若以建发报表为准，南航则虚增了 14.4 亿元净资产，所以厦航的净资产真实值与关联交易价格的公允性存在重大问题。另外，从这次交易中，还可以推算出厦航 2002 年底时的净资产为 14.4 亿元。以南航披露的厦航 2003 年净利润 3.7 亿元计算，如果不发生厦航股权转让，厦门建发 2003 年的账面投资收益应该有 1.48 亿元。而出售该股权后的上市公司 2003 年度的净利润也只不过 1.95 亿元。巧合的是，厦门建发 2003 年以增发募集资金，向控股股东建发集团收购厦门会展中心，因为增发价格低，仍然有 5.77 亿元的资金缺口，而厦门建发向建发集团转让厦航股权获得收入 5.76 亿元。这一来一往的两笔交易金额竟如此吻合。难道建发的会计处理合法合规，不存在人为操纵嫌疑？

---

① 这里的差异指的是厦门建发与南航对厦航净资产市场价值判断的差异，而非两公司报表对厦航表述的差异。

② $28.7 \times 40\% - 5.76 = 5.7$（亿元）。

四、结论与对策

南航与厦门建发共同上演的这场会计魔术，其实质是它们为实现各自的利益而利用会计规范的漏洞进行的利润操纵行为。这种行为将导致我国证券市场资源配置功能的弱化与投资者信心的丧失。在我国当前证券市场行情极其低迷的情况下，无疑是雪上加霜。对此，应当采取有力措施，提高会计规范的有效性，从而避免类似事件的发生。

（一）尽快实行行业会计制度向《企业会计制度》的全面转轨

近年来，我国加快了会计准则和会计制度的建设，大大缩小了利润操纵的空间。但是，由于上市公司采用《企业会计制度》与会计准则，而非上市公司主要采用行业会计制度，制度规范上的差异为上市公司选择会计政策提供了太大的空间。尽管财政部自《企业会计制度》颁布之日起，就鼓励非上市公司采用该制度，并且自 2005 年 1 月 1 日起，财政部要求除金融企业与小企业外的所有公司统一采用《企业会计制度》。但是在由行业会计制度向《企业会计制度》转轨过程中，非上市公司尚缺乏足够的激励，还可能存在有些非上市公司继续利用制度规范上的差异操纵会计数据的现象。为此，财政部及相关部门应当采取措施，对上市公司会计制度的执行情况强化监管，尤其是加强对上市公司关联方企业执行《企业会计制度》情况的监管，从而消除上市公司利用非上市公司报表进行利润操纵的行为。

（二）修订合并报表制度，完善合并会计报表编制规范

为规范我国企业集团发展的需要，规范我国上市公司合并会计报表的编报，财政部于1995年初发布实施了《合并会计报表暂行规定》，该规定为规范上市公司合并报表编制行为、提高信息披露质量作出了重要贡献，但是随着经济业务的发展，暂行规定也暴露了诸多缺陷。首先，未对企业集团内部转让股权事项如何抵消作出规范。从上市公司的资产重组实务来看，这种内部交易往往金额大，对企业财务状况、经营成果产生重大影响，其发生的频率及影响程度不亚于内部购销交易。而且集团内部转让股权事项由于是在关联方之间发生，可能有失公允，甚至被大股东利用控股关系进行操纵，用以调节、转移集团内部利润，粉饰上市公司业绩。因此，有必要对涉及内部转让股权的合并报表问题，根据股权转让的不同形式、不同对象进行具体规范。其次，对统一会计政策并没有给出明确的方法与规定。为此，建议修订合并报表制度，完善合并会计报表编制规范。如规定集团统一合并报表政策，改变当前仅仅靠调账进行会计政策统一的做法；改变目前公司合并利润表的编制时间要求，要求公司在合并交易完成日采用比例合并法编制当时的合并利润表并对外公布；加强合并会计报表中重要事项的披露；为了使投资者更好地了解母公司的利润构成，应考虑在上市公司的合并范围发生变动时，要提供合并范围没有变动时的合并会计报表，并连同实际的合并会计报表一同披露；细化对购买或出售子公司的交易价格的披露等。

（三）强化关联交易监管，关注集团内部重组对会计利润的影响

证监会于2001年12月出台《关于上市公司重大资产重组购

买、出售、置换资产等若干问题的通知》规定，将对重大资产重组交易的监管由事后备案制调整为审核批准制，在鼓励通过战略性重组优化资源配置的同时，从信息披露、审核程序等方面加强监管力度，试图堵死操纵性及虚假性重组的通道。这时，更多的公司转向采用集团内部股权转让及资产置换等方式进行重组，试图突破上述管制。当前内部重组最大的问题，除了上市公司借此对合并报表合并范围的操纵以外，就是资产价格的确定问题，而这两个问题都会对上市公司的会计利润产生重大影响。关于集团内部重组，由于存在多种定价方法，在集团的干预下，上市公司往往采用最能实现其意图的价格，甚至不惜歪曲地使用定价方法，很少考虑价格的公允性，如海尔集团 2000 年与 2001 年的一系列内部重组。因此，监管部门应当按照关联交易监管法规，关注集团内部重组对上市公司业绩的影响，对于查处的违规操作，要严加处罚。

第二节　应收账款票据化与投资者保护

近几年来，以银行承兑汇票为主的商业汇票在中国勃然兴起，对企业财务管理产生了重要影响。据 2006 年 8 月公布的中国货币政策执行报告显示，2006 年上半年，我国企业累计签发商业汇票 2.71 万亿元，同比增长 30.25%，累计贴现额和未到期余额也都增长迅猛。应收票据的大量存在，将对我国企业的财务价值与投资者保护，尤其是中小投资者利益保护产生什么样的影响呢？本节以青岛海尔（600690）和杭钢股份（600126）票据为例，分别分析银行承兑汇票与商业承兑汇票的潜在风险及其对投资者利益的影响。

一、青岛海尔银行承兑汇票运作

(一) 青岛海尔财务状况及票据应用情况简介

图 10-3 显示，青岛海尔的资产总额除 2001 年增长幅度较大以外，总体来看呈缓慢波动的趋势，尤其是近几年，青岛海尔的资产总规模呈现出平缓的下降趋势，而主营业务收入的增长则呈现明显的上升趋势，主营业务收入的增长速度远大于资产总规模的增长速度。伴随着公司主营业务收入的增长是应收票据余额的更大幅度的增长，除 1998 年以外，该公司应收票据的余额较上一年度均有较大幅度的增长。尤其是在 2003 年，票据余额较 2002 年增长了近两倍之多。可以计算出，青岛海尔资产总额 2005 年比十年前增长了 416.34%，主营业务收入比十年前增长了 524.40%，而应收票据余额较十年前增长了 15378.17%。

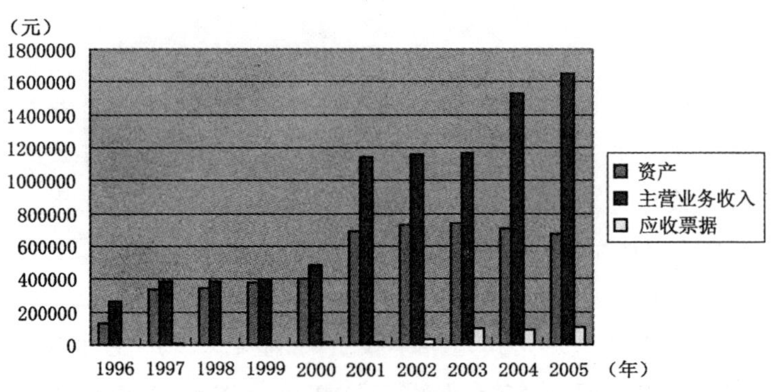

图 10-3　青岛海尔近十年资产、主营业务收入与应收票据情况

从图 10-4 可以看出，尽管青岛海尔的主营业务收入呈日益上升趋势，但是销售中的收现比例逐年降低，导致经营活动的现金流

入却呈下降趋势；图 10－5 则显示了青岛海尔主营业务收入与经营活动现金流入情况的对比，图形出现明显的"喇叭口"，主营业务收入与相关现金流入出现了严重偏离。由于在现金流量表中，经营活动产生的现金流入中，不仅包括本年度收入中收到的现金，还包括以前年度应收票据、应收账款的收回和本年度预收账款的增加，因此，与本年度主营业务收入相匹配的现金流入要低于上述经营活动收到的现金金额，即青岛海尔的主营业务收入与收现的偏离程度实际上比上表还要高。据统计，在 2005 年主营业务收入与收现偏离度最大的十家上市公司中，青岛海尔位于榜首。

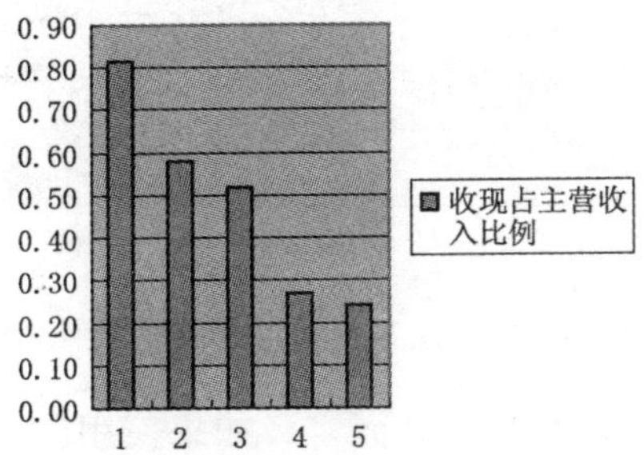

图 10－4　青岛海尔收现占主营业务的比重

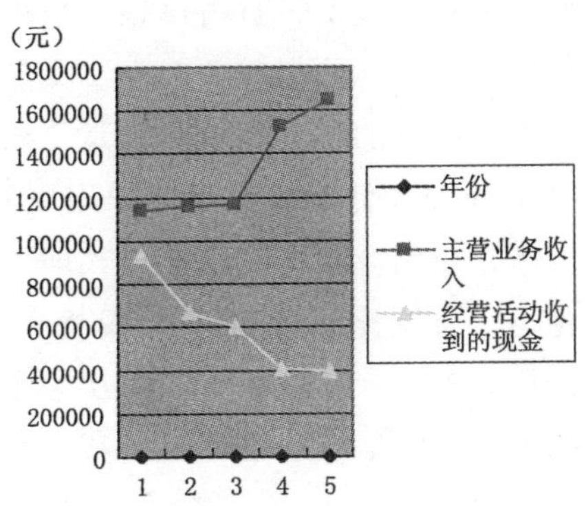

图 10－5　主营业务收入与经营现金流量

从图 10－6 可以看出，主营业务收入和收现的差额部分主要是通过应收票据来结算的，从而造成了伴随着主营业务收入的增长，应收票据的大幅度增长且与主营业务收入规模有日益接近的趋势。青岛海尔的商业汇票全部为银行承兑汇票。那么青岛海尔为什么这么青睐银行承兑汇票呢？大量采用银行承兑汇票对青岛海尔有什么财务方面的价值呢？

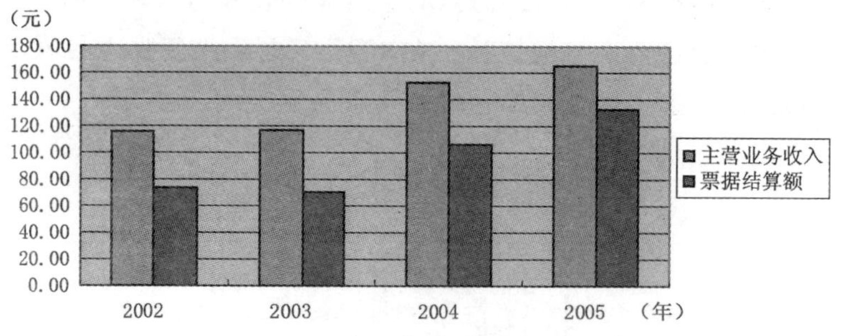

图 10－6　主营业务收入与票据结算额对照图

理论上，就商业汇票结算而言，如果使用银行承兑汇票，一方面出票方要在银行留存相当数额的保证金存款，另一方面收票方如提前承兑，还要付出承兑手续费，且占用银行信用额度，而且在承兑环节，银行往往还要审查与票据相关的真实交易背景，因此对于结算双方来讲使用票据结算的程序和成本都是复杂的。所以应该是只有结算双方存在信任程度低的情况下才采用更稳妥的应收票据，如双方信任程度很高，使用应收账款结算方式即可。对青岛海尔来讲，事实果真如此吗？通过查阅青岛海尔 2005 年的年报发现，青岛海尔的应收票据中，有 79.98% 是应收其关联企业全国 42 家海尔工贸有限公司款项，双份信任度不可谓不高，因此它们之间使用票据结算肯定另有原因。

（二）应收账款票据化的动机分析

1. 利用银行承兑汇票结算能够提高账面盈利

应收账款票据化的财务价值首先与应收票据坏账准备计提与否的会计规定有重要关系。根据《企业会计制度（2001）》① 规定，只有应收账款和其他应收款才计提坏账准备，而应收票据是不计提坏账准备的；尽管新的《企业会计准则——应用指南（2006）》② 规定了坏账准备计提的范围已经扩大到包括应收票据在内的各种应收款项，但是由于应收票据相对而言信用程度较高，且准则中关于应收票据坏账准备的相关规定极为笼统，因此，除非有强有力的法律证据证明其将要发生减值之外，企业往往没有积极性对应收票据计提减值准备。从2007年各季度报告来看，尚没有公司对其应收票据计提坏账准备。从这一现实意义上来讲，本节所讨论的应收账款票据化导致的坏账准备少提问题在新的会计准则下仍具有同样效应，而且根据新旧会计规范下的实务操作，可以更好地追踪新准则实施中的问题。由于我们所分析的报表主要是2007年以前的报表，所以我们引用的规定均来自《企业会计制度（2001）》，但是在《企业会计准则（2006）》下具有同样规律，应收账款票据化的功能性质没有发生根本变化。

在有效的资本市场上，账面盈利应该不会影响企业的价值。然而，我国的资本市场的有效程度一直存在争论，而且一个不容否认的事实是，上市公司的股票价格尚不能真实地反映公司价值，投资者和监管者必须依赖会计盈利指标作为投资决策与监管决策的重要依据。换句话说，上市公司的会计盈利指标在一定程度上是引导资

① 2007年1月1日以前，非金融类上市公司均执行该制度。

② 自2007年1月1日起，上市公司均执行该制度。

本市场的财务资源流向与流量的重要标志。上市公司通过提供漂亮与有利于自身的会计指标，可以使资本市场的财务资源尽可能多地向本公司流入，或者减少流出。尽管这样可能导致资本市场的资源配置功能的扭曲，但是从单个上市公司来看，却能从这种错配中获得好处，从而增大了公司价值。青岛海尔就充分利用了这种机制，将本应是应收账款的销售采用应收票据结算，根据《企业会计制度（2001）》，可以少计提坏账准备，从而直接虚增利润与资产，起到美化上市公司多项财务指标的目的。

为此，假如青岛海尔采用应收票据结算的部分改为应收账款结算的话，就需要对这部分结算款项计提坏账准备。那么我们不妨对这些应收票据计提坏账准备后，看其财务状况和相关财务指标会发生什么样的变化。我们以青岛海尔当年应收账款计提坏账政策为依据，分别对2001年至2005年应收票据进行补提坏账准备，产生了应收票据所对应的坏账准备的年末余额和年度计提额，这些项目对其资产负债表、利润表有关项目以及盈利指标的影响分别见表10－2、表10－3、表10－4。

表10－2　　对应收票据补提坏账准备后资产负债表有关项目的变化

金额单位：元

项目	2001年	2002年	2003年	2004年	2005年
补提前应收票据期末余额	185 036 003	342 625 096	957 953 833	896 512 947	1 063 352 050
补提后应收票据对应的坏账准备年末余额[①]	9 251 800	17 131 255	47 897 692	44 825 647	53 167 603
补提后应收票据余额	175 784 203	325 493 841	910 056 141	851 687 300	1 010 184 448

续表

项目	2001 年	2002 年	2003 年	2004 年	2005 年
补提后流动资产	3 435 897 560	3 476 947 442	3 973 110 727	3 913 952 503	3 792 588 332
补提前后流动资产变化率	-0.26%	-0.48%	-1.17%	-1.11%	-1.35%
补提后总资产	6 933 356 779	7 307 450 332	7 325 862 359	7 063 223 808	6 725 499 583
补提前后总资产变化率	-0.13%	-0.23%	-0.64%	-0.62%	-0.77%
补提后所有者权益	4 923 131 844	5 242 553 149	5 342 121 935	5 674 679 564	5 546 706 029
补提前后所有者权益变化率	-0.18%	-0.32%	-0.87%	-0.77%	-0.93%

表 10-3　对应收票据补提坏账准备后利润表有关项目的变化

金额单位：元

项目	2001 年	2002 年	2003 年	2004 年	2005 年
应收票据期初余额	125 270 572	185 036 003	342 625 096	957 953 833	896 512 947
应收票据期末余额	185 036 003	342 625 096	957 953 833	896 512 947	1 063 352 050
本年度应收票据增加额	59 765 431	157 589 093	615 328 737	-61 440 886	166 839 103

续表

项目	2001 年	2002 年	2003 年	2004 年	2005 年
本年度补提的坏账准备①	2 988 272	7 879 455	30 766 437	-3 072 044	8 341 955
税率②	23%	23%	20%	22%	23%
纳税影响③	69 743	183 897	620 116	-67 976	194 692
补提后净利润减少额	2 918 529	7 695 557	30 146 321	-3 004 068	8 147 263
补提前净利润	617 838 607	397 059 657	368 952 846	369 435 583	239 126 624
补提后净利润	614 920 079	389 364 100	338 806 525	372 439 651	230 979 361
补提导致的净利润变化率	-0.47%	-1.94%	-8.17%	0.81%	-3.41%

表 10-4 对应收票据补提坏账准备后企业盈利指标的变化 金额单位：元

盈利能力指标		2001 年	2002 年	2003 年	2004 年	2005 年
总资产利率(ROA)	补提前	11.36%	5.57%	5.02%	5.10%	3.44%
	补提后	11.32%	5.47%	4.63%	5.18%	3.35%
	变化率	-0.33%	-1.76%	-7.77%	1.45%	-2.74%
净资产利润率(ROE)	补提前	15.97%	7.79%	6.93%	6.65%	4.23%
	补提后	15.92%	7.66%	6.40%	6.76%	4.12%
	变化率	-0.36%	-1.69%	-7.62%	1.64%	-2.58%

---

① 本年度补提的坏账准备等于该年度应收票据对应的坏账准备的年末余额减去上年度补提的应收票据对应的坏账准备的年末余额。下文类似计提坏账准备的政策相同。

② 由于我们分析的是青岛海尔的合并报表，母子公司及各子公司所得税税率不一，以上利润表中用以计算抵扣所得税的税率为当期所得税除以利润总额计算所得。

③ 由于税法中对应收账款计提坏账准备的允许抵扣比率为千分之五，而我们对应收票据计提坏账的比例为5%，因此这里我们用于计算所得税抵扣金额的基数为所提坏账准备的十分之一。下文类似计提坏账准备的政策相同。

续表

盈利能力指标		2001 年	2002 年	2003 年	2004 年	2005 年
每股收益（EPS）	补提前	0.52	0.33	0.46	0.37	0.20
	补提后	0.51	0.33	0.42	0.37	0.19
	变化率	-0.47%	-1.94%	-8.17%	0.81%	-3.41%

从表 10-2、表 10-3 和表 10-4 可以清晰地看出，假如青岛海尔应用应收票据结算的金额全部用应收账款结算的话，其势必要计提坏账准备，计提坏账准备后，无论其资产、所有者权益、利润以及相应的财务指标都会发生变化，这些变化大部分是不利变化；同时可以看出，公司可以通过操纵年末应收票据的数额，来操纵这种影响的方向与程度，从而根据公司需要操纵相应财务指标，以获得上述所讲的各种利益，尤其是监管利益与筹资利益（如增发、配股等），从而增加企业财务价值。

2. 利用银行承兑汇票结算能够美化偿债能力

我们知道，青岛海尔属于高技术密集度和高资本密集度的公司，这类公司的最大特点是增长速度与资金供给之间的矛盾非常突出。换句话说，这类公司的发展必须保持必要的增长速度，而一定的增长速度需要公司一定的盈利水平与资产周转水平作为支持。然而，现实中，对于高技术密集度与高资本密集度的企业，单靠自身的利润积累是难以满足增长所需要的资金的，所以这类企业往往都患有“资金饥渴症”，即宽广的融资平台是其生存的基本保障，否则发生财务危机的可能性很大。“发展慢了是等死，发展快了是找死”是这类企业经营困境的生动写照。为此，青岛海尔必须在不断完善其权益融资平台的基础上，不断扩大债务融资平台和信用水平。毕竟国内的权益融资的限制多，自由度较小，而债务融资，尤其是银行融资则灵活得多。所以，青岛海尔不断美化其偿债能力指标是提升其信用水平的重要手段之一，具有现实的战略意义。而通过应收票据结算恰好能达到此目的。

与上述分析类似，我们可以对应收票据补提坏账准备后，看其偿债能力指标的变化，见表 10－5。

表 10－5　对应收票据补提坏账准备后企业偿债能力变动

偿债能力指标		2001 年	2002 年	2003 年	2004 年	2005 年
资产负债率	补提前	23.27%	22.72%	20.85%	13.09%	10.67%
	补提后	23.30%	22.77%	20.98%	13.17%	10.75%
	变化率	0.13%	0.23%	0.64%	0.62%	0.77%
流动比率	补提前	2.14	2.10	2.89	5.05	5.33
	补提后	2.13	2.09	2.85	5.00	5.25
	变化率	－0.26%	－0.48%	－1.17%	－1.11%	－1.35%
速动比率	补提前	1.59	1.57	2.45	3.97	4.11
	补提后	1.59	1.56	2.42	3.91	4.04
	变化率	－0.35%	－0.64%	－1.37%	－1.41%	－1.75%
应收账款周转率①	补提前	15.92	15.92	17.97	18.50	15.92
	补提后	13.85	12.69	8.99	8.72	8.19
	变化率	－13.01%	－20.28%	－49.99%	－52.86%	－48.58%

从表 10－5 中可以清楚地看出，应收账款票据化后，的确美化了短期偿债能力指标，这样对公司的财务价值的贡献就在于有利于

① 应收账款周转率本是资产运营效率指标，这里暂且作为偿债能力指标是可以理解的，同时，该指标的变化只考虑了对应收票据补提坏账准备的影响，而没有把应收票据本身算做应收账款。实际上，应将应收票据和应收账款合并作为应收账款余额，计算其应收账款周转率，这样将增大应收账款的基数，会导致应收账款周转率的明显下降。而目前的信息披露规则中，只是要求对应收账款的余额、账龄进行分析，而对与应收账款性质类似的应收票据的披露要求极为宽泛，这就给企业利用应收票据粉饰财务报表造成了可乘之机。

从银行借款，从而有利于公司筹集公司发展紧缺的资金。尽管这种影响似乎是小得微不足道，然而这是由于我们初步进行的分析是最保守的方法，下面我们还将深入分析其潜在价值。

3. 利用银行承兑汇票贴现可以增加现实的现金流

在我国，应收账款抵借或贴现还不流行，多数银行尚不受理此类业务，而应收票据贴现，尤其是银行承兑汇票贴现则是一项普通业务。通过银行承兑汇票将应收账款票据化，进而通过银行贴现，可以把应收账款通过银行信用转化为现实的现金流。这对青岛海尔来讲，是在满足赊销条件下尽快回收资金的最好渠道，这无疑大大增加了公司现金流，从而具有重要的财务价值。另外，以应收票据作为支付手段也具有类似的财务价值。

（三）应收账款票据化财务价值的进一步分析

从上面分析可知，应收账款票据化的财务价值就在于提高权益融资与债务融资机会与能力，以及通过贴现增加现实的现金流。经验及上述分析数据在一定程度上支持了这些结论。然而，从补提应收票据的坏账准备的分析中，尽管上述价值效应是存在的，但是其程度可以讲是微不足道的。青岛海尔的玄机就在于此，这需要我们进一步深入分析。

1. 测算坏账准备补提影响的基础变化分析

如果我们将青岛海尔近四年的票据结算金额、应收票据余额进行一下比较，会令你大吃一惊，见图 10 - 7。

从图 10 - 7 可以看出，虽然青岛海尔应收票据的结算额近三年呈现大幅度递增趋势，但其各年度的余额却较为均衡。2005 年的票据结算额达 120 亿元以上，但其余额却占其结算额的 8% 左右，恰好是一年结算总额的十二分之一。这到底是纯属巧合还是人为控制的结果？

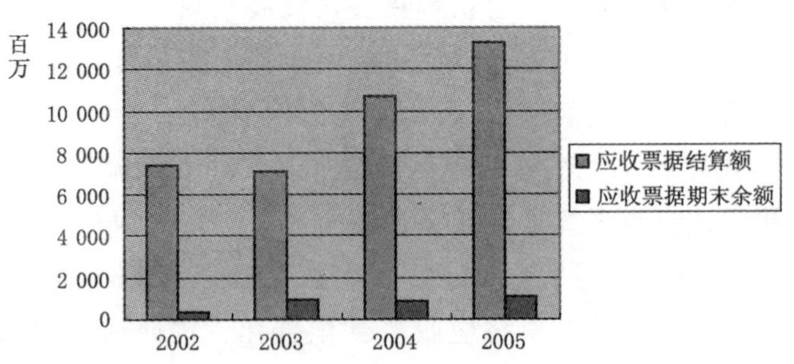

图 10－7　应收票据结算额与余额的对照图

我们都知道，商业票据的期限一般是六个月，如果其应收票据的结算金额全年呈均匀分布的话，那么其应收票据的期末余额也应该是其全年结算金额的二分之一左右，因为只要下半年度发生的应收票据在年底均未到期，会记入应收票据期末余额。图 10－7 所显示的应收票据期末余额恰等于应收票据结算额的十二分之一，这种情况只有在商业票据的期限是一个月的时候（即 2005 年应收票据的期末余额正等于其十二月份的票据结算额，十二月份之前的票据结算额至年末均已收回）才会发生。如果情况果真如此的话，我们上述按照应收票据的余额进行计提坏账准备方法还可以理解。但是，我们分析其年报时注意到，与青岛海尔发生票据往来的单位大部分均是其关联企业，对于一个月之内就能清账的关联企业，何至于要签发手续繁琐的商业票据呢？因此，我们推断，其商业票据的期限也应该是期限接近六个月的商业票据，而绝不会是一个月的期限。所以，青岛海尔的应收票据期末余额与其正常的期末余额是有很大出入的，显然是操纵后的结构。这样，我们仅以年末余额而计提坏账准备的分析是不能全面反映应收账款票据化的财务影响的。

那么，其余的应收票据都到哪里去了呢？这个问题对于我们选择分析方法至关重要。分析其年报可以发现，青岛海尔的应收票据主要有两个去向：一是进行银行贴现，二是用于货物采购。毕竟应收票据余额太多，容易吸引公司利益相关者及监管部门的注意，进而引起对其收益质量的怀疑，从而对青岛海尔的股价产生不利影响，这绝对不是青岛海尔愿意看到的。

因此，青岛海尔通过上述两个去向，将应收票据账面余额降到了一个“合理”点，这样既可以实现应收票据风险向银行和其他企业的转移，同时还无需经过银行贷款和发行股票等融资措施满足了其筹资需求，进而提高了其筹资能力，正如青岛海尔在其年报中披露的那样，“公司的资产负债率较低，对外筹资的能力很强，保证了公司未来投资项目的现金流支出”，可谓一举多得。然而，我们必须认识到，用于贴现或者支付出去的应收票据同存量的应收票据一样，同样存在不能收回的风险，只不过该公司将风险暂时转移出去罢了。况且有些商业汇票的风险是不能够被转移的，如商业承兑汇票是附有追索权的，如果该类票据的款项不能收回，仍会增加企业的应收账款。因此，我们有必要打破会计信息披露的口径，将其用于贴现或支付货款的应收票据计算在应收票据的年末余额之内，改变应收票据补提坏账准备的测算基础，进行补提坏账准备的财务价值影响的测算。

2. 应收票据年末余额的重新测算

由于青岛海尔应收票据结算金额与年末余额的巨大差异，仅依据年末余额的5%计提坏账准备来测算对财务的影响是不充分的，是舍本逐末的。为此，应收票据年末余额中应当考虑贴现和支付在内的应收票据。但是按照现有的应收票据的披露状况，我们无法准确计算出包含贴现和支付在内的应收票据总余额，只有按照一定的合理假设进行测算。

（1）按照年度应收票据结算金额的50%计算年末应收票据余额。如果不考虑应收票据的期初余额的影响，而且假定应收票据是年度内均匀发生的，那么，应收票据的年末余额应该是年度结算额的50%，为此，我们以应收票据年度结算额的50%作为应收票据的年末余额。在这个基础上，再按照应收票据年末余额的5%补提应收票据的坏账准备后，对2003~2005年度的资产负债表、利润表相关项目及有关财务指标影响见表10-6、表10-7、表10-8、表10-9以及图10-8。

表10-6　　应收票据计提坏账准备对资产负债表相关项目的影响①

金额单位：元

项目		2003年	2004年	2005年
应收票据期末余额（按年度应收票据结算金额的50%测算）		3 543 000 000	5 332 500 000	6 641 500 000
计提的坏账准备年末余额		177 150 000	266 625 000	332 075 000
计提后应收票据余额		3 365 850 000	5 065 875 000	6 309 425 000
流动资产	计提前	4 019 954 669	3 957 791 986	3 844 586 247
	计提后	3 846 701 969	3 697 032 736	3 519 816 897
	计提前后变动率	-4.31%	-6.59%	-8.45%
资产总额	计提前	7 372 706 301	7 107 063 291	6 777 497 498
	计提后	7 199 453 601	6 846 304 041	6 452 728 148
	计提前后变动率	-2.35%	-3.67%	-4.79%
所有者权益	计提前	5 388 965 877	5 718 519 047	5 598 703 944
	计提后	5 215 713 177	5 457 759 797	5 273 934 594
	计提前后变动率	-3.21%	-4.56%	-5.80%

① 当然，我们的计算也有不尽合理的地方。按理说，将其转移的应收票据进行还原计提坏账准备的同时，应该将其向银行进行贴现而支付的贴现利息冲回，但由于该公司只有2005年的年报中披露了其贴现利息，而其余年度的贴现利息我们难以查到，况且2005年的贴现息仅为200多万元，比起需补提的3亿多元的转账准备而言，可以说是微不足道的，在此我们对贴现息忽略不计。下同。

表 10－7　应收票据计提坏账准备对利润表相关项目的影响

金额单位：元

项目	2003 年	2004 年	2005 年
应收票据期初余额（按年度应收票据结算金额的 50% 测算）	3 700 000 000	3 543 000 000	5 332 500 000
应收票据期末余额（按年度应收票据结算金额的 50% 测算）	3 543 000 000	5 332 500 000	6 641 500 000
本年度应收票据增加额	－157 000 000	1 789 500 000	1 309 000 000
计提的坏账准备	－7 850 000	89 475 000	65 450 000
税率	20%	22%	23%
抵税	－158 221	1 979 846	1 527 528
计提前净利润	368 952 846	369 435 583	239 126 624
净利润减少额	－7 691 779	87 495 154	63 922 472
计提后净利润	376 644 624	281 940 429	175 204 152
净利润变化率	2.08%	－23.68%	－26.73%

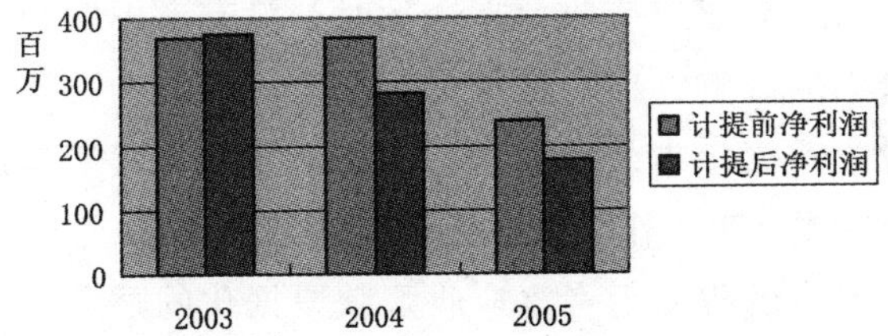

图 10－8　应收票据计提坏账准备对净利润的影响图

表 10－8　应收票据计提坏账准备对盈利指标的影响

盈利指标	2003 年	2004 年	2005 年
计提前后净利润变化率	2.08%	－23.68%	－26.73%
计提前后资产净利率变化率	4.61%	－21.33%	－23.51%
计提前后权益报酬率变化率	5.60%	－20.58%	－22.73%
计提前后每股收益变化率	2.08%	－23.68%	－26.73%

表 10－9　应收票据计提坏账准备对偿债指标的影响

偿债能力指标	2003 年	2004 年	2005 年
计提前后资产负债率变化率	2.41%	3.81%	5.03%
流动比率变化率	－4.31%	－6.59%	－8.45%
速动比率变化率	－5.07%	－8.39%	－10.95%

可以看出，考虑了贴现和支付的应收票据余额在内的年末应收票据余额，即按年度应收票据结算额的50%作为应收票据年末余额的情况下，计提坏账准备后，青岛海尔无论是财务状况、盈利能力还是偿债指标均发生了显著的反方向的变化。对各项财务的影响程度大为增加，对年度利润的影响都达到了20%～30%的程度上，对偿债指标的影响都达到了10%以上，可见，应收账款票据化的上述财务价值是非常突出的。

（2）按照年度应收票据结算金额的100%计算年末应收票据余额

上述方法测算年末应收票据余额时，没有考虑期初应收票据余额对年末余额的影响，而只考虑本期结算额的影响，这还是不能充分反映出应收票据年末余额的真正数量。为此，我们不妨以年度应收票据结算额的100%作为应收票据的年末余额，通过计提坏账准备，在更为安全的程度上考察应收账款票据化的财务价值影响。见图10－9、表10－10、表10－11。

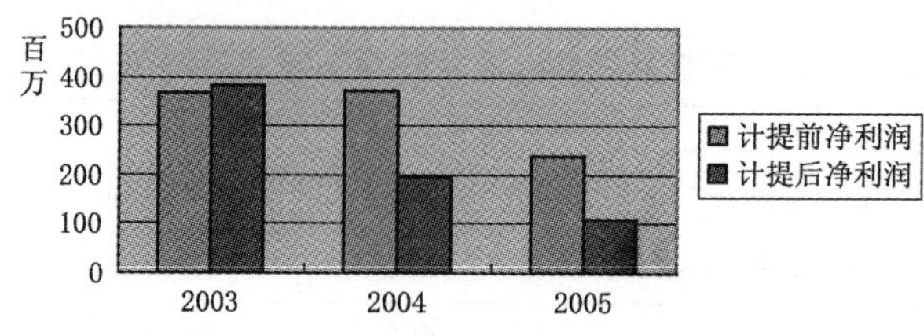

图 10－9　应收票据计提坏账准备对净利润的影响

表 10－10　应收票据计提坏账准备对盈利能力的影响　金额单位：元

项目		2003 年	2004 年	2005 年
净利润	计提前	368 952 846	369 435 583	239 126 624
	计提后	384 336 402.7	194 445 274.9	111 281 679.9
	计提前后变动率	4.17%	－47.37%	－53.46%
净资产报酬率（ROE）	计提前	6.93%	6.65%	4.23%
	计提后	7.73%	3.80%	2.19%
	计提前后变动率	11.59%	－42.91%	－48.09%
每股收益（EPS）	计提前	0.46	0.37	0.20
	计提后	0.48	0.20	0.09
	计提前后变动率	4.17%	－47.37%	－53.46%
资产净利率（ROA）	计提前	5.02%	5.10%	3.44%
	计提后	5.50%	2.86%	1.75%
	计提前后变动率	9.44%	－44.01%	－49.18%

表 10－11　应收票据计提坏账准备对偿债指标的影响

项目	2003 年	2004 年	2005 年
资产负债率变化率	4.93%	7.92%	10.60%
流动比率变化率	－6.87%	－10.51%	－13.47%
速动比率变化率	－8.09%	－13.39%	－17.46%

以应收票据年度结算额的 100% 作为测算应收票据年末余额的基础，并对应收票据计提坏账准备后，上述应收账款票据化的财务价值规律得到了清晰的显现，而且影响程度之大，令人吃惊。

（四）应收账款票据化的风险简析

应收账款票据化在现有的法律背景和体制框架内，对上市公司的财务价值具有一定的贡献，这就是有利于公司权益融资利益与债务融资利益的获取，以及通过贴现和支付等带来的现实现金流，从而增强公司增长的资金支持，进而创造公司价值。然而，这种操作并非是无风险的，相反，风险颇大。

1. 对企业而言，商业汇票结算作为一种信用赊销方式，能够带来市场占有率的提高和竞争能力的增强，但也必须认识到该种结算方式实质上与传统的应收账款结算方式并无两样，即便是银行承兑汇票也要承担被银行追索的风险。

2. 由于在新的《企业会计准则（2006）》中，已经规定对包括应收票据在内的全部应收款项计提坏账准备，这样，应收票据信用水平较低的情况下，应收票据与应收账款的风险水平趋于一致，上述财务价值将会消失；如果企业利用准则规范的笼统性，强行高估企业利润，一方面会导致企业超额进行利润分配，导致企业资源过度流出，也可能过于乐观地加快企业的增长速度，从而给企业带来重大价值损失，另一方面，可能会遭到注册会计师出具非标审计意见，或者引发财务丑闻，导致更大的价值损失。

3. 企业间通过商业汇票进行转让结算货款，会给公司带来销售量的增长，是否有助于其收益质量的提高，值得深思；同时，应收票据可能带来的三角债问题是企业重大风险来源。

（五）小结

通过银行承兑汇票把应收账款票据化具有重要的财务价值，但同时也伴随着重大风险，企业应当在合理的范围内，科学采用银行承兑汇票进行结算，并严格遵循新的《企业会计准则（2006）》的精神实质，密切关注应收票据的减值迹象，并据以进行减值测试，方能为企业价值作出贡献。然而，利用当前监管的薄弱环节违规操作，不仅给社会和中小股东带来危害，而且还会葬送企业的发展成果，直至企业失败与破产。因此，企业应当加强对相关规律的认识，并在增长、盈利与风险均衡的战略框架内充分把握银行承兑汇票的价值与局限，为企业价值增长服务。

二、杭钢股份（600126）票据运作与中小股东利益保护

随着我国股权分置改革的完成和监管法规的完善，大股东侵占中小上市公司利益的行为得到抑制，但是拥有上市公司控制权的大股东与中小股东之间的利益冲突仍然是当前我国公司治理的核心问题。大股东侵占上市公司利益的动机与手段越来越隐蔽，技术环节越来越精细，其中利用商业承兑汇票运作进行利益侵占越来越演变成一种趋势。本节将通过杭钢股份（600126）的商业汇票运作案来分析上市公司大股东侵占上市公司利益的可能性。

（一）案例介绍

杭州钢铁股份有限公司（以下简称杭钢股份，600126）系1998年由国有独资公司杭州钢铁集团公司独家发起并以社会募集方式设立的股份有限公司，于1998年2月在深圳证券交易所上市。其间通过一次资本公积金转增股本、一次配股方式增加股本，截至2005年12月，该公司股本总额为64 533.75万元。2006年该公司以每10股赠3.6股的对价完成股权分制改革。股改后，杭州钢铁集团公司所持股份由原来的74.32%下降到65.07%，仍为该公司绝对控股股东。而该公司的第二大股东为中国建设银行——博时裕富证券投资基金，持股比例仅为0.15%，且为流通股份。杭钢股份的股权结构为典型的“一股独大”，这就为控股股东利用票据运作进行利益侵占提供了可能。通过分析杭钢股份2005年的年报，可以发现该公司2005年的信用结算具有如下三个特点：

特点一：商业票据结算成为杭钢股份信用结算的主要方式

表 10 - 12　　杭钢股份 2005 年信用结算方式情况表

项目	期末	期初	增长比率
应收票据	1 398 539 171	741 355 922	88.65%
应收账款	55 032 738	53 428 406	3.00%
应付票据	410 000 000	200 000 000	105.00%
应付账款	881 849 132	689 038 636	27.98%

表 10 - 12 反映了杭钢股份 2005 年信用结算方式期末余额变动情况。2005 年应收票据期末余额由期初的 7.4 亿元上升到期末的近 14 亿元，上升了 88%，翻了将近一番。而同期应收账款结算额从 5343 万元上升到了 5503 万元，增加比重仅为 3%。同样，应付票据余额年末比年初也增长了一倍多，由两亿元上升到四亿多元，由此可见杭钢股份无论是购进还是销售业务，采用商业票据结算成为信用结算的主要方式。

特点二：商业承兑汇票占据票据结算的主流，且大部分已进行贴现

图 10 - 10 是杭钢公司在 2005 年 12 月 31 日应收票据和应付票据期末余额的构成情况。

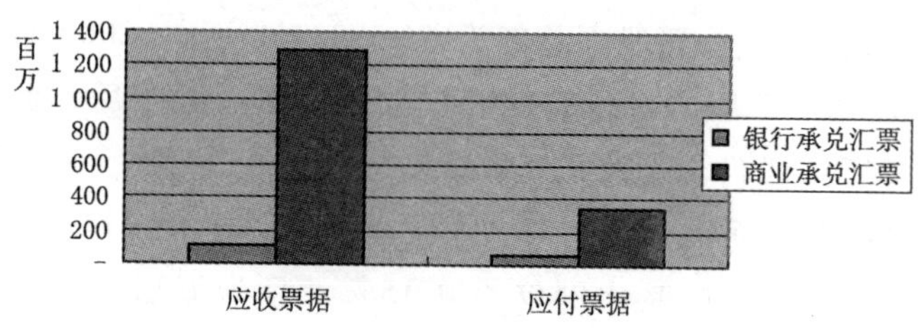

图 10 - 10　杭钢股份 2005 年末票据余额图

由图 10 - 10，可见杭钢股份的应收票据和应付票据结算均是

以商业承兑汇票为主，在14亿元的应收票据余额中，商业承兑汇票为13亿多元，已贴现11亿元。这无疑增大了企业款项回收的风险。

特点三：商业票据结算以关联交易为主，其中杭钢集团占据大部分比重

表10－13　杭钢股份与大股东之间的票据关联关系

项目	合并		母公司	
	期末（2005）	期初（2004）	期末（2005）	期初（2004）
应收票据	1 398 539 171	741 355 922	1 456 634 946	769 671 265
应付票据	410 000 000	200 000 000	678 000 000	408 000 000

由表10－13可见，母公司应收票据和应付票据无论是期初余额还是期末余额均大于合并报表中的相应数据，说明出现了母子公司间的相互抵消。2005年末，应收票据共抵消5800万元，应付票据抵消近2.7亿元。同时应收票据期末余额中，应收关联方所占的总体比重为93.82%，而杭钢集团所占比重为90.16%。在应付票据期末余额中则全部是应收关联企业款项。因此，可以判断该公司票据结算几乎全部在其控股公司杭钢集团及其下属子公司等关联企业之间进行。

（二）杭钢股份票据运作行为分析

如果杭钢股份正常采用商业票据替代应收账款进行信用结算，本来无可非议，因为这是国家政策大力提倡的结果。与应收账款相比，使用商业票据结算的确具有很多优势，如提高企业信用质量，加速资金的流通，促进企业间信用体系的建立。然而，通过其公开资料我们可以发现，杭钢股份关于商业票据结算的行为体现如下特征：

1. 大量关联交易票据行为

杭钢股份的销售购进业务中，关联交易占了很大比重，而大多发生在与控股公司杭钢集团之间，而货款结算以商业承兑汇票为主。这无疑给杭钢股份通过与杭钢集团之间交易操纵利润、美化财务报表提供了广阔的空间。该种做法一方面可以通过关联交易虚增收入，另一方面，把本应计入应收账款的长期款项计入了应收票据，避免了计提坏账准备（2006 年以前，会计制度规定应收票据不计提坏账准备）。如根据 2005 年应收票据的期末余额 14 亿元按照一年之内应收账款余额的 6% 的比例计提坏账准备，扣除坏账准备抵税的影响，该公司将直接减少利润 8200 万元，该公司 2005 年度的净利润仅为 21190 万元，计提后导致同期净利润下降接近 40%。

2. 商业承兑汇票为主的结算方式，加大了企业回收款项的风险

可能由于商业承兑汇票办理的审查手续要相对银行承兑汇票更加简单，因而受到杭钢股份的青睐。但商业承兑汇票只是以付款企业的商业信用为保障，其不能收回款项的风险远远大于银行承兑汇票。

3. 报告期内重大资产构成变化情况披露避重就轻

2005 年杭钢股份的应收票据期末余额较期初增长了 6.6 亿元，增长率为 88%，其占据资产总额的比重也从 13.53% 增加到 19.52%。应收票据无论是绝对值、相对值还是增长率都可谓对公司的会计报表产生重大影响。然而，在对年报中资产构成重大变化项目的披露中，对于占资产总额 19.52% 的应收票据的变动情况未进行披露，反而披露仅占资产总额 0.77% 的应收账款的变动情况。为什么要掩盖占据资产总额比重较大同时变动也较大的应收票据的变化？其意图何在？至少从实质重于形式的角度看，公司似乎另有隐情。

4. 虚假披露票据结算关联交易

该公司 2005 年度共发生主营业务收入 99 亿元，其中关联交易收入为 34 亿元，占总收入的 34% 之多。从该公司的年报中我们可以发现，关联方的应收票据 6 月 30 日的余额为 7 亿元，期末余额为 13 亿元。由于商业票据的最长期限为 6 个月，采用商业票据结算的当年度的关联交易的发生额最少也应该等于 20 亿元，占关联交易销售货物总额的 59%。同样，在购买商品、接受劳务的重大关联交易中，从关联方浙江杭钢昌兴电炉炼钢有限公司购货 6.7 亿元，占同类交易的比重为 97.83%，与该公司账户对应的应付票据余额为 3.8 亿元，因此与该公司发生业务结算也是以商业票据结算为主的。然而，该公司却在所有关联交易结算方式栏中披露以转账支票作为结算方式。为什么回避关联交易之间的票据结算方式？这里似乎令人产生许多遐想。

5. 隐藏控股股东占用上市公司资金实情

通过查阅杭钢股份与杭钢集团的往来款明细项目，截止到 2005 年 12 月 31 日，控股股东杭州钢铁集团公司共占用上市公司资金 12.6 亿元，其中应收票据 126 094 万元，应收账款 147 万元，其他应收款 4.4 万元，如果扣除上市公司所欠杭钢集团的资金共计 1.6 亿元，其中应付票据 3 000 万元，应付账款 8 789 万元，预收账款 2 300 万元，其他应付款 2 227 万元，杭钢集团净占用上市公司款项为 11 亿元。而在关联方提供资金披露中仅仅反映了控股股东其他应收款的余额 4.4 万元。所披露信息与事实相差之远，令人惊叹！杭钢集团在与杭钢股份的关联交易中，只给杭钢股份一纸票据，而长期占用杭钢股份的资金。2005 年末，如前所述，一方面控股公司杭钢集团净占用上市公司资金，另一方面杭钢股份通过商业票据结算进行融资，贴现利息的支付无疑增大了公司的融资成本。2005 年的贴现利息为 5 484 万元，导致净利润下降了 20%

还多。

6. 混淆经营活动现金流与筹资活动现金流

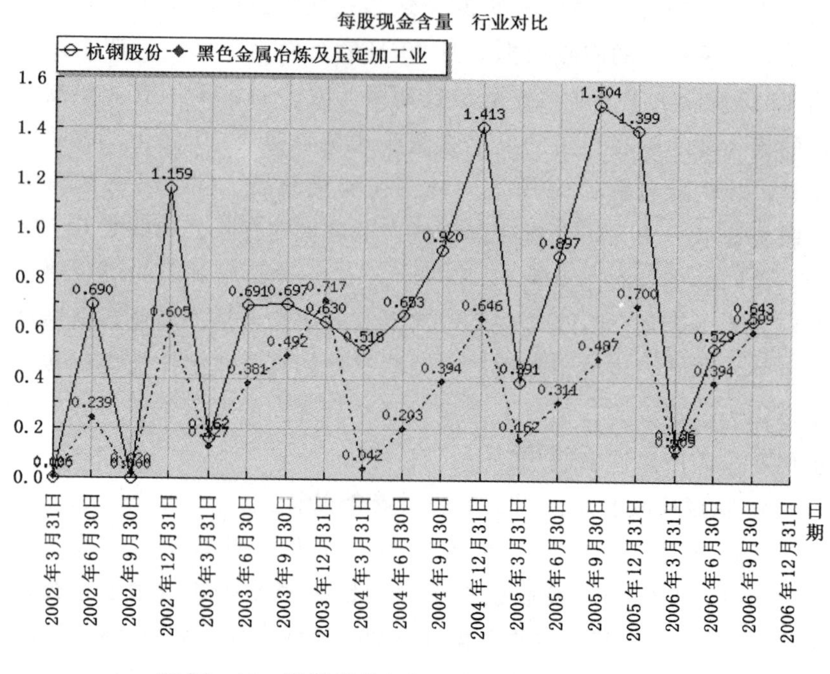

图 10－11　杭钢股份每股现金流量与行业对比图

图 10－11 是2002 年3 月31 日至2006 年9 月30 日杭钢股份经营活动的现金流与同行业之间的对比情况。可以看出杭钢股份每股现金含量远远高于同行业水平。尤其在 2005 年，其每股现金流为 1.399 元，几乎是同行业平均水平 0.70 元的两倍，该指标在同行业 31 个上市公司中排行第四，处于领先水平。杭钢公司在应收票据大幅度增长应收账款也未减少的情况下真的有这么好的现金流吗?

该公司在现金流量表中反映的经营活动现金流量净额为 9.02

亿元，其中“销售商品、提供劳务收到的现金”为 120.09 亿元。根据资产负债表利润表及其附注的数据，当期主营业务收入总额为 98.73 亿元，其他业务收入 2.85 亿元，应收账款增加 0.02 亿元，应收票据增加 6.57 亿元，预收账款减少 2.12 亿元，我们测算得出，该公司 2005 年度销售商品、提供劳务收到的现金最多为 110 亿元［（98.73＋2.85）×1.17－0.02－6.57－2.12］，与披露数据相差 10 多亿元。因此，我们猜测该公司会不会将商业票据的贴现余额款项 11 亿元计入销售商品、提供劳务收到的现金呢？通过分析筹资活动产生的现金流量也可以得到一定程度的印证。数据显示，借款所收到的现金为 8.95 亿元，而该公司 2005 年度短期借款的期初余额为 4.7 亿元，期末余额为 20 亿元，仅短期借款期末余额就增加了 15.3 亿元（其中包括应收票据贴现金额 11.05 亿元）。其中差额为 6 亿多元，加上 2005 年短期借款偿还的部分，2005 年新增的短期借款也就不止 15.3 亿元了，因此差额 10 多亿元也是非常合理的。显然，该公司很有可能将本应在“筹资活动产生的现金流”中反映的商业承兑汇票的贴现余额 11.051 亿元反映在“销售商品、提供劳务收到的现金”项目里了。假如是这样的话，那么杭钢股份经营活动的现金流量表将变为负的 2 亿多元了。该公司的现金质量将发生了质的变化！

（三）杭钢股份票据运作的动机倾向分析

杭钢股份票据运作的众多疑点恐怕难以简单从财务或信息披露本身来解释，而需要从广的背景——大股东操纵与利益侵占这样的角度分析，方能拨开迷雾，探求公司行为的动机倾向。

自 2003 年开始，以商业汇票作为信用结算的方式在中国勃然兴起。据 2006 年 8 月份公布的中国货币政策执行报告显示，2006 年上半年，企业累计签发商业汇票 2.71 万元，同比增长 0.25%，累计贴现额和未到期余额也都增长迅猛。由于商业票据具有融资功能，既可以背书转让也可以贴现，在国家政策的大力支持下，用商业票据结算受到企业和银行的共同青睐。就企业而言，以商业票据进行结算，通过背书贴现等运作，低成本解决了流动问题；就银行而言，如是承兑银行，既获得了一定比例的保证金存款，又收取了承兑手续费，如是贴现银行，类似于放出短期贷款。因此近几年在我国兴起了商业票据结算的狂热。

用商业票据进行结算确实可以缓解企业融资难的问题：一方面，对于那些暂无现款支付的企业，可以通过签发广为接受的承兑汇票，来促使交易实现；另一方面，对于那些急需资金的企业，可以通过票据的贴现或背书转让获得资金。此外，由于票据期限和金额的灵活性，通过票据市场进行融资，亦可降低企业融资成本。由此可见，通过票据市场进行融资，不失为企业短期融资的一个理想选择，同时还能促进企业之间商业信用体系的建立和完善。如果企业之间正常使用商业票据进行结算非但无可非议，反而值得提倡。然而，由于我国票据市场还不规范，基于票据市场的信用体系还未建立，因此，商业票据往往成为企业利用的工具，尤其是上市公司，利用商业票据结算往往还成为企业虚增利润，通过关联交易套取银行信用，转移上市公司资金的一种手段，从而成为大股东侵占上市公司利益，进而侵犯中小股东利益的重要途径。

首先，根据票据法的规定，企业间利用商业票据进行结算必须具有真实的交易，而对于商业汇票的参与方是否是关联方没有规定。因此，银行在办理相关业务时，只是审查企业之间的真实贸易背景，而不管商业汇票的参与者是否是关联方。研究发现，在我国上市公司中，存在关联方互开商业票据套取银行信用的情况。这也给上市公司通过虚开商业票据套取银行信用的同时虚增销售粉饰财务报表提供了可能。

其次，根据现有的信息披露准则，对上市公司应收账款的披露要求较高，企业对应收账款的披露也较详细。无论是账龄分析还是坏账准备的披露，企业往往都提供了较为完整的信息。而对于票据的披露，目前还相对比较简单。然而，无论是应收账款还是应收票据都属于现时未结清的款项，除了应收票据的收款时间比较确定以外，两者并无本质上的差异。这也使得公司可能将超过六个月的应收账款采用以新票抵旧票的办法，实现短票长占，而无需对该部分款项进行详细披露，表面上增强了企业资产的流动性。毕竟，在中小股东看来，应收票据的收回可能性要远远大于应收账款。

第三，尽管新的会计准则（2006）要求上市公司要根据可收回价值计提应收及预付款项的坏账准备，包括应收票据也要计提坏账准备，但是应收票据由于期限较短，发生坏账的风险较小，而且事前提供不能收回应收票据的证据难度也较大，应收票据一般也不计提坏账准备，至少从 2006 年的季报与半年报来看，尚没有上市公司对其应收票据计提坏账准备。这或许也是众多上市公司青睐于通过商业票据进行结算的重要原因。如将本应计入应收账款的超过一年的结算金额计入应收票据，就可以堂而皇之的不计提坏账准备，从而虚增企业利润。尤其是在采用大额商业票据结算方式时，虚增利润金额是相当可观的，从而会造成财务信息的严重失真，为控股股东侵占上市公司利益提供掩护。

因此，由于关联企业间开具商业票据的程序比较简单而且没有遭受银行审查其是否为关联方的风险，上市公司的控股股东有可能通过商业票据的形式，获取以下几个方面的好处：一是可以套取银行信用、获取融资款项；二是可以虚增销售，同时避免计提坏账准备，以高估利润从而粉饰财务报表，为控股股东利益侵占提供掩护；三是控股股东可以掩饰无偿占用上市公司的资金的事实，谋取控股股东的直接利益。利益总是与风险并存，上述利益蕴藏的风险是巨大的，一旦爆发风险，最终承担风险的却是中小股东。

（四）结论与应对措施

通过前文分析，我们发现，随着股权分置改革的完成和监管法规的完善，上市公司控股股东与中小股东的利益关系及其行为方式发生了较大程度的变化，但是控股股东对中小股东利益侵占的动机并没有完全消除，相反，控股股东会利用其控股权，寻求各种可能的机会与途径，对上市公司及中小股东利益进行更加隐秘的侵占。其中关联方票据结算行为就很容易沦为一种隐蔽性强、易于操作的利益侵占方式。如果上市公司与控股股东之间关联交易较多，而又大量通过应收票据结算，会给上市公司通过关联企业间虚构交易来无偿占用上市公司资金、操纵利润提供广阔的空间，应引起监管部门以及广大中小股东的特别关注。

为此，需要从中小股东利益保护和资本市场健康发展的高度，深入认识上市公司票据结算问题，完善相关法规，强化监管，从根本上保障公司及股东行为的合法性与公正性，进而促进我国资本市场的健康发展。

第一，强化票据结算监管与审查，控制票据结算风险。当初为了有效解决企业间三角债等问题，央行提倡票据市场发展的一个重要任务是应收账款票据化。但是由于我国票据结算监管和银行审查程序尚有待完善与细化，仅靠企业信用来推动应收账款票据化，会造成银行风险的大幅度的聚集；或者虽然商业承兑汇票表面上替代了应收账款，但实质是企业间不良账款的转移，“三角债”成了“三角票”，进而造成票据市场的混乱。如果资金链断裂将使企业陷入严重的财务危机，其结果必定导致股票价格的大幅度下跌，中小股东的损失不言而喻。因此，完善票据结算监管与银行审查程序，包括对公司关联方应收票据行为的审查与风险控制，是当前亟待解决的问题。

第二，规范票据结算的会计与信息披露规则。如前所述，尽管新的会计准则已经要求公司对应收票据计提减值准备，但是其执行情况还不尽人意，这就需要注册会计师及监管部门对此风险要充分认识并严加监管，避免爆发"票据危机"。另外，目前我国现金流量表的编制基础是现金和现金等价物，其中不包含应收票据。当公司销售产品取得商业汇票而非货币资金，又将这些应收票据背书后支付供应商货款，或者向银行贴现以获得现金，这些操作导致两种后果：如果将应收票据背书支付货款时，起到了支付工具的作用，却不能计入现金流量表中"经营活动产生的现金流量表"中，该部分款项将游离于经营活动产生的现金之外。另一方面，如果将应收票据进行贴现，就具有了筹资的功能，收现额应计入"筹资活动产生的现金流量"之中。如果在采用商业票据结算较少的情况下，该种做法对现金流量表的影响并不大。但如果在商业票据发生较多的企业（其真实性先不谈），将会导致公司收现金额与销售收入的严重偏离，也有悖于企业的真实状况。如何对现金流量表进行改进使中小投资者得到更加真实可靠的信息？例如，杭钢集团将应收票据的贴现金额计入"经营活动产生的现金流"虽然目前是不允许的，但在将来是否可行呢？最后应当完善上市公司票据结算的信息披露，包括票据结算关联方、票据结算发生额、余额、票据的数量、到期日、票据的趋向与计提减值准备的情况等。

第三，进一步优化股权结构，完善公司治理机制。"股权分置改革"使国有股、法人股与内部职工股的价值在资本市场上得到体现，客观上改变了非流通股股东通过"掏空"上市公司来实现收益的基本格局，大股东利益与上市公司利益之间的联动进一步得到加强，但是大股东与中小股东的矛盾是我国公司治理问题的主要矛盾的事实并没有改变。随着证券监管法规的完善与证券监管部门监管效率的提高以及中小股东权益保护意识的提高，大股东肆无忌惮地“掏空”上市公司的行为将得到抑制，但是损害中小股东利益的行为不会消失，而是日益隐蔽化，通过票据运作等“会计安排”和“披露策略”来掩护大股东损害上市公司的行为将逐步盛行。因此，要从根本上消除类似运用“票据运作”来侵害上市公司利益的行为，必须进一步优化股权结构，完善公司治理机制，强化监管，加大惩戒力度，从根本上遏制控股股东侵占上市公司利益与侵犯中小股东利益的行为发生。

第三节　投资谜局：价值创造还是财富转移

投资是实现公司战略、创造价值的重要活动。投资过程不仅伴随着公司财务状况与价值的变化，而且会引起控制关系与财富分配的变更。当投资者保护制度完善、公司治理机制健全的情况下，公司的投资往往会通过价值创造的形式实现投资之目的；相反，当投资者保护制度不完善，尤其是公司治理不完善的时候，利用投资活动来转移财富、实现公司控制权私有收益就不可避免，由此产生以价值创造为表象的投资谜局。五粮液巨资炒股“失陷”亚洲证券事件，将五粮液推到风口浪尖。本节对此案进行分析，以探讨投资谜局成因与对策。

一、案例概况

（一）“亚洲证券”案

五粮液“亚洲证券”案可追溯到 2007 年 9 月，成都智溢总经理谢军到成都公安局武侯区分局刑警大队报案，称其与亚洲证券的资产管理协议被伪造，并引发了向晓卫一案。正是谢军的报案，拉开了五粮液案的序幕。

2002 年 9 月，原三峡证券增资扩股并更名为亚洲证券，成为一家全国性综合类证券公司，总部位于上海，在全国拥有 48 家证券营业部和 12 家证券服务部。按总部要求，亚洲证券下属的各营业部开展了引进客户资金和办理委托理财业务。成都智溢成立于 1999 年 6 月，自然人谢军、余力分别出资 140 万元、60 万元，经营范围为“销售塑胶制品及各种管材”，谢军曾任五粮春销售有限公司经理。2000 年，成都智溢成为五粮液旗下品牌五粮春的经销商，其授权代表是尹启胜，与谢军关系密切，时任五粮液投资公司总经理。

2004 年 4 月，亚洲证券的居间人向晓卫对时任亚洲证券成都营业部总经理的庞铃称其可为亚洲证券引进成都智溢 5 500 万元客户资金。庞铃向亚洲证券上海总部汇报后，总部称，客户只要将资金存入公司一年不动，就可以支付 5% 的佣金。庞铃通过向晓卫得到了尹启胜的反馈，其同意将资金存入亚洲证券一年不动。2004 年 5 月 12 日，庞铃代表亚洲证券与向晓卫签订了《合作协议》，约定按照引进资金总额的 5% 的比例给向晓卫支付佣金。2004 年 5 月 13 日，尹启胜到亚洲证券成都营业部开户，并代表成都智溢实际存入 7 500 万元。亚洲证券上海总部看到资金划入账户后，要求尹启胜出具一份关于资金一年不动的书面承诺，向晓卫很快拿到了尹启胜的书面承诺书。但当向晓卫要求亚洲证券支付佣金时却被告知，只有客户签订一份委托理财协议才能支付 5% 的佣金。委托理财协议可签订一个补充协议，约定如未经成都智溢授权，委托理财协议不能生效。向晓卫很快给庞铃提交了盖有成都智溢印章和法人代表签名的《资产委托管理协议》及《资产委托管理协议之补充协议》。因此，向晓卫获得了275万元的佣金。

2005年5月24日，中国证监会对亚洲证券作出“取消亚洲证券的证券业务许可，并责令关闭”的行政处罚。5月31日，亚洲证券被宣告破产，成立清算组。2006年9月26日，成都智溢从亚洲证券成都营业部提取了2 073万元的保证金（含利息），其余5 500万元被认定为委托理财资金，转入破产债权，不能退回。按照证监会之前处理委托理财的惯例，成都智溢拿回全额资金的机会微乎其微。

成都智溢于2007年9月29日以有关协议造假、存在合同诈骗为由向公安机关报了案。成都市公安局随后以涉嫌合同诈骗罪将向晓卫、庞铃逮捕。

（二）五粮液与“亚洲证券”案

“亚洲证券”案与五粮液有什么关系呢？这里主要涉及成都智溢存放在亚洲证券的7 500万元的来源问题。最初成都智溢是在成都证券开设股票账户的，2001年4月6日，该账户转入1 000万元的保证金，同年4月16日，又转入8 000万元保证金。这些保证金中的8 000万元与五粮液有着直接的关系，最后也由“五粮液”上市公司买单。不仅账户资金与五粮液密切相关，而且该账户直接参与买卖“五粮液”的大量股票。

原五粮液投资董事长冯光兴承认，2001年初，谢军与五粮液投资的有关负责人商量一起炒股，由谢军出户头，五粮液投资出大部分资金。具体比例是，谢军出资1 000万元，五粮液投资出8 000万元。五粮液投资以申请流通资金的名义向五粮液集团财务公司借到1.5亿元，并称因公司业务需要，委托五粮液进出口公司代办8 000万元，转借给五粮春公司，用于该公司新产品市场开发。这笔8 000万元的借款后由五粮春公司直接划给成都智溢，但由五粮液投资负责收回。也就是说，上市公司五粮液的控股子公司五粮液投资向集团做了没有任何抵押物的担保人，而风险则由上市公司承担。资金就位后，由于谢军对证券投资业务不熟悉，就委托五粮液投资总经理尹启胜操盘，负责资金投资。

2001 年 4 月至 2004 年 4 月期间，成都智溢在成都证券的账户先后由尹启胜和汪东操作，除了申购新股外，买卖的均是五粮液自己的股票，而且数次大举买入的时机均与五粮液的利润分配方案推出时间相吻合。该账户的股票全部抛售后，该账户已经亏损约 1 500万元，原来的 9 000 万元资金已经变成 7 500 万元。后因成都证券即将被涌金系重组，在与谢军商讨之后，尹启胜将约 7 500 万元的余款转入亚洲证券。

二、解密“五粮液”投资谜局

“亚洲证券”案暴露了“五粮液”在证券公司的大量秘密投资资金，早前报出的“中科证券”案也爆出五粮液有 8 000 多万元的投资资金。五粮液到底有多少资金以这种“秘密证券投资”的方式出现在资本市场上仍是个谜，但“亚洲证券”案足以反映出“五粮液”的投资谜局。

（一）多元化：投资谜局设置的前提

公司多元化与集团公司的出现，以及由此形成的“金字塔”股权结构是控制权私有收益的基本工具。早在 20 世纪 90 年代，五粮液就已经开始了多元化发展战略，涉足酒精生产、制药、威士忌、塑胶、汽车、日化等，横跨十个行业，而酒业只占其总销售额的 1/3，按其 2020 年成为世界 500 强的战略计划，界时，未来酒业将只占公司业务的 1/4。对于五粮液来说，在白酒行业衰退的情况下，如果要将企业做大，多元化似乎是必然的选择。因此，五粮液开始了激进的多元化之路。

与此同时，早在1998年，五粮液就入主华西证券，虽然与四川省国资委达成转让协议，但在股权过户前，不知道什么原因宣告终止。可见，五粮液早有涉足证券业的想法，将证券投资也作为其多元化战略的一部分。此次的“亚洲证券”风波表明证券业已成为五粮液多元化版图上的一部分。

从1998到2008年的11年时间里，五粮液用于多元化投资的费用高达77.35亿元，一共投资了大大小小81个项目。除了在与酒业密切相关的印刷公司、以塑胶和模具为主的普什公司和玻璃公司实现盈利外，其他多元化投资都没有获得预期的收益，有的甚至血本无归。资料显示，经五粮液财务确认，这些多元化投资至今给母公司贡献的利润累计只有5.62亿元。成本与收益的巨大差异，使得五粮液上市公司不得不用自身的利润来弥补亏损，为这些多元化损失买单。此次，五粮液在“亚洲证券”巨额损失自然也要由上市公司买单。

（二）关联交易：投资谜局的利器

通过关联交易转移财富，以最大程度地实现控制权私有收益，是投资谜局的根本目的，“五粮液”对关联交易这一利益输送的利器应用得出神入化。20世纪90年代，五粮液集团将一些优质资产剥离出来，成立了五粮液股份有限公司，并于1998年上市。五粮液上市之后，五粮液集团并未持有上市公司的股份，而持有股份的宜宾国有资产经营有限公司却不参与上市公司的经营管理，而是将经营管理权委托给五粮液集团管理。这种“三角关系”为五粮液的关联交易创造了条件。上市公司拥有制曲、酿酒、包装和销售等主要酒类资产，但其上下游的交易都要通过集团公司控股的公司完成。上游，五粮液要向集团公司控股的普什公司购买瓶盖、酒瓶和商标，完成产品的包装，而普什公司的主要利润来源也是依靠向上市公司销售产品获得的；下游，五粮液要通过五粮液进出口公司完成产品的销售。2005 年以来，进出口公司承担了五粮液酒的内销和出口业务，每年会产生高达几十亿元交易额。2008 年，五粮液主营收入 80 亿元，但其利润仅为 18 亿元。而作为最大的关联交易方，五粮液集团同期则创下销售收入 300 亿元、利税 60 亿元的历史佳绩，这不得不让投资者质疑：是上市公司“喂肥了”集团公司。通过这种关联交易，五粮液不断向集团公司输送利润。

“亚洲证券”事件中 8 000 万元的资金也可能是通过关联交易进入成都智溢的，其实是由五粮液投资公司通过五粮液进出口公司再转借到五粮春销售公司。五粮液之所以兜了个大圈子，就是想要隐藏这笔巨额资金的来源。

（三）广告费：又一搅局工具

五粮液还可以通过经销商或广告费来转移利润。成都智溢作为五粮春的经销商，就可以成为五粮液转移利润的工具。五粮液先把货发给经销商，由其压一段时间，货款很容易滞留在外。尤其在旺季，五粮液供不应求，谁拿到货马上可以变现。五粮液的巨额广告费通过经销商支出，也可实现资金流出。

据了解，前几年国内各名酒实行价格双轨制，即计划价、市场价，同一种五粮液酒的价差在 40 元以上。此次“亚洲证券”事件的成都智溢，从 1992 年起就以五粮春代理身份存在于五粮液集团内部，且在内外部均被视为五粮液集团重要组成部分。由于控制人是王国春胞弟王国学和有特殊背景的谢军，因此总能以最优惠价格得到酒品，由此产生的价差则厂商分利，各占一半。

（四）信息披露：投资谜局的“烟雾弹”

证券监管机构设置信息披露的根本目的是通过提高公司透明度降低股东（尤其是中小股东）与公司内部管理者的信息不对称。但是，公司管理层往往会滥用信息披露以掩盖有损股东利益的行为及其后果。五粮液的投资谜局采用信息披露掩盖就不难理解了。在2001年和2002年临时信息披露及定期报告中，五粮液并没有披露五粮液投资以补充流动资金为名向集团申请的1.5亿元借款，也没有提及五粮液投资通过五粮液进出口公司将8 000万元作为经销商的扶持借款。五粮液仅已“其他货币资金”作为存放在证券公司的存款，那么，这是否包括借给五粮春的8 000万元，按照2009年3月的公告，五粮液否认五粮液投资公司在亚洲证券存放资金，也就说明这8 000万元很可能不在报表之中，即从未披露过。此外，五粮液对五粮液投资公司的资产等状况披露甚少，且从2005年起，五粮液对五粮液投资进行计提固定资产减值准备。不完善的信息披露成为五粮液对外掩盖投资谜局的“烟雾弹”。

三、五粮液“投资谜局”形成的动因分析

（一）控股股东与中小股东利益之争

我国上市公司多数是原国有或民营集团公司在股份制改造时，将其主体部分剥离出来改组成股份公司，并与其他部分组成“集团公司”。由于集团的其他公司为股份公司上市“作出了贡献”，集团公司出于自身利益需要，总是千方百计地利用上市“圈钱”以救济其他公司，严重侵犯中小股东利益。随着证券监管日趋严格，上市公司控股股东（集团）直接占用上市公司资金的行为已

纳入刑法调节范畴，与此同时，中小股东自我保护意识不断提高，控股股东与中小股东之间的利益之争不再采用太明显的方式，而渐倾向于利用非公平关联交易等较为隐蔽的方式，其中利用“投资谜局”来实现公司价值转移获取所谓的“集团价值”就是一种更为隐蔽的侵占方式。

（二）内部人控制下的管理层利益追逐

我国上市公司既存在大股东与中小股东之间的利益冲突，又存在管理层的内部人控制问题。一般情况下，管理层利益与控股股东是一致的，但是在特定的情况下，其利益又有独立性特征，如在MBO和股权激励中，管理层往往容易和控股股东产生矛盾。五粮液在管理层薪酬上也存在这样的问题。五粮液2008年年报显示，董事长唐桥的年收入仅为77 583元，董事王国春的年收入为91 787元，总经理陈林的年收入为62 867元，财务总监郑晓宾年收入为57 509元，而公司的独董年收入就有6万，董事和高管们的收入与独董的收入持平，甚至更低。而同为白酒企业的贵州茅台，其副总2007年的收入就有115.54万元。这种高管低薪酬的情形在资本市场中并不多见。作为每年年收入数十亿，每年为国家上缴利税数亿的企业，高管的低薪酬自然推动了高管利用内部人控制地位追逐自身利益，并最终催生了“投资谜局”乱象。

四、五粮液“投资谜局”的经济后果

（一）损害公司价值

关联交易使上市公司的经营失去市场独立性，过分倚重关联企业的扶持，使得上市公司抗击风险的能力不断减弱。当大股东没有能力进行扶持的时候，上市公司的业绩随时可能跌入低谷，甚至出现大幅亏损。2008 年，五粮液约有 52.1% 的销售收入来自于五粮液进出口公司的销售。

（二）侵害中小股东利益

在我国，控股股东控制着上市公司，控股股东和中小股东相比，具有信息优势和资产控制权优势。控股股东会利用其在董事会中的控股地位采用关联交易的方式大量占用上市公司资金，或侵占上市公司财产，将上市公司作为“提款机”、“垃圾箱”，通过关联交易肆意处置自身的不良资产、套取现金，无偿占用上市公司资源。而中小股东因为自身专业知识的限制、信息不对称及部分投资者投资的盲目性等原因，难以对上市公司的风险和报酬进行合理的预测，进行理性投资。这样，中小股东的利益就难以得到保障，中小股东将承受巨大投资风险。

（三）危害资本市场发展

不公平关联交易会损害国家、中小股东、债权人及上市公司自身的利益，尤为重要的是，若任由不公平关联交易滋生、蔓延，势必会打击投资者信心，扰乱市场秩序，如果投资者受到伤害并失去信心，资本市场的发展必将受到严重的影响，对中国证券市场的健康、规范发展极为不利。同时，关联交易的存在不仅影响证券市场资源的配置效率，而且影响市场信息披露的透明度，降低市场信息披露的质量。证券市场会计信息的披露是投资者用来评价上市公司存在的风险，从而作出投资决策的重要依据。关联交易的存在扭曲了上市公司的会计信息，使投资者无法通过公开披露的信息了解上市公司的真实业绩，这将严重误导投资者的投资决策。同时随着关联交易非关联化的出现，使那些实质上的关联交易得不到充分的披露，进一步加重了市场上的信息不对称，而信息不对称会加大二级市场的操作风险，产生逆向选择效应，最终将使劣质上市公司充斥市场。

五、五粮液"投资谜局"的启示

五粮液深陷"亚洲证券"事件，（部分）暴露了其"投资谜局"，综合分析其"投资谜局"的成因、手段和后果，不难发现在我国特定的制度背景和市场环境下公司投资存在的问题。投资谜局已经使投资失去价值创造功能，而更多地关注财富转移效用，其后果对公司价值、中小股东利益以及资本市场发展都造成一定的破坏。为此，应当采取有力措施，完善相关制度，从而避免类似事件的再度发生。

（一）完善信息披露制度

"阳光是最好的杀虫剂，灯光是最好的警察"。通过完善信息披露制度，强化信息披露执行力度，加大信息披露遗漏与违规的处罚力度，不断提高公司透明度。

（二）完善对控股股东与内部人的治理机制

进一步采取切实措施，建立防范控股股东和内部人侵犯公司利益的有效机制，防止他们侵犯公司及中小股东利益的行为。不断完善现有的高管薪酬体系，完善激励约束机制。

（三）健全中小股东诉讼制度

按照现有的法律制度，只有上市公司因为虚假陈述导致股东利益受损时，小股东才能提起诉讼，其他原因导致股东利益受损，至少目前还没有公开的法律文件允许提起诉讼；同时我国现有法律体系中的“谁主张，谁举证”，也无疑加大了小股东起诉控股股东的成本；我国民事法律总体上不存在惩罚性赔偿。创造条件克服上述中小股东法律诉讼障碍，对于预防“投资谜局”具有基础性意义。

第四节　股权激励方案风险与对策

股权激励是指为了克服公司股东与经营者之间的委托代理问题，通过一定方式让经营者持有部分股权，从而使经营者与股东利益更趋向于一致的激励约束方式。通过股权激励，可以减少现代企业两权分离所产生的代理成本过高，内部人控制严重的现象。当管理层把所有权和经营权重新合一时，激励效应增加，代理成本减少，企业的价值增加。但是股权激励发挥效率是基于一系列前提条件的，如资本市场条件、成本效用原则与业绩约束原则等。当这些条件不具备而又缺乏严格监管的情况下，股权激励不仅达不到上述目标，甚至是加剧委托代理问题，产生奇怪现象。本节通过分析海南海药股权激励案产生公司巨额亏损的现象，来深入认识我国上市公司委托代理关系特征，从而揭示股权激励方案的风险及其对策。

一、案例介绍

海南海药股份有限公司（以下简称海南海药）创立于 1965 年，前身为海口市制药厂，1992 年改制为股份公司。1994 年 5 月在深圳证券交易所上市流通，发行人民币普通股 2 500 万股，发行后的注册资本为 10 000 万元。1994 年 12 月在深圳证券交易所上市。股权分置改革实施前，经多次送、转、配股后，公司总股本变更为202 348 992.00股。2005年11月，在册的全体流通股股东每持有10股获得非流通股股东支付的3股对价股份，原非流通股股东持有的非流通股股份性质变更为有限售条件的流通股。股权分置改革实施后，公司总股本不变。2006年10月中国证监会通过了海南海药的股权激励计划，公司确定在此日实施股权激励计划。2006年12月15日，海南海药对外公布了股票期权激励计划（修订稿）。2007年11月6日确定为公司股票期权激励计划授权日。2008年3月5日，海南海药发布2007年年度业绩预亏公告。公司实施股票期权激励计划，依据《企业会计准则第11号——股份支付》的相关规定，计算权益工具当期应确认成本费用约7 220万元，导致公司2007年年度报告中净利润将出现约5 000万元亏损。

（一）海南海药股权激励计划的主要内容

海南海药拟授予公司董事（不包括独立董事）、监事、高级管理人员、中层干部、技术和营销骨干以及为公司销售作出杰出贡献的各地区经理等60人共计1 500万份股票期权，每份股票期权拥有在授权日起8年内的可行权日以行权价格和行权条件购买一股海南海药股票的权利。未来经董事会考核认定为对公司发展有突出贡献的公司员工本次激励预留500万股（占当前总股本的比例为2.470%），由公司股东大会授权公司董事会用于激励对公司发展作出突出贡献的有关人士。激励计划标的股票的种类、数量是：股票期权激励计划拟授予的股票期权数量为2 000万份；涉及的标的股票种类为人民币A股普通股；涉及的标的股票数量为2 000万股；标的股票占当前海南海药股本总额的比例为9.88%。

股权激励计划的授予日为2007年11月6日。此计划采用分期考核、分期行权的方式，等待期为一年，即授予的2 000万份股票期权不得立即行权，在授权日后进入等待期。授权日满一年后，当年考核结果合格的，激励对象方可行权。此次股票期权的行权价格为3.63元，即满足行权条件后，激励对象获授的每份期权可以3.63元的价格购买1股公司股票。满足行权条件的激励对象在授权日满一年后（即第二年，指2006年年报公布、业绩考核后）的行权数量不得超过其获授股票期权总量的50%，第三年至第八年每年的行权数量不得超过其获授股票期权总量的10%。当年未行权的股票期权可在以后年度行权。

（二）海南海药股权激励的会计揭示

1. 授予日的会计处理

根据《企业会计准则11号——股份支付》（以下称《股份支付》）的相关规定，除了立即可行权的股份支付外，无论权益结算的股份支付或是现金结算的股份支付，企业在授予日均不作会计处理。2007年11月6日为海南海药的股权激励计划的授予日，符合《股份支付》授予日的标准，授予日不作账务处理。

2. 等待期内会计处理

等待期内每个资产负债表日，企业应将取得的职工提供的服务计入成本费用，计入成本费用的金额应当按照权益工具的公允价值计量。对于权益结算的涉及职工的股份支付，应按授予日权益工具的公允价值计量，确定成本费用和相应的资本公积（其他资本公积），不确认其后续公允价值变动。股份支付在授予后通常不能立即行权，一般需要在职工或其他方履行一定服务年限或达到一定业绩条件才可行权。

在等待期内资产负债表日（即2007年12月31日）计提实施股票期权而增加的费用和资本公积。海南海药规定第一次可行权的行权数量不得超过其获授股票期权总量的50%。在此将预计行权率定为50%。假设授予日期权工具的公允价值为7.22元/股，以上均符合激励计划确定的获授条件。当期管理费用为 7 220 万元（2 000 万股 ×50% ×7. 22 元/股 =7 220 万元）。根据新会计准则，计算权益工具当期应确认为成本费用。海南海药实施股权激励的费用为 7 220 万元，即净利润减少 7 220 元。净资产保持稳定（净利润减少 7 220 万元与相应增加的资本公积抵消）。在此后等待期每个资产负债表日，应以可行权权益工具数量为基础，按照权益工具授予日的公允价值，将当期取得的服务计入相关成本或费用和资本公积。

3. 可行权日后的会计处理

对于权益结算的股份支付，在可行权日之后不再对已确认的相关成本费用和所有者权益总额进行调整。对于现金结算的股份支付，企业在可行权日之后不再确认成本费用。2008 年末对已行权的 1 000 万股（2 000 万股 ×50%）的账务处理为增加银行存款，同时增加公司股本与资本公积。

二、海南海药股权激励方案风险分析

股权激励的根本作用在于把经营者或员工的利益与股东利益紧密捆绑，激励经营者与员工最大限度地为股东创造价值。股权激励的风险源自以下几个方面：首先，激励强度不够或缺乏业绩硬约束，就起不到上述激励作用；其次，激励强度过大，以至于激励成本高过由于激励而增加的价值时，股权激励就是失败的，其风险也就产生了；再次，资本市场特征以及行权特征也往往使股权激励对象提前套现激励，而不受任何约束，从而使激励失效。因此，股权激励的风险主要来自激励强度设置、业绩约束的程度以及由于复杂的委托代理关系所导致上述问题产生。

从事后来看，海南海药股权激励方案的问题是激励强度过大与业绩软约束并存，下面予以分析。

根据上述会计处理，可以清晰地看出，股权激励所导致确认的费用主要与标的股票数量、行权率、股票市价这三个因素有关，而这三个因素恰恰是决定股权激励强度的关键因素。海南海药在设计股权激励方案时对这三个因素的设计不当，使企业在授权日之后承担了超过自身能力的成本费用，导致了此次巨额亏损。

（一）标的股票数量设定偏高

2007 年海南海药的成本费用过高与激励门槛过低、标的股票的数量过多有关。海南海药规定此次股权激励的标的股票占当前海南海药股本总额的比例为 9.88%，而证监会规定的最高上限为 10%。如此接近规定上限，必然存在较大风险，股权激励不符合企业的实际情况，严重超出了企业的承受范围，激励成本的不适宜使企业股权激励的边际收入无法弥补边际成本费用，从而造成股权激励强度过大。海南海药可以通过降低标的股票数量比例的方式，如设定 1% 或 2%，来降低股权激励风险。

（二）首次行权的行权率过高

导致成本费用高的因素除了标的股票数量，还有股权激励的行权率。海药规定可行权的行权数量不得超过其获授股票期权的 50%。假设海南海药第一年的行权率上限定为 20%，费用就会大大减少，企业也就不会有如此大的压力。公司规定的期限为 8 年。海南海药若采取均摊或逐年递增的方式，2007 年就不会产生如此之多的费用，也就不会导致亏损，同时也维护了中小股东的权益。可见行权率的设定体现出了激励对象提前套现的倾向，由此会引起我们对公司委托代理关系与内部人控制问题的关注。

（三）缺乏控制股价波动的措施

2007年股票市场发生了重大变化，沪深两市双双大幅攀升，使众多上市公司始料未及。海南海药的股价也一路攀升到最高14.17元。这与最初制定的行权价格3.63元相差近三倍。如果假设海南海药股价为14元，则奖励给员工的总金额将高达2.8亿元。这显然超出了企业的负担能力，产生了激励强度过大的问题。这一问题似乎是企业不能控制的，但是企业在设计股权激励方案时应当对此作为重要风险来考虑，不考虑如此大的激励风险，原因只是没有考虑到这么简单吗？

三、海南海药股权激励风险成因分析

（一）管理层的内部人控制特征，造成了我国的上市公司股权激励是具有制度诱因的套利行为

管理层的行为是否符合股东的长期利益，除了它的内在利益驱动以外，同时还受到各种外在机制的影响，管理层的行为最终是其内在利益驱动和外在影响的平衡结果。股权激励只不过是各种外在因素的一部分，它的适用还需要有市场机制的支持，这些机制我们可以归纳为市场选择机制、市场评价机制、控制约束机制、综合激励机制、权益和负债的估值服务市场与市场的政策法律环境等，然而我们要看到，我国的市场尚在一个发展完善的阶段，市场机制上的缺陷造成制度上的先天不足。再从我国上市公司的委托代理关系来看，我国的体制决定了国有控股公司股权比较集中，公司的委托代理管理的主要矛盾有所不同，居于绝对优势的大股东与弱势的中小股东也存在利益冲突，国有上市公司的管理层一般是依附听命于

大股东，他们的利益是一致的，有时就会共同损害中小股东的利益，但是管理层一旦出现自身的特殊利益需求，就会为己奋斗，凭借其与大股东的紧密关系，它的这种内部控制人行为就会更加隐蔽，在设计股权激励方案时，利用掌握信息充分的优势，对标的股票数量、行权率等方面作出最大限度的利己安排，高强度、早套现，这样高强度的股权激励方案严重损害了公司价值，“绑架”了股东与政府。

（二）业绩软约束是导致股权激励方案失败的另一动因

管理层获得激励收益取决于是否能都实现业绩标杆，目前大多数公司实施的股权激励方案都以会计利润等为衡量标准，管理层作为公司的实际经营者，与股东相比，有获取掌握信息的先天性优势条件，而公司业绩与管理层获取激励收益的高度关联性，使管理层有足够的动机和手段来影响公司经济效益的确认判断。管理者在制定股权激励计划中就会有损害股东利益的可能，这种倾向是普遍存在的。如海南海药以 2005 年末净利润为固定基数，2006 ~ 2011 年的净利润增长率分别比 2005 年增长 12%、24%、36%、48%、60% 和 72% 以上作为业绩门槛。海南海药 2005 年的净利润为 2 174 万元，比 2004 年与 2006 年的净利润都要低，就是不实行股权激励计划，光靠企业自然增长就能做到。而由于股权激励所导致的费用（即激励成本）直到 2011 年也无法弥补 7 220 万元的损失。2006 年到 2011 年的净利润增长值总和达 5 478. 48 万元，这还不算公司下一次股份支付记入的成本费用。承诺的净利润预增无法填补股权激励造成的高额成本，给予高管的奖励不但变成了企业的负担还同时抹杀了股东应得的利益。

（三）监管部门监管措施的不到位也加剧了股权激励的风险

在我国，股权激励作为“股权分置改革”行为的“奖励”措施，开始对其监管很松。以至于股权激励实践出现了大量问题后，才引起监管层的注意。证券监管部门开始从严审批股权激励方案，并于2008年3月连续发布了股权激励的《备忘录1》和《备忘录2》，导致先前大部分的股权激励方案非停即改。继证监会就股权激励有关事项连发两个备忘录之后，国资委在2008年7月2日公布了《关于规范国有控股上市公司实施股权激励有关问题的补充通知》（征求意见稿），这是一个月内监管层规范上市公司股权激励发出的“三道金牌”。股权激励问题才得到遏制，可见监管部门监管到位是克服股权激励风险的重要措施。

四、结论与政策建议

（一）结论

我国上市公司委托代理关系，兼具大股东与中小股东之间的冲突与管理层的内部人控制问题的双重性。一般情况下，我们关注了大股东与中小股东之间的冲突，并强化了中小股东利益保护的监管措施。但是，尽管管理层与大股东利益在多数性情况下是一致的，但是当管理层有其特殊利益要求时，它就会想方设法通过增加激励强度、提前套现等手法来获取更大的利益，这就造成了内部控制人侵占股东利益的负面效应，如果忽视对内部人控制问题的监管，其危害是相当严重的。股权激励实践中这些问题得到了集中反映。因此，股权激励方案是有风险的，主要表现为激励强度过大或过小，业绩软约束以及内部人控制所导致的激励失效等。海南海药股权激励方案的失败就是上述问题的极端反映，其过高的标的股票的数量、过高的行权率以及对资本市场股价变化风险的忽视，都折射出管理层控制下，其逃避业绩约束，提前套现激励问题，这进一步提醒我们，内部人控制问题监管与保护中小股东利益同等重要。

（二）政策建议

1. 重新审视股权激励的本质功能与目的

股权激励是基于公司委托代理关系的一项长期机制，通过激励与约束机制限制和引导管理层，以达到减少代理成本、增加公司效益与长期激励等效应。公司应当科学制定股权激励方案，对激励强度如何设定以及激励方案如何应对会计风险与市场风险都做到有效控制，制定的方案要保证激励的长期效应，防止激励对象提前套现，保障激励效果的实现。同时，改进股权激励的行权条件，从业绩软约束转变为业绩硬约束，可以将行权条件与公司股票市值挂钩，股价是反映公司经营绩效和投资价值的综合性指标，它离不开业绩，业绩又不是决定市值的唯一因素，这就一定程度上有效防止了业绩软约束条件下管理层人为盈余管理来谋求自身特殊利益的倾向。

2. 监管部门进一步完善有关法规，规范操作规程

目前我国监管部门对股权激励中的利润操纵、市场操纵与利益输送等控制不力，监管不到位，对违法违规行为处罚力度不够，尤其是对非上市国有公司的违法违规处罚不力，因此监管力度必须还要加强，政策法规做到具体细化。证监会审批上市公司股权激励计划的关键点需要把握好，并且进一步加以规范，从严审批股权激励方案。

3. 强化信息披露，发挥中小股东的监督功能

实施股权激励的公司要确保能按照规定充分进行信息披露，使

信息披露更加公开透明；增强中小股东的维权意识，发挥中小股东的监督功能。

4. 掌握股权激励的风险规律，关注其财务影响

股权激励的财务影响主要表现为对财务状况的影响与经营成果的影响，股权激励方案的设计要事前进行模拟测算，充分考虑各种风险，把财务影响控制在可接受的范围内。

第五节　管理层控制下的代理成本与利益侵占

管理层收购[①]（Management Buyouts，简称“MBO”）是指公司的管理层利用高负债融资，通过购买公司的股权从而成为公司的所有者或者获得公司的控股权。其产生主要是为了减少现代企业两权分离所产生的代理成本过高，内部人控制严重的现象。当管理层把所有权和经营权重新合一时，激励效应增加，代理成本减少，企业的价值增加。所以相当一部分人认为，当管理层缺乏激励或者激励不足时，不如把企业卖给管理层，以免企业价值继续减少。在中国的改革开放过程中，政策制定者一度曾试图通过管理层收购来进行国企改革，明晰企业产权，改善国有企业公司治理结构，提高国企效率。但是在政策的执行过程中却暴露出了严重的问题：中央政府为管理层收购所设定的种种监管措施常常被有意无意地绕过；管理层收购通常都导致国有资产流失；中小股东的利益通常都被肆意践踏；以及讳莫如深的收购资金来源问题（通常是管理层“空手套

① 由于非上市公司的管理层收购的资料不易取得，本节仅讨论上市公司或上市公司母公司的管理层收购。

白狼”)。凡此种种，中国的管理层收购过程中似乎总是伴随着管理层与其他利益相关者，包括中央政府、地方政府和中小股东之间的利益格局的重新组合。本节以张裕股份的 MBO 案为例，探讨管理层控制下中国复杂的代理成本与利益侵占问题。

一、案例概况

（一）烟台张裕集团有限公司和烟台张裕葡萄酿酒股份有限公司基本情况

烟台张裕集团有限公司（以下简称张裕集团）的前身是著名爱国华侨张弼士先生于 1892 年创办的“张裕酿酒公司”，是中国第一个工业化生产葡萄酒的企业。1994 年 9 月，经烟台市人民政府批准改制为国有独资有限责任公司。

烟台张裕葡萄酿酒股份有限公司（股票代码：A 股 000869；B 股 200869，以下简称张裕股份）是张裕集团 1997 年作为独家发起人，将集团下属的白兰地、葡萄酒、香槟酒、保健酒四个酒业公司及相关辅助配套公司进行资产重组，并向海外投资者发行 8 800 万股境内上市外资股（B 股）募集设立的，是中国葡萄酒行业第一家上市公司。2000 年 10 月，张裕股份作为第一家纯 B 股的葡萄酒企业成功发行 A 股，并在深交所正式上市，成为国内同行业唯一拥有 A、B 股的葡萄酒企业。目前张裕股份已发展成为中国乃至亚洲最大的综合葡萄酒生产经营企业。

2002 年 7 月，张裕被中国工业经济联合会评为“最具国际竞争力向世界名牌进军的 16 家民族品牌之一”。在中国社会科学院等权威机构联合进行的 2004 年度企业竞争力监测中，张裕综合竞争力指数位列中国上市公司食品酿酒行业的第八名，成为进入前十强的唯一一家葡萄酒企业。

（二）张裕 MBO 过程

张裕的 MBO 始于 2003 年，完成于 2005 年，其间大致可以分成两个阶段。首先，烟台市国资局将张裕集团 45% 的国有产权转让给管理层 MBO 的实体裕华公司，由于这次转让不涉及张裕集团控股股东的变化，不用证监会和国资委批准，只需要烟台市国资局批准，相当程度上减少了政策风险。然后，烟台市国资委再将 43% 的国有股权转让给两家外资机构，从而使张裕集团改制为中外合资企业。根据两次股权转让后各股东签署的协议，董事会是张裕集团最高的权力机构，决定公司的所有重大事宜。董事会由 9 名董事组成，其中：裕华投资委派 4 名，烟台市国资委委派 1 名，意利瓦委派 3 名，国际金融公司委派 1 名。这样裕华投资就成了张裕集团的实际控制人。MBO 过程及 MBO 前后的股权结构图见图 10－12 和图 10－13。

表 10－14　　　　张裕 MBO 过程

时间	事　　件
2003 年 8 月	烟台市国有资产管理局决定将其持有的张裕集团部分国有产权对让，并报经烟台市政府批准
2004 年 10 月 29 日	烟台市国资局与裕华公司签订了《国有产权转让合同》，将张裕集团 45% 的国有产权转让给裕华公司，转让金额为人民币 38 799.51万元
2004 年 11 月 2 日	张裕股份就控股股东股权变更发布公告
2004 年 12 月 15 日	张裕股份发布公告称，根据控股股东张裕集团股东会决议，烟台市国有资产管理局拟将其目前持有的张裕集团 43% 的国有产权分别向两家外国投资者转让，向其中一家转让 33%，向另一家转让 10%。其中一家是以葡萄酿酒为主业的战略投资者，另一家是产业投资基金

续表

时间	事　件
2005年2月7日	烟台市国有资产监督管理委员会（前烟台市国有资产管理局，以下简称“烟台市国资委”）与意大利 Illva Saronno Investments S. r. l（以下简称“意利瓦公司”）签署了《股权转让协议》，将其持有的张裕集团33%的国有产权转让给意利瓦公司，转让金额为人民币48 142.43万元
2005年2月17日	张裕股份就控股股东股权变更发布公告
2005年5月18日	烟台市国资委与国际金融公司（英文名称为：International Finance Corporation，简称“IFC”）签署了《关于烟台张裕集团有限公司国有股权出售和购买协议》，将张裕集团10%的国有股权转让给国际金融公司，转让价格为人民币14 589万元。同日，烟台市国资委、烟台裕华投资发展有限公司、意大利意利瓦隆诺投资公司和国际金融公司共同签署了将张裕集团改制为中外合资企业的《股东协议》、《合资经营企业合同》和《合资企业章程》
2005年10月20日	烟台市国资委向两家外国投资者的股权转让获国务院国有资产监督管理委员会批准，张裕集团以股权并购方式变更设立为中外合资企业并办理了工商变更登记手续。MBO过程结束

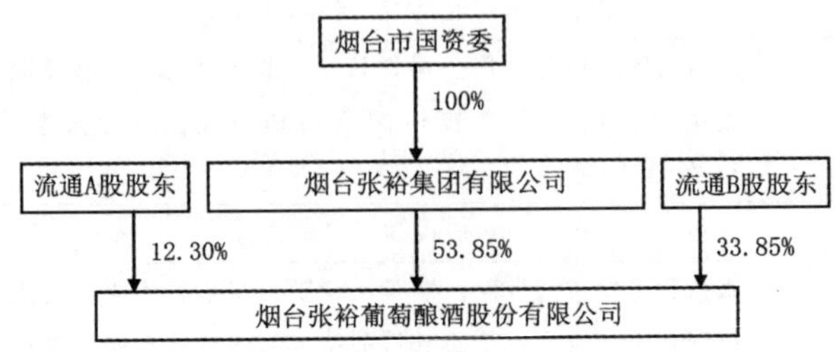

图10－12　张裕MBO前的股权结构图

（注：本图截至时间为2004年9月30日）

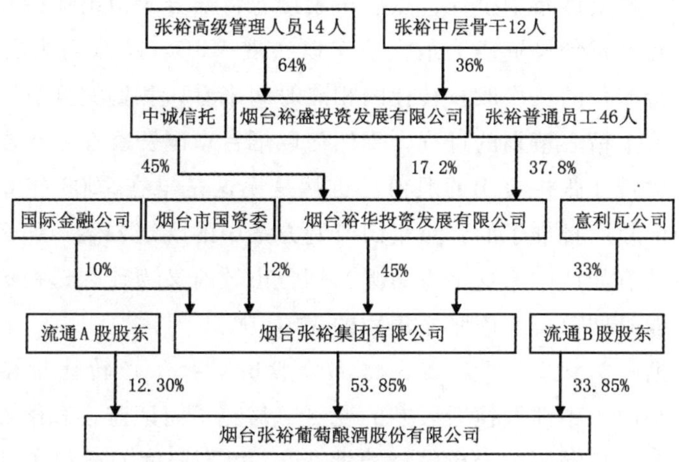

图 10－13　张裕 MBO 后的股权结构图

（注：本图截至时间为 2005 年 12 月 31 日）

二、MBO 过程中扭曲经济行为

（一）转让路径的选择

自从 2004 年 8 月“郎顾之争”以来，管理层收购成了众矢之的，无论是监管层还是社会舆论和民众都把关注的焦点集中于此。可以说，无论是何种形式的 MBO 都会招来一片质疑之声。同时事实也在推波助澜，几乎每一次管理层收购到最后往往都被证明是黑箱交易，且伴随着严重的国有资产流失。所以如何选择一条合适的 MBO 路径以期最大限度地减少管理层收购的阻力（包括中央政府的监管和舆论的质疑）就成了一个颇具技术性的问题。让我们来看看张裕的“智慧”。

张裕 MBO 选择的路径是，先将部分国有股份（45%）转让给管理层收购实体裕华投资，然后再紧接着将部分股份出让给外资股东，从而是裕华投资成为最大股东以实现 MBO。从张裕集团 MBO 过程中所涉及的三次股权转让的相隔时间来看，我们完全有理由相信这是一个精心策划的过程，不然何以烟台市国资委在半年多的时间里三次转让张裕集团的股份！也就是说这是早在 2003 年 8 月就经烟台市政府批准了的张裕集团改制方案中的既定方案！那么何以烟台市政府如此中意这个方案呢？烟台市政府又为什么选在这么一个敏感的时期急着实施张裕集团的 MBO 呢？

根据“方案”，烟台市先将部分股份（45%）转让给裕华投资，但是由于不涉及控股股东的变更，豁免了向证监会和国资委报批的义务，只需要烟台市国资委批准[①]，相当程度的避免了政策风险。因为在 2003 年和 2004 年的两年中中央政府对 MBO 的态度是不甚明朗的，虽然已不同于之前的叫停，但是由于之前所进行的 MBO 部分存在严重的国有资产流失，中央政府对 MBO 始终有所警觉，表现为加大了 MBO 的审查力度，充分运用 MBO 的最后审核权来严格把关，一时间很多公司的 MBO 都被卡在了财政部、国资委或者证监会审批的节骨眼上（比如宇通客车）。同时张裕管理层还为 MBO 披上了一层光亮的外衣“EMBO”（指管理层联合员工收购目标公司股份取得目标公司控制权，可是往往员工在未来公司的股份极小），其鼓吹的“人人有份，绝不落空”的确是个诱人的口号，谁都知道这种宣扬平均的口号在中国意味着什么——无论在哪一级政府部门的审批中都能有加分。

然后烟台市国资委再将股份转让给外资股东，把意利瓦公司和国际金融公司绑上裕华投资的战车，然后再向国资委报批。这样就

---

① 参见国资委 2004 年 8 月 25 日发布的《关于企业国有产权转让有关问题的通知》。

可以利用中央政府对外资的优惠政策和外企的超国民待遇，来增加获得批准的可能性。事实证明这确实是个不错的选择，张裕顺利通过了审批。另外，从受让张裕股份股权的外资股东的选择上我们也可以一窥烟台市国资委的良苦用心。根据张裕股份公告，张裕拟转让的外资股东是以葡萄酿酒为主业的战略投资者，在世界葡萄酒类行业具有较高的知名度，过去3年连续盈利，并且最近一个会计年度经审计后的年营业收入折合人民币不低于20亿元，净资产折合人民币不低于10亿元，资产负债率不超过60%。其时，人们普遍认为这非张裕长期的合作伙伴卡斯特莫属，可是最后的买家却是名不见经传的意利瓦（2003年营业额超过2.2亿欧元，勉强合格）。这就不得不让人联想选择意利瓦是不是要确保张裕的管理层在未来的公司中有足够的话语权呢!

从张裕巧妙安排的MBO路径中，我们可以清晰地看到管理层和地方政府的密切配合不仅确保了管理层在未来公司中的控股地位，还通过巧妙安排“威逼”中央政府来核准这次股权转让，借助“人人有份，绝不落空”的EMBO和中央政府对外资的优惠政策相当程度上削减了其对MBO的监管力度，这个可以从张裕集团MBO仅半年多的审批时间就可以看出。很明显，在上面的过程中，张裕管理层和烟台市地方政府显示了高度的行为一致性，他们有着共同的利益诉求：设法削弱中央政府的监管力度，保证管理层在未来的公司的控制权，顺利实现MBO。

（二）涉及的股权转让价格的考量

根据张裕股份的公告和其他的公开资料，在张裕MBO的过程中总共涉及三次股权转让。分别是：2004年10月29日，烟台市国资局将张裕集团45%的国有产权转让给裕华公司，转让金额为人民币38 799.51万元；2005年2月7日，烟台市国资委将张裕集团33%的国有产权转让给意利瓦公司，转让金额为人民币48 142.43万元；2005年5月18日，烟台市国资委向将张裕集团10%的国有产权转让给国际金融公司，转让金额为人民币14 589万元。在这三次相隔时间不足一年的转让中，裕华公司的每股股权受让价格仅仅是意利瓦公司和国际金融公司的59%。这就不得不让我们产生一个疑问，是什么原因使得对裕华公司和外资股东的转让价格有如此差距呢？是烟台市国资委向裕华公司打了六折，还是在向外资转让时取得了高溢价？

根据张裕股份的公告，烟台市国资委在向裕华投资转让股份前，通过山东鲁信产权交易中心网站和全国性报刊公开了产权转让相关信息。从山东鲁信产权网上我们能找到一个编号为ZR－0001的公告，上面介绍张裕集团的评估价值为147 000万元。可是若以此为计价依据，那么张裕集团45%的股权的价值就是66 150万元，是裕华投资出价的1.7倍，远远高于裕华投资的出价！更何况根据前面的介绍，张裕集团是国内葡萄酒行业当之无愧的领导者，而且根据张裕的年报，葡萄酒行业在中国是有相当好的发展前景的，那么按照常理股权转让应该有一个相对高的溢价才对！那么这就不能不让我们把这次股权转让和国有资产流失联系起来了。

那么烟台国资委和张裕方面又是怎么来解释这种种谜团呢？烟台市国资委有关负责人指出①，“两次股权转让均按国家规定相关程序进行，为了避免日后在转让价格上有争议，还专门聘请了知名中介机构进行了评估和审计”，“负责审计的是目前全球最大的会计师事务所普华永道，负责有形资产评估的是山东第一大会计师事务所正源和信会计师事务所，负责商标、商誉等无形资产评估的则

① 援引自2005年3月4日《中国证券报》“烟台市国资委首次表态否认张裕集团国有股权被贱卖”。

是北京国友大正评估有限公司。且两次审计和资产评估结果都是由同样的中介机构来做出的，遵循的会计准则和资产评估准则都一样，采用的资产评估方法也一样。”

那么到底是什么原因造成两次相隔不长时间的股权转让有如此大的差距呢？这位负责人又说①，“其差异主要由三方面的因素导致：一是两次转让所适用的政策不同，前者为了保护职工利益，享受了部分优惠政策；二是两次评估资产的时点不同，对内转让时资产评估基准日是 2003 年 8 月 31 日，对外的基准日则是 2004 年 10 月 31 日；三是产权转让方式不同，前者是协议转让，后者则采取了市场化的招标方式，使国有出资人获得了 20% 的溢价。至于为何采取协议转让方式，烟台市国资委负责人表示，这是根据 2003 年 11 月出台的《山东省国有产权交易管理办法》关于‘职工集体购买本单位产权的，应当按照行使出资人职责的人民政府批准的方式交易’的规定作出的，符合政策要求。”同时这位负责人指出，“按照审计的结果，张裕集团截止到 2003 年 8 月 31 日评估后的净资产为 12.54 亿元。到了 2004 年 7 月，对内转让进入实际操作，虽然此时离 2003 年 8 月 31 日尚未满一年，资产评估结果依然有效，但为了避免造成国有资产流失，又追加了一次经营审计。由于张裕集团自身的发展，增加了 4 532 万元的净资产，达到了 12.9935 亿元”。在剔除了张裕博物馆和部分对外担保以及无法收回的应收款再加上 1.643 亿元职工支付身份置换金后，张裕集团的实际净资产为 11.1665 亿元。同时，转让时“在无形资产、土地使用权转让等方面按比例进行了优惠，因为按照烟台市人民政府于 2004 年 7 月 19 日下发的《关于推进市属国有（集体）企业改革的

① 援引自 2005 年 3 月 4 日《中国证券报》“烟台市国资委首次表态否认张裕集团国有股权被贱卖”。

意见》的相关规定，“国有（集体）企业改制时，无形资产转让（不含土地使用权）的优惠幅度不得高于总价的40%”，“国有（集体）企业改制时，国有划拨土地按照有关规定办理出让或租赁手续，出让价格最大优惠幅度是实际评估值的60%”，此外，一次性缴清转让款还有部分优惠。最终内部职工以38 799.51万元获得了45%的股权。

虽然这位负责人说的是冠冕堂皇，可是我们还是能发现问题。首先，若按照审计结果，张裕集团的评估后净资产为12.9935亿元，那么为什么我们在山东鲁信产权网上找到的公告介绍张裕集团的评估价值为147 000万元？我们不清楚为什么会在产权交易公告上列示虚高的数字，到底哪一个才是真的呢？其次按照他的说法，这次股权转让还预先扣除了1.643亿元职工身份置换金，可是根据国家有关规定，“不得采取转让前将有关费用从净资产中抵扣的方法进行企业国有产权转让”。烟台市国资委有关负责人对此的解释是，“张裕集团的改制方案在《关于企业国有产权转让有关问题的通知》发布之前即获得批准，有个时间先后的问题”。但这个文件是2004年8月25日发布的，而张裕的股权转让是10月29日，相差了两个月。我们不知道张裕的股权转让是在签署协议前多久获得批准的，但是两个月的时间也未免太长久了，显然烟台市国资委方面的解释难以让人信服！再者根据国家的规定国有股权转让前要在产权交易机构中进行交易，要保证披露信息的完整和覆盖的广泛，可是我们从山东鲁信产权网的公告上居然连拟转让的股份数，转让价格这类最基本的信息都找不到，而且这个网站的覆盖面也很值得怀疑，至于张裕公告里所宣称的在“全国性报刊公开了产权转让相关信息”，我们更是没有找到！这不得不让我们质疑张裕集团这次转让的公开性，这就是一起彻头彻尾的已经事先确定了买家的“公平交易”。

最后国有股权转让的定价历来是一个敏感的问题，确保国有资产不流失也历来是处理这个问题的既定原则。但是根据烟台国资委的说法，张裕的股权转让对管理层有巨大的优惠——11 450 万元。似乎本来应该强势的国资委在谈判中失去了话语权，我们实在不能相信这是在公平的前提下所进行的谈判的结果。

从上面的情况来看，虽然在 MBO 定价这个问题上张裕管理层和烟台市国资委是买卖双方，按照正常的逻辑，双方利益冲突是在所难免的。可是在定价的过程中，我们看到的却是双方的“合谋”，烟台国资委方面对 MBO 对价似乎不是很计较，处处予张裕管理层“方便”，也急着压价。这背后到底是什么逻辑呢？烟台市国资委似乎并不在乎最终转让价格是否公平，它更在乎能在现有法律和制度的框架内给出一个解释，只要能找到依据，只要能避免 MBO 可能产生的政治风险，它并不介意给予管理层最大的优惠！可是这样的安排必然会导致国有资产的流失，管理层势必会侵害国有股东的利益。

（三）资金来源问题

MBO 的资金来源历来是人们关注的焦点，公司的管理层何以突然间能拿出巨额资金来收购也一直是一个讳莫如深的问题，也历来是监管层工作的重点。

张裕的 MBO 所依托的实体是裕华投资。根据张裕股份的公告，裕华投资成立于 2004 年 10 月 28 日（也就是受让张裕集团 45% 股份的前一天），注册资本 38 799. 51 万元，出资人为 46 个自然人和两家企业法人，其中，46 个自然人均为张裕股份普通职工，其出资占注册资本的 37. 8%，两个企业法人分别为烟台裕盛投资发展有限公司（以下简称“裕盛公司”）和中诚信托投资有限责任公司（以下简称“中诚信托”），两者分别占裕华公司注册资本的

17.2%和45%。在裕华公司此次受让张裕集团45%国有产权所出38 799.51万元资金总额中，中诚信托出资17 400万元，其余21 399.51万元为裕盛公司和46个自然人股东自筹资金。

表10－15　裕盛投资的股东及其在张裕的任职情况

姓名	在张裕集团或张裕股份的职务	出资额（万元）
孙利强	张裕股份董事长，张裕集团董事长、总经理	775.68
周洪江	张裕股份副董事长兼总经理，张裕集团副董事长	711.03
付铭志	张裕股份董事，张裕集团董事、副总经理	344.74
冷斌	张裕股份董事，张裕集团董事、总会计师	301.65
曲为民	张裕股份董事、副总经理兼董事会秘书	301.65
蒋永胜	张裕集团副总经理	258.56
杨明	张裕股份副总经理，张裕集团董事	258.55
李建军	张裕股份董事、副总经理	258.55
李记明	张裕集团总工程师	258.55
姜华	张裕股份副总经理	258.55
孙健	张裕集团副总经理	258.55
黄先明	张裕集团财务负责人	107.73
张虹霞	张裕股份监事会主席，张裕集团监事、企审处处长	107.73
姜建勋	张裕股份财务负责人	107.73
初福香		167.44
史世春	张裕股份职工监事	173.89
魏滨生	张裕集团酿酒师、评酒委员	155.87
梁黎明		121.79
彭斌		189.15
杨茂俭		158.22
吴祝友		260.24

续表

姓名	在张裕集团或张裕股份的职务	出资额（万元）
王红林	张裕集团人力资源处处长	287.86
孙洪波	张裕集团保健酒销售公司经理	183.1
蔡建设		263.21
林朴	张裕股份员工，但张裕股份曾将1 137万元存入其名下	243.83
刘世禄	张裕北京分公司经理	219.34

（资料来源：烟台市工商局）

张裕集团的高管和员工何以突然能支付如此巨款呢？根据烟台市国资委和张裕的解释，张裕管理层“通过信托融资17 400万元，以解决自有出资不足的问题，不存在以张裕股权作抵押贷款的行为”，裕华投资“所有参与融资的股东都以个人名义签订了《个人信托融资确认书》，随着股东个人逐步还款，中诚信托在裕华公司中所占的出资比例将逐步减少，直至完全退出”，张裕也“从来没有向任何银行协调贷款给个人融资”，“股东个人出资因数额不大，完全可以从个人积蓄或亲朋好友手中借款解决”。

可是事实真的如此吗？事实上，张裕股份近两年的高派现一直引人关注，让我们看看其历年的股利分配方案以及发放情况，见下表10－16。

表10－16　　张裕股份股利分配方案

年份	分红方案	股权登记日（A股）	发放的现金股利总额（万元）	裕华公司所占的金额（万元）
2005	10股转增3股派7元（含税）	2006年5月15日	28 392	6 680.091
2004	10股派5元（含税）	2005年4月29日	20 280	4 914.351
2003	10股转增3股派1元（含税）	2004年6月10日	3 120	

续表

年份	分红方案	股权登记日（A股）	发放的现金股利总额（万元）	裕华公司所占的金额（万元）
2002	10股转增2股派2元（含税）	2003年6月5日	5 200	
2001	10股派2.5元（含税）	2002年6月14日	6 500	

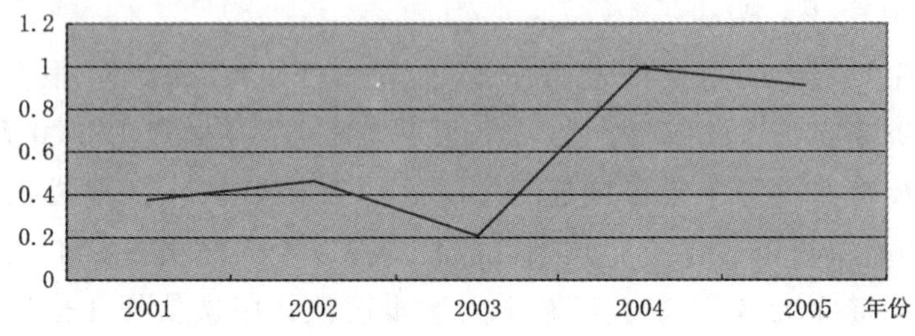

图 10－14　张裕股份股利分配率变化图

从上面的图表可以看出，张裕股份在2004年、2005年（也就是裕华投资收购张裕集团45%的股权后）连续高派现，两年共计派现每10股12元，而从2001年到2003年的三年中，共计派现每10股5.5元，且是在不考虑转增导致的股利分配基数增加的情况下的结果（相当于2004年的10股在2001到2003年共派现了3.65元）。

同时根据张裕股份年报披露的其和张裕集团在1997年5月18日签订的商标权许可使用合同，张裕股份须按每年销售收入的2%支付商标使用费予张裕集团。2004年和2005年，张裕股份分别交了36 087 518元和26 768 675元，那么按照持股比例，裕华投资能获得28 285 287元。

由此，仅现金股利和商标使用费两项，裕华投资两年中就能从张裕集团分得 14 422.974 万元，占股权转让金额的 37.17%，按此速度，用不了几年裕华投资就能收回全部转让价款。

另外，我们在张裕股份的年报中还发现了一个奇怪的现象：在张裕股份 2004 年的合并报表中，有 1 136.6 万元和 765.6 万元银行存款分别在员工林朴和矫红伟名下，由其代为持有。而林朴又恰恰是裕盛投资的股东，其出资额为 243.83 万元。张裕并没有解释这种奇怪做法的原因，但是公款私存显然不符合我国的财务制度，而且根据储蓄实名制的要求这笔巨款已然成了两位员工的私有财产！我们不清楚张裕的员工是不是将这笔钱以质押存款的形式获得银行贷款来筹集 MBO 的资金，但如果真的那样，问题的性质就严重了。

我们注意到近年来张裕股份的营业费用和管理费用增长迅速。各年度的情况见下表 10 - 17：

表 10 - 17　张裕股份各年的营业费用和管理费用的增长情况表

年份	营业费用	比上年增长金额	营业费用/主营业务收入	管理费用	比上年增长额	管理费用/主营业务收入
2000	208 016 279		23.81%	69 232 785		7.92%
2001	210 178 821	2 162 542	23.72%	69 840 107	607 322	7.88%
2002	206 620 369	(3 558 452)	22.26%	78 575 746	8 735 639	8.47%
2003	235 768 039	29 147 670	20.82%	93 860 075	15 284 329	8.29%
2004	334 921 278	99 153 239	25.02%	104 535 981	10 675 906	7.81%
2005	489 221 842	154 300 564	27.11%	146 518 979	41 982 998	8.12%

从上表可以看出，自 2003 年（也就是张裕 MBO 的起始年）起张裕股份的营业费用大幅度增长，三年中分别增长了 2 915 万元、9 915 万元、15 430 万元，如此巨幅的增长，不禁让我们怀疑这是否和管理层筹集收购资金相关。管理费用的增长也同样非常显

著，尤其是2005年，比上年增长达4 198万元。由于张裕的管理层在掌握公司经营权的同时却缺乏公司股东的控制，使得张裕内部管理层和股东之间的制衡机制不复存在，那么很自然的，类似管理费用、营业费用的费用性支出就完全由管理层掌握，作为局外人我们根本无法评价其发生的必要性和合理性。而费用的增长又是典型的上市公司内部控制人侵害外部股东的方式。

从以上的分析我们可以看出，在管理层实现MBO后，利用其控股股东的身份，通过高额派现、资金占用和费用增长，不但筹集了大量的收购资金，还事实上侵害了中小股东的利益，其严重程度并不亚于其他一股独大的上市公司。困扰中国股市的大股东利益侵占问题并没有因为MBO而有丝毫改善。

三、监管失效与利益侵害：基于中国市场特征的讨论

（一）中国的MBO不同于西方之处

中国的MBO是在国企改革的大背景下提出的，这就使它和西方MBO相比有很多不同之处。主要是：由于中国股市是流通股和非流通股分置且控股股东往往持有的是非流通股，而MBO大多也是通过收购非流通股实现的，这就导致MBO后管理层持有大量不能在股市交易的非流通股；由于非流通股没有一个公开市场形成的价格作为参照，其定价很大程度上依赖账面净资产，这就使得收购价格存在了更多操纵的余地；MBO后公司并不退市，而是管理层成了上市公司的控股股东。以上特点对MBO的影响将在后文详述。

（二）管理层收购的宏观环境：中央政府和地方政府的不同态度

在国企改革的过程中，制度设计者曾经试图通过管理层收购来提高企业经营效率。在九十年代，先后有众多的公司实现了 MBO。大众科技、四通公司都是当时很有影响的案例。与此同时，MBO 在执行中也暴露出各种各样的问题，主要就是转让价格的确定依据（往往导致国有资产流失）和管理层收购资金来源（时常发生的“空手套白狼”）。中央政府为了规范 MBO 操作和加强国资监管，出台了一系列的法规和配套措施严把 MBO 最后的审批关，甚至一度叫停①，以期能规范 MBO 的操作，防止国有资产流失。

可是根据 2003 年国务院和相关部委颁发的《企业国有资产监督管理暂行条例》、《企业国有产权转让管理暂行办法》等的规定，地方政府享有在地方国有企业的出资人权利，这就实际上赋予了地方政府对辖区内国有企业的剩余索取权和控制权（王国生，2001）。另外地方国有企业的 MBO 在改善公司治理结构的同时，还能为地方政府带来一笔不小的财政收入（根据现行国有资产处置收益权利划分制度，地方国有企业的处置收益划归地方政府），这对地方官员在一切以 GDP 为准的官员考评体系中赢得一个好的业绩是大有帮助的。同时，地方国有企业的管理者与地方政府官员之间的关系通常也是非常密切的，地方重点国有企业是该地市长或市委书记的形象工程或者地方重点国有企业高管和该地市政府官员间来回轮岗甚至兼任也都是常有的事情。这样，就使得地方政府往往积极支持国有企业的管理层收购。Jin、Qian 和 Weingast（2004）

① 2003 年 3 月财政部在给原国家经贸委《关于国有企业改革有关问题的复函》中，建议“相关法规未完善之前，暂停受理和审批上市和非上市公司的管理层收购”。

通过地方政府和中央政府之间的收入留成率来研究了1982～1992年我国地方政府面临的财政动机，发现财政动机与国有企业的更多改革相关。张维迎和栗树和（2004）发现由于地区之间的竞争等原因，地方政府事实上在推动地方国有企业的民营化。

（三）管理层收购所涉及经济行为的分析——基于利益侵害的视角

与MBO相关的经济行为主要有两个方面：一个是收购价格的确定；一个是管理层的收购资金的来源。上面已经说了在中国地方国有企业的实际控制人通常是地方政府，那么确定收购价格也就成了地方政府和管理层双方讨价还价的博弈过程。根据杨瑞龙（2000）的观点，我们将地方政府官员视为利用政治组织实现经济功能的政治企业家，即他们在与中央政府和微观主体——在这里表现为管理层——的博弈中，将努力通过追逐潜在制度收益来发展本地经济和显示政绩，从而使自己的政治资本增值。很显然，管理层在这个博弈中的效用最大化目标就是尽量压低收购价格，其表现就是在MBO前通过盈余管理来做低会计盈余，降低被收购公司的价值。很多学者都证明了这一点（Lee和Wu，1993），而且外部监督越低，这种行为越严重。但是地方政府官员的效用函数就要复杂的多，他要在实施MBO的政治风险（主要是事后可能产生的是否造成国有资产流失的质疑）和实施MBO后可能带来的企业经济效益增加进而带动地方经济增长之间作出选择。那么推进MBO到底有多少政治风险呢？事实上这种风险是极低的，这一点可以通过事实来证明。市场上发生的MBO不在少数，转让价格遭受质疑的也同样不在少数，可是我们似乎没有听到哪一地方政府官员因为MBO而落马。那么作为理性的经济人，地方政府官员自然选择支持MBO，具体也就表现为在MBO的转让价格上不是那么计较。只要按照中央政府的规定，程序性地做好 MBO 相关的工作，给其所参与制定的转让价格一个合理的解释，他们就可以规避掉政治风险了。可是这事实上就默许了 MBO 前管理层的盈余管理等其他侵害原股东利益的事情，造成国有资产流失。

MBO 所涉及的另一个经济行为主要就是管理层收购资金的来源。这个问题之所以引人关注，主要是因为在 MBO 的实践过程中，管理层大多对其资金来源避而不谈，即使有说法也大多漏洞百出，而且很多事实表明存在管理层通过盗用公司资产来购买公司的行为（比如伊利的郑俊怀），即所谓的“空手套白狼”。由于 MBO 是杠杆收购的一种特殊情况，那么管理层在 MBO 后必然高额负债，其认为 MBO 有利可图是觉得公司股份未来的价值在抵偿了借款之后还有可观的回报。一般而言，股东获得回报的方式主要是通过股价变化获取差额收益和通过股利分配获得现金股利。可是上面已经说过了我国的 MBO 主要是通过收购非流通股来实现的，也就是他们相对于中小股东同等享受的获利途径主要是现金股利。从经济学角度，每个理性人都会在给定的约束条件下实现个人利益的最大化。如果我们把管理层（也就是控股股东）的利益最大化简化为控制权收益最大化，那么仅仅通过现金股利显然是不足以获得最大的回报的①。那么管理层就有动机设法充分利用其控制权获利，只要不违反给定的约束条件。众所周知，中国市场是新兴市场，法律不完善，同时管理层持有的又是非流通股，小股东通过拉低股价来惩罚控股股东（Fan 和 Wong，2002）在中国并不适用，那么管理层就可以不顾忌市场的反应来进行各种向其进行利益输送的行为。而且国内的很多学者都已经证明这种由于控制权和现金流权的差异所导

① 这是因为分配现金股利使大股东获得资金的同时，小股东也获得同样的份额，这减少了控股股东所能控制的资源。

致的利益输送行为的存在。吕长江和周县华（2005）更进一步指出对于政府控制公司由于其几乎没有关联方，利益侵占假说更能解释其股利分配动机。我们认为其逻辑同样适用于MBO中的管理层。那么也就是说在MBO后管理层有动机和能力高额派现，一方面可以筹集清还欠款的资金，可以在风险很低的情况下侵害中小股东的利益。那么如果管理层的收购资金可以从MBO后公司未来几年的分红中获得，我们可以认定这就是"空手套白狼"。另外在MBO后，由于MBO实施后管理层是企业的控股股东，可以确保其职位的稳定，并获取具有吸引力的薪酬，这导致控制权市场对其约束减弱，管理层可以放心实现个人私利的最大化而不是企业价值最大化（Morck、Shleifer和Vishny，1988）。而且在我国MBO后上市公司的营业费率、财务费率、管理费率普遍增加，其中管理费率增加幅度最大，管理层的确在通过提高薪酬、扩大在职消费等手段谋求利益（李曜和梁健斌，2006）。以上无论是高额派现还是提高期间费用都事实上造成了对中小股东利益的侵害。

四、结论与政策建议

本节基于张裕股份的MBO案例的分析，发现在现行的法律制度框架下，中央政府和地方政府的利益冲突、证券市场监管不力、上市公司内部治理机制不完善是导致张裕MBO中中央政府管制失效和利益侵害的关键原因。

针对上述问题，我们认为要加强法制建设，规范MBO的操作规程。主要是要引入竞价机制，让更多的利益主体参与到国企改革进程中；强制国企改革信息披露，使其更加公开透明；严把审批程序。同时还要在地方政府引入问责制，对事后证明存在国有资产流失的MBO的当事人追究责任。

同时，寄希望于MBO解决中国上市公司的代理问题，是不现实的。中国上市公司代理问题不在于管理者与股东之间，而是大股东与外部中小股东之间的冲突。MBO本身是为解决管理者与股东之间的代理问题，并不能很好地保护外部股东。中国股票市场的两个主要症结是股权分置和一股独大，流通股股东并不能通过拉低股价来制约大股东，同时大股东可以肆无忌惮地掏空上市公司。而MBO并不能解决这种问题。股权分置改革解决了股权的二元结构，但是MBO是否能解决中国的代理冲突，减少利益侵占行为呢？这还需要对中国委托代理冲突的双重性进行深入研究，并通过不断实践来检验。

第六节 “一股独大”下的机构投资者治理效应

在英美国家股权结构分散的情况下，机构投资者积极参与公司治理，成为股东有效监管管理层的重要力量，进而有效改善了公司治理，但是在股权高度集中的情况下，尤其是我国“一股独大”的情况下，机构投资者是否有动力和能力来约束大股东行为、改善公司治理呢？本节通过双汇发展（000895）机构投资者否定股权转让议案为例，分析我国“一股独大”下机构投资者的利益趋向、行为方式，考察机构投资者在公司治理中的功能效应。

一、案例介绍

河南双汇投资发展股份有限公司（以下简称双汇发展）是由河南省漯河市双汇实业集团有限责任公司（以下简称双汇集团）

独家发起，以社会募集方式设立的股份有限公司。公司经营范围涉及畜禽屠宰、肉类食品的加工包装销售、食品行业的投资等。股东结构上，香港罗特克斯公司通过100%控股双汇集团间接持有双汇发展30.27%的股份，加上直接持有21.18%股权，共控制双汇发展51.45%的股份；公众股东持有48.55%股份，而其中最大持股比例也不超过5%。双汇发展股权结构为典型的“一股独大”。

2010年2月11日，双汇发展公布了关于召开2010年第一次临时股东大会的通知，定于3月3日采用现场投票的方式就大会的唯一议案——《关于香港华懋集团有限公司等少数股东转让股权的议案》进行表决。议案涉及股权转让的公司有10家，包括漯河华懋双汇化工包装有限公司、华懋双汇实业（集团）有限公司等，双汇发展在其中的持股比例为20.01%～63.35%不等。20世纪90年代，双汇发展在自有资金短缺、融资困难的情况下，先后引进了16家外商企业，而香港华懋集团等部分少数股东近年有退出的意愿，希望转让其股权。根据法律规定，双汇发展对这部分股权享有优先受让权，而双汇发展“考虑到使该10家企业继续保持中外合资企业性质以及继续享受税收等优惠政策的因素，公司决定放弃优先受让权”，这也正是待审议议案的内容。值得注意的是，在股东大会审议对优先受让权“是否放弃之前”，公司却已经放弃了优先受让权，这些股权已经于2009年上半年以极为“低廉”的价格被转让给了罗特克斯公司——双汇发展的大股东，而这也为机构投资者的联合反对埋下了伏笔。

由于审议的为关联交易内容，大股东要回避表决，所以这一议案能否通过，主要看机构投资者的态度。根据2009年年报，前十大无限售条件流通股股东中，有9家基金公司持有公司股份，仅它们已经占到了流通股32.26%的比例。由于现场投票绝大多数小股东不会行使投票权，因此基金在这项议案上掌有“生杀大权”。

2010年3月3日，双汇发展临时股东大会如约召开。81名股东及股东代表出席了会议，代表股份1.29亿股，占公司有表决权股份总数的21.31%，其中多为基金的代表。在引人注目的议案投票中，1.08亿股对议案投了反对票，占出席会议所有非关联股东所持表决权的近84.83%，仅有6.79%投了同意票，另有8.38%的股份弃权，议案最终遭到压倒性地否决。基金罕见地集体“倒戈”，造成了很大的反响。双汇发展于3月22日停牌，重新筹划重大资产重组事宜。

二、机构投资者否决公司议案的动因分析

（一）机构投资者作为股东的权利受到漠视

在“一股独大”的股权结构下，机构投资者自然是中小股东的一部分。作为股东，基本的权利是知情权和投票权，有效的治理机制应该包括鼓励和监控公司及时真实地披露信息的制度安排，而保证按照股东的意志行事。但是，对于双汇发展而言，机构投资者作为中小股东面临严重的信息披露问题和投票形式化问题。

2009年上半年已经完成的股权转让，双汇发展在2010年2月才召开董事会进行决议，3月份开股东大会审议此议案。这意味着中小股东的投票只是走个形式，以满足法律对程序的要求，其实质是剥夺中小股东的投票权。另外，如果不是基金投票反对的话，外界可能永远也不知道将优质公司股权让给大股东的“秘密”，这并不是双汇发展第一次存在信息披露问题。2006年，高盛和鼎晖通过双方的合资公司香港罗特克斯，联合受让了漯河市国资委持有的

双汇集团（双汇发展第一大股东）100%股份，高盛和鼎晖分别持股51%和49%。2007年10月起，围绕罗特克斯发生了一系列令人眼花缭乱的股权腾挪，使原本并不复杂的股权结构变得层层叠叠。然而除了一则关于高盛向鼎晖转让5%罗特克斯股权的公告外，双汇发展在2007年和2008年年报中对高盛和鼎晖的一系列股权转让行为未做任何披露。直至2009年年底有媒体曝出高盛在双汇集团的持股比例已降至10%，并即将再次减持的时候，双汇发展的两则公告才姗姗来迟。公告显示，除了高盛减持，双汇发展101名员工也通过一家海外公司间接持有了上市公司的大量股份。公司接连违反信息披露义务，信息透明度不断遭受质问，中小股东利益保护成为一句空话。而双汇发展管理层冒着违规风险不进行信息披露，背后是否有巨大利益的牵扯呢?

（二）机构投资者作为中小股东的利益面临侵害

尽管公司在2010年3月才召开股东大会就是否放弃优先受让权进行表决，而实际上公司却早已放弃优先受让权，相应的少数股东转而与罗特克斯公司协商。罗特克斯同意受让股权，并分别与股权转让方签署了《股权转让协议》。转让价款以2008年9月30日为基准日，按扣除2008年1~9月分红后的净资产加上一定比例的溢价确定，总金额为6.148亿元，股权转让已于2009年上半年完成。那么是不是因为这个转让价格过高才导致双汇发展不愿意受让股权呢?

我们可以粗略计算。被转让的公司在2008年全部盈利，利润额在396万元到5924万元之间，都属于较为优质的公司。如表10－18所示。除去以股权置换方式实现转让的一家公司，将其他9家公司的少数股东转让股权比例分别乘以2008年净利润和截止到2008年末的净资产数额，结合6.148亿转让价款，计算出的市盈率和市净率分别为9.15倍和1.32倍。可见，该转让价格可谓相当低廉，而且这10家公司主营业务均为肉类、肉类制品的生产销售或相关包装材料的生产销售，处于双汇发展的经营链条之中，因此公司的放弃就着实令人不解。

表10－18　　涉及股权转让公司的部分资料

涉及股权转让的公司	双汇发展持有股份比例（%）	少数股东转让股权比例（%）	转让方式	该公司2008年度净利润（万元）	该公司截至2008年12月31日的净资产（万元）
漯河华懋双汇化工包装有限公司	63.35	9.5	现金	840	6 398
漯河华懋双汇包装制业有限公司	20.01	74.99	现金	511	4 442
漯河华懋双汇塑料工程有限公司	23.77	60.99	现金	1 430	7 333
漯河华懋双汇胶印有限公司	20.01	74.99	现金	796	4 385
华懋双汇实业（集团）有限公司	51.5	48.5	现金	4 656	45 703
漯河华懋双汇动力有限公司	50	50	现金	396	2 051
漯河华意食品有限公司	25	75	现金	1 377	7 747
漯河汇特食品有限公司	20	50	现金	1 595	6 363
浙江金华双汇食品有限公司	55	25	现金	2 012	10 381
上海双汇大昌有限公司	60	40	股权置换	5 924	24 688

公司公告中所称的放弃原因为"使该10家企业继续保持中外合资企业性质以及继续享受税收等优惠政策的因素"。然而，如果

公司行使了优先受让权，即使不享受中外合资的税收优惠，依然是有重大利益的，而且，就华懋等公司的股权转让而言，可以考虑在保持子公司外资地位的情况下，将多余的部分卖给上市公司。公司所称的原因更像是借口，将优质公司转让给自己的大股东，待股权转让完成一年之后才来“走程序”，对木已成舟的事项进行表决，这是对中小股东利益的漠视和侵害，由此以基金为代表的机构投资者不得不行使否决权以维护其基本利益免受侵害。

（三）大股东和管理层对机构投资者的双重欺压

1. 大股东操纵下的关联交易异常

关联交易是大股东进行利益输送的重要途径，大股东利用非公平关联交易转移、操纵利润，侵犯中小股东利益的情况屡见不鲜，因此当公司存在大量关联交易时，我们有必要对潜在的利益输送提高警惕。我们统计了双汇发展 2004 ~ 2009 年向关联方采购货物、销售商品的交易金额以及占同类交易金额的比例，由表 10 – 19 可见，双汇发展向关联企业销售商品的交易金额所占比例是逐年下降的，但是由采购货物发生的关联交易金额和比例却逐年大增，由 2004 年的 40. 84 亿元增长到 2009 年的 166. 3 亿元，占同类交易金额比例达到了 66. 87% 。同时发现双汇发展各年净利润增长在 20% ~45% 之间，而双汇集团净利润除了 2006 年增长较慢之外，2007 年和 2008 年均达到了 150% 左右，见表 10 – 20。特别是 2008 年，公司在董事会报告中也提到，“国际国内宏观经济形势跌宕起伏，下半年突如其来的金融危机，使肉类加工行业因销售抑制、需求不畅呈现出‘猪少肉多’的困境，给公司生产经营形成了极大压力”，净利润仅增长 24. 12% ；但是，集团公司该年净利润却大增 157. 29% 。双汇发展与双汇集团存在着严重的同业竞争，而与此同时，双汇发展既向集团采购原料，也向集团子公司出售产品，同时还是集团的一个代销商。结合两者大相径庭的业绩，很容易让人怀疑究竟有多少利润被输送到集团里面。所以，双汇发展庞大的关联交易一直为市场所诟病，影响投资者信心和其在资本市场上的形象。

表 10－19　双汇发展 2004～2009 年商品购销关联交易金额及其占同类交易的比重

		2004 年	2005 年	2006 年	2007 年	2008 年	2009 年
采购货物	金额（亿元）	40.84	56.40	66.85	103.15	129.79	166.32
	比重（%）	37.93	47.23	49.90	52.65	55.83	66.87
销售商品	金额（亿元）	15.54	18.84	18.26	21.41	19.74	22.38
	比重（%）	18.28	14.00	12.09	9.96	7.72	8.11

表 10－20　双汇发展与双汇集团 2005～2008 年净利润状况

		2005 年	2006 年	2007 年	2008 年
双汇发展	金额（亿元）	3.71	4.57	6.59	8.18
	增长率（%）	—	23.18	44.23	33.68
双汇集团	金额（亿元）	1.07	1.18	2.95	7.59
	增长率（%）	—	10.28	150.00	157.29

2. 曲线 MBO 凸现管理层的内部人控制

根据 2009 年年末的公告，2007 年 10 月，双汇集团及关联企业的相关员工约 300 余人在海外设立了简称为“RiseGrand”的公司，双汇发展的 101 名员工合计持有其 43.67% 股权。随后，RiseGrand 又设立了一家叫做“HeroicZone”的公司。经过一系列股权腾挪，HeroicZone 间接持有罗特克斯公司 31.82% 的股权。这一系列变化的实质在于，在外资收购之后，双汇管理层通过受让股权的方式实现了对双汇集团的持股，间接持有双汇发展 13.9%。可以计算出对于双汇集团实现的利润，管理层持股的实体可以享有31.82%；而对于双汇发展的利润，经公众A股持股者稀释后只能享有16.37%。由于国家对国有企业MBO的政策限制，企业管理层有可能借道国外投行，先卖出再由管理层高价接回以实现曲线MBO。根据双汇发展历年的高额分红、外资投行不断减持以及管理层最终实现持股的事实，让人越来越确信其正在进行曲线MBO。即便如此也无可厚非，然而双汇发展并未及时公告实际控制人的股权变动情况。与此同时，双汇发展管理层在集团的利益大于上市公司，管理层内部人控制以及潜在的利益倾向已经使包括机构投资者在内的中小股东利益遭受大股东与管理层的双重夹击，尤其是香港华懋集团有限公司等少数股东转让股权的议案恰恰是这种双重夹击的典型体现，机构投资者自然会否定该议案。

三、机构投资者治理机制与治理效应

机构投资者参与公司治理的机制包括：（1）私下沟通协商。这种非公开方式在节约成本、争取时间和避免股价波动等方面具有很强优势，常常是机构投资者的首选方式。（2）发起股东提案。（3）行使代理投票权，即“用手投票”，在股东大会上利用持有的投票权对重要事项进行表决。（4）公开提名外部独立董事。（5）定期公布目标公司名单。（6）在公司不配合或者机构对其失去信心时，机构投资者可能“用脚投票”来被动地应对治理问题。

在我国股权高度集中的环境下，尤其在“一股独大”情况下，机构投资者参与公司治理的动力和机制是怎样呢？就双汇发展而言，为解决双汇发展与双汇集团不断增长的关联交易，基金之前曾多次与双汇发展高管进行沟通，希望通过集团整体上市来解决，不过始终未能如愿。在投票前后，公司与基金进行了沟通，基金借此向公司表达自己的想法。投票过程中，分布于京沪深多地的基金公司齐聚河南，“用手投票”将议案否决。而在股东大会之后，申万、国金、招商、光大、长江等数家券商对此次议案被否迅速发布了调研报告，媒体广为引用，双汇发展一时处于风口浪尖，其治理问题受到了前所未有的关注。另一方面，双汇发展的事态变化很快，有很大的不确定性，机构出于对不确定性的考虑也同时采取了“用脚投票”。指南针机构密码数据显示，3 月 4 日当天，基金等机构净流出该股的资金为 2 618.7 万元，拖累公司当日股价大挫 5.49%，换手率攀高至 2.46%。而随着公司与基金的进一步私下沟通以及基金对事态的发展有了不同的看法，也有基金反手做多。尽管如此，我们对比双汇发展 2009 年年报与 2010 年一季报后发现，基金一季度是集中减持的，前 10 大流通股东中，竟有 8 家基金在减持。其中南方稳健成长贰号基金更是一口气抛售了 400 万股双汇发展，退出公司前 10 大流通股东的行列。

但由于在“一股独大”治理环境下，机构投资者持股比例相对低，对控制权的影响小。双汇发展机构投资者通过之前沟通提出的解决关联交易的几套方案，被公司以决定权掌握在外资股东手中搪塞过去。但是机构投资者抓住了大股东回避表决的机会，有效进行“用手投票”，一举否决了公司关于股权转让优先受让权的提案，从而实现了主动约束大股东行为，维护中小股东权益的治理功能。在议案被否、公司宣布停牌重组期间，资产注入的价格再度成为双方博弈的焦点，机构投资者于 2010 年 6 月 29 日股东大会上再次否决了公司《关于日常交易的议案》，这可视为公司对注入资产估价偏高的不满和警告。与此同时，机构投资者可以发布调研报告，通过舆论的放大作用给公司带来巨大压力，促使其重视中小股东利益。案例中也确实收到了不错的治理效果：2010 年 3 月 3 日深交所下发关注函，要求公司尽快就少数股东转让股权过程中存在的问题拟定整改方案；3 月 22 日公司停牌，开始与控股股东、实际控制人沟通解决方案，4 月 1 日开始筹划重大资产重组；6 月双汇集团董事长万隆表示，资产重组思路已经确定，双汇集团肉制品加工相关资产将全部注入双汇发展，以解决多年以来的关联交易问题。由此，即便在“一股独大”的环境下，机构投资者仍然有一定的动力和能力参与公司治理，约束大股东与经营者行为，在一定程度上有利于公司治理机制的完善和中小股东利益的保护。

四、机构投资者治理效应发挥的主要制约

（一）机构投资者持股的法律限制

按照我国当前规定，“单个基金持有一家上市公司的股票，不得超过该基金资产净值的 10%”，“同一基金管理人管理的全部基金持有一家公司发行的证券，不得超过该证券的 10%”，这在一定程度上限制了基金积极参与治理的动力。上述规定是在我国基金初始发展阶段制定的，当前应当考虑是否放松该限制。可喜的是 2010 年 8 月公布的《保险资金运用管理暂行办法》已经将险资的股票、股票型基金投资上限提升至 20%，社保基金股票投资比例 2010 年底也将提至 30%。因此，在条件成熟的时候逐步放宽入市资金比例限制、突破制度障碍，并对其进行合理的监管和指导，不断提高机构投资者参与公司治理的动力和能力。

（二）机构投资者成熟程度与价值取向

机构投资者成熟程度一方面体现在其数量和规模得到充分发展，大量机构投资者的竞争将使单一机构投资者操纵市场的成本大大提高，促使股票价格向价值回归，从而有利于吸引公司和投资者

更加注重公司治理；另一方面，机构投资者成熟程度还表现为机构投资者类型多元化与价值取向的理性化。目前我国机构主要以基金为主，主要采用组合投资策略、谋求股价上涨的投机收益，股票换手率高，持有股票时间短。而大型的社保基金、养老基金、保险机构等由于投资稳健，持股周期长、追求长期稳定收益，更积极地参与治理，在公司治理中发挥了重大作用，我国需要大力培植这种积极参与公司治理类型的机构投资者。另外，机构投资者自身的治理完善程度也是其有效发挥治理效应的关键因素。

（三）公司价值形成机制

由于我国资本市场效率等方面的限制，公司价值形成机制尚不完善，市场上存在浓厚的投机与炒作氛围，新兴加转轨特征明显，部分体制性、机制性、结构性的问题仍制约着中国资本市场功能的发挥，机构投资者的投资理念中投机成分大，单纯地注重市场的制度风险，忽视公司治理的内在风险。这严重制约着机构投资者参与公司治理的积极性。随着我国资本市场逐渐走向成熟，公司价值形成机制不断完善，机构投资者价值投资和参与公司治理的积极性将不断提高。

五、结论与建议

通过对双汇发展股权转让议案被否的案例分析，可以发现，在“一股独大”的治理环境下，机构投资者仍然可能发挥重要的治理效应，从而在一定程度上缓解了大股东的利益侵占行为。尤其是当机构投资者利益受到巨大威胁和侵害时，他们有可能采取更为积极的参与公司治理的行为，而不是一味忍让和“用脚投票”；机构投资者通过联合行动可以增强话语权，特别是在大股东回避表决的情况下，机构投资者可以有效增强与大股东谈判的筹码，对大股东起到一定的制衡作用。

但是，由于我国“一股独大”的治理环境、机构投资者自身的发展程度以及与之相关的市场环境尚不完善，机构投资者的公司治理效应尚未得到充分发挥，为此，建议强化以下措施：第一，进一步完善相关法律法规。进一步完善我国机构投资者持股限制、股票换手率、机构投资者自身治理等方面的法律法规，为投资者参与公司治理创造有利的法律环境。第二，继续培育壮大机构投资者的力量。不断培育多种类型的机构投资者，尤其是重点培育大型的社保基金、养老基金、保险机构等投资稳健、持股周期长、追求长期稳定收益的机构投资者，不断提高积极参与公司治理的机构投资者比重，与此同时加强机构投资者本身的公司治理。第三，不断完善市场环境，完善公司价值形成机制。不断建设更加公正、透明、高效的资本市场，引导机构投资者更大程度地倾向价值投资，进而不断激发机构投资者参与公司治理的积极性。